Os trechos de poesia foram traduzidos
por **J. Herculano Pires.**
Cada coleção anual traz o *fac-símile* do frontispício do
primeiro número da edição original francesa
correspondente ao ano. Reservados todos os direitos
de reprodução de acordo com a legislação vigente pela
Editora Cultural Espírita Ltda. – EDICEL.

4ª edição
3.000 exemplares
Do 6º ao 9º milheiro
Junho/2025

© 2018-2025 by Boa Nova Editora

Capa
Éclat! Comunicação Ltda

Projeto gráfico
Juliana Mollinari

Diagramação
Diego Miler

Tradução do francês
Julio Abreu Filho

Revisão, inclusive da tradução
João Sergio Boschiroli

Assistente editorial
Ana Maria Rael Gambarini

Coordenação Editorial
Ronaldo A. Sperdutti

Impressão
Lis gráfica

Todos os direitos reservados.
Nenhuma parte desta obra pode ser
reproduzida ou transmitida por qualquer
forma e/ou quaisquer meios (eletrônico ou
mecânico, incluindo fotocópia e gravação) ou
arquivada em qualquer sistema ou banco de
dados sem permissão escrita da Editora.

O produto da venda desta obra é
destinado à manutenção das
atividades assistenciais da Sociedade
Espírita Boa Nova, de Catanduva, SP.

1ª edição: Agosto de 2018 - 2.000 exemplares

REVISTA ESPÍRITA

JORNAL
DE ESTUDOS PSICOLÓGICOS

PUBLICADA SOB A DIREÇÃO
DE
ALLAN KARDEC

DÉCIMO PRIMEIRO ANO – 1868

Todo efeito tem uma causa. Todo efeito inteligente tem uma
causa inteligente. O poder da causa inteligente está na razão da
grandeza do efeito.

Tradução do francês
por
JULIO ABREU FILHO

Revisada e rigorosamente conferida
com o texto original pela
EQUIPE REVISORA EDICEL

REVISADA, INCLUSIVE A TRADUÇÃO, POR
JOÃO SERGIO BOSCHIROLI

Dados Internacionais de Catalogação na Publicação (CIP)
(Câmara Brasileira do Livro, SP, Brasil)

Kardec, Allan, 1804-1869
Revista Espírita : jornal de estudos psicológicos, ano XI : 1868 / Allan Kardec ; tradução do francês por Julio Abreu Filho. -- Catanduva, SP : Editora Cultural Espírita Edicel, 2018.

Título original: Revue Spirite : Journal d'études psychologiques
Bibliografia.
ISBN 978-85-92793-24-1

1. Espiritismo 2. Kardec, Allan, 1804-1869
3. Revista Espírita de Allan Kardec I. Título.

18-18453   CDD-133.901

Índices para catálogo sistemático:

1. Artigos espíritas : Filosofia espírita   133.901
2. Doutrina espírita : Artigos   133.901

Cibele Maria Dias - Bibliotecária - CRB-8/9427

REVISTA ESPÍRITA

JORNAL DE ESTUDOS PSICOLÓGICOS

DÉCIMO PRIMEIRO ANO – 1868

Editora Cultural Espírita Edicel
Instituto Beneficente Boa Nova
Entidade coligada à Sociedade Espírita Boa Nova
Av. Porto Ferreira, 1.031 | Parque Iracema
Catanduva/SP | CEP 15809-020
www.boanova.net | boanova@boanova.net
Fone 17. 3531-4444

REVISTA ESPÍRITA

JORNAL DE ESTUDOS PSICOLÓGICOS

ANO XI	JANEIRO DE 1868	VOL. 1

GOLPE DE VISTA RETROSPECTIVO

O ano de 1867 tinha sido anunciado como devendo ser particularmente proveitoso para o Espiritismo, e essa previsão realizou-se plenamente. Ele viu aparecerem várias obras que, sem lhe trazer o nome, popularizam os seus princípios, e entre as quais lembraremos *Mirette,* do Sr. Sauvage; *Le Roman de l'Avenir,* do Sr. Bonnemère; *Dieu dans la Nature,* pelo Sr. Camille Flammarion. *La Raison du Spiritisme,* pelo Sr. juiz de instrução Bonnamy, é um acontecimento nos anais da Doutrina, porque a bandeira é alta e corajosamente arvorada por um homem cujo nome, justamente estimado e considerado, é uma autoridade, ao mesmo tempo que sua obra é um protesto contra epítetos com que a crítica gratifica geralmente os adeptos da ideia. Todos os espíritas apreciaram esse livro como ele merece, e lhe compreenderam o alcance. É uma resposta peremptória a certos ataques. Assim, pensamos que considerarão como um dever propagá-lo no interesse da doutrina.

Se o ano só tivesse tido esses resultados, seria para nos felicitarmos. Mas ele os produziu mais efetivos. O número das sociedades ou grupos oficialmente conhecidos não aumentou sensivelmente, é verdade; antes até diminuiu, por força das intrigas, com cujo auxílio procuraram miná-los, neles introduzindo elementos de dissolução. Mas, em compensação, o número de reuniões particulares, ou de família, cresceu numa grande proporção.

Além disso, é para todos notório e da própria confissão dos nossos adversários, que as ideias espíritas ganharam terreno consideravelmente, como o constata o autor da obra a que nos referimos adiante. Elas se infiltram por uma porção de brechas;

tudo concorre para isto; as coisas que, à primeira vista, a elas pareciam mais estranhas, são meios com a ajuda dos quais essas ideias vêm à luz. É que o Espiritismo toca em tão grande número de questões, que é muito difícil abordar seja o que for sem ver aí surgir um pensamento espírita, de tal sorte que, mesmo nos meios refratários, essas ideias brotam sob uma ou outra forma, como essas plantas de cores variadas que crescem por entre as pedras. E como nesses meios geralmente repelem o Espiritismo, por espírito de prevenção, sem saber o que ele diz, não é surpreendente que, quando pensamentos espíritas aí aparecem, não os reconheçam, mas então os aclamam, porque os acham bons, sem suspeitar que se trata de Espiritismo.

A literatura contemporânea, grande ou pequena, séria ou leviana, semeia essas ideias em profusão; é por elas esmaltada e não lhe falta senão o nome. Se reuníssemos todos os pensamentos espíritas que correm o mundo, constituiríamos o Espiritismo completo. Ora, aí está um fato considerável e um dos mais característicos do ano que findou. Isto prova que cada um tem em si alguns de seus elementos no estado de intuição, e que entre os seus antagonistas e ele não há, o mais das vezes, senão uma questão de palavra. Aqueles que o repelem com perfeito conhecimento de causa são os que têm interesse em combatê-lo.

Mas, então, como chegar a fazê-lo conhecido, para triunfar dessas prevenções? Isto é obra do tempo. É preciso que as circunstâncias para aí levem naturalmente, e para isto pode-se contar com os Espíritos, que sabem fazê-las nascer em tempo oportuno. Essas circunstâncias são particulares ou gerais. As primeiras agem sobre os indivíduos e as outras sobre as massas. As últimas, por sua repercussão, fazem o efeito das minas que, a cada explosão, arrancam alguns fragmentos do rochedo.

Que cada espírita trabalhe de seu lado sem desanimar com a pouca importância do resultado obtido individualmente, e pense que à força de acumular grãos de areia se forma uma montanha.

Entre os fatos materiais que assinalaram este ano, as curas do zuavo Jacob ocupam o primeiro lugar. Elas tiveram uma repercussão que todo mundo conhece. E, embora o Espiritismo aí só tenha figurado incidentalmente, a atenção geral não deixou de ser vivamente atraída para um fenômeno dos mais sérios, e que a ele se liga de maneira direta. Esses fatos, produzindo-se em condições vulgares, sem aparelho místico, não por um só indivíduo, mas por diversos, ou por isso mesmo, perderam o caráter miraculoso, que até agora lhes haviam atribuído. Como tantos outros, entraram no domínio dos fenômenos naturais. Entre os que os rejeitavam como milagres, muitos se tornaram menos absolutos na negação do fato e admitiram a sua possibilidade como resultado de uma lei desconhecida da Natureza. Era um primeiro passo numa via fecunda em consequências, e mais de um cético ficou abalado. Certamente nem todos ficaram convencidos, mas a coisa deu muito que falar. Daí resultou em muita gente uma impressão profunda, que provocou muito mais reflexão do que se pensa. São sementes que, se não dão uma colheita abundante imediata, não estão perdidas para o futuro.

O Sr. Jacob mantém-se afastado de maneira absoluta. Ignoramos os motivos de sua abstenção e se deve ou não retomar o curso de suas sessões. Se há intermitência em sua faculdade, como acontece muitas vezes em casos semelhantes, é uma prova de que ela não se deve exclusivamente à sua pessoa, e que fora do indivíduo há alguma coisa, uma vontade independente.

Mas, perguntarão, por que essa suspensão, se a produção desses fenômenos era uma vantagem para a doutrina? Tendo as coisas, até aqui, sido conduzidas com uma sabedoria que jamais se desmentiu, devemos supor que os que dirigem o movimento julgaram o efeito suficiente para o momento, e que seria útil pôr um tempo de espera na efervescência. Mas a ideia foi lançada e podemos ficar certos de que não ficará no estado de letra morta.

Em suma, como vemos, o ano foi bom para o Espiritismo. Suas falanges recrutaram homens sérios, cuja opinião é tida por alguma coisa num certo mundo. Nossa correspondência assinala quase por toda parte um movimento geral da opinião por essas ideias e, coisa bizarra neste século positivo, as que ganham mais terreno são as ideias filosóficas, muito mais que os fatos materiais de manifestação que muitas pessoas ainda se obstinam em rejeitar, de sorte que, perante o maior número, o melhor meio de fazer proselitismo é começar pela filosofia, e isso é compreensível. Sendo as ideias fundamentais latentes na maioria, basta despertá-las. Compreendem-nas porque possuem em si os seus germes, ao passo que os fatos, para serem aceitos e compreendidos, demandam estudo e observações que muitos não querem se dar ao trabalho de fazer.

Depois, o charlatanismo, que se apoderou dos fatos para explorá-los em seu proveito, desacreditou-os na opinião de certas pessoas, dando margem à crítica. Assim não se podia dar com a filosofia, que não era tão fácil de contrafazer, e que, além disto, não é matéria explorável. Por sua natureza, o charlatanismo é turbulento e intrigante, sem o que não seria charlatanismo. A crítica, que geralmente pouco se preocupa em ir ao fundo do poço buscar a verdade, viu o charlatanismo alardear-se, e se esforçou para conferir-lhe a etiqueta de *Espiritismo*. Daí, contra esta palavra, uma prevenção que se apaga à medida que o Espiritismo verdadeiro é mais bem conhecido, porque não há ninguém, que tendo estudado seriamente, o confunda com o Espiritismo grotesco de fantasia, que a despreocupação ou a malevolência procuram substituir. É uma reação neste sentido que se manifestou nestes últimos tempos.

Os princípios que se propagam com mais facilidade são o da *pluralidade dos mundos habitados* e o da *pluralidade das existências* ou *reencarnação*. O primeiro pode ser considerado como admitido sem contestação pela Ciência e pelo assentimento unânime, mesmo no campo materialista. O segundo está no estado de intuição numa porção de indivíduos, nos quais é uma crença inata; ele encontra numerosas simpatias, como princípio racional de filosofia, mesmo fora do Espiritismo. É uma ideia que sorri a muitos incrédulos, porque nele encontram *imediatamente* a solução das dificuldades que os haviam levado à dúvida. Assim, essa crença tende a vulgarizar-se mais e mais. Mas, para quem quer que reflita, esses dois princípios têm consequências forçadas que desembocam em linha reta no Espiritismo. Podemos, portanto, considerar o progresso dessas ideias como o primeiro passo para a Doutrina, porquanto dela são partes integrantes.

A imprensa que, malgrado seu, sofre a influência da difusão das ideias espíritas, porque estas penetram até no seu seio, em geral se abstém, senão por simpatia, ao menos por prudência; já se percebe que não é de bom gosto falar dos Davenport. Diríamos até que ela afeta evitar a questão do Espiritismo. Se, de vez em quando, ela atira algumas flechas contra os seus aderentes, são como os últimos lampejos de um fogo de artifício. Mas não há mais esse fogo contínuo de invectivas que se ouvia há apenas dois anos. Embora ela tenha feito quase tanto alvoroço acerca do Sr. Jacob quanto dos Davenport, sua linguagem foi muito diferente, e é de notar que, na sua polêmica, o nome do Espiritismo só figurou muito acessoriamente.

No exame da situação, não só há que considerar os grandes movimentos ostensivos, mas há que levar em conta principalmente o estado íntimo da opinião e das causas que podem influenciá-la. Assim como dissemos alhures, se observarmos atentamente o que se passa pelo mundo, reconheceremos que uma porção de fatos, aparentemente estranhos ao Espiritismo, parecem vir de propósito para lhe abrir o caminho. É no conjunto das circunstâncias que se deve procurar os verdadeiros sinais do progresso. Deste ponto de vista, então, a situação é tão satisfatória quanto se pode desejar. É o caso de concluir que a oposição está desarmada, e que de agora em diante as coisas vão avançar sem embaraços? Guardemo-nos de acreditar nisso e de dormir numa enganadora segurança. O futuro do Espiritismo, sem contradita, está assegurado, e seria preciso ser cego para duvidar disto, mas os seus piores dias não passaram. Ele ainda não recebeu o batismo que consagra todas as grandes ideias. Os Espíritos são unânimes em nos prevenir contra uma luta inevitável mas necessária a fim de provar a sua invulnerabilidade e a sua força; ele sairá dela maior e mais forte; somente então conquistará seu lugar no mundo, porque os que quiseram derrubá-lo terão preparado o seu triunfo. Que os espíritas sinceros e devotados se fortaleçam pela união e se confundam numa santa comunhão de pensamentos. Lembremo-nos da parábola das dez virgens e velemos para não sermos apanhados desprevenidos.

Aproveitamos esta circunstância para exprimir toda a nossa gratidão àqueles dos nossos irmãos espíritas que, como nos anos anteriores, por ocasião da renovação das assinaturas da *Revista,* nos dão novos testemunhos de sua afetuosa simpatia. Ficamos feliz com os penhores que nos fazem de seu devotamento à causa sagrada que todos defendemos, e que é a da Humanidade e do progresso. Àqueles que nos dizem: coragem! diremos que jamais recuaremos diante de nenhuma das necessidades de nossa posição, por mais duras que sejam. Que contem conosco, como nós contamos, no dia da vitória, neles encontrar os soldados da véspera, e não os soldados do amanhã.

O ESPIRITISMO

DIANTE DA HISTÓRIA E DIANTE DA IGREJA, SUA ORIGEM, SUA NATUREZA, SUA CERTEZA, SEUS PERIGOS

PELO ABADE POUSSIN, professor no Seminário de Nice

Esta obra é uma refutação do Espiritismo do ponto de vista religioso. É, sem contradita, uma das mais completas e mais bem elaboradas que conhecemos. É escrita com moderação e conveniência, e não se suja pelos epítetos grosseiros a que nos habituaram, na sua maior parte, os contestadores do mesmo partido. Nela, nada de declarações furibundas, nada de personalismos ultrajantes. É o princípio que é discutido. Podemos não estar de acordo com o autor; achar que as conclusões que ele tira de suas premissas são de uma lógica contestável; dizer, por exemplo, depois de ele haver demonstrado, com as provas na mão, que o sol brilha ao meio-dia, que ele está errado ao concluir que deve ser noite, mas não se lhe reprochará a falta de urbanidade na forma.

A primeira parte da obra é consagrada ao histórico do Espiritismo na Antiguidade e na Idade Média. Essa parte é rica em documentos tirados dos autores sacros e profanos, que atestam laboriosas pesquisas e um estudo sério. É um trabalho que nos propúnhamos fazer um dia e nos sentimos feliz por nos haver o Sr. Abade Poussin poupado esse esforço.

Na segunda parte, intitulada *Parte doutrinária,* o autor, discutindo os fatos que acaba de citar, inclusive os fatos atuais, conclui, segundo a infalibilidade da Igreja e seus próprios argumentos, que todos os fenômenos magnéticos e espíritas são obra do demônio. É uma opinião como qualquer outra, e respeitável quando sincera. Ora, nós cremos na sinceridade das convicções do Sr. Poussin, embora não tenhamos a honra de conhecê-lo. O que se lhe pode reprochar é não invocar em favor de sua tese senão a opinião dos adversários conhecidos do Espiritismo, assim como as doutrinas e alegações que ele desaprova. Em vão procuraríamos nesse livro a menção das obras fundamentais, assim como qualquer refutação direta das respostas que foram dadas às alegações contraditórias.

Numa palavra, ele não discute a doutrina propriamente dita; ele não toma os seus argumentos corpo a corpo, para esmagá-los sob o peso de uma lógica mais rigorosa.

Além disso, podemos estranhar que o Sr. Abade Poussin, para combater o Espiritismo, se apoie na opinião de homens conhecidos por suas ideias materialistas, tais como os Srs. Littré e Figuier. Ele faz numerosas citações, sobretudo deste último, que mais brilhou por suas contradições do que por sua lógica. Esses senhores, combatendo o princípio do Espiritismo, negando a causa dos fenômenos psíquicos, por isto mesmo negam o princípio da espiritualidade; então, sapam a base da religião, pela qual não professam, como se sabe, uma grande simpatia. Invocando a sua opinião, a escolha não é feliz; poder-se-ia mesmo dizer que é desastrosa, pois é excitar os fiéis a ler escritos que não são nada ortodoxos. Vendo-o beber em tais fontes, poder-se-ia crer que ele não julgou os outros bastante preponderantes.

O Sr. Abade Poussin não contesta nenhum dos fenômenos espíritas; ele virtualmente prova a sua existência pelos fatos autênticos que cita, e que colhe indiferentemente na história sagrada e na história pagã. Aproximando uns dos outros, não pode deixar de reconhecer a sua analogia. Ora, em boa lógica, da similitude dos efeitos deve concluir-se pela similitude das causas. Entretanto, o Sr. Poussin conclui que os mesmos fatos são miraculosos e de fonte divina em certos casos, e diabólicos em outros.

Os homens que professam as mesmas crenças que o Sr. Figuier também têm sobre esses mesmos fatos duas opiniões: negam-nos simplesmente e os atribuem à charlatanice; quanto aos que são verificados, esforçam-se para ligá-los apenas às leis da matéria. Perguntai-lhes o que pensam dos milagres do Cristo: eles vos dirão que são fatos lendários, contos inventados para as necessidades da causa ou produtos de imaginações superexcitadas e em delírio.

É verdade que o Espiritismo não reconhece nos fenômenos psíquicos um caráter sobrenatural; ele os explica pelas faculdades e atributos da alma, e como a alma está na Natureza, os considera como efeitos naturais, que se produzem em virtude de leis especiais, até agora desconhecidas, que o Espiritismo dá a conhecer. Realizando-se esses fenômenos aos nossos olhos, em condições idênticas, acompanhados das mesmas circunstâncias, e por intermédio de indivíduos que nada têm de excepcional, daí concluiu pela possibilidade dos que se passaram em tempos mais remotos, e isto pela mesma causa natural.

O Espiritismo não se dirige às pessoas convictas da existência desses fenômenos, e que são perfeitamente livres de neles ver milagres, se tal é sua opinião, mas aos que os negam precisamente por causa do caráter miraculoso que lhes querem dar. Provando que esses fatos não têm de sobrenatural senão a aparência, ele os faz aceitos pelas mesmas pessoas que os repeliam. Os espíritas foram recrutados, em imensa maioria, entre os incrédulos, contudo, hoje não há um só que negue os fatos realizados pelo Cristo. Ora, vale mais crer na existência desses fatos sem o sobrenatural, ou neles não crer absolutamente? Aqueles que os admitem a um título qualquer não estão mais perto de vós do que aqueles que os rejeitam completamente? A partir do momento em que o fato é admitido, não resta senão provar a sua fonte miraculosa, o que deve ser mais fácil, caso a fonte seja real, do que quando o próprio fato é contestado.

Para combater o Espiritismo, apoiando-se o Sr. Poussin na autoridade dos que rejeitam até o princípio espiritual, seria ele dos que pretendem que a incredulidade absoluta é preferível à fé adquirida pelo Espiritismo?

Citamos integralmente o prefácio do livro do Sr. Poussin, seguindo-o de algumas reflexões:

"O Espiritismo, é preciso mesmo reconhecê-lo, *envolve como numa imensa rede a Sociedade inteira,* e por seus profetas, por seus oráculos, por seus livros e por seu jornalismo, esforça-se por minar surdamente a Igreja católica. *Se ele nos prestou o serviço de derrubar as teorias materialistas do século dezoito,* dá-nos em troca uma revelação nova, que sapa pela base todo o edifício da revelação cristã. Contudo, por um fenômeno estranho, ou melhor, por força da ignorância e da fascinação que excita a curiosidade, quantos católicos brincam diariamente com o Espiritismo, sem preocupar-se absolutamente com os seus perigos! É bem verdade que os espíritos ainda estão divididos quanto à essência e mesmo quanto à realidade do Espiritismo, e é provavelmente devido a essas incertezas que a maioria acredita que pode formar a própria consciência e usar o Espiritismo como um curioso divertimento. Não obstante, no fundo das almas timoratas e delicadas manifesta-se uma grande ansiedade. Quantas vezes não temos ouvido estas perguntas interessantes: 'Dizei-nos a *verdade*. Que é o Espiritismo? Qual a sua origem? Credes nessa genealogia que queria ligar os fenômenos do Espiritismo à magia antiga? Admitis os fatos estranhos do magnetismo e das mesas girantes? Credes na intervenção dos Espíritos e na evocação das almas; no papel dos anjos e dos demônios? É permitido interrogar as mesas girantes e consultar os espiritistas? Que pensam sobre todas essas questões os teólogos, os bispos?... A Igreja Romana tomou algumas decisões etc, etc.'

"Estas perguntas, que ainda retinem aos nossos ouvidos, inspiraram o pensamento deste livro, que tem por objetivo responder a todas, nos limites de nossas forças. Assim, para estar mais seguro e mais convincente, jamais afirmamos nada sem uma autoridade *grave,* e nada decidimos que os bispos e Roma não tenham decidido.

"Entre os que estudaram especialmente estas matérias, uns rejeitam em massa todos os fatos *extraordinários* que o Espiritismo se atribui. Outros, concedendo larga margem às alucinações e ao charlatanismo, reconhecem que é impossível deixar de admitir certos fenômenos inexplicáveis e não explicados, tão inconciliáveis com os ensinamentos gerais das ciências naturais quanto desconcertantes para a razão humana; entretanto, eles procuram interpretá-los, ou por certas leis misteriosas da Fisiologia, ou pela intervenção da grande alma da Natureza, da qual a nossa é simples emanação etc.

"Vários escritores católicos, forçados a admitir os fatos, achando a solução natural por vezes impossível e a explicação panteísta absurda, não hesitam em reconhecer em certos fatos do Espiritismo a intervenção direta do demônio. Para estes, o Espiritismo não é senão a continuação dessa magia pagã que aparece em toda a História, desde os mágicos do Faraó, da pitonisa de Endor, dos oráculos de Delfos, das profecias das sibilas e dos adivinhos, até as possessões demoníacas do Evangelho e os fenômenos extraordinários e constatados do magnetismo contemporâneo.

"A Igreja não se pronunciou sobre as discussões *especulativas;* ela abandona a questão histórica das origens do Espiritismo e a

16 | REVISTA ESPÍRITA

questão psicológica de seus agentes misteriosos à vã disputa dos homens. Teólogos sérios, bispos e doutores particulares têm sustentado essas últimas opiniões, *oficialmente*; Roma não os aprova nem os censura. Mas se a Igreja prudentemente guardou silêncio sobre as *teorias,* levantou a voz nas questões *práticas,* e, em presença das incertezas da razão, ela assinala perigos para a consciência. Uma ciência curiosa e até mesmo inocente em si pode tornar-se, por causa dos abusos frequentes, uma fonte de perigos; assim, Roma condenou como perigosas para os costumes, certas práticas e certos abusos do magnetismo, cujos graves inconvenientes os próprios espíritas não dissimulam. Ainda mais, os bispos julgaram dever interditar aos seus diocesanos, e em qualquer hipótese, como *supersticiosos* e *perigosos para os costumes* e *para a fé,* não só os *abusos* do magnetismo, mas *o uso de interrogar mesas girantes.*

"Para nós, na questão *especulativa,* posta em presença dos que veem o demônio em toda parte e dos que não o veem em parte alguma, quisemos, mantendo-nos à distância dos dois escolhos, estudar as origens históricas do Espiritismo; examinar a certeza dos fatos e discutir imparcialmente os sistemas psicológicos e panteístas pelos quais eles tudo querem interpretar. Evidentemente, quando refutamos vários desses sistemas, a ninguém pretendemos impor os nossos próprios pensamentos, embora as autoridades sobre as quais nos apoiamos nos pareçam da mais alta gravidade. Separando das opiniões livres tudo o que é *de fé,* como a existência dos anjos e dos demônios, as possessões e as obsessões demoníacas do Evangelho, a legitimidade e a força dos exorcismos na Igreja etc., deixamos a cada um o direito, não de negar o comércio voluntário dos homens com o demônio, o que seria *temerário,* segundo o Padre Perronne, e conduziria ao pirronismo histórico, mas reconhecemos a todo católico o direito de não ver no Espiritismo a intervenção do demônio, se os nossos argumentos parecerem mais especiosos do que sólidos, e se a razão e o estudo mais atento dos fatos provarem o contrário.

"Quanto à questão *prática,* não nos reconhecemos o direito de absolver o que Roma condena, e se algumas almas ainda hesitassem, nós as remeteríamos simplesmente às decisões romanas, às interdições episcopais, e mesmo às decisões teológicas que reproduzimos por inteiro.

"O plano deste livro é muito simples. A primeira parte, ou *parte histórica,* depois de haver dado o ensino das santas Escrituras e a tradição de todos os povos sobre a existência e o papel dos Espíritos, nos inicia aos fatos mais salientes do Espiritismo ou da magia, desde a origem do mundo até os nossos dias.

"A segunda parte, ou parte *doutrinal,* expõe e discute os diversos sistemas imaginados para descobrir o agente verdadeiro do Espiritismo; após ter precisado da melhor forma possível o ensino da teologia católica sobre a intervenção geral dos Espíritos, e dado livre curso a opiniões livres sobre o agente misterioso da magia moderna, assinalamos aos fiéis os perigos do Espiritismo para a *fé,* para os *costumes* e mesmo para a *saúde* ou para a *vida.*

"Possam estas páginas, mostrando o perigo, concluir o bem que outros começaram!... Inútil acrescentar que, filhos dóceis da Igreja, condenamos por antecipação tudo quanto Roma pudesse desaprovar."

O abade Poussin reconhece duas coisas: 1.º – que o Espiritismo envolve, como numa imensa rede, a Sociedade inteira; 2.º – que prestou à Igreja o serviço de derrubar as teorias materialistas do século dezoito. Vejamos que consequências decorrem destes dois fatos.

Como dissemos, a grande maioria dos adeptos do Espiritismo é recrutada entre os incrédulos. Com efeito, perguntai aos adeptos do Espiritismo em que eles acreditavam antes de ser espíritas, e 90% deles responderão que não acreditavam em nada ou, pelo menos, que duvidavam de tudo. Para eles, a existência da alma era uma hipótese, sem dúvida desejável, mas incerta; a vida futura era uma quimera; o Cristo era um mito ou, no máximo, um filósofo; Deus, se ele existia, devia ser injusto, cruel e parcial, razão pela qual eles tanto gostavam de crer que ele não existisse.

Hoje eles creem, e sua fé é inabalável, porque ela está fundamentada na evidência e na demonstração e satisfaz à sua razão; o futuro não mais é uma esperança, mas uma certeza, porque eles veem a vida espiritual manifestar-se aos seus olhos; dela não duvidam mais do que duvidam do nascer do sol. É verdade que eles não acreditam nem nos demônios nem nas chamas eternas do inferno, mas em compensação acreditam firmemente num Deus soberanamente justo, bom e misericordioso; eles não creem que o mal venha dele, que é a fonte de todo o bem, nem dos demônios, mas das próprias imperfeições do homem; que se o homem se reformar, o mal não existirá mais; vencer-se a si mesmo é vencer o demônio. Tal é a fé dos espíritas, e a prova de sua força é que se esforçam por se tornarem melhores, por dominar seus maus pendores e por colocar em prática as máximas do Cristo, olhando todos os homens como irmãos, sem acepção de raças, de castas, nem de seitas, perdoando aos seus inimigos, retribuindo o mal com o bem, a exemplo do divino modelo.

Sobre quem devia o Espiritismo ter mais fácil acesso? Não é sobre os que tinham fé e a quem esta bastava; que nada pediam e de nada necessitavam, mas sobre aqueles a quem faltava a fé. Como o Cristo, ele foi aos doentes e não aos que tinham saúde; aos que têm fome e não aos saciados. Ora, os doentes são os que se acham torturados pelas angústias da dúvida e da incredulidade.

E o que foi que ele fez para trazê-los a si? Foram grandes reforços de reclames? Indo pregar a doutrina em praças públicas? *Violentando* as consciências? Absolutamente, porque estes são os meios da fraqueza, e se ele os tivesse usado, teria mostrado que duvidava do poder de sua moral. Ele tem como regra invariável, conforme a lei da caridade ensinada pelo Cristo, não constranger ninguém, respeitar todas as convicções; contentou-se em anunciar os seus princípios, em desenvolver em seus escritos as bases sobre as quais estão assentadas as suas crenças, e deixou virem a si os que quisessem. Se vieram muitos, é que a muitos conveio e muitos nele acharam o que não haviam achado alhures. Como ele recrutou principalmente entre os incrédulos, se, em alguns anos, ele envolveu o mundo, isto prova que os incrédulos e os que não estão satisfeitos com o que lhes dão são numerosos, porque não se é atraído senão para onde se encontra algo melhor do que o que se tem. Dissemos centenas de vezes: Querem combater o Espiritismo? Que deem algo melhor do que ele dá.

Reconheceis, senhor abade, que o Espiritismo prestou à Igreja o serviço de derrubar as teorias materialistas. Sem dúvida é um grande feito, do qual ele se glorifica. Mas como o conseguiu? Precisamente com o auxílio desses meios que chamais diabólicos, das provas materiais que ele dá da alma e da vida futura; foi com a manifestação dos Espíritos que ele confundiu a incredulidade e que triunfará definitivamente. E dizeis que tal serviço é obra de Satã? Mas então não deveríeis querê-lo tanto, porquanto ele próprio destrói a barreira que retinha os que ele havia açambarcado. Lembrai-vos da resposta do Cristo aos Fariseus, que lhe falavam exatamente na mesma linguagem, acusando-o de curar os doentes e de expulsar os demônios pelos demônios. Lembrai-vos, também, das palavras de Monsenhor Frayssinous, bispo de Hermópolis, sobre este mesmo tema, em suas conferências sobre a religião: "Certamente, um demônio que procurasse destruir o reino do vício para estabelecer o da virtude, seria um demônio esquisito, porque se destruiria a si próprio."

Se esse resultado obtido pelo Espiritismo é obra de Satã, como é que a Igreja lhe deixou o mérito e não o obteve ela própria? Como deixou a incredulidade invadir a Sociedade? Entretanto, não foram os meios de ação que lhe faltaram. Não tem ela um pessoal e recursos materiais imensos; as pregações, desde as capitais até as menores aldeias; a pressão que exerce sobre as consciências através da confissão; o terror das penas eternas; a instrução religiosa que acompanha a criança durante todo o curso da sua educação; o prestígio das cerimônias do culto e o de sua ancianidade? Como é que uma doutrina *apenas desabrochada,* que não tem sacerdotes nem templos nem culto nem pregações; que é combatida sistematicamente pela Igreja, caluniada, perseguida como o foram os primeiros cristãos, em tão pouco tempo conduziu à fé e à crença na imortalidade da alma um tão grande número de incrédulos? Entretanto, a coisa não era muito difícil, pois bastou à maioria ler alguns livros para ver se esvaírem suas dúvidas.

Tirai daí todas as consequências que quiserdes, mas concordai que se isto é obra do diabo, ele fez o que vós mesmos não pudestes fazer e que ele desempenhou a vossa tarefa.

Sem dúvida direis que o que depõe contra o Espiritismo é que ele não emprega, para convencer, os mesmos argumentos que vós, e que se triunfa da incredulidade, não conduz completamente a vós.

Mas o Espiritismo não tem a pretensão de marchar nem convosco nem com ninguém. Ele mesmo faz os seus trabalhos, e como entende. De boa-fé, acreditais que se a incredulidade foi refratária aos vossos argumentos, o Espiritismo teria triunfado servindo-se dos mesmos? Se um médico não cura um doente com um remédio, outro médico o curará empregando o mesmo remédio? O Espiritismo não procura mais trazer os incrédulos ao regaço absoluto do Catolicismo mais do que ao de qualquer outro culto.

Em lhes fazendo aceitar as bases comuns a todas as religiões, ele destrói o principal obstáculo, e os leva a fazer a metade do caminho; a cada uma cabe fazer o resto, no que lhe concerne; aquelas que fracassam dão uma prova manifesta de impotência.

A partir do instante em que a Igreja reconhece a existência de todos os fatos de manifestações sobre os quais se apoia o Espiritismo; que ela os reivindica para si mesma, a título de milagres divinos; que há entre os fatos que se passam nos dois campos uma analogia completa quanto aos efeitos, analogia que o Sr. Poussin demonstra com a última evidência e peças de apoio, pondo-as à vista, toda a questão se reduz, então, em saber se é Deus que age de um lado e o diabo do outro. É uma questão de pessoa. Ora, quando duas pessoas fazem exatamente a mesma coisa, daí se conclui que uma é tão poderosa quanto a outra. Todo o argumento do Sr. Poussin termina, assim, por demonstrar que o diabo é tão poderoso quanto Deus.

De duas, uma: ou os efeitos são idênticos, ou não são; se são idênticos, é que provêm de uma mesma causa, ou de duas causas equivalentes; se não são, mostrai em que diferem. É nos resultados? Mas, então a comparação seria em favor do Espiritismo, porque ele conduz a Deus os que nele não acreditavam.

Fica bem entendido, portanto, conforme a decisão formal das autoridades competentes, que os Espíritos que se manifestam não são nem podem ser senão demônios. Concordai, entretanto, senhor abade, que se esses mesmos Espíritos, em vez de contradizer a Igreja sobre alguns pontos, tivessem sido em tudo da sua opinião, se tivessem vindo apoiar todas as suas pretensões temporais e espirituais, aprovar sem restrição tudo quanto ela diz e tudo o que faz, ela não os chamaria de demônios, mas de Espíritos angélicos.

O Sr. Abade Poussin escreveu seu livro, diz ele, tendo em vista premunir os fiéis contra os perigos que pode correr sua fé, pelo estudo do Espiritismo. É testemunhar pouca confiança na solidez das bases sobre as quais está assente essa fé, pois pode desmoronar tão facilmente. O Espiritismo não tem o mesmo receio. Tudo quanto puderam dizer e fazer contra ele não lhe fez perder uma polegada de terreno, pois ele o ganha todos os dias; entretanto, não faltou talento a mais de um de seus adversários. As lutas empenhadas contra ele, longe de enfraquecê-lo, fortaleceram-no; elas contribuíram poderosamente para difundi-lo mais rapidamente do que ter-se-ia difundido sem isso, de tal sorte que essa rede que em alguns anos envolveu a Sociedade inteira, é, em grande parte, obra de seus antagonistas. Sem nenhum dos meios materiais de ação que fazem os sucessos neste mundo, ele não se propagou senão pelo poder da ideia. Considerando-se que os argumentos com a ajuda dos quais o combateram não o derrubaram, é que, aparentemente, os julgaram menos convincentes que os seus. Quereis ter o segredo de sua fé? Ei-lo: É que antes de crer, eles compreendem.

O Espiritismo não teme a luz; ele a chama sobre suas doutrinas, porque quer ser aceito livremente e pela razão. Longe de temer que os espíritas percam sua fé pela leitura de obras que o combatem, ele lhes diz: Lede tudo, o pró e o contra, e escolhei com conhecimento de causa. É por isto que assinalamos à sua atenção a obra do Sr. Abade Poussin[1].

Transcrevemos, a seguir, sem comentários, alguns fragmentos tirados da primeira parte.

1. – Certos católicos, mesmo piedosos, em matéria de fé têm ideias singulares, resultado inevitável do ceticismo ambiente que, malgrado seu, os domina e dos quais sofrem a influência deletéria. *Falai de Deus, de Jesus Cristo, e eles aceitam tudo imediatamente; mas se tentardes falar do demônio e sobretudo da intervenção diabólica na vida humana, não mais vos entendem.* Como os nossos racionalistas contemporâneos, de boa vontade eles tomariam o demônio por um mito ou uma personificação fantástica do gênio do mal; os êxtases dos santos por fenômenos de catalepsia e as possessões diabólicas, mesmo as do Evangelho, senão por epilepsia, ao menos por

---

[1] Um vol. in-12; preço, 3 francos. No livreiro Sarlit, Rua Saint-Sulpice, 23. Paris.

parábolas. Santo Tomás, em sua linguagem precisa, responde em duas palavras a esse perigoso ceticismo: "Se a facilidade de ver falar o demônio procede da ignorância das leis da Natureza e da credulidade, a tendência geral a não ver sua ação em parte alguma procede da irreligião e da incredulidade." Negar o demônio é negar o Cristianismo e negar Deus.

2. – A crença na existência dos Espíritos e sua intervenção no domínio de nossa vida, mais ainda, o próprio Espiritismo ou a prática da evocação dos Espíritos, almas, anjos ou demônios, remontam à mais alta Antiguidade, e são tão antigas quanto o mundo. – Sobre a existência e o papel dos Espíritos, interroguemos, para começar, nossos livros sagrados, os mais antigos e os mais incontestados livros de História, que são, ao mesmo tempo, o código divino de nossa fé. O demônio, seduzindo sob uma forma sensível Adão e Eva no Paraíso; os querubins que guardavam a sua entrada; os anjos que visitam Abraão e discutem com ele a questão da salvação de Sodoma; os anjos insultados na cidade imunda, arrancando Loth ao incêndio; o anjo de Isaac, de Jacob, de Moisés e de Tobias; o demônio que mata os sete maridos de Sara; o que tortura a alma e o corpo de Job; o anjo exterminador dos egípcios sob Moisés, e dos israelitas sob David; a mão invisível que escreve a sentença de Baltazar; o anjo que fere Heliodoro; o anjo da Encarnação, Gabriel, que anuncia São João e Jesus Cristo; que mais é preciso para mostrar a existência dos Espíritos e a crença na intervenção desses Espíritos, bons ou maus, nos atos da vida humana? Deus fez dos Espíritos seus embaixadores, diz o salmista; são os ministros de Deus, diz São Paulo; São Pedro nos ensina que os demônios rondam sem cessar em torno de nós, como leões rugidores; São Paulo, tentado por eles, nos declara que o ar está cheio deles.

3. – Notamos aqui que as tradições pagãs estão em perfeita harmonia com as tradições judias e cristãs. O mundo, segundo Tales e Pitágoras, está cheio de *substâncias espirituais*. Todos esses autores os dividem em Espíritos bons e maus; Empédocles diz que os demônios são punidos pelas faltas que cometeram; Platão fala de um príncipe, de natureza malfazeja, preposto desses Espíritos expulsos pelos deuses e caídos do céu, diz Plutarco. Todas as almas, acrescenta Porfírio, que têm por princípio a alma do Universo, governam os grandes países situados embaixo da Lua: são os bons *demônios* (Espíritos); e, fiquemos bem convencidos, eles não agem senão no interesse

de seus administrados, seja com o cuidado que dedicam aos animais, seja quando velam pelos frutos da terra, seja quando presidem às chuvas, aos ventos moderados, ao bom tempo. É preciso ainda colocar na categoria dos *bons demônios,* segundo Platão, aqueles que são encarregados de levar aos deuses as preces dos homens, e que trazem aos homens as advertências, as exortações, os oráculos dos deuses.

4. – Os árabes chamam o chefe dos demônios *Iba;* os caldeus enchem com eles o ar; Confúcio, enfim, ensina absolutamente a mesma doutrina: "Como são sublimes as virtudes dos Espíritos! dizia ele; nós os olhamos e não os vemos; escutamo-los e não os ouvimos; unidos à substância das coisas, eles não podem delas separar-se; eles são a causa de que todos os homens em todo o Universo se purifiquem e se revistam de roupas de gala para oferecer sacrifícios; estão espalhados como as ondas do oceano acima de nós, à nossa esquerda e à nossa direita."

O culto dos Manitôs, espalhado entre os selvagens da América, não é senão o culto dos Espíritos.

5. – Por seu lado, os Pais da Igreja interpretaram admiravelmente a doutrina das Escrituras sobre a existência e a intervenção dos Espíritos: "Nada há no mundo visível que não seja regido e disposto pela criatura invisível", diz São Gregório. "Cada ser vivo tem, neste mundo, um anjo que o dirige", acrescenta Santo Agostinho. "Os anjos, diz São Gregório de Nazianza, são os ministros da vontade de Deus; eles têm, naturalmente e por comunicação, uma força extraordinária; eles percorrem todos os lugares e se acham em toda parte, tanto pela prontidão com que exercem seu ministério, quanto pela leveza de sua natureza. Uns são encarregados de velar sobre alguma parte do Universo que lhes é designada por Deus, de quem dependem em todas as coisas; outros estão na guarda das cidades e das igrejas; ajudam-nos em tudo quanto fazemos de bem.

6. – Em relação à razão fundamental, Deus governa imediatamente o Universo; mas relativamente à execução, há coisas que ele governa por intermediários.

7. – Quanto à própria *evocação* dos Espíritos, almas, anjos ou demônios, e a todas as práticas da magia, de que o Espiritismo não passa de uma forma mais ou menos desenvolvida de charlatanismo, é uma prática tão antiga quanto a crença nos próprios Espíritos.

8. – Assim explica São Cipriano os mistérios do Espiritismo pagão:

"Os demônios se introduzem nas estátuas e nos simulacros que o homem adora; são eles que animam as fibras das vítimas, que inspiram com seu sopro o coração dos adivinhos e dão uma voz aos oráculos. Mas como podem eles curar? *Loedunt primo,* diz Tertuliano, *postque laedere desinunt, et curasse creduntur.* Primeiro ferem e, cessando de ferir, passam por curar.

Na Índia, são os *Lamas* e os bramanistas que, desde a mais alta Antiguidade, têm o monopólio dessas mesmas evocações, que ainda continuam. "Eles faziam comunicar-se o Céu com a Terra, o homem com a Divindade, absolutamente como os nossos *médiuns* atuais. A origem desse privilégio parece remontar à própria gênese dos hindus e pertencer à casta sacerdotal desses povos. Saída do cérebro de Brahma, a casta sacerdotal deve ficar mais perto da natureza desse deus criador e entrar mais facilmente em comunicação com ele do que a casta guerreira, nascida de seus braços e, com mais forte razão, que a casta dos párias, formada da poeira de seus pés."

9. – Mas o fato mais interessante e mais autêntico da História, é, sem dúvida, a evocação de Samuel pelo *médium* da Pitonisa de Endor, que interroga Saul: "Samuel tinha morrido, diz a Escritura; toda Israel o tinha chorado e ele tinha sido enterrado na cidade de Ramatha, lugar de seu nascimento. E Saul havia expulsado os magos e os adivinhos de seu reino. Estando então reunidos, os Filisteus vieram acampar em Sunam; por seu lado, Saul reuniu todas as tropas de Israel e veio para Gilboé. E tendo visto o exército dos Filisteus, foi tomado de espanto e o medo o tomou até o fundo do coração. Ele consultou o Senhor, mas o Senhor não lhe respondeu, nem em sonhos, nem pelos sacerdotes, nem pelos profetas. Então ele disse aos seus oficiais: "Procurai-me *uma mulher que tenha um Espírito de Píton,* para que eu vá encontrá-la e que, por meio dela, eu possa consultá-lo." Seus servidores lhe disseram: "Há em Endor uma mulher que tem um Espírito de Píton." Então Saul se disfarçou, trocou de roupas e lá foi, acompanhado por apenas dois homens. Ele foi à noite à casa da mulher e lhe disse: "Consultai para mim o Espírito de Píton e evocai-me aquele que eu vos disser." Essa mulher lhe

respondeu: "Vós sabeis tudo o que fez Saul e de que maneira exterminou os magos e os adivinhos de todas as suas terras. Por que, então, armais uma cilada para me perder?" Saul jurou pelo Senhor e lhe disse: "Viva o Senhor! Deste não vos virá nenhum mal." A mulher lhe disse: "Quem quereis ver?" Ele respondeu: "Fazei-me vir Samuel." A mulher, tendo visto Samuel, soltou um grande grito, e disse a Saul: "Por que me enganastes? Porque sois Saul." O rei lhe disse: "Não temais. Que vistes?" – *Eu vi*, disse-lhe ela, *um deus que saía da terra*." Saul lhe disse: "Como era ele feito?" – "É, disse ela, um velho coberto com um manto." Saul reconheceu, então, que era Samuel, e lhe fez uma profunda reverência, curvando-se até o chão. Samuel disse a Saul: "Por que perturbastes o meu repouso, fazendo-me evocar?" Saul lhe respondeu: "Estou numa situação extrema. Os Filisteus me fazem guerra e *Deus se afastou de mim*: ele não me quis responder nem pelos profetas, nem em sonhos. Eis por que vos fiz evocar, a fim de que ensineis o que devo fazer." Samuel lhe disse: "Por que vos dirigis a mim, se o Senhor vos abandonou e passou ao vosso rival? Porque o Senhor vos tratará como eu disse de sua parte. Ele estraçalhará o vosso reino por vossas mãos, para dá-lo a David, vosso genro, porque não obedecestes à voz do Senhor, nem executastes a sentença de sua cólera contra os amalacitas. É por isto que o Senhor vos envia hoje aquilo que sofreis. Ele entregará Israel convosco nas mãos dos Filisteus. *Amanhã estareis comigo, vós e o vosso filho*, e o Senhor abandonará aos filisteus o campo de Israel." Saul caiu imediatamente e ficou estendido no chão, porque as palavras de Samuel o tinham apavorado, e as forças lhe faltavam, porque ainda não tinha comido nada naquele dia. A maga veio a ele na perturbação em que ele estava e lhe disse: 'Vedes que vossa serva vos obedeceu, *que expus minha vida por vós* e que me entreguei ao que desejáveis de mim.'

"Eis que *há quarenta anos faço profissão de evocar os mortos* a serviço de estranhos, disse Philon após essa história, mas jamais vi semelhante aparição. O Eclesiastes encarregou-se de nos provar que se trata de uma verdadeira aparição e não de uma alucinação de Saul: "Samuel, *depois de sua morte, falou ao rei*, diz o Espírito Santo, predisse o fim de sua vida e, *saindo da terra*, ergueu sua voz para profetizar a ruína de sua nação, por causa de sua impiedade."

OS AÏSSAOUÁ

OU OS CONVULSIONÁRIOS DA RUA LE PELETIER

Entre as curiosidades atraídas a Paris pela Exposição, uma das mais estranhas é certamente a dos exercícios executados por árabes da tribo dos aïssaouá. O *Monde Illustré,* de 19 de outubro de 1867 fornece um relato acompanhado de vários desenhos das diversas cenas que o autor do artigo testemunhou na Argélia. Ele começa assim o seu relato:

"Os aïssaouá formam uma seita religiosa muito espalhada na África e sobretudo na Argélia. Não conhecemos o seu objetivo; sua fundação remonta, dizem uns, a Aïssa, o escravo favorito do Profeta; outros pretendem que sua confraria foi fundada por Aïssa, piedoso e sábio marabu do século dezesseis. Seja como for, os aïssaouá sustentam que o seu piedoso fundador lhes dá o privilégio de serem insensíveis ao sofrimento."

Tiramos do *Petit Journal* de 30 de setembro de 1867 o relato de uma das sessões que uma companhia de aïssaouá deu em Paris, durante a Exposição, primeiro no teatro do Campo de Marte e em último lugar na sala da arena atlética da rua Le Peletier. Sem dúvida a cena não tem o caráter imponente e terrível das que se realizam nas mesquitas, cercadas pelo prestígio das cerimônias religiosas. Mas, à parte algumas nuanças de detalhes, os fatos são os mesmos e os resultados idênticos, e aí está o essencial. Aliás, tendo-se passado as coisas em plena Paris, aos olhos de numeroso público, o relato não pode ser suspeito de exagero. É o Sr. Timothée Trimm que fala:

"Confesso que ontem à noite vi coisas que deixam muito para trás os irmãos Davenport e os pretensos milagres do magnetismo. Os prodígios são produzidos numa pequena sala, ainda não classificada na hierarquia dos espetáculos. Isto se passa na arena atlética da rua Le Peletier. Sem dúvida é por isso que tão pouco se trata dos feiticeiros, dos quais falo hoje.

"É evidente que tratamos com iluminados, porque eis vinte e seis árabes que se agacham e, para começar, se servem de castanholas de ferro para acompanhar seus cantos.

"Do corpo de balé muçulmano inicialmente saiu o primeiro, um jovem árabe que tomou um carvão aceso. Não suspeito que pudesse ser um carvão de um calor fictício, adrede preparado, porque senti o seu ardor quando ele passou em minha frente e queimou o assoalho quando escapou das mãos que o sustinham. O homem tomou esse carvão ardente, colocou-o em sua boca com gritos horríveis e ali o conservou.

"Para mim é evidente que esses bárbaros aïssaouá são verdadeiros convulsionários maometanos. No século passado houve os convulsionários de Paris. Os aïssaouá da rua Le Peletier certamente acharam essa curiosa descoberta do prazer, da volúpia e do êxtase na mortificação corporal.

"Théophile Gautier, com seu estilo inimitável, descreveu as danças desses convulsionários árabes. Eis o que ele dizia no *Moniteur* de 29 de julho último:

"*O primeiro interlúdio de dança era acompanhado por três grandes caixas e três oboés, tocando em modo menor uma cantilena de uma melancolia nostálgica, sustentada por esses ritmos implacáveis que acabam se apoderando de nós e sentimos uma vertigem. Dir-se-ia uma alma lamentosa que a fatalidade força a marchar com um passo sempre igual para um fim desconhecido, mas que se pressente doloroso.*

"*Em breve levantou-se uma dançarina com esse ar abatido que têm as dançarinas orientais, como uma morta que despertasse de uma encantação mágica e por imperceptíveis deslocamentos dos pés aproximou-se do proscênio; uma de suas companheiras juntou-se a ela e começaram, animando-se pouco a pouco, sob a pressão da mesura, essas torções de ancas, essas ondulações de torso, esses balanços de braços agitando lenços de seda raiados de ouro e essa pantomima langorosamente voluptuosa que forma o fundo da dança das bailadeiras orientais. Levantar a perna para uma pirueta ou um "jeté-battu" seria, aos olhos dessas dançarinas, o cúmulo da indecência.*

"*No fim, todo o elenco se pôs de lado e notamos, entre as outras, uma dançarina de uma beleza arisca e bárbara, vestida de "haïks" brancos e enfeitada com uma espécie de "chachia" cercada de cordões. Suas sobrancelhas negras unidas com "surmeh" na raiz do nariz e sua boca vermelha como um pimentão, no meio da face pálida, lhe davam uma fisionomia ao mesmo tempo terrível e encantadora; mas a atração principal da noite era a sessão dos aïssaouá, ou discípulos de Aïssa, a quem o mestre legou o singular privilégio de impunemente devorar tudo o que lhes apresentam."*

"Aqui, para dar a compreender a excentricidade dos nossos convulsionários argelinos, prefiro a minha prosa simples e sem arte à fraseologia elegante e sábia do mestre. Eis, então, o que vi:

"Chega um árabe; dão-lhe um pedaço de vidro para comer! Ele o toma, mete-o na boca e o come!... Por alguns minutos ouvem-se os seus dentes mastigando o vidro. Aparece sangue na superfície dos lábios trêmulos... Ele engole o pedaço de vidro quebrado, dançando e fazendo genuflexões, ao som dos tam-tans.

"A este sucede um árabe que traz na mão galhos de figueira da Barbária, o cacto de espinhos compridos. Cada aspereza da folhagem é como uma ponta acerada. O árabe come essa folhagem picante, como comeríamos uma salada de alface ou de chicória.

"Quando a folhagem mortal de cactos acabou de ser absorvida, veio um árabe que dançava com uma lança na mão. Ele apoiou a lança no olho direito, dizendo versículos sagrados, que bem deveriam compreender os nossos oculistas... e o olho direito saiu completamente da órbita!... Todos os assistentes soltaram um grito de terror!

"Então veio um homem que mandou amarrar o corpo com uma corda... vinte homens puxam; ele luta, sente a corda entrar nas carnes; ri e canta durante essa agonia.

"Eis um outro energúmeno diante do qual trazem um sabre turco. Passei os dedos pela lâmina fina e cortante como a de uma navalha. O homem desfaz a cintura, mostra seu ventre nu e se deita sobre a lâmina; empurram-na, mas o damasco respeita a sua epiderme; o árabe venceu o aço.

"Passo em silêncio os aïssaouá que comem fogo, colocando os pés descalços sobre um braseiro ardente. Fui ver o braseiro nos bastidores e atesto que é ardente e composto de lenha inflamada. Também examinei a boca dos que são chamados comedores de fogo. Os dentes são queimados, as gengivas são calcinadas, a abóbada palatina parece ter-se endurecido. Mas é mesmo fogo, todos esses tições que engolem, com contorções danadas, procurando aclimatar-se no inferno... que passa por um país quente.

O que mais me impressionou nessa estranha exibição dos convulsionários da rua Le Peletier, foi o comedor de serpentes. Imaginai um homem que abre um cesto. Dez serpentes de cabeça ameaçadora saem, silvando. O árabe manipula as serpentes, agrada-as, faz que elas se enrolem em torno de seu torso nu. Depois escolhe a maior e mais esperta e com os dentes morde e lhe arranca a cauda. Então o réptil se torce nas angústias da dor. Ela apresenta a cabeça irritada ao árabe que põe a íngua à altura do dardo; de repente, com uma dentada, arranca a cabeça da serpente e a come. Ouve-se o estalar do corpo do réptil nos dentes do selvagem, que mostra através dos lábios ensanguentados o monstro decapitado. Durante esse tempo, a música melancólica dos tam-tans continua o seu ritmo sagrado, e o devorador de serpentes vai cair, perdido e atordoado, aos pés dos cantores místicos.

"Até a semana passada eles tinham feito esse exercício somente com serpentes da Argélia, que poderiam ter sido domesticadas na viagem. Mas as serpentes argelinas se acabam, como todas as coisas. Ontem era a estreia das serpentes de Fontainebleau; o Argelino parecia cheio de desconfiança em relação aos nossos répteis nacionais.

"Vá quanto ao fogo devorado, suportado nas extremidades... na planta dos pés e na palma das mãos... mas o mastigador de vidro e o comedor de serpentes!... são fenômenos inexplicáveis.

"Nós os tínhamos visto outrora num aduar, nas proximidades de Blidah, diz o Sr. Théophile Gautier, e esse sabá noturno nos deixou lembranças ainda arrepiantes. Os aïssaouá, depois de excitados pela música, pelo vapor dos perfumes e esse balanço de fera, que agita como uma juba sua imensa cabeleira, morderam folhas de cactos; mastigaram carvões ardentes; lamberam pás rubras; engoliram vidro moído que se ouvia estalar em seus maxilares; atravessaram a língua e as bochechas com agulhas; fizeram os olhos saltarem fora das órbitas e andaram sobre o fio de um yatagan de aço de Damasco; um deles, atado em um nó corrediço de uma corda puxada por sete ou oito homens, parecia cortado em dois. Isto não os impediu, acabados os exercícios, de virem saudar-nos em nosso lugar, à maneira oriental, e receber o seu "bacchich."

30 | REVISTA ESPÍRITA

"Das horríveis torturas a que acabavam de se submeter, não restava qualquer marca. Que alguém mais sábio que nós explique o prodígio, pois de nossa parte, renunciamos."

"Sou da opinião de meu ilustre colega e venerado superior na grande arte de escrever, tão difícil quanto a de engolir répteis. Não procuro explicar estas maravilhas; mas era meu dever de cronista não deixá-las passar em silêncio."

Nós próprio assistimos a uma sessão dos aïssaouá e podemos dizer que este relato nada tem de exagerado. Vimos tudo o que aí está contado e mais, um homem atravessar a face e o pescoço com um espeto cortante, em forma de lardeadeira. Tendo tocado o instrumento e examinado a coisa bem de perto, convencemo-nos que não havia nenhum subterfúgio e que o ferro realmente atravessava as carnes. Mas, coisa bizarra, o sangue não corria e a ferida cicatrizava quase que instantaneamente. Vimos um outro manter na boca ardentes carvões de pedra, do tamanho de um ovo, cuja combustão ativava pelo sopro, passeando em redor da sala e lançando centelhas. Era fogo tão real que vários espectadores nele acenderam os charutos.

Aqui não se trata, pois, de golpes de mágica, de simulacros, nem de charlatanice, mas de fatos positivos; de um fenômeno fisiológico que confunde as mais vulgares noções da Ciência; entretanto, por mais estranho que seja, não pode ter senão uma causa natural. O que é mais estranho ainda é que a Ciência parece não lhe haver prestado a menor atenção. Como é que sábios, que passam a vida à procura das leis da vitalidade, ficam indiferentes à vista de semelhantes fatos e não lhes buscam as causas? Julgam-se dispensados de qualquer explicação, dizendo que "são simplesmente convulsionários como havia no último século". Seja, estamos de acordo. Mas, então, explicai o que se passava com os convulsionários. Considerando-se que os mesmos fenômenos se produzem hoje, aos nossos olhos, diante do público, que o primeiro pode vê-los e tocá-los, então não era uma comédia. Esses pobres convulsionários, dos quais tanto zombaram, não eram, então, pelotiqueiros e charlatães, como pretenderam? Os mesmos efeitos, produzindo-se à vontade, por infiéis, em nome de Alá ou de Maomé, não são, pois, milagres, como outros pensaram? Dirão que são *iluminados*. Seja, ainda; mas então seria preciso explicar o que é ser iluminado. É preciso que a iluminação não seja uma qualidade tão ilusória quanto supõem, porquanto seria capaz de produzir efeitos materiais, tão singulares; seria, em todo caso, uma razão a mais para estudá-la com cuidado. Se esses efeitos não são milagres nem habilidades de prestidigitação, há que concluir que são efeitos naturais cuja causa é desconhecida, mas que sem dúvida não é impossível de ser encontrada. Quem sabe se o Espiritismo, que já nos deu a chave de tantas coisas incompreendidas, não nos dará ainda esta? É o que examinaremos num próximo artigo.

UMA MANIFESTAÇÃO ANTES DA MORTE

A carta seguinte nos foi dirigida de Marennes, em janeiro último.
"Senhor Allan Kardec,
"Julgaria ter faltado ao meu dever se, no começo deste ano, não tivesse vindo agradecer-vos a boa lembrança que tivestes a bondade de conservar de mim, dirigindo a Deus novas preces pelo meu restabelecimento. Sim, senhor, elas me foram salutares e nelas reconheço vossa boa influência, bem como a dos bons Espíritos que vos rodeiam, porque desde 14 de maio eu era obrigada a guardar o leito de vez em quando, em consequência das febres malignas que me tinham posto num estado muito triste. Há um mês estou melhor; agradeço-vos mil vezes, rogando-vos agradecer, em meu nome, a todos os irmãos da Sociedade de Paris, que tiveram a bondade de unir as suas preces às vossas.

"Muitas vezes tive manifestações, como sabeis, mas uma das mais admiráveis é a do fato que vou relatar.

"Em maio último, meu pai veio a Marennes passar alguns dias conosco. Quando chegou, caiu doente e morreu ao cabo de oito dias. Sua morte me causou uma dor ainda mais viva porque eu tinha sido avisada seis meses antes, mas não havia dado crédito. Eis o fato:

"No mês de dezembro passado, sabendo que ele devia vir, eu tinha mobiliado um quartinho para ele, e meu desejo era que ninguém ali dormisse antes dele. Do momento em

32 | REVISTA ESPÍRITA

que manifestei tal pensamento, tive a intuição de que quem se deitasse naquela cama ali morreria, e essa ideia, que me perseguia incessantemente, me apertava o coração a ponto de não ousar mais ir àquele quarto. Contudo, na esperança de me desembaraçar dela, fui orar junto ao leito. Julguei ali ver um corpo enterrado; para me assegurar, levantei os lençóis e nada vi. Então eu disse para mim mesma que todos esses pressentimentos não passam de ilusões ou de resultados de obsessões. No mesmo instante ouvi suspiros como de uma pessoa que definha, depois senti minha mão direita apertada fortemente por uma mão quente e úmida. Saí do quarto e não mais ousei ali entrar sozinha. Durante seis meses fui atormentada por esse triste aviso, e ninguém lá dormiu antes da chegada de meu pai. Foi lá que ele morreu; seus últimos suspiros foram os mesmos que eu tinha ouvido e, antes de morrer, sem que lhe pedisse, tomou-me a mão direita e a apertou da mesma maneira que eu tinha sentido seis meses antes; a sua tinha o suor quente que eu havia igualmente notado. Não posso, pois, duvidar que tenha sido um aviso que me foi dado.

"Tive muitas outras provas da intervenção dos Espíritos, mas seria demasiado longo vos detalhar numa carta. Não lembrarei senão o fato de uma discussão de quatro horas que tive, em agosto último, com dois sacerdotes, e durante a qual me senti verdadeiramente inspirada e forçada a falar com uma facilidade de que eu própria fiquei surpresa. Lamento não vos poder relatar essa conversa. Isto não vos causaria admiração, mas vos divertiria.

"Recebei etc."

ANGELINA DE OGÉ

Há todo um estudo a fazer nesta carta. Para começar, aí vemos um estímulo a orar pelos doentes, depois uma nova prova da assistência dos Espíritos pela inspiração das palavras que se devem pronunciar em circunstâncias em que se estaria muito embaraçado para falar se se estivesse entregue às suas próprias forças. É talvez um dos gêneros mais comuns de mediunidade, e que vem confirmar o princípio que todo mundo é mais ou menos médium sem o suspeitar. Seguramente, se cada um se reportasse às diversas circunstâncias de sua vida, observasse com cuidado os efeitos que ressente ou de que foi testemunha, não haveria ninguém que não reconhecesse ter alguns efeitos de mediunidade inconsciente.

Mas o fato mais marcante é o do aviso da morte do pai da senhora de Ogé, e do pressentimento com que foi perseguida durante seis meses. Sem dúvida, quando ela foi orar nesse quarto, e acreditou ver um corpo no leito, que constatou estar vazio, poder-se-ia, com alguma verossimilhança, admitir o efeito de uma imaginação ferida. O mesmo poderia ter acontecido com os suspiros que ela ouviu. A pressão da mão também poderia ser atribuída a um efeito nervoso, provocado pela superexcitação de seu espírito. Mas como explicar a coincidência de todos esses fatos com o que se passou quando da morte de seu pai? Dirá a incredulidade: puro efeito do acaso; diz o Espiritismo: fenômeno natural, devido à ação de fluidos cujas propriedades até hoje foram desconhecidas, submetidos à lei que rege as relações do mundo espiritual com o mundo corporal.

Ligando às leis da Natureza a maior parte dos fenômenos reputados sobrenaturais, o Espiritismo vem precisamente combater o fanatismo e o maravilhoso que o acusam de querer fazer reviver; daqueles que são possíveis, ele dá uma explicação racional, e dos que seriam uma derrogação das leis da Natureza ele demonstra a impossibilidade. A causa de uma porção de fenômenos está no princípio espiritual, cuja existência ele vem provar. Mas como os que negam esse princípio podem admitir as suas consequências? Aquele que nega a alma e a vida extra-corporal não pode reconhecer os seus efeitos.

Para os espíritas, o fato de que se trata nada tem de surpreendente, e se explica por analogia, como uma porção de fatos do mesmo gênero, cuja autenticidade não pode ser contestada. Entretanto, as circunstâncias em que se produziu apresentam uma dificuldade, mas o Espiritismo jamais disse que nada mais tinha a aprender. Ele possui uma chave cujas aplicações todas ainda está longe de conhecer. Aplica-se a estudá-las, a fim de chegar a um conhecimento tão completo quanto possível das forças naturais e do mundo invisível em cujo meio vivemos, mundo que nos interessa a todos, porque todos, sem exceção, devemos nele entrar mais cedo ou mais tarde, e vemos todos os dias, pelo exemplo dos que partem, a vantagem de conhecê-lo antecipadamente.

Nunca seria demais repetir que o Espiritismo não admite qualquer teoria preconcebida: ele vê, observa, estuda os efeitos e dos efeitos procura remontar às causas, de tal sorte que, quando formula um princípio ou uma teoria, sempre se apoia na experiência. É, pois, rigorosamente certo dizer que é uma ciência de observação. Aqueles que afetam não ver nele senão uma obra de imaginação, provam que lhe desconhecem as primeiras palavras.

Se o pai da senhora de Ogé tivesse morrido sem que ela o soubesse, na época em que sentiu os efeitos de que falamos, esses efeitos se explicariam da maneira mais simples. Desprendido do corpo, o Espírito teria vindo a ela avisá-la de sua partida deste mundo, e atestar sua presença por uma manifestação sensível, com a ajuda de seu fluido perispiritual. Isto é muito frequente. Compreendemos perfeitamente que aqui o efeito é devido ao mesmo princípio fluídico, isto é, à ação do perispírito, mas como a ação material do corpo, que ocorreu no momento da morte, pôde produzir-se identicamente seis meses antes dessa morte, quando nada de ostensivo, doença ou outra causa, poderia fazê-la pressentir?

Eis a explicação a respeito, dada na Sociedade de Paris:

O Espírito do pai dessa senhora, em estado de desprendimento, tinha um conhecimento antecipado de sua morte e da maneira pela qual ela se realizaria. Abarcando sua visão espiritual um certo espaço de tempo, para ele a coisa era como presente, mas, no estado de vigília, disso ele não conservava qualquer lembrança. Foi ele próprio que se manifestou à sua filha, seis meses antes, nas condições que deviam se produzir, a fim de que mais tarde ela soubesse que era ele, e que estando preparada para uma separação próxima, ela não fosse surpreendida com a sua partida. Ela própria, como Espírito, tinha conhecimento disto, porque os dois Espíritos se comunicavam em seus momentos de liberdade. É o que lhe dava a intuição de que alguém devia morrer naquele quarto. Essa manifestação ocorreu igualmente com o fito de fornecer um assunto de instrução acerca do conhecimento do mundo invisível."

VARIEDADES

ESTRANHA VIOLAÇÃO DE SEPULTURA
(Estudo psicológico)

O *Observateur,* de Avesnes (20 de abril de 1867) relata o caso seguinte:

"Há três semanas um operário de Louvroil, chamado Magnan, de vinte e três anos, teve a infelicidade de perder a mulher, atingida por uma doença do peito. A mágoa profunda que ele por isto sentiu, em breve foi aumentada pela morte de seu filho, que não sobreviveu à mãe senão alguns dias. Magnan falava sem cessar de sua mulher, não podendo acreditar que ela o tivesse deixado para sempre e imaginando que não tardaria a voltar. Era em vão que os amigos buscavam oferecer-lhe algum consolo; ele os repelia a todos e se fechava em sua aflição.

"Quinta-feira última, após muitas dificuldades, seus camaradas de oficina decidiram acompanhar até a estrada de ferro um amigo comum, militar em férias que voltava ao regimento. Mas logo depois de chegarem à estação, Magnan esquivou-se e voltou sozinho à cidade, ainda mais preocupado do que de costume. Num cabaré tomou alguns copos de cerveja que acabaram de perturbá-lo, e foi nessas disposições que entrou em casa, pelas nove horas da noite. Achando-se só, o pensamento de que sua mulher não mais estava lá o superexcitou ainda mais, e ele experimentou um desejo invencível de vê-la. Então tomou uma velha cavadeira e uma pá ordinária, foi ao cemitério, e, a despeito da escuridão e da chuva horrível que caía no momento, logo começou a tirar a terra que cobria sua cara defunta.

"Só depois de várias horas de trabalho sobre-humano conseguiu retirar o caixão de sua cova. Só com as mãos, e quebrando as unhas, ele arrancou a tampa; depois, tomando nos braços o corpo de sua pobre companheira, levou-o para casa e o pôs na cama. Deveria ser, então, aproximadamente três horas da manhã. Depois de ter feito um bom fogo, descobriu o rosto da morta; então, quase alegre, correu à casa da vizinha que o tinha enterrado, para lhe dizer que sua mulher tinha voltado, como ele havia predito.

"Sem dar qualquer importância às palavras de Magnan, que, dizia ela, tinha visões, levantou-se e o acompanhou até a casa dele, a fim de acalmá-lo e fazê-lo deitar-se. Imagine-se a sua surpresa e o seu pavor, vendo o corpo exumado. O infeliz operário falava à morta como se ela pudesse escutá-lo e procurava com uma tenacidade tocante obter uma resposta, dando à sua voz uma doçura e toda a persuasão de que era capaz. Essa afeição além do túmulo oferecia um espetáculo pungente.

"Entretanto, a vizinha teve a presença de espírito de induzir o pobre alucinado a repor sua mulher no caixão, o que ele prometeu, vendo o silêncio obstinado daquela que julgava ter chamado à vida. Acreditando em tal promessa, ela voltou para casa, mais morta do que viva.

Mas Magnan não se deu por vencido e foi despertar dois vizinhos, que se levantaram, como a que a enterrara, para tentar tranquilizar o infortunado. Como ela, passado o primeiro momento de estupefação, eles o aconselharam a levar a morta para o cemitério, e dessa vez, sem hesitar, ele tomou a mulher nos braços e voltou a depositá-la na cova de onde a havia tirado, recolocou-a na fossa e a recobriu de terra.

"A mulher de Magnan estava enterrada há dezessete dias; não obstante, ainda se achava em perfeito estado de conservação, porque a expressão de seu rosto era exatamente a mesma que no momento em que foi enterrada.

"Quando interrogaram Magnan, no dia seguinte, ele pareceu não se lembrar do que havia feito nem do que se havia passado algumas horas antes. Apenas disse que acreditava ter visto sua mulher durante a noite." (*Siècle,* 29 de abril de 1867)."

INSTRUÇÕES SOBRE O FATO PRECEDENTE

(Sociedade de Paris, 10 de maio de 1867; Médium, Sr. Morin, em sonambulismo espontâneo)

Os fatos se mostram em toda parte, e tudo quanto se produz parece ter uma direção especial que leva aos estudos espirituais. Observai bem, e vereis a cada instante coisas que à primeira vista parecem anomalias na vida humana, e cuja causa inutilmente encontraríeis em qualquer lugar que não fosse na vida espiritual. Sem dúvida, para muita gente são apenas fatos curiosos, nos quais não pensam mais, desde que virada a página; mas outros pensam mais seriamente; procuram uma explicação e, à força de ver a vida espiritual erguer-se diante deles, serão obrigados a reconhecer que somente aí está a solução do que não podem compreender. Vós, que conheceis a vida espiritual, examinai bem os detalhes do fato que acaba de vos ser lido, e vede se ela não se mostra com evidência.

Não penseis que os estudos que fazeis sobre esses assuntos de atualidade e outros sejam perdidos para as massas, porque, até agora, eles vão quase exclusivamente aos espíritas, aos que já se acham convencidos. Não. Para começar, tende a certeza que os escritos espíritas vão além dos adeptos; há pessoas muito interessadas na questão para não se manterem ao corrente de tudo o que fazeis e da marcha da Doutrina. Sem que o pareça, a Sociedade, que é o centro onde se elaboram os trabalhos, é um ponto em mira, e as soluções sábias e raciocinadas que dela saem fazem refletir mais do que supondes. Mas dia virá em que esses mesmos escritos serão lidos, comentados, analisados publicamente; aí as pessoas colherão a mancheias os elementos sobre os quais devem assentar-se as novas ideias, porque aí encontrarão a verdade. Ainda uma vez, ficai convencidos que nada do que fazeis está perdido, mesmo para o presente, com mais forte razão para o futuro.

Tudo é assunto de instrução para o homem que reflete. No fato que vos ocupa, vedes um homem possuindo suas faculdades intelectuais, suas forças materiais, e que parece, no momento, completamente despojado das primeiras; ele pratica um ato que à primeira vista parece insensato. Ora! Aí está um grande ensinamento.

Isto aconteceu? perguntarão algumas pessoas. O homem estava em estado de sonambulismo natural, ou sonhou? O Espírito da mulher estava metido nisso? Tais são as perguntas que podem ser feitas a este respeito. Pois bem! O Espírito da senhora Magnan esteve muito envolvido nesse acontecimento, e muito mais do que podiam supor os próprios espíritas.

Se seguirdes o homem com atenção, desde o momento da morte de sua mulher, velo-eis mudar pouco a pouco; desde as primeiras horas da partida de sua mulher, vedes seu Espírito tomar uma direção que se acentua cada vez mais, para chegar ao ato de loucura da exumação do cadáver. Há, nesse ato, algo além do pesar, e, como ensina *O Livro dos Espíritos* e todas as comunicações, não é na vida presente, é no passado que se deve procurar a causa. Não estamos aqui na Terra senão para cumprir uma missão ou pagar uma dívida. No primeiro caso, realizais uma tarefa voluntária; no segundo, fazei a contrapartida dos sofrimentos que experimentais, e tereis a causa de vossos sofrimentos.

Quando a mulher morreu, lá ficou em Espírito, e como a união dos fluidos espirituais e do corpo era difícil de romper, em razão da inferioridade do Espírito, foi-lhe preciso um certo tempo para retomar sua liberdade de ação, um novo trabalho para a assimilação dos fluidos; depois, quando ela estava na medida, apoderou-se do corpo do homem e o possuiu. Eis aqui, pois, um verdadeiro caso de possessão.

O homem *não é mais ele*, e notai: ele não é mais ele mesmo senão quando vem a noite. Seria preciso entrar em longas explicações para vos fazer compreender a causa desta singularidade; mas, em duas palavras: a mistura de certos fluidos, como em Química a de certos gases, não pode suportar o brilho da luz. Eis por que certos fenômenos espontâneos ocorrem mais vezes à noite do que de dia. Ela possui esse homem; ela o induz a fazer o que ela quer; foi ela que o conduziu ao cemitério para obrigá-lo a fazer um trabalho sobre-humano e fazê-lo sofrer. E no dia seguinte, quando perguntam ao homem o que se passou, ele fica estupefato e só se lembra de haver sonhado com sua mulher. O sonho era a realidade; ela tinha prometido voltar e voltou; ela voltará e arrastá-lo-á.

Numa outra existência, foi cometido um crime; o que queria vingar-se deixou o primeiro encarnar-se e escolheu uma existência que, pondo-o em relação consigo, lhe permitia realizar sua vingança. Perguntareis por que essa permissão? Mas Deus nada concede que não seja justo e lógico. Um quer vingar-se; é preciso que tenha, como prova, ocasião de superar seu desejo de vingança, e o outro deve sofrer a prova e pagar pelo que fez sofrer o primeiro. Aqui o caso é o mesmo; apenas, não estando terminados os fenômenos, não se estendem mais por muito tempo: ainda existirá outra coisa.

BIBLIOGRAFIA

À VENDA A PARTIR DE 6 DE JANEIRO DE 1868

A GÊNESE,
OS MILAGRES E AS PREDIÇÕES SEGUNDO
O ESPIRITISMO

Por ALLAN KARDEC[2]

SUMÁRIO

INTRODUÇÃO

CAPÍTULO:
I. CARACTERES DA REVELAÇÃO ESPÍRITA.
II. DEUS. – Existência de Deus. – Da natureza divina. – A Providência. – A visão de Deus.
III. O BEM E O MAL. – Fonte do bem e do mal. – A inteligência e o instinto. – Destruição dos seres vivos uns pelos outros.
IV. PAPEL DA CIÊNCIA NA GÊNESE.
V. SISTEMAS DE MUNDOS ANTIGOS E MODERNOS.

---

[2] Livraria Internacional, Boulevard Montmartre, 15, Paris. – Um grosso volume in-12. Preço: 3,50 francos; pelo correio 4 francos. As despesas de correio para esta como para as outras obras são as para a França e para a Argélia. Para o estrangeiro, os preços variam conforme o país, a saber: Bélgica 0,65 franco. – Itália, 0,75 franco. – Inglaterra, Suíça, Espanha, Grécia, Constantinopla e Egito, I franco. – Prússia e Baviera, I,20 franco. – Holanda, I,50 franco. Portugal, Estados Unidos, Canadá, Canárias, Guadalupe, Cayenne, México, Maurício, China, Buenos Aires e Montevidéu, I,45 franco. – Holanda, 1,50 franco. – Brasil, I,80 franco. – Ducado de Baden, 2,25 francos. – Peru, 2,60 francos. – Áustria, 3,20 francos.

VI. URANOGRAFIA GERAL. – O espaço e o tempo. – A matéria. – As leis e as forças. – A criação primeira. – A criação universal. Os sóis e os planetas. – Os satélites. – Os cometas. A Via Láctea. – As estrelas fixas. – Os desertos do espaço. – Sucessão eterna dos mundos. – A vida universal. – A Ciência. -Considerações morais.

VII. ESBOÇO GEOLÓGICO DA TERRA. – Períodos geológicos. – Estado primitivo do globo, – Período primário. – Período de transição. – Período secundário. – Período terciário. – Período diluviano. – Período pós diluviano ou atual. – Nascimento do homem.

VIII. TEORIAS DA TERRA. – Teoria da projeção (Buffon). – Teoria da condensação. – Teoria da incrustação.

IX. REVOLUÇÕES DO GLOBO. – Revoluções gerais ou parciais. – Dilúvio bíblico. – Revoluções periódicas. – Cataclismos futuros.

X. GÊNESE ORGÂNICA. – Primeira formação dos seres vivos. – Princípio vital. – Geração espontânea. – Escala dos seres corporais. – O homem.

XI. GÊNESE ESPIRITUAL. – Princípio espiritual. – União do princípio espiritual e da matéria. – Hipótese sobre a origem dos corpos humanos. – Encarnação dos Espíritos. – Reencarnação. – Emigração e imigração dos Espíritos. – Raça adâmica. – Doutrina dos anjos decaídos.

XII. GÊNESE MOSAICA. – Os seis dias. – O paraíso perdido.

OS MILAGRES

XIII. CARACTERES DOS MILAGRES.

XIV. OS FLUIDOS. – Natureza e propriedade dos fluidos. – Explicação natural de alguns fatos reputados sobrenaturais.

XV. OS MILAGRES DO EVANGELHO. – Observações preliminares. – Sonhos. – Estrela dos Magos. – Dupla vista. – Curas.

– Possessos. – Ressurreições. – Jesus anda sobre as águas. – Transfiguração. – Tempestade apaziguada. – Bodas de Caná. – Multiplicação dos pães. – Tentação de Jesus. – Prodígios na morte de Jesus. – Aparição de Jesus após a morte. – Desaparecimento do corpo de Jesus.

AS PREDIÇÕES

XVI. TEORIA DA PRESCIÊNCIA.
XVII. PREDIÇÕES DO EVANGELHO. – Ninguém é profeta em sua terra. – Morte e paixão de Jesus. – Perseguição aos apóstolos. – Cidades impenitentes. – Ruína do Templo e de Jerusalém. – Maldição aos Fariseus. – Minhas palavras não passarão. – A pedra angular. – Parábola dos vinhateiros homicidas. – Um só rebanho e um só pastor. – A volta de Elias. – Anúncio do Consolador. – Segunda vinda do Cristo. – Sinais precursores. – Vossos filhos e vossas filhas profetizarão. – Juízo final.
XVIII. OS TEMPOS SÃO CHEGADOS. – Sinais dos tempos. – A nova geração.

ERRATUM

No número de julho de 1867, artigo "Curta excursão espírita", onde constou: As criaturas mais *ilustres* compreendem..., lede: As criaturas mais *iletradas*...[3]

ALLAN KARDEC

---

[3] Nesta edição, a falha foi corrigida. Nota da equipe revisora.

REVISTA ESPÍRITA
JORNAL DE ESTUDOS PSICOLÓGICOS

ANO XI	FEVEREIRO DE 1868	VOL. 2

EXTRATO DOS MANUSCRITOS DE UM JOVEM MÉDIUM BRETÃO

ALUCINADOS, INSPIRADOS, FLUÍDICOS E SONÂMBULOS

Nossos leitores se lembram de ter lido, em junho do ano passado, a análise do *Roman de l'Avenir,* que o Sr. Bonnemère havia tirado dos manuscritos de um jovem médium bretão que lhe havia confiado os seus trabalhos.

Foi ainda nesse volumoso acervo de manuscritos que o autor encontrou estas páginas, escritas em hora de inspiração, e que vem submeter à apreciação dos leitores da *Revista Espírita.* Desnecessário dizer que deixamos ao médium, ou antes, ao Espírito que o inspira, a responsabilidade das opiniões que ele emite, reservando-nos o direito de apreciá-las mais tarde. Assim como o *Romance do Futuro,* é um curioso espécimen de mediunidade inconsciente.

I

OS ALUCINADOS

Temos pouco a dizer sobre a alucinação, estado provocado por uma causa moral que influi sobre o físico e à qual se mostram mais acessíveis as naturezas nervosas, sempre mais prontas a se impressionar.

Sobretudo as mulheres, por sua organização íntima, são levadas à exaltação, e a febre se apresenta nelas com mais frequência, acompanhada de delírio que toma a aparência de loucura momentânea.

Temos que reconhecer que a alucinação toca ligeiramente a loucura, bem como todas as superexcitações cerebrais, e, ao passo que o delírio se exala sobretudo em palavras incoerentes, ela representa mais particularmente a ação, a encenação. Entretanto, erroneamente por vezes as confundem.

Presa de uma espécie de febre interior que não se traduz externamente por nenhuma perturbação aparente dos órgãos, o alucinado vive em meio ao mundo imaginário que sua imaginação perturbada cria; tudo está em desordem, nele como em torno dele; ele leva tudo ao extremo. Por vezes a alegria, e quase sempre a tristeza e as lágrimas rolam dos olhos enquanto seus lábios imitam um sorriso doentio.

Essas visões fantásticas existem para ele; ele as vê, as toca e se amedronta. Contudo, conserva o exercício de sua vontade; conversa com os interlocutores e lhes oculta o objeto de seus terrores ou de suas sombrias preocupações.

Conhecemos um que durante cerca de seis meses assistia todas as manhãs ao enterro de seu corpo, tendo plena consciência de que sua alma sobrevivia. Nada parecia mudado nos seus hábitos de vida, contudo esse pensamento incessante, essa mesma visão o seguia em todos os lugares. A palavra morte ressoava incessantemente em seu ouvido. Quando o sol brilhava, dissipava a noite ou atravessava as nuvens, a horrível visão se desvanecia pouco a pouco e por fim desaparecia. À noite ele adormecia, triste e desesperado, porque sabia que horrível despertar o aguardava no dia seguinte.

Por vezes, quando o excesso de sofrimento físico impunha silêncio à sua vontade e lhe tirava esse poder de dissimulação que de ordinário ele conservava, exclamava de súbito: – Ah! Ei-los!... Eu os vejo! ...Então ele descrevia aos que o cercavam com mais intimidade os detalhes da lúgubre cerimônia; narrava as cenas sinistras que se desenrolavam sob seus olhos, ou as rondas de personagens fantásticas que desfilavam diante dele.

O alucinado vos revelará as loucas percepções de seu cérebro doente, mas não tem nada a vos repetir do que outros viriam lhe revelar, porque, para ser inspirado, é preciso que a paz e a harmonia reinem em vossa alma, e que estejais desprendido de todo pensamento material ou mesquinho; algumas vezes a disposição doentia provoca a inspiração, e é então como um socorro que os amigos que partiram antes vêm vos trazer para vos aliviar.

Esse louco, que ontem gozava da plenitude de sua razão, não apresenta desordens exteriores perceptíveis pelo olho do observador; contudo elas são numerosas, existem e são reais. Muitas vezes o mal está na alma, lançada fora de si mesma pelo excesso de trabalho, de alegria, de dor; o homem físico não está mais em equilíbrio com o homem moral; o choque moral foi mais violento do que o físico pode suportar: daí o cataclismo.

O alucinado sofre igualmente as consequências de uma perturbação grave em seu organismo nervoso. Mas – o que raramente acontece na loucura – nele essas desordens são intermitentes e muito mais facilmente curáveis, porque sua vida, de certo modo, é dupla, pois ele pensa com a vida real e sonha com a vida fantástica.

Esta última é, por vezes, o despertar de sua alma doente, e se o escutarmos com inteligência, chegaremos a descobrir a causa do mal, que muitas vezes ele quer ocultar. Entre o fluxo de palavras incoerentes que uma pessoa em delírio expressa, e que parecem em nada se referir às causas prováveis de sua doença, encontrar-se-á uma que voltará sem cessar, que queria reter e que, contudo, escapa, a despeito de sua vontade. Essa é a causa verdadeira, e que é necessário combater.

Mas o trabalho é longo e difícil, porque o alucinado é um hábil comediante, e se ele percebe que o observam; seu espírito se lança em estranhos desvios e toma as aparências da loucura, para escapar a essa pressão inoportuna que pareceis decidido a exercer sobre ele. Portanto, é necessário estudá-lo com um tato extremo, sem jamais contradizê-lo ou tentar retificar os erros de seu cérebro em delírio.

Estão aí diversas fases de excitações cerebrais, ou melhor, excitações do ser todo inteiro, pois não é preciso localizar a sede da inteligência. A alma humana, que a dá, plana por toda parte; é o sopro do alto que faz vibrar e agir a máquina inteira.

O alucinado pode, de boa-fé, julgar-se inspirado e profetizar, quer tenha consciência do que diz, quer os que o rodeiam possam, só eles e malgrado seu, recolher suas palavras. Mas dar fé às indicações de um alucinado seria arriscar-se a estranhas decepções, e é assim que muitas vezes são levados a débito da inspiração os erros que não passavam de fruto da alucinação.

O físico é coisa material, sensível, exposta à luz, que cada um pode ver, admirar, criticar, cuidar ou tentar reerguer. Mas quem pode conhecer o homem moral? Quando nos ignoramos a nós mesmos, como nos julgarão os outros? Se nós lhes revelamos alguns dos nossos pensamentos, são em muito maior quantidade aqueles que ocultamos dos seus olhares e que gostaríamos de ocultá-los a nós mesmos.

Essa dissimulação é quase um crime social. Criados para o progresso, nossa alma, nosso coração, nossa inteligência são feitos para se difundir sobre todos os irmãos da grande família, para lhes prodigalizar tudo quanto está em nós, como para se enriquecer ao mesmo tempo com tudo o que eles podem transmitir-nos.

A expansão recíproca é, pois, a grande lei humanitária, e a concentração, isto é, a dissimulação de nossas ações, de nossos pensamentos, de nossas aspirações é uma espécie de roubo que cometemos em prejuízo de todo mundo. Que progresso far-se-á, se guardarmos em nós tudo o que a Natureza e a educação aí puseram e se cada um age do mesmo modo a nosso respeito?

Exilados voluntários e nos mantendo fora do comércio de nossos irmãos, nós nos concentramos numa ideia fixa; a imaginação obsedada procura a isso subtrair-se, perseguindo toda sorte de pensamentos inconsequentes, e assim pode-se chegar até à loucura, justo castigo que nos é infligido por não termos querido andar por nossos caminhos naturais.

Vivamos, pois, nos outros e eles em nós, a fim de que não constituamos senão um. As grandes alegrias, como as grandes dores, nos quebram quando não são confiadas a um amigo. Toda solidão é má e condenada, e toda coisa contrária aos desígnios da Natureza traz como consequências inevitáveis, imensas desordens interiores.

II

OS INSPIRADOS

A inspiração é mais rara que a alucinação, porque não se deve somente ao estado físico, mas ainda, e sobretudo, à situação moral do indivíduo predisposto a recebê-la.

Todo homem não dispõe senão de um certo quinhão inteligência que lhe é dado desenvolver por seu trabalho. Quando chega ao ponto culminante que lhe é dado atingir, ele para um momento, depois retorna ao estado primitivo, ao estado de criança, menos essa mesma inteligência que em um cresce dia a dia e no velho diminui, apaga-se e se extingue. Então, tendo dado tudo, e não podendo mais nada acrescentar à bagagem de seu século, ele parte, mas para ir continuar alhures sua obra interrompida aqui embaixo; ele parte, mas deixando o lugar rejuvenescido a um outro que, chegando a idade viril, terá o poder de cumprir, por sua vez, uma missão maior e mais útil.

O que chamamos morte não é senão o devotamento ao progresso e à Humanidade. Mas nada morre, tudo sobrevive e se reencontra pela transmissão do pensamento dos seres que partiram antes e que têm ainda, pela parte mais etérea de si mesmos, na pátria que deixaram, mas que não esqueceram, que continuam amando, porquanto ela é habitada pelos continuadores de sua vida, pelos herdeiros de suas ideias, aos quais se comprazem em insuflar por momentos as que não tiveram tempo de semear ao seu redor, ou que não puderam ver progredir ao nível de suas esperanças.

Não tendo mais órgãos a serviço de sua inteligência, eles vêm pedir aos homens de boa vontade que apreciam, que lhes cedam o lugar por um momento. Sublimes benfeitores ocultos, eles impregnam seus irmãos da quintessência de seu pensamento a fim de que sua obra esboçada continue e se conclua, passando pelo cérebro daqueles que podem fazê-la perlustrar seu caminho no mundo.

Entre os amigos desaparecidos e nós, o amor continua, e o amor é a vida. Eles nos falam com a voz de nossa consciência posta em vigília. Purificados e melhores, eles não nos trazem senão coisas puras, desprendidos que estão de toda a parte material, como de todas as mesquinharias de nossa pobre existência. Eles nos inspiram no sentimento que tinham neste mundo, mas nesse sentimento desprendido de toda mistura.

Resta-lhes uma parte de si mesmos para dar: eles no-la trazem, deixando-nos crer que a obtivemos apenas por nosso trabalho pessoal. Daí vêm essas revelações imprevistas, que desconcertam a Ciência. O espírito de Deus sopra onde quer... Desconhecidos fazem grandes descobertas, e o mundo oficial das Academias aí está para lhes entravar a passagem.

Não queremos dizer que para ser inspirado seja indispensável manter-se incessantemente nas vias estreitas do bem e da virtude, entretanto, de ordinário são seres morais aos quais, muitas vezes como compensação dos males que eles sofrem por causa dos outros, permitimos manifestações que lhes permitem vingar-se à sua maneira, trazendo o tributo de alguns benefícios à Humanidade que os desconhece, ridiculariza-os e os calunia.

Encontram-se tantas categorias de inspiração, e consequentemente de inspirados, quantas faculdades existem no cérebro humano para assimilar conhecimentos diferentes.

A luta assusta os Espíritos depurados que partiram para mundos mais adiantados, e eles desejam que os escutemos com docilidade. Também os inspirados são geralmente seres puros, ingênuos e simples, sérios e refletidos, cheios de abnegação e de devotamento, sem personalidade marcante, de impressões profundas e duráveis, acessíveis às influências exteriores, sem ideias preconcebidas sobre as coisas que ignoram, bastante inteligentes para assimilar os pensamentos alheios, mas não moralmente bastante fortes para discuti-los.

Se o inspirado se apega às suas próprias convicções, ele toma, de boa-fé, o seu eco pela advertência das vozes que nele falam e também de boa-fé, engana, em vez de esclarecer. A bondade preside essas revelações, que jamais ocorrem senão com um objetivo ao mesmo tempo útil e moral.

Quando uma dessas organizações simpáticas é sofredora, devido a uma decepção cruel ou a um mal físico, um amigo por ela se interessa e vem, dando um outro alimento ao seu pensamento, trazer alívio para ela própria, mas sobretudo para os que lhe são caros.

Não é raro que o inspirado tenha começado como um alucinado. É como um noviciado, uma preparação de seu cérebro para concentrar seu espírito e para poder aceitar aquilo que lhe dirão.

Porque um inspirado nada pode formular de concludente num certo momento, isto não quer dizer que não possa fazê-lo em outros. As manifestações ficam livres, espontâneas; vêm quando são necessárias. Assim os inspirados, mesmo os melhores, não o são em dia e hora fixos, e as sessões anunciadas previamente muitas vezes preparam inevitáveis decepções.

Fazendo evocações muito frequentes, corre-se o risco de não chegar senão a um estado de superexcitação mais próximo da alucinação do que da inspiração. Então não são mais que jogos de nossa imaginação em delírio, em lugar dessas luzes de outro mundo, destinadas a esclarecer os passos da Humanidade no caminho providencial.

Isto explica esses erros dos quais a incredulidade faz uma arma para negar, de maneira absoluta, a intervenção dos Espíritos superiores.

Os inspirados o são por todos aqueles que partiram antes da hora e têm algo para nos ensinar.

Pode acontecer que a mulher mais simples, a menos instruída, tenha revelações médicas. Vimos uma que, mesmo sem saber ler e escrever, achava em si diversos nomes de plantas que podiam curar. A credulidade popular quase a tinha forçado a explorar essa faculdade. Também não era sempre igualmente bem esclarecida, mesmo que tomando o pulso da pessoa doente que com ela se pusesse em contato, porque ela era também desses *fluídicos* dos quais falaremos daqui a pouco. Embora fraca e delicada, ela podia, por seu contato, restabelecer o equilíbrio daquele que o necessitava e repor em circulação os princípios vitais interrompidos. Sem se dar conta disto, ela fazia muitas vezes pelo simples toque, em certas pessoas cujo fluido era idêntico ao seu, mais bem do que os remédios que prescrevia, às vezes apenas por hábito, e com variantes insignificantes, fosse qual fosse o mal pelo qual a consultavam.

A Providência colocou junto a cada homem um remédio para cada doença. Apenas existem tantas naturezas quantos indivíduos diferentes. Os remédios também agem diferentemente sobre cada organismo, o qual influi sobre os caracteres do mal; e é isto que faz que seja quase impossível ao médico prescrever o remédio eficaz. Ele conhece os seus efeitos gerais, mas ignora absolutamente em que sentido agirá sobre tal criatura que lhe apresentam.

É aqui que brilha a superioridade dos fluídicos e dos sonâmbulos, porque, quando se acham em certas condições de simpatia com os que vêm consultá-los, os seres superiores os guiam com uma infalibilidade quase certa.

Por vezes essa inspiração é inconsciente de si mesma; às vezes um médico, apenas junto de certos doentes, acha de súbito o remédio que pode curá-los. Não foi a ciência que o guiou, foi a inspiração. A ciência punha à sua disposição vários modos de tratamento, mas uma voz interior lhe gritava um nome; ele foi forçado a dizê-lo, e esse nome era o do remédio que devia agir, com exclusão de qualquer outro.

O que dizemos da Medicina existe, nas mesmas condições, em todos os outros ramos do trabalho humano. Em certas horas, o fogo da inspiração nos devora; há que ceder. Se pretendemos concentrar em nós mesmos o que de nós deve sair, um verdadeiro sofrimento se torna o castigo de nossa revolta.

Todos aqueles a quem Deus concedeu o dom sublime de criação, os poetas, os sábios, os artistas, os inventores, todos têm essas iluminações inesperadas, por vezes numa ordem de fatos muito diferente de seus estudos ordinários, se tiverem pretendido violentar a sua vocação. Mas os Espíritos sabem o que devemos e podemos fazer, e vêm despertar incessantemente em nós as nossas atrações sufocadas.

Sabemos como Molière explicava essas desigualdades que enfeiam as mais belas peças de Corneille: "Este diabo de homem, dizia ele, tem um gênio familiar que vem por momentos soprar-lhe ao ouvido coisas sublimes; depois, de repente, planta-o lá, dizendo-lhe: 'Sai desta como puderes!' E então não faz mais nada que preste." Molière estava certo. O ativo gênio de Corneille não tinha a dócil passividade necessária para suportar continuamente a inspiração do alto. Os Espíritos o abandonavam, e então ele adormecia, como por vezes fazia Homero.

Existem – Sócrates e Jeanne d'Arc eram destes – os que escutam vozes interiores que neles falam. Outros nada escutam, mas são obrigados a obedecer a uma força poderosa que os domina.

Outras vezes, um nome vem ferir o ouvido do inspirado: é o de um amigo, de um indivíduo que ele nem mesmo conhece, do qual apenas ouviu falar. A personalidade desse amigo desconhecido o penetra, nele se manifesta; pouco a pouco pensamentos estranhos vêm substituir os seus. Por um momento ele tem o espírito daquele; obedece, escreve, sem saber, malgrado seu, se necessário, coisas que não sabe. E como essa obediência passiva à qual foi condenado lhe é difícil de suportar em estado de vigília, foge dessas coisas escritas sob uma inspiração opressiva, e não quer lê-las.

Esses pensamentos podem estar em desacordo formal com suas crenças, com seus sentimentos, ou melhor, com aqueles que a educação lhe impôs, porque, para que certos Espírito venham a ele, é preciso que exista alguma relação entre eles. Eles lhe dão o pensamento, deixando-lhe o cuidado de achar a forma. Então é preciso que eles saibam que sua inteligência pode compreendê-los e assimilar momentaneamente suas ideias para traduzi-las.

É que raramente as circunstâncias nos têm permitido que nos desenvolvamos no sentido de nossas aptidões nativas. Os Espíritos mais adiantados sabem qual corda é preciso tanger para que ela entre em vibração. Ela havia ficado muda, porque tínhamos atacado outras e desprezado aquela. Por um momento eles lhe dão vida. É um germe por muito tempo abafado, que eles fecundam. Depois, o inspirado, voltando ao seu estado habitual, não se lembra mais, porque vive uma existência dupla, cada uma das quais independe da outra.

Entretanto também acontece que ele conserve uma maior facilidade de compreensão, e conquiste um maior desenvolvimento intelectual. É a recompensa do esforço que ele fez para dar uma forma compreensível aos pensamentos que outros lhe vieram revelar.

Não acreditemos que todo inspirado possa conhecer tudo. Cada um, conforme suas predisposições naturais, porém mantidas muitas vezes desconhecidas de si próprio como dos outros, é inspirado por tal ou qual coisa, mas não igualmente por todas. Com efeito, existem naturezas de tal modo antipáticas a certos conhecimentos, que os Espíritos não virão jamais bater numa porta que eles sabem que não pode se abrir.

Só em certa medida o futuro é desconhecido pelos inspirados. Assim, não é certo dizer que um inspirado predisse para que mundo tal pessoa irá após a morte e que julgamento Deus pronunciará contra ela. Isto é um jogo de imaginação alucinada. Por mais alto que o homem tenha subido na escala dos mundos, ele não conhece qual será o destino de seu irmão. É a parte reservada a Deus: jamais a criatura poderá usurpar os seus direitos.

Sim, há manifestações, mas não são contínuas, e nossa impaciência a seu respeito muitas vezes é culposa.

Sim, tudo se reúne e nada é rompido no imenso Universo. Sim, existe entre esta existência e as outras um laço simpático e indissolúvel que liga e une uns aos outros, todos os membros da família humana, e que permite que os melhores venham dar-nos o conhecimento do que não sabemos. É por esse trabalho que se realiza o progresso. Quer se chame trabalho da inteligência ou inspiração, é a mesma coisa. A inspiração é o progresso superior, é o fundo; o trabalho pessoal aí põe a forma, juntando ainda a quintessência dos conhecimentos anteriormente adquiridos.

Nenhuma invenção nos pertence propriamente, porque outros lançaram antes a semente que recolhemos. Aplicamos à obra que queremos prosseguir, as forças e o trabalho da Natureza, que é de todos, e sem o auxílio da qual nada se faz, e depois as forças e o trabalho acumulados pelos outros, que nos prepararam os meios de triunfar.

A bem dizer, tudo é obra comum e coletiva, para confirmar ainda esse grande princípio de solidariedade e de associação que é a base das sociedades e a lei da criação toda inteira.

O trabalho do homem jamais será inutilizado pela inspiração. O Espírito que no-lo vem trazer respeitará sempre esta parte reservada ao indivíduo; ele a respeitará como uma coisa nobre e santa, pois o trabalho põe o homem na posse das faculdades que Deus depositou em germe em sua alma, a fim de que o objetivo de sua vida fosse fecundá-las. É por seu desenvolvimento que ele aprendeu a conhecer-se, e que mereceu aproximar-se dele.

A inspiração vem indiferentemente de dia, de noite, na vigília ou durante o sono. Ela só exige recolhimento. É-lhe necessário encontrar naturezas que se possam abstrair de toda preocupação do mundo real, para dar lugar livre e vago ao ser que vier envolvê-lo todo e lhe infundir seus pensamentos.

Nas horas de inspiração, o homem se torna muito mais acessível a todos os ruídos exteriores, e tudo o que vem do mundo real o perturba. Ele não mais está neste mundo, mas está num meio transitório entre este e o outro, porque está, de certo modo, embebido da pessoa moral e intelectual de um ser elevado a uma outra esfera, e cujo corpo, entretanto, prende-se a esta.

Embora ela se dirija a todos, a inspiração descerá mais geralmente sobre as naturezas doentias ou gastas por uma sucessão de sofrimentos, materiais ou morais. Considerando-se que ela é um benefício, não é justo que os que sofrem sejam mais facilmente aptos a recebê-la?

A alucinação é um estado doentio que o magnetismo pode modificar de maneira salutar. A inspiração é uma assimilação moral que se deve evitar provocar por passes magnéticos. O alucinado entrega-se voluntariamente a arroubos e a contorções ridículas. O inspirado é calmo.

Os inspirados são melancólicos. Eles necessitam ser refletidos; para ser alegre não há necessidade de refletir muito; é preciso gozar, na sua saúde, de um equilíbrio que os inspirados nem sempre possuem. Mas não vamos pensar que eles sejam difíceis e extravagantes. Ao contrário, eles se mostram suaves e fáceis com aqueles de quem gostam.

Há inspirados de diversos graus. Uns vêm dizer-vos coisas palpáveis, fatos de segunda vista, para que se possa constatar a realidade da iniciação. Outros, mais clarividentes e pouco preocupados com os processos materiais cujos segredos são chamados a divulgar, repetem, como lhes vêm, os pensamentos trazidos por Espíritos progressistas. Os primeiros curam o corpo, os últimos são médicos da alma.

A missão dos mais modestos limita-se a revelar como essas coisas lhes vêm. É um fato constatado que forças adiantadas de muitos graus vêm sobre nós para nos dominar e nos inspirar. Para que repetir? Quem quiser acreditará. Mas, sendo bem estabelecidas as constatações, não se deve considerar os inspirados senão pelo lado útil e sério. Pouco importa, se as ideias são boas, de que fonte elas vêm.

ENG. BONNEMÈRE

VOTOS DE ANO NOVO DE UM ESPÍRITA DE LEIPZIG

Um espírita de Leipzig mandou imprimir em alemão o seguinte cartão, cuja tradução temos o prazer de dar.

MEUS AUGÚRIOS A TODOS OS ESPÍRITAS

E ESPIRITUALISTAS DE LEIPZIG,

PARA O ANO NOVO

Também a vós que vos chamais materialistas, porque só quereis conhecer a matéria, eu seria tentado a vos mandar os meus augúrios de felicidade, mas temeria que considerásseis isto como uma ousadia de um estranho que não tem o direito de se contar entre vós.

É diferente com os espiritualistas, que estão no mesmo terreno que os espíritas, no tocante à convicção na imortalidade da alma, em sua individualidade e em seu estado feliz ou infeliz depois da morte. Os espiritualistas e os espíritas reconhecem em cada homem uma alma irmã da sua, e por isto me dão o direito de lhes enviar meus augúrios. Uns e outros agradecem ao Senhor pelo ano que acaba de se escoar e esperam que, sustentados por sua graça, terão coragem para suportar as provações dos dias infelizes, e a força de trabalhar em seu aperfeiçoamento, dominando suas paixões.

A vós, caros espíritas, irmãos e irmãs conhecidos e desconhecidos, eu vos desejo particularmente um ano feliz, porque recebestes de Deus, para a vossa peregrinação terrena, um grande apoio no Espiritismo. A religião a todos veio trazer a fé, e bem-aventurados os que a conservaram. Infelizmente ela está extinta num grande número; eis por que Deus envia uma nova arma para combater a incredulidade, o orgulho e o egoísmo, que tomam proporções cada vez maiores. Essa arma nova é a comunicação com os Espíritos; por ela temos a fé, porque ela nos dá a certeza da vida da alma, e nos permite lançar um olhar na outra vida; assim reconhecemos a fragilidade da felicidade terrena, e temos a solução das dificuldades que nos faziam duvidar de tudo, mesmo da existência de Deus.

Disse Jesus aos seus discípulos: "Eu teria ainda muitas coisas a vos dizer, mas não poderíeis, ainda, suportá-las." Hoje, tendo a Humanidade progredido, pode compreendê-las. Eis por que Deus nos deu a ciência do Espiritismo, e a prova que a Humanidade está madura para esta ciência é que ela existe. É inútil negar e troçar, como outrora era inútil negar e fazer troça dos fatos sustentados por Copérnico e Galileu. Então esses fatos eram tão pouco conhecidos quanto o são agora os do mundo dos Espíritos. Como outrora, os primeiros opositores são os sábios, até o dia em que, vendo-se isolados, reconhecerão humildemente que as novas descobertas, como o vapor, a eletricidade e o magnetismo, que outrora eram desconhecidos, não são a última palavra das leis da Natureza.

Eles serão responsáveis perante as gerações futuras por não terem acolhido a ciência nova como irmã das outras, e por terem-na repelido como uma loucura.

É verdade que ela não ensina nada de novo proclamando a vida da alma, pois o Cristo dela falou, mas o Espiritismo derruba todas as dúvidas e lança uma nova luz sobre essa questão. Entretanto, guardemo-nos de considerar como inúteis os ensinamentos do Cristianismo, e de acreditar que eles foram substituídos pelo Espiritismo; ao contrário, fortifiquemo-nos na fonte das verdades cristãs, para as quais o Espiritismo não é senão um novo facho, a fim de que nossa inteligência e nosso orgulho não nos desgarrem. O Espiritismo nos ensina, antes de mais nada, que "sem o amor e a caridade não há felicidade", isto é, que é preciso amar o próximo como a nós mesmos. Apoiando-se nesta verdade cristã, ele abre o caminho para a realização desta sentença do Cristo: "Um só rebanho e um só pastor."

Assim, pois, caros irmãos e irmãs espíritas, permiti que aos meus votos pelo ano novo eu junte ainda esta prece: Que jamais useis mal o poder de comunicação com o mundo espiritual. Não esqueçamos que, conforme a lei sobre a qual repousam nossas relações com os Espíritos, os maus não estão excluídos das comunicações. Se é difícil constatar a identidade de um Espírito que não conhecemos, é fácil distinguir os bons dos maus. Estes podem ocultar-se sob a máscara da hipocrisia, mas um bom espírita os reconhece sempre; eis por que não nos devemos ocupar dessas coisas levianamente, porquanto podemos ser joguete de Espíritos maus, embora inteligentes, como por vezes são encontrados no mundo dos encarnados. Se compararmos nossas comunicações com as que são obtidas nas reuniões dos espíritas fervorosos e sinceros, logo saberemos reconhecer se estamos no bom caminho. Os Espíritos elevados se fazem reconhecer por sua linguagem, que é a mesma por toda parte, sempre de acordo com o Evangelho e a razão humana.

O meio de se preservar dos maus Espíritos é, para começar, fazer uma prece sincera a Deus; depois, jamais empregar o Espiritismo para coisas materiais. Os maus Espíritos estão sempre prontos a satisfazer todos os pedidos, e se por vezes eles dizem coisas justas, o mais das vezes enganam com intenção ou por ignorância, porque os Espíritos inferiores não sabem mais do que sabiam durante sua existência terrestre. Os bons Espíritos, ao contrário, nos ajudam em nossos esforços para nos melhorarmos e nos dão a conhecer a vida espiritual, a fim de que possamos assimilá-la à nossa. É este o objetivo para onde devem tender todos os espíritas sinceros.

Adolf, conde de PONINSKI.
Leipzig, 1.º de janeiro de 1868.

INSTRUÇÕES DOS ESPÍRITOS

OS MESSIAS DO ESPIRITISMO

1. – Já vos foi dito que um dia todas as religiões confundir-se-ão numa mesma crença. Ora, eis como isto acontecerá. Deus dará um corpo a alguns Espíritos superiores, e eles pregarão o Evangelho puro. Um novo Cristo virá. Ele porá fim a todos os abusos que duram há tanto tempo, e reunirá os homens sob uma mesma bandeira.

Nasceu o novo Messias, e ele restabelecerá o Evangelho de Jesus Cristo. Glória ao seu poder!

Não é permitido revelar o lugar onde ele nasceu; e se alguém vier vos dizer: "Ele nasceu em tal lugar"; não acrediteis, porque ninguém o saberá antes que ele seja capaz de se revelar, e daqui até lá, é preciso que grandes coisas se realizem, para aplainar os caminhos.

Se Deus vos deixar viver bastante, vós vereis pregar o verdadeiro Evangelho de Jesus Cristo pelo novo Missionário de Deus, e uma grande mudança será feita pelas pregações desse Menino abençoado; à sua palavra poderosa, os homens de diferentes crenças dar-se-ão as mãos.

Glória a esse divino enviado, que vai restabelecer as leis mal compreendidas e mal praticadas do Cristo! Glória ao Espiritismo, que o precede e que vem esclarecer todas as coisas!

Crede, meus irmãos, que não sois senão vós que recebereis semelhantes comunicações, mas conservai esta em segredo até nova ordem.

SÃO JOSÉ
(Sétif, Argélia, 1861)

OBSERVAÇÃO: Esta revelação é uma das primeiras no gênero que nos foram transmitidas. Mas outras a tinham precedido. Depois, foi dado espontaneamente um grande número de comunicações sobre o mesmo assunto, em diferentes centros espíritas da França e do estrangeiro, todas concordantes no fundo do pensamento. Como por toda parte se compreendeu a necessidade de não divulgá-las, e como nenhuma foi publicada, não podiam ser o reflexo umas das outras. É um dos mais notáveis exemplos da simultaneidade e da concordância do ensino dos Espíritos quando é chegado o momento de uma revelação.[1]

2 – Está incontestavelmente constatado que a vossa é uma época de transição e de fermentação geral; mas ela ainda não chegou àquele grau de maturidade que marca a vida das nações. É ao vigésimo século que está reservado o remanejamento da Humanidade; todas as coisas que se realizarão daqui até lá não são senão preliminares da grande renovação. O homem chamado a consumá-la ainda não está maduro para realizar sua missão, mas ele já nasceu, e sua estrela apareceu na França marcada por uma auréola e vos foi mostrada há pouco tempo, na África. Sua rota está previamente marcada. A corrupção dos costumes, as desgraças que serão a consequência do desenvolvimento das paixões, o declínio da fé religiosa, serão os sinais precursores de sua vinda.

A corrupção no seio das religiões é o sintoma de sua decadência, como é o da decadência dos povos e dos regimes políticos, porque ela é o indício de uma falta de fé verdadeira. Os homens corrompidos arrastam a Humanidade por uma rampa funesta, de onde ela não pode sair senão por uma crise

---

[1] As comunicações deste gênero são inúmeras; aqui apenas publicamos algumas, e se as publicamos hoje é que é chegado o momento de levar o fato ao conhecimento de todos, e porque é útil, para os espíritas, saber em que sentido a maioria dos Espíritos se pronuncia.

violenta. Dá-se o mesmo com as religiões que substituem o culto da Divindade pelo culto do dinheiro e das honras, e que se mostram mais ávidas dos bens materiais da Terra do que dos bens espirituais do Céu.

FÉNELON
(Constantine, dezembro de 1861)

3. – Quando uma transformação da Humanidade deve operar-se, Deus envia em missão um Espírito capaz, por seus pensamentos e por sua inteligência superior, de dominar seus contemporâneos e de imprimir às gerações futuras as ideias necessárias para uma revolução moral civilizadora.

De tempos em tempos vemos se elevarem acima do comum dos homens, seres que, como faróis, os guiam na via do progresso e os fazem transpor em alguns anos as etapas de vários séculos. O papel de alguns é limitado a uma região ou a uma raça; são como oficiais sob comando, conduzindo cada um uma divisão do exército; mas há outros cuja missão é agir sobre a Humanidade inteira, e que não aparecem senão nas épocas mais raras que marcam a era das transformações gerais.

Jesus Cristo foi um desses enviados excepcionais. Do mesmo modo, tereis, para os tempos chegados, um Espírito superior que dirigirá o movimento de conjunto e dará uma coesão poderosa às forças esparsas do Espiritismo.

Deus sabe, no devido tempo, modificar nossas leis e nossos hábitos, e quando um fato novo se apresentar, esperai e orai, porque o Eterno nada faz que não seja segundo as leis de divina justiça que regem o Universo.

Para vós que tendes fé, e que consagrastes a vossa vida à propagação da ideia regeneradora, isto deve ser simples e justo, mas só Deus conhece aquele que está prometido. Limito-me a dizer-vos: Esperai e orai, porque o tempo é chegado e o novo Messias não vos faltará: Deus saberá designá-lo a seu tempo. Ademais, é por obras que ele se afirmará.

Podeis dedicar-vos a muitas coisas, vós que vedes tantas ideias estranhas em relação às admitidas pela civilização moderna.

BALUZE
(Paris, 1862)

4 – Eis uma pergunta que se repete por toda parte: O Messias anunciado é a pessoa do próprio Cristo?

Ao lado de Deus estão numerosos Espíritos que chegaram ao topo da escala dos Espíritos puros, que mereceram ser iniciados em seus desígnios para dirigirem a execução. Deus escolheu entre eles os seus enviados superiores, encarregados de missões especiais. Podeis chamá-los de *Cristos*. É a mesma escola; são as mesmas ideias modificadas conforme os tempos.

Portanto, não fiqueis admirados de todas as comunicações que vos anunciam a vinda de um Espírito poderoso sob o nome do Cristo; é o pensamento de Deus revelado numa certa época, e que é transmitido pelo grupo dos Espíritos superiores que estão próximos de Deus e que recebem as suas emanações para presidirem o futuro dos mundos que gravitam no espaço.

Aquele que morreu na cruz tinha uma missão a cumprir, e essa missão se renova hoje por outros Espíritos desse grupo divino, que vêm, eu vo-lo repito, presidir aos destinos do vosso mundo.

Se o Messias de que falam essas comunicações não é a personalidade de Jesus, é o mesmo pensamento. É aquele que Jesus anunciou, quando disse: "Eu vos enviarei o *Espírito de Verdade*, que deve restabelecer todas as coisas", isto é, reconduzir os homens à sã interpretação de seus ensinamentos, porque ele previa que os homens se desviariam do caminho que ele lhes havia traçado.

Ademais, era necessário completar o que ele então não lhes havia dito, porque não teria sido compreendido. Eis por que uma multidão de Espíritos de todas as ordens, sob a direção do Espírito de Verdade, veio a todas as partes do mundo e a todos os povos, revelar as leis do mundo espiritual, cujo ensino Jesus havia adiado, e lançar, pelo Espiritismo, os fundamentos da nova ordem social. Quando todas as suas bases estiverem postas, então virá o Messias que deve coroar o edifício e presidir a reorganização com o auxílio dos elementos que tiverem sido preparados.

Mas não creiais que esse Messias esteja só; haverá muitos que abraçarão, pela posição que cada um ocupará no mundo, os grandes segmentos da ordem social: a política, a religião, a legislação, a fim de fazê-las concorrer para o mesmo objetivo.

Além dos Messias principais, surgirão Espíritos de escol em toda parte e que, com lugar-tenentes animados da mesma fé e do mesmo desejo, agirão de comum acordo, sob o impulso do pensamento superior.

Assim é que estabelecer-se-á pouco a pouco a harmonia do conjunto. Entretanto, é necessário que previamente se realizem certos acontecimentos.

LACORDAIRE
(Paris, 1862)

OS ESPÍRITOS MARCADOS

5. – Há muitos Espíritos superiores que concorrerão poderosamente à obra reorganizadora, mas nem todos são messias. Há que distinguir:

1.º – Os Espíritos superiores que agem livremente e por sua própria vontade;

2.º – Os Espíritos *marcados,* isto é, designados para uma importante missão. Eles têm a radiação luminosa que é o signo característico de sua superioridade. São escolhidos entre os Espíritos capazes de cumpri-las; entretanto, como têm livre-arbítrio, podem falir por falta de coragem, de perseverança ou de fé, e não estão ao abrigo dos acidentes que podem abreviar seus dias, mas como os desígnios de Deus não estão à mercê de um homem, o que um não faz, outro é chamado a fazer. Eis por que há muitos chamados e poucos escolhidos. Feliz aquele que realiza sua missão segundo as vistas de Deus e sem desfalecimentos!

3.º – Os *Messias,* seres superiores que chegaram ao mais alto degrau da hierarquia celeste, depois de haverem atingido uma perfeição que os torna infalíveis daí por diante, e acima das fraquezas humanas, mesmo na Encarnação. Admitidos nos conselhos do Altíssimo, eles recebem diretamente a sua palavra, que são encarregados de transmitir e fazer cumprir. Verdadeiros representantes da Divindade, cujo pensamento eles têm, é entre eles que Deus escolhe os seus enviados especiais, ou seus *Messias* para as grandes missões gerais, cujos detalhes de execução são confiados a outros Espíritos encarnados ou desencarnados que agem por suas ordens e sob sua inspiração.

Espíritos dessas três categorias devem concorrer no grande movimento regenerador que se opera.

(Êxtase sonambúlico; Paris, 1866)

6. – Meus amigos, venho confirmar a esperança dos altos destinos que esperam o Espiritismo. Esse glorioso futuro que vos anunciamos será realizado pela vinda de um Espírito superior que resumirá, na essência de sua perfeição, todas as doutrinas antigas e novas e que, pela autoridade de sua palavra, religará os homens às crenças novas. Semelhante ao sol nascente, ele dissipará todas as obscuridades amontoadas sobre a eterna verdade pelo fanatismo e pela inobservância dos preceitos do Cristo.

A estrela da nova crença, o futuro Messias, cresce na sombra, mas já os seus inimigos tremem, e as virtudes dos céus estão abaladas.

Perguntais se esse novo Messias é a mesma pessoa de Jesus de Nazaré. Que vos importa, se é o mesmo pensamento que os anima a ambos? São as imperfeições que dividem os Espíritos, mas quando as perfeições são iguais, nada os distingue; eles formam unidades coletivas, sem perder a sua individualidade.

O começo de todas as coisas é obscuro e vulgar; o que é pequeno cresce; nossas manifestações, a princípio acolhidas com desdém, violência ou indiferença banal da curiosidade ociosa, espalharão ondas de luz sobre os cegos o os regenerarão.

Todos os grandes acontecimentos têm tido os seus profetas, ora incensados, ora ignorados. Assim como Moisés conduzia os hebreus, nós vos conduziremos para a Terra prometida da inteligência.

Similitude chocante! Os mesmos fenômenos se produzem, não mais no sentido material, destinado a ferir os homens infantis, mas na sua acepção espiritual. As crianças tornaram-se adultos; crescendo o objetivo, os exemplos não mais se dirigem aos olhos; a vara de Aarão está quebrada, e a única transformação que operamos é a de vossos corações que se tornaram atentos ao grito de amor que, do Céu, repercute na Terra.

Espíritas! Compreendei a gravidade de vossa missão; estremecei de alegria, porque não está longe a hora em que o divino enviado alegrará o mundo. Espíritas laboriosos, sede abençoados por vossos esforços e sede perdoados por vossos erros. A ignorância e a perturbação ainda vos roubam uma parte da verdade que só o celeste Mensageiro vos pode revelar por inteiro.

SÃO LUÍS
(Paris, 1862)

7. – A vinda do Cristo trouxe para vossa Terra sentimentos que por um instante a submeteram à vontade de Deus, mas os homens, enceguecidos por suas paixões, não puderam guardar no coração o amor ao próximo, o amor ao Mestre do Céu. O enviado do Todo-Poderoso abriu à Humanidade a rota que conduz ao repouso bem-aventurado, mas a Humanidade recuou um passo imenso que o Cristo a tinha feito dar; caiu no carreiro do egoísmo, e o orgulho a fez esquecer o seu Criador.

Deus permite que ainda uma vez sua palavra seja pregada na Terra, e tereis que glorificá-lo, porque ele quis chamar-vos, como primeiros, a crer no que mais tarde será ensinado. Rejubilai-vos, porque estão próximos os tempos em que essa palavra far-se-á ouvir. Melhorai-vos, aproveitando os ensinamentos que ele permite que vos demos.

Que a árvore da fé, que neste momento fixa raízes tão vivazes, produza os seus frutos; que esses frutos amadureçam, como amadurecerá a fé que hoje anima alguns entre vós!

Sim, meus filhos, o povo comprimir-se-á sobre os passos do novo mensageiro anunciado pelo próprio Cristo, e todos virão escutar essa divina palavra, porque nela encontrarão a linguagem da verdade e o caminho da salvação. Deus, que permitiu que vos esclarecêssemos e que sustentássemos vossa marcha até hoje, permitirá que novamente vos demos as instruções que vos são necessárias.

Mas também vós, os primeiros favorecidos pela crença, tendes vossa missão a cumprir; tereis que trazer aqueles dentre vós que ainda duvidam das manifestações que Deus permite; tereis que fazer luzir aos seus olhos os benefícios daquilo que tanto vos consolou. Nos vossos dias de tristeza e abatimento, vossa crença não vos sustentou? Não fez nascer em vosso coração essa esperança que, sem ela, teríeis ficado no desencorajamento?

Eis o que é preciso fazer partilhar os que ainda não creem, não por uma precipitação intempestiva, mas com prudência e sem chocar de frente os preconceitos longamente arraigados. Não se arranca uma velha árvore de um só golpe, como um broto de erva, mas pouco a pouco.

Semeai desde já o que mais tarde quereis colher; semeai o grão que virá frutificar no terreno que tiverdes preparado, e cujos frutos vós mesmos colhereis, porque Deus levará em conta o que tiverdes feito por vossos irmãos.

LAMENNAIS
(Havre, 1862)

FUTURO DO ESPIRITISMO

8. – Depois de suas primeiras etapas, o Espiritismo, aguerrido, desembaraçando-se cada vez mais das obscuridades que lhe serviram de fraldas, em breve fará o seu aparecimento na grande cena do mundo.

Os acontecimentos andam com tal rapidez que não é possível desconhecer a poderosa intervenção dos Espíritos que presidem os destinos da Terra. Há como que um estremecimento íntimo nos flancos do vosso globo em trabalho de parto; novas raças saídas das altas esferas vêm turbilhonar em torno de vós, esperando a hora de sua encarnação messiânica, e para isto se preparando pelo estado das vastas questões que hoje abalam a Terra.

De todos os lados veem-se sinais de decrepitude nos usos e legislações que não mais estão de acordo com as ideias modernas. As velhas crenças adormecidas há séculos parecem despertar de seu torpor secular e se admiram de se verem em luta com novas crenças emanadas dos filósofos e dos pensadores deste século e do século passado. O sistema abastardado de um mundo que não era senão um simulacro, se esboroa ante a aurora do mundo real, do mundo novo. A lei de solidariedade, da família, passou aos habitantes dos Estados, para em seguida conquistar a Terra inteira, mas essa lei tão sábia, tão progressiva, essa lei divina, numa palavra, não se limitou a esse resultado único; infiltrando-se no coração dos grandes homens, ensinou-lhes que não só ela era necessária ao grande melhoramento da vossa habitação, mas se estendia a todos os mundos do vosso sistema solar, para de lá estender-se a todos os mundos da imensidade.

É bela essa lei da solidariedade universal, porque nela se encontra essa máxima sublime: Todos por um e um por todos.

Eis, meus filhos, a verdadeira lei do Espiritismo, a verdadeira conquista de um futuro próximo. Marchai, pois, imperturbavelmente em vossa estrada, sem vos preocupar com as troças de uns e o amor-próprio ferido de outros. Estamos e ficaremos convosco, sob a égide do Espírito de Verdade, meu mestre e vosso mestre.

ERASTO
(Paris, 1863)

9. – Cada dia o Espiritismo estende o círculo de seu ensino moralizador. Sua grande voz repercutiu de um extremo ao outro da Terra. A Sociedade se comoveu com ela, e de seu seio partiram adeptos e adversários.

Adeptos fervorosos, adversários hábeis, mas cuja própria habilidade e renome serviram à causa que queriam combater, chamando para a doutrina nova a atenção das massas e lhes dando o desejo de conhecer os ensinos regeneradores que seus adeptos preconizam e que eles escarneciam e ridicularizavam.

Contemplai o trabalho realizado e alegrai-vos com o resultado! Mas que efervescência indizível se produzirá entre os povos, quando os nomes de seus mais amados escritores vierem juntar-se aos nomes mais obscuros e menos conhecidos daqueles que se comprimem em redor da bandeira da verdade!

Vede o que produziram os trabalhos de alguns grupos isolados, na maioria entravados pela intriga e pela má vontade, e imaginai a revolução que se operará, quando todos os membros da grande família espírita se derem as mãos e declararem, fronte alta e coração firme, a sinceridade de sua fé e de sua crença na realidade do ensinamento dos Espíritos.

As massas gostam do progresso, buscam-no, mas o temem. O desconhecido inspira um secreto temor aos filhos ignorantes de uma sociedade embalada pelos conceitos, que ensaia os primeiros passos na via da realidade e do progresso moral. As grandes palavras liberdade, progresso, amor, caridade ferem o povo sem comovê-lo; muitas vezes ele prefere seu estado presente e medíocre a um futuro melhor, mas desconhecido.

A razão desse temor do futuro está na ignorância do sentimento moral num grande número, e do sentimento inteligente nos outros. Mas não é certo, como disseram vários filósofos célebres, que uma concepção falsa da origem das coisas tenha feito errar, como eu mesmo o disse, – por que coraria de dizê-lo? Não pude enganar-me? – não é certo, dizia eu, que a Humanidade seja má por essência. Não, aperfeiçoando a sua inteligência, ela não dará um impulso maior às suas más qualidades. Afastai de vós esses pensamentos desesperadores que repousam num falso conhecimento do espírito humano.

A Humanidade não é má por natureza, mas é ignorante, e por isso mesmo mais apta a se deixar governar por suas paixões. Ela é progressiva e deve progredir para atingir os seus destinos; esclarecei-a; mostrai-lhe seus inimigos ocultos na sombra; desenvolvei sua essência moral, que nela é inata, e apenas entorpecida sob a influência dos maus instintos, e reanimareis a centelha da eterna verdade, da eterna presciência do infinito, do belo o do bom, que residem para sempre no coração do homem, mesmo do mais perverso.

Filhos de uma doutrina nova, reuni as vossas forças! Que o sopro divino e o socorro dos bons Espíritos vos sustentem, e fareis grandes coisas. Tereis a glória de haver posto as bases dos princípios imperecíveis cujos frutos vossos descendentes colherão.

MONTAIGNE
(Paris, 1865)

AS ESTRELAS CAIRÃO DO CÉU

10. – Oh! Como é bela a luz do Senhor! Que brilho prodigioso espalham os seus raios! Santa Sião! Bem-aventurados os que estão sentados à sombra de teus tabernáculos! Oh! Que harmonia é comparável às esferas do Senhor! Beleza

incompreensível para olhos mortais incapazes de perceber tudo quanto não depende do domínio dos sentidos!

Aurora esplêndida de um dia novo, o Espiritismo vem iluminar os homens. Já os clarões mais fortes aparecem no horizonte; já os Espíritos das trevas, vendo que seu império vai esboroar-se, são presa de raivas impotentes e empregam suas últimas forças em conchavos infernais. Já o anjo radioso do progresso estende suas brancas asas matizadas; já as virtudes do Céu se abalam e as estrelas caem de sua abóbada, mas transformadas em puros Espíritos, que vêm, como anuncia a Escritura em linguagem figurada, proclamar sobre as ruínas do velho mundo o advento do Filho do Homem.

Bem-aventurados aqueles cujos corações estão preparados para receber a semente divina que os Espíritos do Senhor lançam aos quatro ventos! Bem-aventurados os que cultivam, no santuário da alma, as virtudes que o Cristo lhes veio ensinar, e que ele ainda lhes ensina pela voz dos médiuns, isto é, dos instrumentos que repetem as palavras dos Espíritos! Bem-aventurados os justos, porque o reino dos céus lhes pertencerá!

Ó meus amigos! Continuai a avançar no caminho que vos foi traçado; não sejais obstáculos à verdade que quer esclarecer o mundo; não, sede propagadores zelosos e infatigáveis como os primeiros apóstolos, que não tinham teto para abrigar suas cabeças, mas que marchavam para a conquista que Jesus havia começado; que marchavam sem ideia preconcebida, sem hesitação; que tudo sacrificavam, até a última gota de sangue, para que o Cristianismo fosse estabelecido.

Vós, meus amigos, vós não necessitais de sacrifícios tão grandes. Não, Deus não vos pede vossa vida, mas o vosso coração, vossa boa vontade. Sede, pois, zelosos, e marchai unidos e confiantes, repetindo a palavra divina: "Meu Pai, que vossa vontade seja feita, e não a minha!"

DUPUCH, bispo de Argel
(Bordéus, 1863)

OS MORTOS SAIRÃO DE SEUS TÚMULOS

11. – Povos, escutai!... Uma grande voz se faz ouvir de um extremo a outro dos mundos; é a do precursor, anunciando a vinda do Espírito de Verdade, que vem endireitar as vias tortuosas por onde o espírito humano se desgarrava em falsos sofismas. É a trombeta do anjo que vem despertar os mortos para que saiam de seus túmulos.

Muitas vezes tendes lido a revelação de João e vos perguntastes: Mas, o que quer ele dizer? Como, então, cumprir-se-ão essas coisas surpreendentes? E vossa razão confusa, mergulhava num tenebroso dédalo de onde ela não podia sair, porque queríeis tomar ao pé da letra o que estava expresso em sentido figurado.

Agora que chegou o tempo em que uma parte dessas predições vai cumprir-se, pouco a pouco aprendeis a ler nesse livro onde o discípulo bem-amado consignou as coisas que lhe tinha sido dado ver. Entretanto, as más traduções e as falsas interpretações ainda vos aborrecerão um pouco, mas com um trabalho perseverante chegareis a compreender o que, até o presente, tinha sido para vós uma carta fechada.

Compreendei apenas que se Deus permite que o véu seja levantado mais cedo para alguns, não é para que esse conhecimento fique estéril em suas mãos, mas para que, pioneiros infatigáveis, eles desbravem as terras incultas. É, enfim, para que eles fecundem com o doce orvalho da caridade os corações ressequidos pelo orgulho e impedidos pelos embaraços mundanos, onde a boa semente da palavra de vida não pôde ainda germinar.

Ah! Quantos encaram a vida humana como devendo ser uma festa permanente em que as distrações e os prazeres se sucedem sem interrupção! Eles inventam mil nadas para encantar os seus lazeres; eles cultivam o seu espírito, porque é uma das facetas brilhantes que servem para fazer destacar a sua personalidade; são semelhantes a essas bolhas efêmeras que refletem as cores do prisma e balançando no espaço atraem os olhares por algum tempo, depois as procurais... e elas desapareceram sem deixar traços. Assim, essas almas mundanas brilharam com uma luz de empréstimo, durante sua curta passagem terrestre, e dela nada restou de útil, nem para os seus semelhantes, nem para elas próprias.

Vós que conheceis o valor do tempo, vós a quem as leis da eterna sabedoria são reveladas pouco a pouco, sede nas mãos do Todo-Poderoso instrumentos dóceis servindo para levar a luz e a fecundidade a essas almas, das quais se diz: "Têm olhos e não veem, têm ouvidos e não escutam", porque tendo-se desviado do facho da verdade, e tendo escutado a voz das paixões, sua luz não é senão trevas, em meio às quais o Espírito não pode reconhecer a estrada que o faz gravitar para Deus.

O Espiritismo é essa voz poderosa que já repercute até as extremidades da Terra; todos a entenderão. Felizes aqueles que, não tapando voluntariamente os ouvidos, sairão de seu egoísmo, como o fariam os mortos de seus túmulos, e daí por diante realizarão os atos da verdadeira vida, a do Espírito, desembaraçando-se dos entraves da matéria, como fez Lázaro de seu sepulcro, à voz do Salvador.

O Espiritismo marca a hora solene do despertamento das inteligências, tendo usado de seu livre-arbítrio para se demorar nos caminhos pantanosos cujos miasmas deletérios infectaram a alma com um veneno lento que lhe dá a aparência da morte. O Pai celeste tem piedade desses filhos pródigos, caídos tão baixo que nem mesmo pensam na morada paterna, e é para eles que ele permite essas manifestações brilhantes, destinadas a convencer que além deste mundo das formas perecíveis, a alma conserva a lembrança, o poder e a imortalidade.

Possam esses pobres escravos da matéria sacudir o torpor que os impediu de ver e compreender até hoje; possam estudar com sinceridade, para que a luz divina, penetrando-lhes a alma, dela expulse a dúvida e a incredulidade.

JOÃO EVANGELISTA
(Paris, 1866)

O JUÍZO FINAL

12. – Jesus virá sobre as nuvens, para julgar os vivos e os mortos.

Sim, Deus o enviará, como o envia todos os dias, para fazer essa justiça soberana nas planícies imensas do éter. Ah!

68 | REVISTA ESPÍRITA

Quando São Tiago foi precipitado do alto da torre do templo de Jerusalém, pelos pontífices e fariseus, por ter anunciado ao povo reunido esta verdade ensinada pelo Cristo e seus apóstolos, lembrai-vos que a essa palavra do justo a multidão se prosternou exclamando: Glória a Jesus, filho de Deus, no mais alto dos céus! Ele virá sobre as nuvens proferir suas terríveis sentenças. Isto não quer dizer, ó espíritas, que ele vem perpetuamente receber as almas dos que entram na erraticidade? Passai à minha direita, diz o pastor às suas ovelhas, vós que agistes bem, segundo as vistas de meu Pai; passai à minha direita e subi para ele; quanto a vós, que vos deixastes dominar pelas paixões da Terra, passai à minha esquerda; estais condenados.

Sim, estais condenados a recomeçar o caminho percorrido, em nova existência terrena, até que vos vejais saciados de matérias e iniquidades, e que, enfim, tenhais expulso o impuro que vos domina. Sim, estais condenados; ide e voltai ao inferno da vida humana, enquanto vossos irmãos da minha direita vão penetrar as esferas superiores, de onde as paixões da Terra são excluídas, até o dia em que eles entrarão no reino de meu Pai, por uma maior purificação.

Sim, Jesus virá julgar os vivos e os mortos. Os vivos: os justos, os da sua direita; os mortos: os impuros, os da sua esquerda; e quando nascerem as asas dos justos, a matéria ainda tomará os impuros, e isto até que estes saiam vencedores dos combates contra a impureza e enfim se despojem, para sempre, de suas crisálidas humanas.

Ó espíritas! Vedes que vossa doutrina é a única que consola, a única que dá esperança, não condenando a uma danação eterna os infelizes que se comportaram mal durante alguns minutos da eternidade; a única, enfim, que prediz o fim verdadeiro da Terra pela elevação gradual dos Espírito.

Progredi, pois, despojando-vos do homem velho, para entrar na região dos Espíritos amados por Deus.

ERASTO
(Paris, 1861)

13. – A Sociedade em geral ou, para dizer melhor, a reunião dos seres, tanto encarnados quanto desencarnados,

que compõem a população flutuante de um mundo, numa palavra, uma Humanidade, não é senão uma criança coletiva que, como todo ser dotado de vida, passa por todas as fases que se sucedem em cada um, desde o nascimento até a mais avançada idade. Assim como o desenvolvimento do indivíduo é acompanhado por certas perturbações físicas e intelectuais que ocorrem mais particularmente em certos períodos da vida, a Humanidade tem as suas doenças de crescimento, seus desmoronamentos morais e intelectuais. É a uma dessas grandes épocas que marcam o término de um período e o início de outro que vos é dado assistir. Participando ao mesmo tempo das coisas do passado e das do futuro; dos sistemas que se esboroam e das verdades que se estabelecem, tende cuidado, meus amigos, de vos pôr do lado da solidez, do progresso e da lógica, se não quiserdes ser levados à deriva, e de abandonar os palácios suntuosos quanto à aparência, mas vacilantes pela base, e que em breve enterrarão sob suas ruínas os infelizes bastante insensatos para não querer deles sair, malgrado as advertências de toda natureza que lhes são prodigalizadas.

Todas as frontes se anuviam e a calma aparente que desfrutais só serve para acumular um maior número de elementos destruidores.

Algumas vezes a tempestade que destrói o fruto dos suores de um ano é precedida por precursores que permitem tomar as precauções necessárias para evitar, tanto quanto possível, a devastação. Desta vez não será assim. O céu carregado parecerá iluminar-se; as nuvens fugirão; depois, de repente, todos os furores longamente comprimidos desencadear-se-ão com uma violência inusitada.

Infelizes aqueles que não tiverem preparado um abrigo! Infelizes os fanfarrões que enfrentarem o perigo de mãos desarmadas e peito descoberto! Infelizes aqueles que desafiarem o perigo a golpes de mão! Que decepção terrível os espera! Antes que a taça que sustentam chegue aos seus lábios, eles serão atingidos!

À obra, pois, espíritas, e não esqueçais que deveis ser todo prudência e todo previdência. Tendes um escudo. Sabei dele vos servir. Tendes uma âncora de salvação. Não a desprezeis.

CLÉLIE DUPLANTIER
(Paris, 1867)

APRECIAÇÃO DA OBRA SOBRE A GÊNESE

(Paris, 18 de dezembro de 1867 - Médium: Sr. Desliens)

Esta obra chega no momento certo, no sentido que a Doutrina está hoje bem estabelecida do ponto de vista moral e religioso. Seja qual for a direção que tome de agora em diante, ela tem precedentes muito arraigados no coração dos adeptos, para que ninguém possa temer que ela se desvie de sua rota. O que importava satisfazer, antes de tudo, eram as aspirações da alma; era encher o vazio deixado pela dúvida nas almas vacilantes em sua fé. Essa primeira missão hoje está cumprida. O Espiritismo atualmente entra numa nova fase. Ao atributo de *consolador,* alia o de instrutor e diretor do Espírito, em Ciência e em Filosofia, como em moralidade. A caridade, sua base inabalável, dele fez o laço das almas ternas; a ciência, a solidariedade, a progressão, o espírito liberal dele farão o traço de união das almas fortes. Ele conquistou os corações amigos com as armas da doçura; hoje viril, é às inteligências viris que se dirige. Materialistas, positivistas, todos os que, por um motivo qualquer, se afastaram de uma espiritualidade cujas imperfeições suas inteligências lhes mostrariam, nele vão encontrar novos alimentos para sua insaciabilidade. A Ciência é sua senhora, mas uma descoberta chama outra, e o homem avança sem cessar com ela, de desejo em desejo, sem encontrar completa satisfação. É que o espírito tem suas necessidades, também ele; é que a alma mais ateísta tem aspirações secretas, inconfessadas, e que essas aspirações reclamam seu alimento.

A Religião, antagonista da Ciência, respondia, pelo mistério, a todas as questões da filosofia cética. Ela violava as leis da Natureza e as violentava a seu bel-prazer, para daí extrair uma explicação capenga de seus ensinamentos. Vós, ao contrário, vos sacrificais à Ciência; aceitais todos os seus ensinamentos sem exceção e lhe abris horizontes que ela supunha intransponíveis. Tal será o efeito desta nova obra. Ela não poderá senão assegurar mais os fundamentos da crença espírita nos corações que já a possuem, e fará com que todos os dissidentes deem um passo à frente em busca da unidade, à exceção, entretanto, daqueles que o são por interesse ou por amor-próprio. Esses o veem com despeito sobre bases cada vez mais inabaláveis, que os deixam para trás e os mergulham na sombra. Havia pouco ou nenhum terreno comum onde eles pudessem se encontrar. Hoje o materialismo vos acotovela por toda parte, porque estando em seu terreno, não estareis menos no vosso, e ele não poderá fazer outra coisa senão aprender a conhecer os hóspedes que lhe traz a filosofia espírita. É um instrumento de duplo efeito: uma sapa, uma mina que ainda derruba algumas das ruínas do passado, e uma colher de pedreiro que edifica para o futuro.

A questão de origem que se liga à Gênese é uma questão causticante para todos. Um livro escrito sobre esta matéria deve, em consequência, interessar a todos os Espíritos sérios. Por esse livro, como eu vos disse, o Espiritismo entra numa nova fase e essa preparará o caminho para a fase que se abrirá mais tarde, porque cada coisa deve vir a seu tempo. Antecipar o momento propício é tão nocivo quanto deixá-lo escapar.

SÃO LUÍS

BIBLIOGRAFIA

RESUMO DA DOUTRINA ESPÍRITA
POR FLORENT LOTH, de Amiens[2]

---

[2] Pequena brochura In-2.º, 150 páginas; preço I,25 franco. – Pelo correio I,50 franco. – Amien, principais livrarias. Também nos escritórios da *Revista Espírita*.

Esse livro, que apenas pudemos anunciar em nosso último número, é um resumo dos mais essenciais princípios da Doutrina Espírita. Ele se compõe, na maior parte, de citações textuais tiradas de obras fundamentais, e de exemplos extraídos de *Céu e Inferno,* próprios para dar, sobre as consequências da maneira pela qual empregamos a vida, uma ideia mais justa, mais racional, mais satisfatória, e sobretudo mais conforme com a justiça de Deus do que a doutrina das chamas eternas. O autor não faz de seu livro nem uma questão de amor-próprio nem de interesse; espírita fervoroso e devotado, ele publicou-o sobretudo para propagar a Doutrina nos campos de seu Departamento. A modéstia de seus pontos de vista não impede que esse livrinho possa alhures ser muito útil.

Eis o relato dado deste opúsculo pelo *Journal d'Amiens,* de 29 de dezembro de 1867. Fazemo-lo seguir da carta dirigida pelo Sr. Loth, a propósito desse relato, ao autor do artigo, e que o mesmo jornal publicou em seu número de 17 de janeiro.

RESUMO DA DOUTRINA ESPÍRITA

Eis um pequeno livro muito curioso, escrito por um aldeão de Saint-Sauflieu. É verdade que o autor morou muito tempo em Paris, e foi nessa cidade que ele pôde entrar em contato com os apóstolos do Espiritismo.

Como damos importância a todas as publicações de nossa terra, quisemos travar conhecimento com essa obra. Tinham-nos dito que a obra do Sr. Florent Loth havia sido posta no índex nas comunas vizinhas de sua aldeia; esta notícia aguçou a nossa curiosidade e decidimo-nos a ler o *Abrégé de la Doctrine Spirite.* A gente gosta mesmo do fruto proibido.

Quanto a nós, que não temos o menor interesse em censurar ou aprovar a obra do autor, diremos francamente, para nos pormos à vontade, que não acreditamos no Espiritismo; que não damos o menor crédito às mesas girantes ou falantes, porque à nossa razão repugna admitir que objetos materiais possam ser dotados da menor inteligência. Também não cremos no dom da segunda vista, ou, para dizer melhor, na faculdade de ver através de paredes espessas ou de distinguir a grandes distâncias o que se passa ao longe, isto é, a centenas de léguas. Enfim, para continuar nossas confissões

FEVEREIRO 1868 | 73

preliminares, ajuntamos que não temos nenhuma fé nos Espíritos que voltam, e que o homem, mais ou menos inspirado, não tem o poder de evocar e, sobretudo, de fazer falar a alma dos mortos.

Dito isto, para desembaraçar o terreno de tudo o que não entra em nossos pontos de vista, reconhecemos que o livro do Sr. Florent Loth não é um mau livro. Sua moral é pura, o amor ao próximo ali é recomendado, a tolerância para as crenças alheias nele é defendida, e isto explica a venda dessa obra.

Mas dizer que adeptos convencidos da Doutrina Espírita, *com todas as suas partes admitidas,* serão formados por força da leitura da obra do nosso compatriota, seria sustentar um fato que não se realizará. No que nos parece razoável e, digamos a palavra, ter senso comum, segundo a melhor acepção destes termos, ali há coisas excelentes. Assim, certos abusos são repelidos com razões claras, limpas e precisas; e se o autor procura convencer, é sempre pela suavidade e pela persuasão.

Portanto, pondo de lado tudo quanto se liga às *práticas materiais* do Espiritismo, práticas nas quais não acreditamos absolutamente, poderíamos retirar da leitura do livro em questão muito boas noções de moral, de tolerância e de amor ao próximo. Sob esses pontos de vista, aprovamos inteiramente o Sr. Florent Loth e não compreendemos o interdito lançado contra o seu opúsculo.

O *Resumo da Doutrina Espírita* será um dia proibido pela congregação do *Index,* cuja sede está em Roma? É uma questão ainda não resolvida, porque este livrinho não está destinado a transpor as nossas fronteiras picardas. Contudo, se o fato ocorresse, o Sr. Florent Loth recolheria por sua obra uma notoriedade com a qual jamais deverá ter sonhado.

Quanto às *experiências físicas* do Espiritismo, cremos que devemos deixar falar aqui o Sr. Georges Sauton, um dos nossos confrades, o qual, na *Liberté* de quarta-feira, 14 de setembro de 1867, assim se exprimia sobre uma sessão espírita que se tinha realizado em Paris, na casa de um doutor em Medicina:

"O doutor F... amealhou uma certa fortuna. Ele a consome fazendo sessões de Espiritismo, que lhe custam muito caro em velas e em médiuns.

"Ontem à noite ele havia convidado a imprensa para a sua reunião mensal. Esses Espíritos deviam ser interrogados a respeito do zuavo Jacob e dizer sua maneira de pensar relativamente a esse interessante militar. O Sr. Babinet, do Instituto – escusai o pouco! – tinha prometido honrar a reunião com a sua presença; pelo menos o anfitrião, pelas cartas de convite, deixou isto a entender.

"Albert Brun, Victor Noir e eu fomos à casa do doutor. Nada do Sr. Babinet.

"Dez pessoas em volta de uma mesa faziam girar o móvel, que girava mal; trinta outras, entre as quais muitas figuras decorativas as olhavam.

"Os Espíritos, sem dúvida indispostos, só falaram depois de lhes puxarem as orelhas. Apenas se dignaram imitar o ruído da serra, dos martelos dos toneleiros e do ferreiro batendo nos tonéis e na bigorna. Pediram-lhes que cantassem *A. Mulher de barba* e *Tenho bom tabaco,* mas eles não cantaram. Intimaram-nos a fazer uma pera saltar no ar e a pera não saltou."

Nada acrescentaremos a este pequeno relato espirituoso.

Terminemos por um resumo do prefácio do autor, no qual a *parte moral* de suas ideias é exposta:

"O Espiritismo não tem a pretensão de impor a sua crença; só pela persuasão é que ele espera chegar ao seu objetivo, que é o bem da Humanidade. Liberdade de consciência: assim, creio firmemente na existência da alma e na sua imortalidade; creio nas penas e recompensas futuras; creio nas manifestações dos Espíritos, isto é, nas almas dos que viveram nesta Terra e em outros mundos; creio nisto em virtude do direito que tem o meu vizinho de não crer; mas me é tão fácil provar-lhe a minha afirmação quanto lhe é impossível me provar a sua negação, porque a negação dos incrédulos não é uma prova. O fato, dizem eles, é contrário às leis conhecidas. Pois bem! É que ele repousa sobre uma lei desconhecida: não podemos conhecer todas as leis da Natureza, porque Deus é grande e ele tudo pode!...

"Pessoas malévolas espalharam o boato de que o Espiritismo era um obstáculo ao progresso da religião. Essas pessoas, mais ignorantes do que realmente piedosas, desconhecendo absolutamente a doutrina, não podem apreciá-la nem julgá-la.

"Nós dizemos, e ainda provamos, que o ensino dos Espíritos é muito cristão, que ele se apoia na imortalidade da alma, nas penas e recompensas futuras, na justiça de Deus e na moral do Cristo."

A citação desta profissão de fé pelo autor será suficiente para dar a conhecer a sua maneira de ver. Cabe ao leitor apreciar a obra de que falamos.

Fazendo este relato, apenas quisemos constatar um fato: é que na nossa província de Picardia o Espiritismo tinha encontrado um defensor fervoroso e convicto.

Não admitimos todas as ideias do autor. Esperamos que, em virtude de sua suavidade, ele não se aborreça com a nossa franqueza. Enquanto a paz pública não for perturbada por doutrinas ímpias, e enquanto a ordem social não for abalada por máximas subversivas, nossa tolerância fraterna nos fará dizer o que aqui dizemos do livro do Sr. Florent Loch:

Paz às consciências! Respeito às crenças do próximo!

M. A. GABRIEL REMBAULT

"Senhor diretor,

"Eu vos serei grato se quiserdes inserir no vosso jornal minha resposta à crítica do Sr. Gabriel Rembault ao meu *Resumo da Doutrina Espírita,* artigo que apareceu a 29 de dezembro último.

"Não quero travar polêmica com o Sr. Gabriel Rembault; não estou à altura de seu talento de escritor, incontestável e que todos lhe reconhecem, mas que ele me permita demonstrar-lhe as razões que me fizeram escrever meu livro.

"Antes de tudo devo reconhecer que a crítica do Sr. Gabriel Rembault é cortês e polida; ela emana de um homem convicto, mas não irritado. Bem! Não posso dizer outro tanto de outros críticos, que lançam o anátema aos espíritas por insultos e palavras grosseiras! Nada compreendo desse extravasamento de ódio e de injúrias, dessas palavras dissonantes de loucos e mal-educados que nos lançam à face e que às pessoas decentes só inspiram um profundo desgosto. Entretanto, esses homens intolerantes bem sabem que, segundo os princípios de nossa sociedade moderna, todas as consciências são livres e têm direito a um respeito inviolável.

"Perdoai-me esta digressão, Sr. Diretor, como perdoo a esses insultadores. Eu os perdoo de todo o coração e peço a Deus se digne esclarecê-los sobre a caridade. Eles

76 | REVISTA ESPÍRITA

deveriam praticar melhor essa virtude evangélica para com seu próximo.

"Volto ao meu assunto:

"Foi pelo estudo, pela meditação e sobretudo pela prática, que adquiri a prova de certos fatos físicos, até agora olhados como sobrenaturais; é pelo fluido universal que se podem explicar os fenômenos do magnetismo. Estes fenômenos não mais podem ser contestados seriamente; é graças ao mesmo fluido que o Espírito transpõe o espaço, que ele possui a dupla vista, que ele é dotado da penetração etérea, à qual não poderia opor-se a opacidade dos corpos. Esses fenômenos não passam da libertação momentânea do Espírito. É certo que a incredulidade não quer admitir esses fenômenos, mas constatações autênticas e numerosas não mais permitem pô-los em dúvida.

"Assim, todas as maravilhas de que acusam o Magnetismo e o Espiritismo não passam de efeitos cuja causa reside nas leis da Natureza.

"E desde que o Sr. Gabriel Rembault citou um artigo do jornal *Liberté* permitir-me-ei, por minha vez, fazer uma citação de um livro novíssimo *(La Raison du Spiritisme),* fruto de longos estudos de um honrado magistrado. Diz ele à página 216: "Jamais Deus derrogou as leis que instituiu para levar sua obra a bom fim? Aquele que tudo previu não proveu a tudo? Como poderíeis pretender que a mediunidade, a comunicação dos Espíritos não estejam conforme às leis da natureza do homem? E se a revelação é a consequência necessária da mediunidade, por que diríeis que é uma derrogação da lei de Deus, quando ela entraria ostensivamente nas vistas da Providência e da economia humana?"

"Paro após esta citação. É um argumento no sentido oposto às ideias do Sr. Gabriel Rembault, e que submeto à apreciação dos vossos leitores.

"Em resumo, estou de acordo com ele quando diz: "Paz às consciências! Respeito às crenças do próximo!"

"Recebei, senhor Diretor, meus cumprimentos respeitosos."

FLORENT LOTH
Saint-Sauflieu, 16 de janeiro de 1868

Ressalta do relato acima que o autor do artigo não conhecia uma palavra da Doutrina; ele a julgava, como tantos outros, por ouvir dizer, sem se ter dado ao trabalho de ir ao fundo da questão e de levantar o manto do ridículo com o qual a crítica malévola ou mais ou menos interesseira houve por bem cobri-la. Ele fez como o macaco da fábula, que rejeitava a noz porque ele havia mordido apenas na casca verde. Se ele tivesse tomado conhecimento dos seus primeiros elementos, não teria suposto os espíritas tão simplórios para acreditarem na inteligência de uma mesa, como ele próprio não acredita na inteligência da pena que, em suas mãos, transmite os pensamentos de seu próprio espírito. Como ele, os espíritas não admitem que objetos materiais possam ser dotados da menor inteligência; mas, como ele, sem dúvida, admitem que esses objetos podem ser instrumentos a serviço de uma inteligência. O livro do Sr. Loth não o convenceu, mas lhe mostrou o lado sério e as tendências morais da doutrina, e isto lhe bastou para compreender que a coisa tinha algo bom e merecia ao menos o respeito devido às crenças do próximo. Ele deu prova de uma louvável imparcialidade, inserindo imediatamente a retificação que lhe foi remetida pelo autor.

O que o tocou não foram os fatos de manifestações, dos quais aliás pouco se trata no livro, foram as tendências liberais e anti-retrógadas, o espírito de tolerância e de conciliação da doutrina. É essa, com efeito, a impressão que ela produzirá sobre todos os que se derem ao trabalho de estudá-la. Sem aceitar a sua parte experimental, que para os espíritas é a prova material da verdade de seus princípios, eles aí verão um poderoso auxiliar para a reforma dos abusos contra os quais se levantam todos os dias. Em vez de fanáticos de um novo gênero, eles verão em todos os espíritas, cujo número aumenta dia a dia, um exército que luta pelo mesmo objetivo, é verdade que com outras armas, mas que lhes importam os meios, se o resultado é o mesmo?

Sua ignorância das tendências do Espiritismo é tamanha que nem mesmo sabem que se trata de uma doutrina liberal, emancipadora da inteligência, inimiga da fé cega, que vem proclamar a liberdade de consciência e o livre exame como base essencial de toda crença séria. Eles nem mesmo sabem que ele foi o primeiro a inscrever em sua bandeira esta máxima imortal: *Fora da caridade não há salvação,* princípio de união e de fraternidade universais, o único que pode pôr um termo aos antagonismos dos povos e das crenças. Enquanto eles o creem puerilmente absorvido por uma mesa que gira, não suspeitam que o menino deixou os brinquedos pela armadura, que cresceu e que agora abarca todas as questões que interessam ao progresso da Humanidade. Aos seus adversários *desinteressados e de boa fé* só falta conhecê-lo para julgá-lo de modo diferente do que o julgam. Se atentassem para a sua velocidade de propagação, que nada pode deter, eles se diriam que isso não pode ser efeito de uma ideia completamente oca e que, mesmo que ele não encerrasse senão uma verdade, se essa verdade é capaz de mexer com tantas consciências, merece ser levada em consideração; que se ele causa tanto pavor a certa gente, é que não o consideram como uma fumaça à toa.

O artigo acima transcrito constata, além disso, um fato importante: é que o interdito lançado contra esse pequeno livro pelo clero do interior serviu para propagá-lo, o que não podia deixar de ocorrer, tão poderosa é a atração do fruto proibido. O autor do artigo pensa, com razão, que se fosse condenado pela congregação do *Index,* sediada em Roma, adquiriria uma notoriedade não pretendida pelo Sr. Loth. Ele ignora que as obras fundamentais da Doutrina tiveram esse privilégio, e que foi pelos raios lançados contra a Doutrina em nome desse índex que esses livros foram procurados nos meios onde eram desconhecidos. As pessoas fizeram esta reflexão muito natural: Quanto mais forte trovejam, mais importante a coisa deve ser. Leram os livros primeiro por curiosidade, depois, como ali encontrassem boas coisas, os aceitaram. Eis a história.

CARACTERES DA REVELAÇÃO ESPÍRITA

POR ALLAN KARDEC

Muitas pessoas consideraram o artigo publicado sob esse título em setembro de 1867, e que, completado, forma o primeiro capítulo de *A Gênese,* como próprio a dar a conhecer o verdadeiro caráter da Doutrina Espírita, e, ao mesmo tempo, como uma refutação de certas críticas. Em consequência, elas pensavam que seria útil à propagação da ideia espalhar esse artigo. Para obtemperar o seu desejo, fizemos uma tiragem à parte do primeiro capítulo de *A Gênese,* numa brochura que será vendida nas mesmas condições que a *Simples Expressão,* a saber, a 15 centavos; pelo correio, 20 centavos. Dez exemplares em conjunto, 2 francos, ou seja, 10 centavos por exemplar; pelo correio, 2,60 francos.

Tendo sido retardada, a tiragem da brochura atualmente está terminada.

SEGUNDA EDIÇÃO DE *A GÊNESE*

Estando quase esgotada a primeira edição de *A Gênese,* neste momento procede-se à tiragem da segunda edição, na qual não se fez nenhuma alteração.

NOTA: Na tarifa indicada no número de janeiro para as despesas de porte dessa obra para o estrangeiro, as da Suíça foram por equívoco elevadas em I franco, conforme a antiga tarifa. Hoje não são mais que 60 cêntimos.

OS PENSAMENTOS DO ZUAVO JACOB

1 volume in-12, de 220 páginas. Preço: 2,50 francos; pelo correio 2,75 francos.
No editor, Rua Bonaparte, 70, em Paris.

Estando em impressão este número da *Revista* quando nos chegou o livro do Sr. Jacob, adiamos seu comentário para o próximo número.

PSICHE

Giornale di studi picologici

Publicato sotto la direzione del signor PIETRO CASSELLA

Esse jornal sairá nos dias 1.º e 15 de cada mês, a partir de 1.º de março próximo, em Nápoles, Cagliardi alle Pigne, 49, 2.º piso. Preço: 6 francos por ano e 3 francos por semestre.
Daremos mais detalhes no próximo número.

ALLAN KARDEC

REVISTA ESPÍRITA

JORNAL DE ESTUDOS PSICOLÓGICOS

ANO XI	MARÇO DE 1868	VOL. 3

COMENTÁRIOS SOBRE OS MESSIAS DO ESPIRITISMO

(Vide o número de fevereiro último)

Tendo-nos sido dirigidas várias perguntas a propósito das comunicações sobre os messias, publicadas no último número da *Revista,* julgamos dever completá-las por alguns desenvolvimentos que farão compreender melhor o seu sentido e o seu alcance.

1.º – Considerando-se que a primeira dessas comunicações recomendava guardar segredo até nova ordem, embora a mesma coisa fosse ensinada em diferentes regiões, senão quanto à forma e as circunstâncias de detalhes, ao menos pelo fundo da ideia, perguntaram-nos se os Espíritos, num consentimento geral, tinham reconhecido a urgência dessa publicação, o que teria uma significação de certa gravidade.

A opinião da maioria dos Espíritos é um poderoso controle para o valor dos princípios da Doutrina, mas não exclui o do julgamento e da razão cujo uso incessante todos os Espíritos sérios recomendam. Quando o ensino se generaliza espontaneamente sobre uma questão, num determinado sentido, é um indício certo de que tal questão chegou ao seu tempo. Mas a oportunidade, no caso de que se trata, não é uma questão de princípio, e julgamos que não deveríamos esperar o conselho da maioria para esta publicação, porquanto sua utilidade nos estava demonstrada. Seria puerilidade crer que, fazendo abnegação de nossa iniciativa, não obedeceríamos, como instrumento passivo, senão a um pensamento que se nos impunha.

82 | REVISTA ESPÍRITA

A ideia da vinda de um ou vários messias era mais ou menos geral, mas encarada sob pontos de vista mais ou menos errados, por força das circunstâncias de detalhes contidos em certas comunicações, e de uma assimilação *demasiado literal,* por parte de alguns, com as palavras do Evangelho sobre o mesmo assunto. Esses erros podiam ter inconvenientes materiais cujos sintomas já se faziam sentir. Importava, pois, não deixá-los propagar-se. Eis por que julgamos útil dar a conhecer o verdadeiro sentido no qual essa previsão era entendida pela maioria dos Espíritos, retificando, assim, pelo ensinamento geral, o que o ensino isolado podia ter de parcialmente defeituoso.

2.º – Disseram que os messias do Espiritismo, vindo após a sua constituição, teriam um papel apenas secundário, e se perguntaram se era esse o verdadeiro caráter dos messias. Aquele que Deus encarrega de uma missão pode vir utilmente quando o objeto de sua missão está realizado? Não seria como se o Cristo tivesse vindo após o estabelecimento do Cristianismo, ou como se o arquiteto encarregado da construção de uma casa chegasse quando esta estivesse construída?

A revelação espírita deveria realizar-se em condições diferentes de suas antecessoras, porque as condições da Humanidade não são mais as mesmas. Sem voltar ao que foi dito a respeito dos caracteres desta revelação, lembramos que em vez de ser individual, ela devia ser coletiva e ao mesmo tempo o produto do ensino dos Espíritos e do trabalho inteligente do homem; ela não devia ser localizada, mas tomar raízes simultaneamente em todos os pontos do globo. Esse trabalho se realiza sob a direção de grandes Espíritos que receberam *missão* de presidir à regeneração da Humanidade. Se eles não cooperam na obra como encarnados, nem por isso deixam de dirigir os trabalhos como Espíritos, do que temos as provas. Seu papel de messias, então, não se apagou, pois que o realizam antes de sua encarnação e não é senão maior. Como Espíritos, sua ação é mesmo mais eficaz, porque podem estendê-la a toda a parte, ao passo que, como encarnados, ela é necessariamente circunscrita. Como Espíritos, hoje fazem o que o Cristo fazia como homem: ensinam, mas pelas mil vozes da mediunidade; eles virão a seguir fazer como homens o que o Cristo não pôde fazer: instalar sua doutrina.

A instalação de uma doutrina chamada a regenerar o mundo não pode ser obra de um dia, e a vida de um homem não bastaria para isto. Primeiro é preciso elaborar os princípios ou, se preferirem, confeccionar o instrumento; depois limpar o terreno dos obstáculos e lançar os primeiros fundamentos. Que fariam esses Espíritos na Terra durante o trabalho, de certo modo material, de limpeza? Sua vida se gastaria nessa luta. Assim, eles virão mais utilmente quando a obra estiver elaborada e o terreno preparado. A eles, então, incumbirá pôr a última demão no edifício e o consolidar; numa palavra, fazer frutificar a árvore que tiver sido plantada. Mas, enquanto esperam, eles não ficam inativos: eles dirigem os trabalhadores. A encarnação não será, pois, senão uma fase de sua missão. Só o Espiritismo podia fazer compreender a cooperação dos Espíritos da erraticidade numa obra terrestre.

3.º – Além disso, perguntaram se não seria para temer que o anúncio desses messias não tentaria alguns ambiciosos que se dariam pretensas missões, e realizariam esta predição: Haverá falsos cristos e falsos profetas.

A resposta a isso é muito simples; está toda inteira no Cap. XXI de *O Evangelho segundo o Espiritismo*. Lendo esse capítulo, ver-se-á que o papel do falso cristo não é tão fácil quanto se poderia supor, porque é o caso de dizer que não é o hábito que faz o monge. Em todos os tempos houve intrigantes que se quiseram fazer passar por aquilo que não eram. Sem dúvida eles podem imitar a forma exterior, mas quando se trata de justificar o fundo, acontece-lhes o mesmo que acontece com o jumento vestido com a pele do leão.

Diz o bom senso que Deus não pode escolher seus messias entre os Espíritos vulgares, mas entre aqueles que ele sabe capazes de realizar seus desígnios. O que pretendesse haver recebido tal favor deveria, portanto, justificá-lo pela eminência de suas capacidades e de suas virtudes, e sua presunção seria o primeiro desmentido dado a essas mesmas virtudes. Que diriam de um rimador que quisesse passar por príncipe dos poetas? Dar-se por cristo ou messias seria dizer-se o homem mais virtuoso do Universo, e não se é virtuoso quando não se é modesto.

É verdade que a virtude é simulada pela hipocrisia; mas há uma coisa que desafia qualquer imitação: é o gênio, porque ele deve afirmar-se por obras positivas; quanto à virtude de fachada, é uma comédia que não se pode representar muito tempo sem se trair. Na primeira linha das qualidades morais que distinguem o verdadeiro missionário de Deus, há que colocar a humildade sincera, o devotamento sem limites e sem segundas intenções, o desinteresse material e moral absoluto, a abnegação da personalidade, virtudes pelas quais não brilham nem os ambiciosos nem os charlatães, que antes de tudo buscam a glória ou o lucro. Eles podem ter inteligência; é-lhes necessária para vencer pela intriga, mas não é essa inteligência que coloca o homem acima da Humanidade terrena. Se o Cristo voltasse a encarnar-se na Terra, ele para cá voltaria com todas as suas virtudes. Se, pois, alguém se desse por ele, deveria igualá-lo em tudo. Uma só qualidade a menos bastaria para descobrir a impostura.

Assim como se reconhece a qualidade da árvore por seu fruto, reconhecer-se-iam os verdadeiros messias pela qualidade de suas obras, e não por suas pretensões. Não são os que se proclamarão, porque talvez eles próprios se ignorem. Vários poderão estar na Terra sem ter sido reconhecidos. É vendo o que terão sido e o que terão feito que os homens dirão, como disseram do Cristo: "Aquele devia ser um messias."

Há cem pedras de toque para reconhecer os messias e os profetas de contrabando. A definição do caráter daqueles que são verdadeiros é feita mais para desencorajar os contrafatores do que para excitá-los a representar um papel que eles não têm força para desempenhar, e só lhes acarretaria dissabores. É ao mesmo tempo dar aos que tentassem abusar, os meios de evitar serem vítimas de sua velhacaria.

4.º – Parece que algumas pessoas temeram que a qualificação de *messias* espalhasse sobre a Doutrina um verniz de misticismo.

Para quem conhece a Doutrina, ela é, de ponta a ponta, um protesto contra o misticismo, pois que tende a reconduzir todas as crenças para o terreno positivo das leis da Natureza. Mas, entre os que não a conhecem, há pessoas para as quais tudo o que escapa da Humanidade tangível é místico. Para estas, adorar Deus, orar, crer na Providência é ser místico. Nós não temos que nos preocupar com a sua opinião.

A palavra *messias* é empregada pelo Espiritismo na sua acepção literal de *mensageiro, enviado,* abstração feita da ideia de *redenção* e de *mistério* particular aos cultos cristãos. O Espiritismo não tem que discutir esses dogmas, que não são de sua alçada. Ele diz o sentido no qual emprega esse vocábulo, para

MARÇO 1868 | 85

evitar qualquer equívoco, deixando cada um crer conforme a sua consciência, que ele não procura perturbar.

Assim, para o Espiritismo, todo Espírito encarnado para cumprir uma missão especial junto à Humanidade é um messias, na acepção geral da palavra, isto é, um *missionário* ou *enviado,* com a diferença, entretanto, que o vocábulo *messias* implica mais particularmente a ideia de uma missão direta da divindade e, consequentemente, a da superioridade do Espírito e da importância da missão, de onde se segue que há uma distinção a fazer entre os *messias* propriamente ditos e os Espíritos *simples missionários.* O que os distingue é que, para uns, a missão ainda é uma prova, porque podem falir, ao passo que para os outros é um atributo de sua superioridade. Do ponto de vista da vida corporal, os messias entram na categoria das encarnações ordinárias de Espíritos, e o vocábulo não tem nenhum caráter de misticismo.

Todas as grandes épocas de renovação viram aparecer messias encarregados de dar impulso ao movimento regenerador e de dirigi-lo. Sendo a época atual uma das maiores transformações da Humanidade, terá também os seus messias, que já a presidem como Espíritos, e que terminarão sua missão como encarnados. Sua vinda não será marcada por nenhum prodígio, e Deus não perturbará a ordem das leis da Natureza para permitir que eles sejam reconhecidos. Nenhum sinal extraordinário aparecerá no céu nem na Terra, e eles não serão vistos descendo das nuvens acompanhados por anjos. Nascerão, viverão e morrerão como o comum dos homens, e sua morte não será anunciada ao mundo nem por tremores de Terra, nem pelo obscurecimento do Sol; nenhum sinal exterior os distinguirá, assim como o Cristo, em vida, não se distinguia dos outros homens. Nada, pois, os assinalará à atenção pública senão a grandeza de suas obras, a sublimidade de suas virtudes, e a parte ativa e fecunda que eles tomarão na fundação da nova ordem de coisas. A antiguidade pagã transformou-os em deuses; a História os colocará no panteão dos grandes homens, dos homens de gênio, mas, sobretudo entre os homens de bem, cuja memória será honrada pela posterioridade.

Tais serão os messias do Espiritismo. Grandes homens entre os homens, grandes Espíritos entre os Espíritos, eles marcarão sua passagem por prodígios da inteligência e da virtude, que atestam a verdadeira superioridade, muito mais que a produção de efeitos materiais que o primeiro que aparece pode realizar. Este quadro um pouco prosaico talvez faça caírem algumas ilusões, mas é assim que as coisas se passarão, muito naturalmente, e os seus resultados não serão menos importantes por não serem rodeados das formas ideais e um tanto maravilhosas com que certas imaginações gostam de cercá-los.

Dissemos os *messias* porque, com efeito, as previsões dos Espíritos anunciam que haverá vários, o que nada tem de admirável, segundo o sentido ligado a essa palavra, e em razão da grandeza da tarefa, pois que se trata, não do adiantamento de um povo ou de uma raça, mas da regeneração da Humanidade inteira. Quantos serão? Uns dizem três, outros mais, outros menos, o que prova que a coisa está nos segredos de Deus. Um deles teria a supremacia? É ainda o que pouco importa, o que até seria perigoso saber antecipadamente.

A vinda dos Messias, como fato geral, está anunciada, porque era útil que dela estivéssemos prevenidos; é uma dádiva do futuro e um motivo de tranquilidade, mas as individualidades não se devem revelar senão *por seus atos*. Se alguém deve abrigar a infância de um deles, o fará *inconscientemente,* como para o primeiro vindo; assisti-lo-á e o protegerá por pura caridade, sem a isto ser solicitado por um sentimento de orgulho, do qual talvez não se pudesse defender, que malgrado seu deslizaria para o coração e lhe faria perder o fruto de sua ação. Seu devotamento talvez não fosse tão desinteressado moralmente quanto ele próprio o imaginasse.

Além disso, a segurança do predestinado exige que ele seja coberto por um véu impenetrável, porque ele terá seus Herodes. Ora, um segredo jamais é mais bem guardado do que quando por todos desconhecido. Ninguém, pois, deve conhecer a sua família, nem o lugar de seu nascimento, e os próprios Espíritos vulgares não o sabem. Nenhum anjo virá anunciar sua vinda à sua mãe, porque ela não deve fazer diferença entre ele e seus outros filhos; magos não virão adorá-lo em seu berço e lhe oferecer ouro e incenso, porque *ele não deve ser saudado senão quando tiver dado suas provas.*

Ele será protegido pelos invisíveis encarregados de velar por ele e conduzido à porta onde deverá bater, e o dono da casa não conhecerá aquele que receberá em seu lar.

MARÇO 1868 | 87

Falando do novo Messias, disse Jesus: "Se alguém vos disser: O Cristo está aqui, ou está ali, não vades lá, porque ele lá não estará." Há, pois, que desconfiar das falsas indicações, que têm por fim *ludibriar,* visando fazer procurá-lo onde ele não está. Levando-se em conta que não é permitido aos Espíritos revelar o que deve ficar secreto, toda comunicação circunstanciada sobre este ponto deve ser tida por suspeita, ou como uma provação para quem a recebe.

Pouco importa, pois, o número dos messias. Só Deus sabe o que é necessário. Entretanto, o que é indubitável, é que ao lado dos *messias* propriamente ditos, Espíritos superiores em número *ilimitado* encarnar-se-ão, ou já estão encarnados, com missões especiais para secundá-los. Surgirão em todas as classes, em todas as posições sociais, em todas as seitas e em todos os povos. Havê-los-á nas Ciências, nas Artes, na Literatura, na Política, nos chefes de estado, enfim por toda parte onde sua influência poderá ser útil à difusão das ideias novas e às reformas que serão sua consequência. A autoridade de sua palavra será muito maior porque será fundada na estima e na consideração de que serão cercados.

Mas, perguntarão, nessa multidão de missionários de todas as classes, como distinguir os messias? Que importa se os distinguem ou não? Eles não vêm à Terra para aí se fazerem adorar, nem para receber homenagens dos homens. Eles não trarão, pois, nenhum sinal na fronte; mas, assim como pela obra se conhece o artífice, dirão após a sua partida: Aquele que fez a maior soma de bens deve ser o maior.

Sendo o Espiritismo o principal elemento regenerador, importava que o instrumento estivesse pronto quando vierem os que dele devem servir-se. É o trabalho que se realiza neste momento, e que os precede de pouco. Mas antes é preciso que a grade tenha passado pelo chão para expurgá-lo das ervas parasitas que abafariam o bom grão.

É sobretudo o vigésimo século que verá florescerem grandes apóstolos do Espiritismo, e que poderá ser chamado o século dos messias. Então a antiga geração terá desaparecido e a nova estará em plena força; livre de suas convulsões, formada de elementos novos ou regeneradores, a Humanidade entrará definitivamente e pacificamente na fase do progresso moral que deve elevar a Terra na hierarquia dos mundos.

CORRESPONDÊNCIA INÉDITA DE LAVATER COM A IMPERATRIZ MARIA DA RÚSSIA

Os espíritas são numerosos em São Petersburgo, e entre eles há homens sérios muito esclarecidos, que compreendem o objetivo e o alto alcance humanitário da doutrina. Um deles, que não tínhamos a honra de conhecer, houve por bem mandar-nos um documento, tanto mais precioso para a história do Espiritismo, quanto era desconhecido e toca nas mais altas regiões sociais. Eis o que diz o nosso honrado correspondente, na carta de remessa:

"A biblioteca imperial de São Petersburgo publicou, em 1858, num pequeno número de exemplares, uma coletânea de cartas inéditas do célebre fisionomista Lavater. Essas cartas, até agora desconhecidas na Alemanha, foram dirigidas à Imperatriz Maria da Rússia, esposa de Paulo I e avó do imperador reinante. A leitura dessas cartas me chocou pelas ideias filosóficas eminentemente espíritas que encerram, sobre as relações que existem entre o mundo visível e o mundo invisível, a mediunidade intuitiva e a influência dos fluidos que a produzem.

"Presumindo que essas cartas, provavelmente desconhecidas na França, poderiam interessar aos espíritas esclarecidos desse país, mostrando-lhes que suas convicções eram partilhadas pelo eminente filósofo suíço e duas cabeças coroadas, tomo a liberdade, senhor, de vos remeter anexa a tradução exata quase literal dessas cartas, que talvez julgueis oportuno inserir na vossa sábia e tão interessante publicação mensal.

"Aproveito a ocasião, senhor, para vos exprimir os sentimentos de minha profunda e perfeita estima, partilhada pelos espíritas sinceros de todos os países, que sabem dignamente apreciar os serviços eminentes que vosso zelo infatigável prestou ao desenvolvimento científico e à propagação da sublime e tão consoladora Doutrina Espírita. Esta terceira revelação terá como consequência a regeneração, o progresso moral e a consolidação da fé na pobre Humanidade, infelizmente desencaminhada, e que flutua entre a dúvida e a indiferença em matéria de religião e de moral."

W. de F.

Publicamos integralmente o manuscrito do Sr. de F. Sua extensão obriga-nos a dele fazer o objeto de três artigos.

PREÂMBULO

No castelo do grão-duque de Pawlowsk, situado a vinte e quatro verstas de Petersburgo, onde o imperador Paulo da Rússia passou os mais felizes anos de sua vida, e que, com o tempo, tornou-se a residência favorita da imperatriz Maria, sua augusta viúva, verdadeira benfeitora da Humanidade sofredora, acha-se uma seleta biblioteca, fundada pelo casal imperial, na qual, entre muitos tesouros científicos e literários, se acha um pacote de cartas escritas de próprio punho por Lavater, que ficaram desconhecidas dos biógrafos do célebre fisionomista.

Essas cartas são datadas de Zurique, em 1798. Dezesseis anos antes, em Zurique e em Schaffouse, Lavater tinha tido ocasião de travar o primeiro contato com o conde e a condessa do Norte (título sob qual o grão-duque da Rússia e sua esposa viajavam pela Europa), e, de 1796 a 1800, ele mandava para a Rússia, endereçadas à Imperatriz Maria, reflexões sobre a fisionomia, às quais juntava cartas, tendo por objetivo descrever o estado da alma depois da morte.

Nessas cartas, Lavater toma como ponto de partida que uma alma, tendo deixado o seu corpo, inspira ideias a um homem de sua escolha, apto para a luz (lichtfaehig) e faz com que ele escreva cartas dirigidas a um amigo que ficou na Terra, para instruí-lo sobre o estado em que ela se encontra.

Essas cartas inéditas de Lavater foram descobertas durante uma revisão da biblioteca grão-ducal, pelo Dr. Minzloff, bibliotecário

90 | REVISTA ESPÍRITA

da Biblioteca Imperial de Petersburgo e por ele postas em ordem. Com a autorização do atual proprietário do castelo de Pawlowsk, S. A. I., o grão-duque Constantino, e sob os auspícios esclarecidos do barão de Korff, atualmente membro do conselho do império, antigo diretor chefe dessa biblioteca, que lhe deve seus mais notáveis melhoramentos, elas foram publicadas em 1858, em Petersburgo, sob o título: *Johann-Kaspar Lavarter's briefe, an die kaïserin Maria Feodorowna, gemahin kaïser Paul I von Russland* (Cartas de Jean-Gaspard Lavater à imperatriz Maria Feodorowna, esposa do imperador Paulo I da Rússia). Essa obra foi impressa por conta da biblioteca imperial e dedicada ao senado da Universidade de Iena, por ocasião do 300.º aniversário de sua fundação.

Essas cartas, em número de seis, apresentam o mais alto interesse, porque provam positivamente que as ideias espíritas, e notadamente as possibilidades de relações entre o mundo espiritual e o mundo material, germinavam na Europa há setenta anos, e que não só o célebre fisionomista tinha a convicção dessas relações, mas que ele próprio era o que no Espiritismo se chama médium intuitivo, isto é, um homem que recebia por intuição as ideias dos Espíritos e transcrevia suas comunicações. As cartas de um amigo morto, que Lavater havia juntado às suas próprias, são eminentemente espíritas. Elas desenvolvem e esclarecem, de maneira tão engenhosa quanto espirituosa, as ideias fundamentais do Espiritismo, e vêm em apoio a tudo o que esta doutrina oferece de mais racional, de mais profundamente filosófico, religioso e consolador para a Humanidade. As pessoas que não conhecem o Espiritismo poderão supor que essas cartas de um Espírito ao seu amigo da Terra não são senão uma forma poética que Lavater dá às suas próprias ideias espiritualistas; mas os que são iniciados às verdades do Espiritismo as encontrarão nessas comunicações, tais quais elas foram e ainda são dadas pelos Espíritos, por meio de diversos médiuns intuitivos, auditivos, escreventes, falantes, extáticos etc. Não é natural supor que o próprio Lavater tenha podido conceber e expor com tão grande lucidez e tanta precisão, ideias abstratas e tão elevadas sobre o estado da alma após a morte e suas formas de comunicação com os Espíritos encarnados, isto é, com os homens. Essas ideias não podiam provir senão dos próprios Espíritos desencarnados. É indubitável que um deles, tendo guardado sentimentos de afeição por um amigo ainda habitante da Terra, lhe deu, por intermédio de um médium intuitivo (talvez o próprio Lavater fosse esse amigo), noções sobre esse assunto, para iniciá-lo aos mistérios do túmulo, na medida que é permitido a um Espírito desvendar aos homens, e que estes estejam em estado de compreender.

Damos aqui a tradução exata das cartas de Lavater, escritas em alemão, bem como das comunicações de Além-Túmulo, que ele dirigia à imperatriz Maria, conforme o desejo que ela havia expresso, de conhecer as ideias do filósofo alemão sobre o estado da alma após a morte do corpo.

PRIMEIRA CARTA
SOBRE O ESTADO DA ALMA APÓS A MORTE

Ideias gerais

Mui venerada Maria da Rússia!

Dignai-vos conceder-me permissão para não vos dar o título de majestade, que vos é devido da parte do mundo, mas que não se harmoniza com a santidade do assunto acerca do qual desejastes que eu vos entretivesse, a fim de que eu possa escrever com franqueza e inteira liberdade.

Desejais conhecer algumas das minhas ideias sobre o estado das almas após a morte.

A despeito do pouco que é dado saber sobre isto ao mais sábio e ao mais douto entre nós, porquanto nenhum dos que partiram para o país desconhecido de lá voltou, o homem pensante, o discípulo daquele que do céu desceu entre nós, está, entretanto, em estado de dizer sobre isto, tanto quanto nos é necessário saber para nos encorajar, nos tranquilizar e nos fazer refletir.

Desta vez limitar-me-ei a vos expor, a respeito, algumas das ideias mais gerais.

Penso que deve existir uma grande diferença entre o estado, a maneira de pensar e de sentir de uma alma separada de seu corpo material, e o estado no qual se encontrava durante sua união com este último. Essa diferença deve ser ao menos tão grande quanto a que existe entre o estado de um recém-nascido e o de uma criança vivendo no seio materno.

Estamos ligados à matéria, e são os nossos sentidos e os nossos órgãos que dão à nossa alma as percepções e o entendimento.

Conforme a diferença que exista entre a construção do telescópio, do microscópio e dos óculos, de que se servem os nossos olhos para ver, os objetos que olhamos por seu intermédio nos aparecem sob uma forma diferente. Nossos sentidos são os telescópios, os microscópios e os óculos necessários à nossa vida atual, que é uma vida material.

Penso que o mundo visível deve desaparecer para a alma separada de seu corpo, assim como lhe escapa durante o sono. Ou então o mundo, que a alma entrevia durante sua existência corporal, deve aparecer à alma desmaterializada sob um aspecto completamente diferente.

Se, durante algum tempo, ela pudesse ficar sem corpo, o mundo material não existiria para ela. Mas se, logo depois de haver deixado o seu corpo – o que acho muito verossimilhante – ela for provida de *um corpo espiritual, que teria retirado do seu corpo material,* o novo corpo lhe dará indispensavelmente uma percepção muito diversa das coisas. Se, o que facilmente pode acontecer às almas impuras, esse corpo ficasse, durante algum tempo, imperfeito e pouco desenvolvido, todo o Universo apareceria à alma num estado de perturbação, como ele seria visto através de um vidro despolido.

Mas se o corpo espiritual, *condutor e intermediário de suas novas impressões,* fosse ou se tomasse mais desenvolvido ou mais bem organizado, o mundo da alma lhe pareceria, conforme a natureza e as qualidades de seus novos órgãos, bem como segundo o grau de sua harmonia e de sua perfeição, mais regular e mais belo.

Os órgãos se simplificam, adquirem harmonia entre si e são mais apropriados à natureza, ao caráter, às necessidades e às forças da alma, conforme ela se concentre, se enriqueça e se depure aqui embaixo, perseguindo um só objetivo e agindo num sentido determinado. Existindo na Terra, *a alma aperfeiçoa, por si mesma, as qualidades do corpo espiritual,* do veículo no qual continuará a existir após a morte de seu corpo material, e que lhe servirá de órgão para conceber, sentir e agir em sua nova existência. Esse novo corpo, apropriado à sua natureza íntima, a tornará pura, amável, vivaz e apta a mil belas sensações, impressões, contemplações, ações e prazeres.

Tudo o que podemos, e tudo o que ainda não podemos dizer sobre o estado da alma após a morte, basear-se-á sempre sobre este único axioma, permanente e geral: *O homem colhe o que semeou.*

É difícil encontrar um princípio mais simples, mais claro, mais abundante e mais próprio a ser aplicado a todos os casos possíveis.

Existe uma lei geral da Natureza, estreitamente ligada, mesmo idêntica ao princípio acima mencionado, no que concerne ao estado da alma após a morte, uma lei equivalente em todos os mundos, em todos os estados possíveis, no mundo material e no mundo espiritual, visível e invisível, a saber:

"O que se assemelha tende a se reunir. Tudo o que é idêntico se atrai reciprocamente, se não existirem obstáculos que se oponham à sua união."

Toda a doutrina sobre o estado da alma após a morte é baseada neste simples princípio. Tudo quanto ordinariamente chamamos de julgamento prévio, compensação, felicidade suprema, danação, pode ser explicado desta maneira: "*Conforme tenhas semeado o bem em ti mesmo, nos outros e fora de ti, pertencerás à sociedade daqueles que, como tu, semearam o bem em si mesmos e fora de si; gozarás da amizade daqueles aos quais te terás assemelhado em sua maneira de semear o bem.*"

Cada alma separada de seu corpo, livre das cadeias da matéria, aparece a si mesma tal qual é na realidade. Todas as ilusões, todas as seduções que a impediam de se reconhecer e de ver suas forças, suas fraquezas e seus defeitos, desaparecerão. Ela experimentará uma tendência irresistível para se dirigir às almas que se lhe assemelham e afastar-se das que lhe são dessemelhantes. Seu próprio peso interior, como obedecendo à lei da gravitação, a atrairá para abismos sem fundo (pelo menos é assim que lhe parecerá); ou então, conforme o grau de sua pureza, lançar-se-á nos ares, como uma centelha levada por sua leveza, e passará rapidamente para as regiões luminosas, fluídicas e etéreas.

A alma se dá a si mesma um peso que lhe é próprio, por seu sentido interior; seu estado de perfeição a impele para a frente, para trás ou para o lado; seu próprio caráter, moral ou religioso, lhe inspira certas tendências particulares. O bom elevar-se-á para os bons; a necessidade que ele sente do bem o atrairá para eles. O mau é forçosamente impelido para os maus. A queda precipitada das almas grosseiras, imorais e irreligiosas para junto das almas que se lhes assemelham, será também tão rápida e inevitável quanto a queda de uma bigorna num abismo, quando nada a detém.

É o bastante por esta vez.

Zurique, 1.º de agosto de 1798
JEAN-GASPAR LAVATER

(Com a permissão de Deus, a continuação de oito em oito dias)

SEGUNDA CARTA

As necessidades experimentadas pelo espírito humano, durante *seu exílio no corpo material, continuam as mesmas logo depois que o deixou.* Sua felicidade consistirá na possibi-lidade de poder satisfazer suas necessidades espirituais; sua danação, na impossibilidade de poder satisfazer seus apetites carnais, num mundo menos material.

As necessidades não satisfeitas constituem a danação; sua satisfação constitui a felicidade suprema.

Eu gostaria de dizer a cada homem: "Analisa a natureza de tuas necessidades; dá-lhes o seu verdadeiro nome; per-gunta-te a ti mesmo: são admissíveis num mundo menos material? Podem elas aí encontrar sua satisfação?" E se verda-deiramente aí puderem ser satisfeitas, serão daquelas que um Espírito intelectual e imortal poderia honestamente confessar e desejar a sua satisfação, sem sentir uma profunda vergonha ante outros seres intelectuais e imortais como ele?

A necessidade que sente a alma de satisfazer às aspirações espirituais de outras almas imortais; de lhes proporcionar os puros prazeres da vida; de inspirar-lhes a certeza da continu-ação de sua existência após a morte; de cooperar assim no grande plano da sabedoria e do amor supremos; o progresso adquirido por essa nobre atividade, tão digna do homem, assim como o desejo desinteressado do bem, dão às almas humanas a *aptidão* e, portanto, o *direito* de serem recebidas nos grupos e nos círculos de Espíritos mais elevados, mais puros, mais santos.

Mui venerada Imperatriz, quando temos a íntima persuasão de que a necessidade mais natural, entretanto muito rara, que possa nascer numa alma imortal: a de Deus, a necessidade de dele se aproximar cada vez mais, sob todos os aspectos, e de se assemelhar ao Pai invisível de todas as criaturas, torna-se predominante em nós, oh! então não devemos experimentar o menor receio concernente ao nosso estado futuro, quando a morte nos tiver desembaraçado de nosso corpo, esse muro espesso que nos ocultava Deus. Esse corpo material que nos separava dele é abatido, e o véu que nos ocultava a vista do mais santo dos santos é rasgado. O Ser adorável que amávamos acima de tudo, com todas as suas graças resplandecentes, terá então livre entrada em nossa alma dele faminta e o recebendo com alegria e amor.

Logo que o amor sem limites por Deus tiver predominado em nossa alma, por força dos esforços que tiver feito para dele se aproximar e a ele se parecer em seu amor vivificante da Humanidade, e por todos os meios que tinha em seu poder, essa alma, desembaraçada de seu corpo, passando necessariamente por muitos degraus para se aperfeiçoar sempre mais, subirá com uma facilidade e uma rapidez espantosas para o objeto de sua mais profunda veneração e de seu amor ilimitado, para a fonte inesgotável e a única suficiente para a satisfação de todas as suas necessidades, de todas as suas aspirações.

Nenhum olho fraco, doente ou velado, está em condições de olhar o Sol de frente; do mesmo modo, nenhum Espírito não depurado, ainda envolto no nevoeiro material de uma vida exclusivamente material, mesmo no momento de sua separação do corpo, não estaria em estado de suportar a vista do mais puro sol dos Espíritos, na sua claridade resplandecente, seu símbolo, seu foco, de onde emanam essas ondas de luz que penetram até mesmo os seres finitos com o sentimento de sua infinitude.

Quem melhor que vós, senhora, sabe que os bons não são atraídos senão pelos bons! Que só as almas elevadas sabem gozar da presença de outras almas de escol! Todo homem que conhece a vida e os homens, aquele que muitas vezes foi obrigado a encontrar-se na companhia desses zombadores desonestos, efeminados, faltos de caráter, sempre apressados em realçar e fazer valer a palavra mais insignificante, a menor alusão daqueles cujo favor disputam, ou então desses hipócritas que procuram astuciosamente penetrar as ideias alheias, para em seguida interpretá-las num sentido absolutamente contrário, aquele, digo eu, deve saber quanto essas almas vis e escravas de súbito se embaraçam a uma simples palavra pronunciada com firmeza e dignidade. Quanto apenas um olhar severo os confunde, fazendo-os sentir profundamente que os conhecem e que os julgam por seu justo valor! Como então se lhes torna penoso suportar a presença de um homem honesto! Nenhuma alma velhaca e hipócrita é feliz ao contato de uma alma proba e enérgica que a penetra. Cada alma impura, tendo deixado o seu corpo, deve, segundo sua natureza íntima, como impulsionada por uma força oculta e invencível, fugir da presença de todo ser puro e luminoso, para lhe ocultar, tanto quanto possível, a vista de suas numerosas imperfeições que ela não está em condições de ocultar a si própria, nem aos outros.

Mesmo que não tivesse sido escrito: *Ninguém, sem ser depurado, poderá ver o Senhor,* isto estaria perfeitamente na ordem das coisas. Uma alma impura se acha numa impossibilidade absoluta de entrar em qualquer tipo de relação com uma alma pura, bem como de sentir por ela a menor simpatia. Uma alma assustada pela luz não pode, por isto mesmo, ser atraída para a fonte da luz. A claridade privada de toda obscuridade deve queimá-la como um fogo devorador.

E quais são as almas, senhora, que chamamos impuras? Penso que são aquelas nas quais o desejo de se depurar, de se corrigir, de se aperfeiçoar, jamais predominou. Penso que são aquelas que não estão submetidas ao princípio elevado do desinteresse em todas as coisas; aquelas que se escolheram a si mesmas para centro único de todos os seus desejos e de todas as suas ideias; aquelas que se olham como o objetivo de tudo o que está fora delas; que não buscam senão o meio de satisfazer suas paixões e seus sentidos; aquelas, enfim, nas quais reinam o egoísmo, o orgulho, o amor-próprio e o interesse pessoal; que querem servir a dois senhores que se contradizem, e isto simultaneamente.

Semelhantes almas, penso eu, devem achar-se após a separação de seus corpos, no miserável estado de uma horrível contemplação de si mesmas; ou então, o que dá no mesmo, do desprezo profundo que sentem por si próprias, e serem arrastadas por uma força irresistível para a horrorosa companhia de outras almas egoístas, condenando-se elas próprias incessantemente.

É o egoísmo que produz a impureza da alma e a faz sofrer. Ele é combatido em todas as almas humanas por alguma coisa que lhe é contrária, algo de puro, de divino: o sentimento moral. Sem esse sentimento, o homem não é capaz de nenhum prazer moral, de nenhuma estima, de nenhum desprezo por si mesmo, e não compreende o Céu nem o inferno. Esta luz divina lhe torna insuportável toda obscuridade que descobre em si, e é a razão pela qual as almas delicadas, aquelas que possuem o senso moral, sofrem mais cruelmente quando o egoísmo delas se apropria e subjuga esse sentimento.

Da concordância e da harmonia que subsistem no homem, entre ele próprio e sua lei interior, dependem sua pureza, sua aptidão para receber a luz, sua felicidade, seu céu, seu Deus. Seu Deus lhe aparece na sua semelhança consigo mesmo. Àquele que sabe amar, Deus aparece como o supremo amor, sob mil formas amantes. Seu grau de felicidade e sua aptidão para tornar os outros felizes são proporcionais ao princípio do amor que nele reina. Aquele que ama com desinteresse fica em harmonia incessante com a fonte de todo amor e com todos os que aí bebem o amor.

Procuremos conservar em nós o amor em toda a sua pureza, senhora, e seremos sempre arrastados por ele para junto das almas mais amantes. Purifiquemo-nos todos os dias, cada vez mais, das manchas do egoísmo, e então, ainda que tivermos de deixar este mundo hoje ou amanhã, devolvendo à terra o nosso envoltório mortal, nossa alma tomará o seu voo com a rapidez do relâmpago na direção do modelo de todos aqueles que amam, e reunir-se-á a eles com uma felicidade inexprimível.

Nenhum de nós pode saber em que se tornará a sua alma após a morte do corpo, contudo, estou plenamente persuadido que o amor depurado deve necessariamente dar ao nosso Espírito liberto do corpo, uma liberdade sem limites, uma existência centuplicada, um gozo contínuo de Deus, e um poder ilimitado para tornar felizes todos os que estão aptos a gozar a felicidade suprema.

Oh! Como é incomparável a liberdade moral do Espírito despojado de seu corpo! Com que rapidez a alma do ser amante, cercada de uma luz resplandecente, efetua a sua ascensão! Como a ciência infinita, como a força de se comunicar aos outros se tornam o seu apanágio! Que luz jorra dela mesma! Que vida anima todos os átomos de que é formada! Ondas de gozos se lançam de todos os lados ao seu encontro, para satisfazer suas necessidades mais puras e mais elevadas! Inumeráveis legiões de seres amantes lhe estendem os braços! Vozes harmoniosas se fazem ouvir nesses coros numerosos e radiantes de alegria e lhe dizem: "Espírito de nosso Espírito! Coração de nosso coração! Amor haurido na fonte de todo amor! Alma amante, tu nos pertences a nós todos, e nós somos todas tuas! Cada um de nós é teu e tu pertences a cada um de nós. Deus é amor e Deus é nosso. Estamos todos cheios de Deus e o amor encontra sua felicidade na felicidade de todos."

Desejo ardentemente, mui venerada imperatriz, que vós, vosso nobre e generoso esposo, o imperador, tão dedicados um e outro para o bem, e eu convosco, possamos jamais não nos tornarmos estranhos ao amor que é Deus e homem ao mesmo tempo; que nos seja concedido nos prepararmos para os gozos do amor, por nossas ações, nossas preces e nossos sofrimentos, aproximando-nos daquele que se deixou pregar na cruz do Gólgota.

Zurique, 18 de agosto de 1798,
JEAN-GASPAR LAVATER

(Continua proximamente, se Deus o permitir)

Já se pode ver em que ordem de ideias Lavater escrevia à imperatriz Maria, e até que ponto possuía ele a intuição dos princípios do Espiritismo moderno. Julgaremos melhor ainda pelo complemento dessa correspondência notável. Enquanto esperamos as reflexões com que a acompanharemos, julgamos conveniente, desde já, destacarmos um fato importante: é que para manter uma correspondência sobre semelhante assunto com a imperatriz, era preciso que esta partilhasse dessas ideias, e várias circunstâncias não permitem duvidar que o mesmo se passava com o czar, seu esposo. Era a pedido dela, ou melhor, a pedido de ambos, que Lavater escrevia, e o tom das cartas prova que ele se dirigia a pessoas convictas. Como se vê, as crenças espíritas, nas altas esferas, não datam de hoje. Aliás, pode-se ver, na *Revista* de abril de 1866, o relato de uma aparição tangível de Pedro o Grande a esse mesmo Paulo I.

As cartas de Lavater, lidas na Sociedade de Paris, determinaram uma conversação a propósito. Sem dúvida atraído pelo pensamento que na ocasião lhe era dirigido, Paulo I manifestou-se espontaneamente e sem evocação, por intermédio de um dos médiuns, ao qual ditou a seguinte comunicação:

(Sociedade de Paris, 7 de fevereiro de 1868
Médium: Sr. Leymarie)

O poder é coisa pesada, e os aborrecimentos que deixa impressionam dolorosamente a nossa alma! Os desgostos são contínuos; há que conformar-se aos hábitos, às velhas instituições, ao preconceito, e Deus sabe quanta resistência é necessária para se opor a todos os apetites que vêm bater no trono, como ondas tumultuosas. Assim, que felicidade quando, deixando um instante essa túnica de Nessus chamada realeza, a gente pode encerrar-se num lugar pacífico, onde se pode repousar em paz, longe do ruído e do tumulto das ambições!

Minha querida Maria gostava da calma. Natureza sólida, suave, resignada, amorosa, ela teria preferido o esquecimento das grandezas para se votar completamente à caridade, para estudar as altas questões filosóficas que eram a mola propulsora de suas faculdades. Como ela, eu gostava desses recreios intelectuais; eles eram um bálsamo para as minhas feridas de soberano, uma força nova para me guiar no dédalo da política europeia.

Lavater, esse grande coração, esse grande Espírito, esse irmão predestinado, nos iniciava na sublime doutrina. Suas cartas, que hoje possuís, eram por nós esperadas com ansiedade febril. Tudo o que elas encerram era a miragem dos nossos ideais pessoais. Nós líamos essas cartas queridas com uma alegria infantil, felizes por depor a nossa coroa, a sua gravidade, a sua etiqueta, para discutir os direitos da alma, sua emancipação e seu curso divino para o eterno.

Todas essas questões, hoje causticantes, nós as aceitamos há setenta anos. Elas faziam parte de nossa vida, de nosso repouso. Muitos dos efeitos estranhos, aparições, ruídos, tinham fortalecido a nossa opinião a esse respeito. A imperatriz Maria via e ouvia os Espíritos; por eles ela tinha tomado conhecimento dos acontecimentos passados a grandes distâncias. Um príncipe Lopoukine, morto em Kiew, a centenas de léguas, tinha vindo nos anunciar sua morte, os incidentes que tinham precedido a sua partida, a expressão de suas últimas vontades. A imperatriz tinha escrito, ditado pelo Espírito de Lopoukine, e apenas vinte dias depois sabia-se na corte todos os detalhes que possuíamos. Eles foram para nós uma brilhante confirmação, e também a prova que Lavater e nós éramos iniciados às grandes verdades.

Hoje conhecemos melhor, por vós, a doutrina cuja base alargastes. Viremos pedir-vos alguns instantes e vos agradecemos antecipadamente, se tiverdes a bondade de escutar Maria da Rússia e este que teve o favor de tê-la por companheira.

PAULO I

FLAGEOLET

ESPÍRITO MISTIFICADOR

O fato seguinte nos é relatado por um dos nossos correspondentes de Maine-et-Loire, o Sr. doutor E. Champneuf. Embora o fato em si não saia do círculo dos fenômenos conhecidos de manifestações físicas, é instrutivo porque prova, uma vez mais, a diversidade dos tipos que se encontram no mundo invisível, e que aí entrando certos Espíritos não se despojam imediatamente de seu caráter. É o que se ignorava, antes que o Espiritismo nos tivesse posto em relação com os habitantes desse mundo. Eis o relato que nos é dirigido:

"Permiti-me dar-vos a conhecer um fato assaz curioso, não de um transporte, mas de uma subtração por um Espírito, produzida há oito dias em nosso meio.

"Há um Espírito que há muitos anos frequenta nosso grupo de Saumur, que há algum tempo se fez ainda mais familiar do nosso grupo de Vernantes. Ele disse chamar-se Flageolet, mas nosso médium, pelo qual ele se fez reconhecer, e que com efeito o conheceu quando vivia no mundo, nos disse que ele tinha o nome de Biron, violinista medíocre, muito corajoso, vivedor, correndo tascas onde fazia as pessoas dançarem. É um Espírito leviano, mistificador, mas não é mau.

"Então, Flageolet instalou-se em casa de meu irmão, onde se fazem as sessões. E os almoços e jantares são alegrados pelas árias tocadas que lhe pedem ou não lhe pedem, felizes quando os copos e os pratos não são virados por sua jovialidade turbulenta.

"Há oito dias o meu irmão, que fuma muito, tinha, como de costume, sua tabaqueira a seu lado, sobre a mesa e, como também de costume, Flageolet assistia ao jantar de família. Depois de tocadas algumas árias e marchas, o Espírito se pôs a tocar a canção: *J'ai du bon tabac dans ma tabatière* (Tenho bom tabaco em minha tabaqueira). Nesse momento, meu irmão procurou a sua, que não estava mais ao seu lado. Ele passeou o olhar a seu redor, revistou os bolsos, nada. A mesma canção continua com mais animação; ele se levanta, examina a mesinha da lareira, os móveis, leva a investigação até os cômodos vizinhos e a canção da tabaqueira, cantada com mais vigor, o persegue com redobrada zombaria, à medida que ele se afasta e se anima em suas buscas. Se ele se aproxima da lareira, as batidas se tornam mais fortes e rápidas. Enfim o procurador, aborrecido por essa harmonia impiedosa, pensa em Flageolet e lhe diz:

"– Foste tu que tiraste minha tabaqueira?

"– Sim.

"– Queres devolvê-la?

"– Sim.

"– Então fala!

"Tomaram o alfabeto e um lápis e o Espírito ditou: "Eu a lancei no fogo." Remexem as cinzas quentes e encontram, no fundo da lareira, a tabaqueira cujo pó estava calcinado.

102 | REVISTA ESPÍRITA

"Todos os dias há alguma surpresa de sua parte ou alguma traquinada à sua maneira. Há três dias ele nos revelou o conteúdo de um cesto bem afivelado que acabara de chegar. "Ontem à noite era uma nova malícia contra meu irmão. Este, durante o dia, entrando em casa, procurou o boné que usa no interior e, não encontrando, decidiu não pensar mais no caso. À noite Flageolet, sem dúvida aborrecido de executar canções sem que lhe dessem atenção, e sem que pensassem em interrogá-lo, pediu para escrever. Pusemo-nos à sua disposição e ele ditou:

"– Eu afanei o teu barrete.

"– Queres dizer-me onde ele está?

"– Sim.

"– Onde o meteste?

"– Eu o dei a Napoleão.

"Persuadidos de que era outra piada do Espírito, perguntamos:

"– Qual?

"– O teu.

"Há muitos anos há uma estátua de Napoleão I, de tamanho médio, na sala onde fazemos as nossas sessões. Dirigimo-nos para a estátua, com a lâmpada na mão, e encontramos o boné desaparecido, que cobria o pequeno chapéu histórico."

OBSERVAÇÃO: Tudo no Espiritismo é assunto de estudo para o observador sério; os fatos aparentemente insignificantes têm sua causa, e essa causa pode ligar-se aos mais importantes princípios. As grandes leis da Natureza não se revelam no menor inseto como no animal gigantesco? No grão de areia que cai, como no movimento dos astros? O botânico despreza uma flor porque é humilde e sem brilho? Dá-se o mesmo na ordem moral, onde tudo tem o seu valor filosófico, como na ordem física tudo tem seu valor científico.

Ao passo que certas pessoas não verão no fato acima relatado senão uma coisa curiosa, divertida, um assunto de distração, outros aí verão uma aplicação da lei que rege a marcha progressiva dos seres inteligentes e colherão um ensinamento. Sendo o mundo invisível o meio onde fatalmente desemboca a Humanidade, nada do que pode ajudar a torná-lo conhecido poderia ser indiferente. *O mundo corporal e o mundo espiritual, desaguando incessantemente um no outro, pelas mortes* e *pelos nascimentos, se explicam um pelo outro.* Eis uma das grandes leis reveladas pelo Espiritismo.

O caráter desse Espírito não é o de uma criança traquinas? Contudo, em vida era um homem feito e até de uma certa idade. Certos Espíritos voltariam, então, a ser crianças? Não; o Espírito realmente adulto não volta atrás, assim como o rio não remonta à sua fonte. Mas a idade do corpo não é absolutamente um indício da idade do Espírito. Como é necessário que todos os Espíritos que se encarnam passem pela *infância corporal*, resulta que em corpos de crianças se encontrem, forçosamente, Espíritos adiantados. Ora, se esses Espíritos morrem prematuramente, revelam sua superioridade a partir do momento em que se despojaram de seu envoltório. Pela mesma razão, um Espírito jovem, espiritualmente falando, não podendo chegar à maturidade no curso de uma existência, que é menos que uma hora em relação à vida do Espírito, um corpo adulto pode encerrar um Espírito criança, pelo caráter e pelo desenvolvimento moral.

Incontestavelmente Flageolet pertence a esta última categoria de Espíritos. Ele avançará mais rapidamente que outros, porque apenas tem em si a leviandade, e no fundo não é mau. O meio sério no qual se manifesta, o contato com homens esclarecidos, amadurecerão suas ideias. Sua educação é uma tarefa que lhes incumbe, ao passo que nada teria ganho com pessoas fúteis, que se teriam divertido com suas facécias, como com as de um palhaço.

ENSAIO TEÓRICO DAS CURAS INSTANTÂNEAS

De todos os fenômenos espíritas, um dos mais extraordinários é, sem qualquer dúvida, o das curas instantâneas. Compreende-se as curas produzidas pela ação continuada de um bom fluido. Mas pergunta-se como esse fluido pode operar uma transformação súbita no organismo e, sobretudo, por que o indivíduo que possui essa faculdade não tem acesso sobre todos os que são atingidos pela mesma moléstia, admitindo-se que haja especialidades. A afinidade dos fluidos é uma razão, sem dúvida, mas que não satisfaz completamente, porque nada tem de positivo, nem de científico. Entretanto, as curas instantâneas são um fato que não poderíamos pôr em dúvida. Se não tivéssemos em apoio senão os exemplos dos tempos remotos, poderíamos, com alguma aparência de fundamento, considerá-los como lendários, ou pelo menos como ampliados pela credulidade, mas quando os mesmos fenômenos se reproduzem sob nossas vistas, no século mais cético a respeito das coisas sobrenaturais, a negação já não é possível, e somos forçados a neles ver, não um efeito miraculoso, mas um fenômeno que deve ter sua causa nas leis da Natureza, ainda desconhecidas.

A explicação seguinte, deduzida das indicações fornecidas por um médium em sonambulismo espontâneo, está baseada em considerações fisiológicas que nos parecem jogar luz nova sobre a questão. Ela foi dada na ocasião em que uma pessoa atingida por enfermidades muito graves perguntava se um tratamento fluídico poderia ser-lhe salutar.

Por mais racional que nos pareça esta explicação, não a damos como absoluta, mas a título de hipótese e como tema de estudo, até que tenha recebido a dupla sanção da lógica e da opinião geral dos Espíritos, único controle válido das doutrinas espíritas, e que possa assegurar-lhe a perpetuidade.

Na medicação terapêutica são necessários remédios apropriados ao mal. Não podendo o mesmo remédio ter virtudes contrárias: ser, ao mesmo tempo, estimulante e calmante, aquecer e esfriar, não pode convir a todos os casos. É por isto que não existe um remédio universal.

Dá-se o mesmo com o fluido curador, verdadeiro agente terapêutico, cujas qualidades variam conforme o temperamento físico e moral dos indivíduos que o transmitem. Há fluidos que superexcitam e outros que acalmam, fluidos fortes e outros suaves e de muitas outras nuanças. Conforme suas qualidades, o mesmo fluido, como o mesmo remédio, poderá ser salutar em certos casos, ineficaz e até prejudicial em outros, de onde se segue que a cura depende, em princípio, da adequação das qualidades do fluido à natureza e à causa do mal. Eis o que muitas pessoas não compreendem e por que se admiram que um curador não cure todos os males. Quanto às circunstâncias que influem nas qualidades intrínsecas dos fluidos, elas foram suficientemente desenvolvidas no capítulo XIV de *A Gênese,* motivo pelo qual é supérfluo relembrá-las aqui.

A esta causa inteiramente física de impossibilidade de cura, há que acrescentar uma, inteiramente moral, que o Espiritismo nos dá a conhecer. É que a maioria das moléstias, como todas as misérias humanas, são expiação do presente ou do passado, ou provações para o futuro; são dívidas contraídas, cujas consequências devem ser sofridas, até que tenham sido resgatadas. Não pode ser curado aquele que deve suportar sua provação até o fim. Este princípio é um motivo de resignação para o doente, mas não deve ser uma escusa para que o médico procure, na necessidade da provação, um meio cômodo de abrigar a sua ignorância.

Consideradas unicamente do ponto de vista fisiológico, as doenças têm duas causas, que até hoje não foram distinguidas, e que não podiam ser apreciadas antes dos novos conhecimentos trazidos pelo Espiritismo. É da diferença dessas duas causas que ressalta a possibilidade das curas instantâneas em casos especiais, e não em todos.

Certas doenças têm sua causa original na própria alteração dos tecidos orgânicos; é a única admitida pela Ciência até hoje, e como, para remediá-la, até hoje só conhece as substâncias medicamentosas tangíveis, ela não compreende a ação de um fluido impalpável que tem a vontade como propulsor. Entretanto, aí estão os curadores magnéticos para provar que isso não é uma ilusão.

Na cura das moléstias dessa natureza, pelo influxo fluídico, há substituição das moléculas orgânicas mórbidas por moléculas sadias. É a história de uma casa velha cujas pedras carcomidas são substituídas por boas pedras. Temos sempre a mesma casa, mas restaurada e consolidada. As torres Saint-Jacques e Notre-Dame de Paris acabam de passar por um tratamento desse gênero.

A substância fluídica produz um efeito análogo ao da substância medicamentosa, com a diferença que, sendo maior a sua penetração, em razão da tenuidade de seus princípios constitutivos, ela age mais diretamente sobre as moléculas primeiras do organismo do que podem fazê-lo as moléculas mais grosseiras das substâncias materiais. Em segundo lugar, sua eficácia é mais geral, sem ser universal, porque suas qualidades são *modificáveis pelo pensamento,* ao passo que as da matéria são fixas e invariáveis e não podem ser aplicadas senão a casos determinados.

Tal é, em tese geral, o princípio sobre o qual repousam os tratamentos magnéticos. Ajuntemos sumariamente, e de memória, pois não podemos aqui aprofundar o assunto, que a ação dos remédios homeopáticos em doses infinitesimais é baseada no mesmo princípio; a substância medicamentosa, levada pela divisão ao estado atômico, até certo ponto adquire as propriedades dos fluidos, menos, entretanto, o princípio anímico, que existe nos fluidos animalizados e lhes dá qualidades especiais.

Em resumo, trata-se de reparar uma desordem orgânica pela introdução, na economia, de materiais sãos em substituição aos materiais deteriorados. Esses materiais sãos podem ser fornecidos pelos medicamentos ordinários *in natura*; por esses mesmos medicamentos em estado de divisão homeopática; enfim, pelo fluido magnético, que não é senão a matéria espiritualizada. São três modos de reparação, ou melhor, de introdução e de assimilação dos elementos reparadores; todos os três estão igualmente na Natureza, e têm sua utilidade, conforme os casos especiais, o que explica por que um tem êxito onde outro fracassa, porque seria parcialidade negar os serviços prestados pela medicina ordinária. Em nossa opinião, são três ramos da arte de curar, destinados a suplementar-se e completar-se, conforme as circunstâncias, mas dos quais nenhum tem o direito de se julgar a panaceia universal do gênero humano.

Cada um desses meios poderá, pois, ser eficaz, se empregado adequadamente e de forma apropriada à especialidade do mal; mas, seja qual for, compreende-se que a substituição molecular, necessária ao restabelecimento do equilíbrio, só pode operar-se gradualmente, e não por encanto e por um toque de varinha mágica; se a cura é possível, ela não pode deixar de ser senão o resultado de uma ação contínua e perseverante, mais ou menos longa, conforme a gravidade dos casos.

Entretanto, as curas instantâneas são um fato, e como não podem ser mais miraculosas que as outras, é preciso que se realizem em circunstâncias especiais. O que o prova é que não se dão indistintamente para todas as doenças, nem para todos os indivíduos. É, pois, um fenômeno natural cuja lei deve ser buscada. Ora, eis a explicação que se lhe dá. Para compreendê-la, era preciso ter o termo de comparação que acabamos de estabelecer.

Certas afecções, mesmo muito graves e que passaram para o estado crônico, não têm como causa primeira a alteração das moléculas orgânicas, mas a presença de um mau fluido que as desagrega, por assim dizer, e perturba sua economia.

Aqui acontece como num relógio cujas peças todas estão em bom estado, mas cujo movimento é parado ou desregulado pela poeira; nenhuma peça necessita de substituição, contudo, ele não funciona; para restabelecer a regularidade do movimento basta purgar o relógio do obstáculo que o impedia de funcionar.

Tal é o caso de grande número de doenças cuja origem é devida aos fluidos perniciosos, dos quais é penetrado o organismo. Para obter a cura, não são moléculas deterioradas que devem ser substituídas, mas um corpo estranho que se deve expulsar; afastada a causa do mal, o equilíbrio se restabelece e as funções retomam seu curso.

Concebe-se que em semelhantes casos os medicamentos terapêuticos, por sua natureza destinados a agir sobre a matéria, não tenham eficácia sobre um agente fluídico. Assim, a medicina ordinária é inoperante em todas as doenças causadas por fluidos viciados, e elas são numerosas. À matéria pode opor-se a matéria, mas a um fluido mau é preciso opor um fluido melhor e mais poderoso. A *medicina terapêutica* naturalmente falha contra os agentes fluídicos; pela mesma razão a *medicina fluídica* falha onde há que opor matéria à matéria; a *medicina homeopática* nos parece ser intermediária, o traço de união entre esses dois extremos, e deve particularmente ter êxito nas afecções que poderiam chamar-se mistas.

Seja qual for a pretensão de cada um destes sistemas à supremacia, o que há de positivo é que, cada um de seu lado obtém incontestáveis sucessos, mas que, até agora, nenhum justificou estar na posse exclusiva da verdade, de onde deve-se concluir que todas têm sua utilidade, e que o essencial é aplicá-las adequadamente.

Não temos que nos ocupar aqui dos casos em que o tratamento fluídico é aplicável, mas da causa pela qual esse tratamento por vezes pode ser instantâneo, ao passo que em outros casos exige uma ação continuada.

Essa diferença se deve à própria natureza e à causa primeira do mal. Duas afecções que apresentam, na aparência, sintomas idênticos, podem ter causas diferentes; uma pode ser determinada pela alteração das moléculas orgânicas e, neste caso, é necessário reparar, substituir, como me disseram, as moléculas deterioradas por outras sãs, operação que só se pode fazer gradualmente; a outra, por infiltração, nos órgãos sãos, de um fluido mau que perturba as suas funções. Neste caso não se trata de reparar, mas de expulsar. Esses dois casos requerem, no fluido curador, qualidades diferentes. No primeiro, é preciso um fluido mais suave que violento, sobretudo rico em princípios reparadores; no segundo, um fluido enérgico, mais próprio à expulsão do que à reparação; segundo a qualidade desse fluido, a expulsão pode ser rápida e como por efeito de uma descarga elétrica. Subitamente livre da causa estranha que o fazia sofrer, o doente sente-se aliviado imediatamente, como acontece na extirpação de um dente estragado. Não estando mais obliterado, o órgão volta ao seu estado normal e retoma as suas funções.

Assim podem explicar-se as curas instantâneas, que não são, na realidade, senão uma variedade da ação magnética. Como se vê, elas repousam num princípio essencialmente fisiológico e nada têm de mais miraculoso que os outros fenômenos espíritas. Compreende-se desde logo por que essas espécies de curas não são aplicáveis a todas as doenças. Sua obtenção se deve, ao mesmo tempo, à causa primeira do mal, que não é a mesma em todos os indivíduos, e às qualidades especiais do fluido que se lhes opõe. Disso resulta que uma pessoa que produz efeitos rápidos nem sempre é indicada para um tratamento magnético regular, e que excelentes magnetizadores são impróprios para curas instantâneas.

Esta teoria pode assim resumir-se: "Quando o mal exige a reparação de órgãos alterados, necessariamente a cura é lenta e requer uma ação contínua e um fluido de qualidade especial; quando se trata da expulsão de um mau fluido, ela pode ser rápida e mesmo instantânea."

Para simplificar a questão, não consideramos senão os dois pontos extremos; no entanto, entre os dois há nuanças infinitas, isto é, uma multidão de casos em que as duas causas existem simultaneamente em diferentes graus, e com mais ou menos preponderância de cada uma; em que, por consequência, é necessário, ao mesmo tempo, expulsar e reparar. Conforme aquela das duas causas que predomina, a cura é mais ou menos lenta; se for a do mau fluido, após a expulsão é necessária a reparação; se for a desordem orgânica, após a reparação é necessária a expulsão. A cura só é completa após a destruição das duas causas. É o caso mais comum; eis por que os tratamentos terapêuticos muitas vezes necessitam ser completados por tratamento fluídico e vice-versa; eis, também, por que as curas instantâneas, que ocorrem nos casos em que a predominância fluídica é, por assim dizer, exclusiva, jamais poderão tornar-se um meio curativo universal; elas não são, consequentemente, chamadas a suplantar nem a Medicina, nem a Homeopatia, nem o magnetismo ordinário.

A cura instantânea radical e definitiva pode ser considerada como um caso excepcional, visto que é raro: 1.º – que a expulsão do mau fluido seja completa no primeiro golpe; 2.º – que a causa fluídica não seja acompanhada de alguma alteração orgânica, o que obriga, num caso como no outro, a voltar a ele várias vezes.

Enfim, não podendo os maus fluidos provir senão de maus Espíritos, sua introdução na economia se liga, muitas vezes, à obsessão. Daí resulta que, para obter a cura, é preciso tratar ao mesmo tempo o doente e o Espírito obsessor.

Estas considerações mostram quantas coisas há que se levar em conta no tratamento das moléstias, e quanto ainda resta a aprender a tal respeito. Além disso, elas vêm confirmar um fato capital que ressalta da obra *A Gênese,* que é a aliança do Espiritismo e da Ciência. O Espiritismo marcha no mesmo terreno que a Ciência, até os limites da matéria tangível; mas, ao passo que a Ciência se detém neste ponto, o Espiritismo continua seu caminho e prossegue suas investigações nos fenômenos da Natureza, com o auxílio dos elementos que colhe no mundo extra-material; só aí está a solução das dificuldades contra as quais se choca a Ciência.

NOTA: A pessoa cujo pedido motivou esta explicação está no caso das doenças de causa complexa. Seu organismo está profundamente alterado, ao mesmo tempo que saturado dos mais perniciosos fluidos, que a tornam incurável apenas pela terapêutica ordinária. Uma magnetização violenta e muito enérgica apenas produziria uma superexcitação momentânea logo seguida de maior prostração, ativando o trabalho da decomposição. Ser-lhe-ia necessária uma magnetização suave, continuada por muito tempo; um fluido reparador penetrante, e não um fluido que abala mas nada repara. Ela é, consequentemente, inacessível à cura instantânea.

NOTÍCIAS BIBLIOGRÁFICAS

OS PENSAMENTOS DO ZUAVO JACOB

Precedidos de sua prece e da maneira de curar os que sofrem[1]

As citações são a melhor maneira de dar a conhecer o espírito de um livro. Para começar, tomamos no prefácio, a conselho e do editor, as passagens seguintes do que acaba de publicar o Sr. Jacob. Os fatos, aos quais ele deve a sua notoriedade, são muito conhecidos para que seja preciso relembrá-los. Aliás, nós os expusemos suficientemente na *Revista* de outubro e novembro de 1866, nas proximidades do campo de Châlons, e nos números de outubro e novembro de 1867.

"Henri Jacob, hoje músico no regimento dos zuavos da guarda imperial, nasceu a 6 de março de 1828, em Saint-Martin-des-Champs - Saône-et-Loire. Todos os seus estudos consistem em um ano na escola comunal; assim, não recebeu outra educação senão a que o pai lhe pôde dar; ela não ultrapassa a da simples leitura e escrita, contudo, foi ele que redigiu este escrito que entregamos à publicidade, sem auxílio de ninguém

"Jacob não é um escritor de profissão; é um homem de aspirações religiosas, que não se decidiu a entregar este volume à publicidade senão ante solicitações muito insistentes. Para ele, esta obra é a sua profissão de fé no Deus criador; uma prece, um hino, por assim dizer, que ele dirige ao Todo-Poderoso. É escrito com um bom espírito, sem paixão, e ele aí não faz alusão a nenhum culto e a nenhum espírito de partido político.

"Jacob é um ser dotado de alguma imaginação, nada mais. O leitor se enganaria muito se visse nos seus sentimentos

---

[1] Um vol. in-12, de 220 páginas. Preço 2,50 francos. No editor, Rua Bonaparte, 70.

outra coisa senão Deus e a Humanidade. Toda a sua ambição é trazer algum alívio a esta última.

"Nestas páginas, vemos uma espécie de heroísmo e de grandeza refletindo-se nos atos de filantropia tão maravilhosamente realizados por Jacob, crente firme, que sabe que pode muito porque Deus vem em seu auxílio em seus trabalhos tão difíceis, e que só Deus o leva a bom termo."

Para começar, o Sr. Jacob revela, em termos simples e sem ênfase, um sonho ou visão que contribuiu para a elevação de seus pensamentos para Deus, e para fixar suas ideias sobre o futuro.

Vem, a seguir, uma profissão de fé, em forma de epístola, intitulada: *Aos meus irmãos em Espiritismo,* da qual extraímos as passagens seguintes:

"Antes de minha iniciação à ciência espírita, eu vivia nas trevas; meu coração jamais havia sentido as doçuras da paz! Minha alma jamais tinha conhecido a alegria; eu vivia apegado à Terra, com os tormentos que ela suscita aos homens vinculados à matéria, sem imaginar que há mundos melhores, que Deus, nosso pai de todos, criou para permitir gozar de uma felicidade inefável os que praticam o bem aqui embaixo.

"Por minha iniciação à Doutrina Espírita, adquiri a convicção de que Deus, em sua misericórdia, nos envia bons Espíritos para nos aconselhar e nos encorajar na prática do bem, e nos deu o poder de nos comunicarmos com eles e com os que deixaram esta Terra e que são caros aos nossos corações. Esta convicção esclareceu a minha alma! Eu vi a luz. Pouco a pouco fortaleci-me em minha convicção e, por este meio, atingi a faculdade de *médium escrevente.*

"Minhas conversas com os Espíritos e seus bons conselhos encheram-me de uma fé viva, confirmando-me as verdades da ciência espírita, que fortaleciam a minha fé, e pela fé, a faculdade de curar me foi dada.

"Assim, pois, meus caros amigos, que uma fé viva esteja sempre em nós, pela prática das máximas espíritas, que são: o amor a Deus, a fraternidade e a caridade. Amemo-nos uns aos outros, e todos possuiremos a faculdade de nos aliviarmos mutuamente, e muitos poderão chegar a curar, disto tenho a convicção.

"Sejamos, pois, sempre caridosos e generosos e seremos sempre assistidos pelos bons Espíritos. Vós todos, que sois iniciados na Doutrina Espírita, ensinai-a aos que ainda estão nas trevas da matéria; abri suas almas à luz e eles gozarão, por antecipação, da felicidade que nos mundos superiores aguarda aqueles que praticam o bem entre nós.

"Sede firmes em vossas boas resoluções; vivei sempre numa grande pureza de alma, e Deus vos dará o poder de curar vossos semelhantes. Eis a minha prece:

"'Meu Deus, fazei-me a graça de permitir que os bons e benevolentes Espíritos me venham assistir, de intenção e de fato, na obra de caridade que desejo realizar, aliviando os infelizes que sofrem. É em vosso nome e em vosso louvor, meu Deus, que esses benefícios se espalham sobre nós.'

"Crede, tende fé! E quando quiserdes aliviar um doente, depois de vossa prece, ponde vossa mão sobre o seu coração, e pedi calorosamente a Deus a ajuda de que necessitais e, tenho a convicção, o eflúvio divino infiltrar-se-á em vós para aliviar ou curar vosso irmão que sofre. Minha primeira cura consciente foi fazer sair de seu leito de dor um colérico, operando dessa maneira. Por que queríeis que eu fosse mais privilegiado do que vós, por Deus, que é sabedoria e justiça?

"Por vossas cartas, pedis-me que eu me corresponda convosco e ajude com meus conselhos. Vou comunicar-vos o que os Espíritos me inspiraram, e responder ao vosso apelo, cheio de boa vontade de ser útil à vossa felicidade. A minha seria grande se eu pudesse cooperar para a vitória do grau de perfeição em que desejo ver-vos chegar."

Segue-se uma série de 217 cartas que constituem, a bem dizer, o corpo do volume. São comunicações obtidas pelo Sr. Jacob, como médium escrevente, em diferentes grupos ou reuniões espíritas. São excelentes conselhos de moral, em estilo mais ou menos correto; encorajamentos à prática da caridade, da fraternidade, da humildade, da doçura, da benevolência, do devotamento pela Doutrina Espírita, do desinteresse moral e material; exortações à reforma de si mesmo. O mais severo moralista aí não encontrará nada a contestar, e seria desejável que todos os médiuns, curadores e outros, e todos os espíritas em geral, pusessem em prática esses sábios conselhos. Não podemos senão felicitar o Sr. Jacob pelos sentimentos que ele exprime; e lendo esse livro, não virá à mente de ninguém que seja obra de um charlatão; é, pois, um desmentido dado às acusações que à malevolência interesseira aprouve lançar contra ele, bem como àqueles que, por irrisão, o apresentaram como um taumaturgo ou fazedor de milagres.

Embora essas numerosas comunicações sejam todas concebidas num excelente espírito, é de lamentar que a uniformidade dos assuntos de que tratam lance um pouco de monotonia sobre essa leitura. Elas não encerram explicações nem instruções especiais sobre a mediunidade curadora, que é apenas a parte acessória do Livro. O relato de alguns fatos autênticos de curas e das circunstâncias que as acompanharam teria contribuído para o interesse e utilidade prática desta obra.

Aliás, eis como o Sr. Jacob descreve o que se passa nas sessões em que se reúnem os doentes:

"No momento da sessão, depois de haver dirigido a Deus minha curta mas fervorosa prece, sinto os meus dedos se contraírem e, tocando o doente, reconheço a força do fluido pela umidade das suas mãos; às vezes elas são inundadas de transpiração, e o calor que ganham as partes inferiores é também um complemento de indício do alívio quase instantâneo que ele experimenta.

"Entretanto, não é por minha própria inspiração que os doentes devem ver desaparecerem os males que os acabrunham, mas antes pela vontade de Deus; vejo também errar em volta de mim, em meio a uma brilhante luz, um grande número de Espíritos benevolentes que parecem associar-se à minha penosa missão. Há sobretudo um que me deixa perceber muito distintamente a auréola que circunda sua cabeça venerável. A seus lados se acham duas pessoas muito radiosas, cercadas de inúmeros Espíritos. O primeiro parece guiar-me e me inspirar em minhas operações, se assim me posso exprimir; enfim, a sala onde dou as consultas está sempre cheia de uma viva luz que vejo continuamente refletir-se sobre os doentes.

"Depois da sessão, não me resta a menor lembrança do que se passou; é por isto que recomendo muito insistentemente às pessoas presentes que prestem a maior atenção às palavras que dirijo aos doentes que a mim se oferecem para serem examinados e curados, se isto for possível."

A obra termina por alguns conselhos sobre o regime higiênico que devem seguir os doentes de que ele cuida.

O ESPIRITISMO ANTE A RAZÃO

Por Valentin Tournier, antigo jornalista

Brochura in-18, de 72 páginas. Preço: I franco. – *Carcassonne,* nas livrarias Lajoux e Maillac.

O autor deste opúsculo se propunha a fazer duas conferências públicas sobre o Espiritismo. Tendo sido impedido por circunstâncias independentes de sua vontade, são essas duas conferências que ele hoje publica. Dirigindo-se ao público não convicto, ele examina sucessivamente as seguintes questões: O Espiritismo é coisa séria? – Os estudos espíritas oferecem perigo? – Esses estudos são úteis? – Os fenômenos são possíveis? – São eles reais? – Qual a autoridade competente para conhecer os fatos?
Voltaremos a essa interessante publicação que hoje nos limitamos a assinalar.

A segunda edição de *A Gênese* está quase esgotada. Neste momento tira-se a terceira, de maneira que não haverá interrupção.

INSTRUÇÕES DOS ESPÍRITOS

A REGENERAÇÃO

(Lyon, 11 de março de 1867- Médium: Sra. B...)

"Naquele tempo não haverá mais gritos, nem luto, nem trabalho, porque o que era antes terá passado."

Esta predição do Apocalipse foi ditada há dezoito séculos, e ainda se espera que tais palavras se realizem, porque sempre se encaram os acontecimentos quando se passaram e não quando se desenrolam aos nossos olhos.

Entretanto, essa época predita já chegou. Não há mais dores para aquele que soube colocar-se à margem da estrada, a fim de deixar passarem as mesquinharias da vida, sem detê-las para delas fazer uma arma ofensiva contra a Sociedade.

Estais em meio a estes tempos como a espiga dourada está na colheita; viveis sob os olhares de Deus e sua radiação vos ilumina! De onde vem que vos inquietais com a marcha dos acontecimentos que foram previstos por Deus, quando apenas éreis as crianças da geração de que falava Jesus quando ele dizia: "Antes que esta geração passe acontecerão grandes coisas?"

O que sois, Deus o sabia; o que sereis, Deus o vê! Cabe-vos bem vos penetrardes do caminho que vos é traçado, porque vossa tarefa é de vos submeterdes a tudo o que Deus decidiu. Vossa resignação, e sobretudo a vossa amenidade, não são senão testemunhos de vossa inteligência e de vossa fé na Eternidade.

Acima de vós, neste Universo onde se move o vosso mundo, planam os Espíritos mensageiros que receberam a missão de vos guiar. Eles sabem quando se realizarão os acontecimentos preditos. Eis por que vos dizem: "Não haverá mais gritos, nem luto, nem trabalho."

Sem dúvida não pode mais haver grito para aquele que se submete às vontades de Deus, e que aceita as suas provações. Não há mais luto porque sabeis que os Espíritos que vos precederam não estão perdidos para vós, mas que eles estão em viagem. Ora, não se veste luto quando um amigo está ausente.

O próprio trabalho torna-se um favor, porque se sabe que ele é um concurso à obra harmônica que Deus dirige; então executa-se a sua parte de trabalho com a solicitude do estatuário que se põe a polir a sua estátua. É a recompensa infinita que Deus vos concede.

Entretanto, ainda encontrareis entraves em vossas tentativas para chegar ao melhoramento social. É que jamais se chega ao resultado sem que a luta venha ratificar os esforços. O artista é obrigado a vencer os obstáculos que se opõem à irradiação de seu pensamento. Ele só se torna vitorioso quando soube elevar-se acima das privações e dos vapores brumosos que envolvem seu gênio, ao nascer.

A ideia que surge foi semeada pelos Espíritos, quando Deus lhes disse: "Ide e instruí as nações. Ide e espalhai a luz." Essa ideia que cresceu com a rapidez de uma inundação, naturalmente deve ter encontrado contraditores, oponentes e incrédulos. *Ela não seria a fonte da vida se devesse ter sucumbido sob as troças que a acolheram em seu começo.* Mas o próprio Deus guiava esse pensamento através da imensidade; ele o fecundava na Terra, e ninguém o destruirá! Seria inútil que procurassem extirpá-lo pelas raízes; trabalhariam em vão para aniquilá-lo nos corações; as crianças trazem-no ao nascer, e dir-se-ia que um sopro de Deus o incrusta em seu berço, como outrora a Estrela do Oriente iluminava os que vinham à presença de Jesus, portador da ideia regeneradora do Cristianismo.

Bem vedes, pois, que esta geração não passará sem que aconteçam grandes coisas, pois que com a ideia, a fé se eleva e a esperança irradia... Coragem! O que foi predito pelo Cristo deve realizar-se. Nestes tempos de aspiração à verdade, a luz que aclara todo homem que vem a este mundo brilha de novo sobre vós. Perseverai na luta, sede firmes e desconfiai das armadilhas que vos preparam. Ficai ligados a essa bandeira em que escrevestes: *Fora da caridade não há salvação*, e depois esperai, porque aquele que recebeu a missão de vos regenerar volta, e ele disse: "Bem-aventurados aqueles que conhecerem o meu novo nome!"

UM ESPÍRITO

ERRATUM

Número de abril de 1867, no artigo "Do espírito profético", onde consta Salmo XXV, v. 17, lede: Salmo XXI, v. 18 e 19[2].

ALLAN KARDEC

---
[2] Nesta edição, a falha foi corrigida no artigo indicado. (Nota do revisor Boschiroli).

REVISTA ESPÍRITA
JORNAL DE ESTUDOS PSICOLÓGICOS

| ANO XI | ABRIL DE 1868 | VOL. 4 |

CORRESPONDÊNCIA INÉDITA DE LAVATER COM A IMPERATRIZ MARIA DA RÚSSIA

(*Continuação* – Vide o número de março de 1868)

TERCEIRA CARTA

Mui venerada Imperatriz,
A sorte exterior de cada alma despojada de seu corpo corresponderá ao seu estado interior, isto é, tudo lhe aparecerá tal qual é ela mesma. À boa, tudo aparecerá no bem; o mal só aparecerá às almas dos maus. Naturezas amáveis cercarão a alma amável; a alma odienta atrairá a si naturezas odientas. Cada alma se verá a si própria refletida nos Espíritos que se lhe assemelham. O bom tornar-se-á melhor e será admitido nos círculos compostos de seres que lhe são superiores; o santo tornar-se-á mais santo apenas pela contemplação dos Espíritos mais puros e mais santos que ele; o Espírito amoroso tornar-se-á ainda mais amoroso; mas, também, cada ser malvado tornar-se-á pior apenas por seu contato com outros seres malvados. Se já na Terra nada é mais contagioso e mais atraente do que a virtude e o vício, o amor e o ódio, do mesmo modo, no Além-Túmulo, toda perfeição moral e religiosa, bem como todo sentimento imoral e irreligioso, devem necessariamente tornar-se ainda mais atraentes e contagiosos.

118 | REVISTA ESPÍRITA

Vós, mui honrada Imperatriz, tornar-vos-eis todo amor nos círculos de almas benevolentes.

O que ainda restar em mim de egoísmo, de amor-próprio, de tibieza para o reino e os desígnios de Deus, será inteiramente engolido pelo sentimento de amor, se ele foi predominante em mim, e depurar-se-á ainda sem cessar, pela presença e o contato dos Espíritos puros e amorosos.

Depurados pelo poder de nossa aptidão para amar, largamente exercido aqui embaixo; purificados ainda mais, pelo contato e pela radiação, sobre nós, do amor dos Espíritos puros e elevados, seremos gradualmente preparados para a visão direta do mais perfeito amor, para que não nos possa deslumbrar, nos amedrontar e nos impedir de gozá-lo com delícias.

Mas como, mui venerada Imperatriz, um fraco mortal poderia, ousaria fazer uma ideia da contemplação desse amor personificado? E tu, caridade inesgotável! Como te poderias aproximar daquele que bebe em ti só o amor, sem amedrontá-lo e sem deslumbrá-lo?

Penso que no começo ele aparecerá invisivelmente ou sob uma forma irreconhecível.

Não agiu ele sempre desta maneira? Quem amou mais invisivelmente do que Jesus? Quem, melhor que ele, sabia representar a individualidade incompreensível do desconhecido? Quem, melhor que ele, soube tornar-se irreconhecível, ele que podia fazer-se conhecer melhor que nenhum mortal ou qualquer Espírito imortal? Ele, que todos os céus adoram, veio sob a forma de um modesto operário e até a morte conservou a individualidade de um nazareno. Mesmo depois de sua ressurreição, primeiro apareceu sob uma forma irreconhecível e só depois se fez reconhecer. Penso que ele conservará sempre esse modo de ação, tão análogo à sua natureza, à sua sabedoria e ao seu amor. É sob a forma de um jardineiro que ele apareceu a Maria no jardim onde ela o procurava e onde já perdia a esperança de encontrá-lo. Não reconhecido a princípio, só foi identificado instantes depois.

Foi também sob uma forma irreconhecível que ele se aproximou de dois de seus discípulos que caminhavam cheios dele e o aspiravam. Ele caminhou muito tempo ao lado deles; seus corações queimavam numa chama santa; eles sentiam a presença de algum ser puro e elevado, mas antes de outro que não ele; eles não o reconheceram senão no momento de partir o pão, no momento de seu desaparecimento, e quando, ainda na mesma noite, o viram em Jerusalém. A mesma coisa ocorreu às bordas do lago de Tiberíades, quando, radiante em sua glória deslumbrante, ele apareceu a Saul.

Como todas as ações de nosso Senhor, todas as suas palavras e todas as suas revelações são sublimes e dramáticas!

Tudo segue uma marcha incessante que, impelindo sempre para a frente, se aproxima cada vez mais de um objetivo que entretanto não é o objetivo final. O Cristo é o herói, o centro, o personagem principal, ora visível, ora invisível, nesse grande drama de Deus, tão admiravelmente simples e ao mesmo tempo complicado, que jamais terá fim, embora parecesse ter acabado mil vezes.

Ele aparece sempre, a princípio irreconhecível, na existência de cada um de seus adoradores. Como o amor poderia recusar-se a aparecer ao ser que o ama, no momento exato em que este dele tem maior necessidade?

Sim, tu, o mais humano dos homens, tu aparecerás aos homens da maneira mais humana! Tu aparecerás à alma amorosa a quem escrevo! Tu me aparecerás também, a princípio irreconhecível e depois tu te farás reconhecer por nós. Nós te veremos uma infinidade de vezes, sempre outro e sempre o mesmo, sempre mais belo, à medida que nossa alma se melhorar, e nunca pela última vez.

Elevemo-nos mais vezes para essa ideia embriagadora que com a permissão de Deus tentarei esclarecer mais amplamente em minha próxima carta, e de vos tornar mais impressionante, por uma comunicação dada por um defunto.

01.09.1798
LAVATER

QUARTA CARTA

Em minha carta precedente, mui venerada Imperatriz, prometi vos enviar a carta de um defunto a seu amigo da Terra. Ela poderá melhor vos fazer compreender e captar minhas ideias sobre o estado de um cristão após a morte de seu corpo. Tomo a liberdade de juntá-la a esta. Julgai-a do ponto de vista que vos indiquei, e tende a bondade de prestar mais atenção para o assunto principal do que para alguns detalhes particulares que o cercam, embora *eu tenha razões* para supor que estes últimos também encerrem *alguma coisa de verdadeiro.*

Para a compreensão das matérias que vos exporei na continuação, sob esta forma, creio necessário vos fazer notar que tenho quase certeza que, malgrado a existência de uma lei geral, idêntica e imutável, de castigo e de felicidade suprema, cada Espírito, segundo o seu caráter individual, não somente moral e religioso, mas mesmo pessoal e oficial, terá sofrimentos a suportar após a sua morte terrestre e gozará de felicidades que serão apropriadas exclusivamente a ele. A lei geral individualizar-se-á para cada indivíduo em particular, isto é, ela produzirá em cada um, um efeito diferente e pessoal, exatamente como o mesmo raio de luz, atravessando um vidro colorido, convexo ou côncavo, dele tira, em parte, a sua cor e a sua direção. Eu queria, pois, que ele fosse aceito positivamente: que, *embora todos os Espíritos bem-aventurados, menos felizes ou sofredores, se encontrem sob a mesma lei muito simples de semelhança ou dessemelhança com o mais perfeito amor, deve-se presumir que o caráter substancial, pessoal, individual de cada Espírito constitua um estado de sofrimento ou de felicidade essencialmente diferente do estado de sofrimento ou de felicidade de outro Espírito. Cada um sofre de uma maneira que difere do sofrimento de outro, e sente prazeres que um outro não seria capaz de sentir. A cada um dos mundos, material e imaterial, Deus e o Cristo se apresentam sob uma forma particular, sob a qual não aparecem a ninguém, senão a ele. Cada um tem seu ponto de vista que não pertence senão a si próprio. A cada Espírito, Deus fala uma língua só por ele compreensível. Com cada um ele se comunica em particular e lhe concede prazeres que só ele está em estado de experimentar e conter.*

Esta ideia, que considero uma verdade, serve de base a todas as comunicações seguintes, dadas por Espíritos desencarnados aos seus amigos da Terra.

Sentir-me-ei feliz ao saber que compreendestes como cada homem, pela formação de seu caráter individual e pelo aperfeiçoamento de sua individualidade, pode preparar para si mesmo prazeres particulares e uma felicidade adequada a si só.

Como nada esquecemos tão depressa e nada é menos procurado pelos homens do que essa felicidade apropriada a cada indivíduo, embora cada um tenha toda a possibilidade de proporcioná-la a si próprio e dela desfrutar, tomo a liberdade, sábia e venerada Imperatriz, de vos rogar com instância vos digneis analisar com atenção esta ideia que certamente não podeis olhar como inútil para a vossa própria edificação e vossa elevação para Deus: *O próprio Deus colocou-se e colocou o Universo no coração de cada homem.*

Todo homem é um espelho particular do Universo e de seu Criador. Façamos, pois, todos os nossos esforços, mui venerada Imperatriz, para manter esse espelho tão puro quanto possível, para que Deus possa aí se ver *a si mesmo* e a sua mil vezes bela criação, refletidos para sua satisfação.

JEAN-GASPAR LAVATER
Zurique, 14 de setembro de 1798

CARTA DE UM DEFUNTO A SEU AMIGO NA TERRA

Sobre o estado dos Espíritos desencarnados

Enfim, meu bem-amado, me é possível satisfazer, embora apenas em parte, o meu e o teu desejo de informar-te alguma coisa acerca do meu estado atual. Desta vez não te posso dar senão pouquíssimos detalhes. No futuro, tudo dependerá *do uso que fizeres de minhas comunicações.*

Sei que o desejo que experimentas de ter noções sobre mim, como em geral sobre o estado de todos os Espíritos desencarnados, é muito grande, mas não ultrapassa o meu de te ensinar o que é possível revelar. O poder de amar daquele que amou no mundo material, aumenta inexprimivelmente quando ele se torna cidadão do mundo material. Com o amor também aumenta o desejo de informar àqueles que ele conheceu, aquilo que ele *pode,* o que lhe é *permitido* transmitir.

Devo começar por explicar-te, meu bem-amado, a ti que amo a cada dia mais, por qual meio me é possível escrever-te, sem poder, ao mesmo tempo, tocar o papel e conduzir a pena, e como te posso falar numa língua inteiramente terrestre e humana que em meu estado habitual eu não compreendo.

Esta indicação deve servir-te apenas de traço de luz, para poderes compreender como deves encarar o nosso estado presente.

Imagina meu estado atual diferente do precedente, mais ou menos como o estado da borboleta voejando no ar difere de seu estado de crisálida. Eu sou justamente essa crisálida transfigurada e emancipada, já tendo sofrido duas metamorfoses. Exatamente como a borboleta volita em redor das flores, nós voejamos muitas vezes em torno da cabeça dos bons, mas não sempre. Uma luz invisível para vós, mortais, ou pelo menos visível apenas para bem poucos dentre vós, irradia ou brilha docemente ao redor da cabeça de todo homem bom, amante e religioso. A ideia da auréola com a qual cercam a cabeça dos santos, é essencialmente verdadeira e racional. Levando-se em conta que todo ser bem-aventurado só o é pela luz, quando essa luz se compatibiliza com a nossa, ela o atrai para si, conforme o grau de sua claridade compatível com a nossa. Nenhum Espírito impuro ousa e pode aproximar-se dessa santa luz. Fixando-nos nessa luz, acima da cabeça do homem bom e piedoso, podemos ler incontinenti em seu espírito. Vemo-lo tal qual ele é em realidade. Cada raio que dele sai é para nós uma palavra, por vezes todo um discurso; respondemos aos seus pensamentos. Ele ignora que somos nós que respondemos. Nele excitamos ideias que, sem a nossa ação, ele jamais teria estado em condições de conceber, embora a disposição e a aptidão para recebê-las sejam inatas em sua alma.

O homem digno de receber a luz torna-se, assim, um órgão útil e muito proveitoso para o Espírito simpático que deseja transmitir-lhe as suas luzes.

Encontrei um Espírito, ou melhor, um homem acessível à luz, do qual pude aproximar-me, e é por seu órgão que te falo. Sem sua intermediação ter-me-ia sido impossível comunicar-me contigo humanamente, verbalmente, palpavelmente, numa palavra, escrever-te.

Desta maneira, pois, recebes uma carta anônima da parte de um homem que não conheces, mas que nutre em si uma forte tendência para as matérias ocultas e espirituais. Eu plano acima dele; posto-me sobre ele, mais ou menos como o mais divino de todos os Espíritos se postou sobre o mais divino de todos os homens, após o seu batismo; suscito-lhe ideias; ele as transcreve sob a minha intuição, sob a minha direção, por efeito da minha radiação. Por um leve toque, faço vibrarem as cordas de sua alma de maneira conforme à sua individualidade e à minha. Ele escreve o que desejo fazê-lo escrever; escrevo por seu intermédio; minhas ideias tornam-se as suas. Ele se sente feliz escrevendo. Torna-se mais livre, mais animado, mais rico em ideias. Parece-lhe que vive e plana num elemento mais alegre, mais claro. Ele anda devagar, como um amigo que conduz um amigo pela mão, e é desta maneira que de mim recebes uma carta. Aquele que escreve supõe-se livre e o é muito realmente.

Ele não sofre nenhuma violência; é livre como o são dois amigos que, andando de braço dado, entretanto se conduzem reciprocamente.

Tu deves sentir que *meu* Espírito se acha em relação direta com o teu; concebes o que te digo; entendes os meus mais íntimos pensamentos.

É bastante por esta vez. O dia em que ditei esta carta chama-se, entre vós, 15 de setembro de 1798.

QUINTA CARTA

Mui venerada Imperatriz,
Novamente uma pequena carta que chega do mundo invisível.

No futuro, se Deus o permitir, as comunicações seguir-se-ão mais de perto.

Esta carta contém uma parte muito pequena do que pode ser dito a um mortal, sobre a aparição e a visão do Senhor. É simultaneamente e sob milhões de formas diferentes que o Senhor aparece às miríades de seres. Ele quer e se multiplica ele próprio por suas inúmeras criaturas, individualizando-se, ao mesmo tempo, para cada uma delas em particular.

A vós, Imperatriz, ao vosso Espírito de luz, ele aparecerá um dia, como apareceu a Maria Madalena, no jardim do sepulcro. De sua boca divina ouvireis um dia, quando sentirdes a maior necessidade, e quando menos o esperardes, vos chamar por vosso nome Maria. *Rabbi!* respondereis ao seu chamado, penetrada do mesmo sentimento de felicidade suprema que penetrou Madalena, e cheia de adoração, como o apóstolo Tomé, direis: *Meu Senhor e meu Deus!*

Apressamo-nos por atravessar noites de trevas para chegar à luz; passamos pelos desertos para chegar à terra prometida; sofremos as dores do nascimento para renascer para a verdadeira vida.

Que Deus e o vosso Espírito estejam convosco e vosso Espírito.

Zurique, 13 de novembro de 1798
JEAN-GASPAR LAVATER

CARTA DE UM ESPÍRITO BEM-AVENTURADO

A seu amigo da Terra sobre a primeira visão do Senhor

Caro amigo,

De mil coisas com que desejaria entreter-te, não direi, desta vez, senão uma que te interessará mais que todas as outras. Obtive autorização para fazê-lo. Os Espíritos nada podem fazer sem uma permissão especial. Eles vivem *sem a sua própria vontade,* somente na vontade do Pai celeste, que transmite suas ordens a milhares de seres ao mesmo tempo, como se fosse uma só, e responde instantaneamente sobre uma infinidade de assuntos, a milhares de suas criaturas que a ele se dirigem.

Como te fazer compreender de que maneira eu vejo o Senhor? Oh! De uma maneira muito diferente daquela que vós, seres ainda mortais, podeis imaginá-lo.

Depois de muitas aparições, instruções, explicações e prazeres que me foram concedidos pela graça do Senhor, eu uma vez atravessei uma região paradisíaca, com cerca de doze outros Espíritos que tinham subido mais ou menos os mesmos degraus da perfeição que eu. Nós planamos, volitamos um ao lado do outro, numa suave e agradável harmonia, como que formando uma leve nuvem, e nos parecia experimentar o mesmo arrastamento, a mesma propensão para um objetivo muito elevado. Nós nos pressionávamos cada vez mais um contra o outro. À medida que avançávamos, tornávamo-nos cada vez mais íntimos, mais livres, mais alegres, gozando mais e cada vez mais aptos a gozar, e nos dizíamos: "Oh! Como é bom e misericordioso *aquele* que nos criou! *Aleluia ao Criador!* Foi o amor que nos criou! *Aleluia ao Ser amante!*" Animados por tais sentimentos, prosseguíamos o nosso voo e paramos perto de uma fonte.

Aí sentimos a aproximação de uma brisa leve. Ela não trazia nem um homem nem um anjo, entretanto o que avançava para nós era qualquer coisa de tão humano, que atraiu toda a nossa atenção. Uma luz resplandecente, semelhante, de certo modo, à dos Espíritos bem-aventurados, mas não a ultrapassando, nos inundou. "Aquele também é dos nossos! pensamos simultaneamente e como por intuição." Ela desapareceu, e a princípio pareceu-nos que estávamos privados de alguma coisa. "Que ser extraordinário! dissemo-nos. Que conduta real, e ao mesmo tempo que graça infantil! Que amenidade e que majestade!"

Enquanto assim falávamos a nós mesmos, subitamente uma forma graciosa nos apareceu, saindo de um delicioso bosque, e nos fez uma saudação amiga. O recém-chegado não parecia a aparição precedente, mas ele tinha, também, algo de superiormente elevado e ao mesmo tempo de inexprimivelmente simples.

– Sede bem-vindos, irmãos e irmãs! disse ele.

Respondemos a uma voz:

– Sê bem-vindo tu, ó abençoado do Senhor! O Céu se reflete em tua face e o amor de Deus irradia de teus olhos!

– Quem sois vós? perguntou o desconhecido.

– Somos os felizes adoradores do todo-poderoso *Amor*, respondemos.

– Quem é o todo-poderoso *Amor?* perguntou-nos ele, com uma graça perfeita.

– Não conheces o todo-poderoso *Amor?* perguntamos, por nossa vez, ou melhor, fui eu que lhe dirigi a pergunta, em nome de todos.

– Eu o conheço, disse o desconhecido, com uma voz ainda mais doce.

– Ah! Se pudéssemos ser dignos de vê-lo e ouvir a sua voz! Mas não nos sentimos bastante depurados para merecer contemplar diretamente a mais santa pureza.

Em resposta a estas palavras, ouvimos retinir atrás de nós uma voz que nos disse:

– Estais lavados de toda mancha, estais purificados. Sois declarados justos por Jesus Cristo e pelo Espírito do Deus vivo!

Uma felicidade inexprimível manifestou-se em nós, no momento em que, virando-nos na direção de onde partia a voz, queríamos ajoelhar-nos para adorar o interlocutor invisível.

O que aconteceu? Cada um de nós ouviu instantaneamente um *nome*, que jamais tinha ouvido pronunciar, mas que cada um compreendeu e ao mesmo tempo reconheceu ser o seu próprio novo nome, expresso pela voz do desconhecido. Espontaneamente, com a rapidez do relâmpago, nós nos voltamos, como um ser único, para o adorável interlocutor, que nos apostrofou assim, com uma graça indizível:

– Encontrastes o que buscáveis. Aquele que me vê, vê também o todo-poderoso Amor. *Eu conheço os meus e os meus me conhecem. Eu dou às minhas ovelhas a vida eterna e elas não morrerão na eternidade; ninguém as arrancará de minhas mãos, nem das de meu Pai. Eu e meu Pai somos um*!

Como poderia eu exprimir em palavras a doce e suprema felicidade em que nos expandimos quando aquele que a cada momento se tornava mais luminoso, mais gracioso, mais sublime, estendeu para nós os seus braços e pronunciou as seguintes palavras, que vibrarão eternamente para nós, e que nenhum poder será capaz de fazer desaparecer de nossos ouvidos e de nossos corações:

– *Vinde aqui, vós, eleitos de meu Pai: herdai o reino que vos foi preparado desde o começo do Universo.*

Depois disto, abraçou-nos a todos simultaneamente e desapareceu. Guardamos silêncio, e sentindo-nos estreitamente unidos para a eternidade, nos derramamos, sem nos movermos, um no outro, docemente e cheios de uma felicidade suprema. O Ser infinito tornou-se uno conosco e ao mesmo tempo nosso tudo, nosso céu, nossa vida no seu mais verdadeiro sentido. Mil vidas novas pareceram nos penetrar. Nossa existência anterior extinguiu-se para nós; recomeçamos a ser; ressentimos a imortalidade, isto é, uma superabundância de vida e de forças que levava o cunho da indestrutibilidade.

Enfim, recuperamos a palavra. Ah! Se eu pudesse te transmitir, ainda que um único som, de nossa alegre adoração!

"Ele existe! Nós somos! Por ele, por ele só! – Ele é – seu ser não é senão vida e amor! - Aquele que o vê, vive e ama, é inundado de eflúvios da imortalidade e do amor provindo de sua face divina, de seu olhar cheio de felicidade suprema!

"Nós te vimos, amor todo-poderoso! Tu te mostraste a nós sob a forma humana, Tu, Deus dos deuses! E contudo Tu não foste nem homem nem Deus, Tu Homem-Deus!

"Tu não foste senão amor, todo-poderoso apenas como amor! – Tu nos sustentaste por tua onipotência, para impedir que a força, mesmo atenuada por teu amor, não nos absorvesse nela.

"És Tu, és Tu? – Tu, que todos os céus glorificam; – Tu, oceano de beatitude; – Tu, onipotência; – Tu, que outrora, encarnando-te nos ossos humanos, levaste os fardos da Terra e, rorejando sangue, suspenso numa cruz, Te fizeste cadáver?

"Sim, és Tu, – Tu, glória de todos os seres! Ser diante do qual se inclinam todas as naturezas, que desaparecem diante de Ti, para serem chamadas a viver em Ti!

"Num dos teus raios encontra-se a vida de todos os mundos e de teu hálito não jorra senão o amor!"

Isto, caro amigo, não é senão uma migalha mínima, caída na Terra, da mesa cheia de uma felicidade inefável de que eu me nutria. Aproveita-a, e em breve ser-te-á dado mais. – Ama, e serás amado. – Só o amor pode aspirar à felicidade suprema. – Só o amor pode dar a felicidade, mas unicamente àqueles que amam.

Oh! meu querido, é porque amas que posso aproximar-me de ti, comunicar-me contigo e te conduzir mais depressa à fonte da vida.

Amor! Deus e o Céu vivem em ti, tanto quanto vivem na face e no coração de Jesus Cristo!

Escrevo isto, segundo a vossa cronologia terrestre, a 13 de novembro de 1798.

MAKARIOSENAGAPE
(Termina no próximo número)

O FIM DO MUNDO EM 1911

O fim do mundo em 1911, este é o título de uma pequena brochura de 58 páginas in-18, espalhada em Lyon com profusão, e que se acha naquela cidade na livraria Casa Josserand, na Praça Bellecourt, 3. Às considerações tiradas da concordância do estado atual das coisas com os sinais precursores anunciados no Evangelho, o autor acrescenta, conforme outra profecia, um cálculo cabalístico que fixa o fim do mundo para o ano 1911, nem mais nem menos, isto é, dentro de 43 anos, de sorte que, entre os vivos de hoje, mais de um será testemunha dessa grande catástrofe. Ora, aqui não se trata de uma figura: é o fim bem real, o aniquilamento da Terra, a dispersão de seus elementos e a destruição completa de seus habitantes. É lamentável que não seja indicada a maneira pela qual se realizará tal acontecimento; mas também é preciso deixar alguma coisa de imprevisto.

Será precedido pelo reino do Anticristo. Segundo esses mesmos cálculos, que não foram feitos por Arago, esse personagem nasceu em 1855 e deve viver 55 anos e meio; e como sua morte deve marcar o fim dos tempos, isto nos leva justo a 1911, a menos que tenha havido algum erro de cálculo, como para 1840.

Com efeito, lembramo-nos que o fim do mundo também tinha sido predito para o ano de 1840; acreditavam com tanta certeza, que era pregado nas igrejas, e o vimos anunciado em certos catecismos de Paris às crianças da primeira comunhão, o que não deixou de impressionar desagradavelmente alguns cérebros jovens. Como o melhor meio de salvar sua alma sempre foi dar dinheiro; despojar-se dos bens deste mundo, que são uma causa de perdição, foram feitos pedidos e provocadas doações com esse objetivo. Mas o Espírito do mal se mete por toda parte neste século de racionalistas e impele aos piores pensamentos. Nós ouvimos com nossos próprios ouvidos, alunos de catecismo fazendo a seguinte reflexão: "Se o fim do mundo chega no próximo ano, como nos asseguram, ele será tanto para os padres quanto para os outros. Então, para que lhes servirá o dinheiro que eles pedem?" Na verdade não há mais crianças, mas meninos terríveis.

Será mesmo no ano de 1911? A brochura em questão nos dá um meio certo de verificar, é o retrato do Anticristo, pelo qual será fácil reconhecer o original; ele é bastante característico para que não possa haver engano. Ele é traçado por um célebre profeta alemão, Holzauzer, nascido em 1613, e que escreveu um comentário sobre o Apocalipse.

Segundo Holzauzer, o Apocalipse não é senão a história da Igreja Católica, desde o seu nascimento até o fim do mundo, história que ele divide em sete épocas, figuradas, diz ele, pelas sete igrejas, às quais se dirige São João. Eis alguns dos traços mais característicos do Anticristo e dos acontecimentos que devem preceder a sua vinda:

"Tocamos neste momento o fim da quinta época. É então que chegarão essas espantosas desgraças anunciadas no Apocalipse, capítulo VIII. A peste, a guerra, a fome, os tremores de terra farão vítimas inumeráveis. Todos os povos se erguerão uns contra os outros; a guerra será geral na Europa; mas o incêndio rebentará primeiro na Alemanha...

"Depois dessas guerras formidáveis que ensanguentarão o mundo inteiro, o Protestantismo desaparecerá para sempre, e o império dos turcos esboroar-se-á. Será o começo da sexta idade.

"Os povos, esgotados por esses combates mortais, apavorados pelos horríveis flagelos que marcarão o fim da quinta época, voltarão ao culto do verdadeiro Deus. Saindo vitoriosa das inúmeras lutas que terá sustentado contra as heresias, a indiferença e a corrupção geral, a religião do Cristo reflorescerá mais brilhante que nunca. Jamais a Igreja Católica terá tido um triunfo tão brilhante. Seus ministros, modelos de todas as virtudes, percorrerão o mundo para fazer os homens ouvirem a palavra de Deus...

130 | REVISTA ESPÍRITA

"Mas esse triunfo religioso terá curta duração. Abatido o vício, mas não aniquilado, pouco a pouco erguerá a cabeça e logo a corrupção, fazendo rápidos progressos, invadirá novamente todas as classes sociais e introduzir-se-á até no santuário. É então que se verá a abominação da desolação anunciada pelo profeta. O mundo inteiro não será mais que uma vasta sentina de vícios e de crimes de toda sorte. Assim terminará a sexta idade.

"Então virá à Terra aquele que os profetas e os Pais da Igreja designaram pelo nome de Anticristo.

"Pobre e desconhecido, viverá uma vida miserável durante sua infância e a primeira juventude. Educado por seu pai no estudo das ciências ocultas, a elas se entregará com furor e fará rápidos progressos. Dotado de inteligência pouco comum, de um espírito ardente e resoluto e de um caráter de ferro, ele mostrará, desde o berço, as mais violentas paixões. Reconhecendo nesse menino as temíveis qualidades daquele que deve um dia secundá-lo tão ardentemente em sua luta contra o gênero humano, Satã tremerá de alegria e pouco a pouco lhe transmitirá todo o seu poder.

"Todos aqueles que dele se aproximarem ficarão maravilhados com as suas palavras e ações. Encará-lo-ão como um menino predestinado a grandes coisas, e dirão que a mão do Senhor está estendida para protegê-lo e conduzi-lo.

"Pouco a pouco, ajudado pela *renomada*[1], e aumentando ainda as maravilhas atribuídas ao jovem chefe, o número de seus sectários tornar-se-á rapidamente muito considerável!...

Em breve, vendo-se à testa de um verdadeiro exército composto de homens devotados até à morte, ele não mais hesitará em tomar o título de rei. Durante algum tempo ocupar-se-á em organizar o seu poder e pôr um pouco de ordem entre os seus novos súditos, mas nada negligenciando, a fim de lhes aumentar o número. Não tendo nome de família, tomará o nome de Cristo, que os judeus já lhe terão dado...

"Crescendo sua ambição com a fortuna, formará, no seu orgulho, o desígnio de conquistar toda a Terra e submeter todos os povos às suas leis...

"Em alguns dias o Anticristo reunirá um exército imenso e ver-se-á esse novo Átila afogar a Europa sob as ondas de suas

---

[1] *Renommée*: Divindade mitológica (mulher alada representada quase sempre a cavalo, empunhando uma trombeta) (Nota do revisor Boschiroli)

hordas bárbaras. Os exércitos inimigos, feridos de pavor à vista dos numerosos prodígios que ele fará, deixar-se-ão dispersar e aniquilar, sem mesmo tentar combater. Três grandes reinos serão conquistados sem um golpe. Seus soberanos expiarão nos mais cruéis suplícios a sua recusa à submissão, e os povos vencidos serão entregues sem piedade a todos os furores de uma soldadesca desenfreada. Aterrorizadas ao saber dessas bárbaras vinganças, as outras nações também se submeterão. Então a Terra inteira não formará mais que um só e vasto reino, que o Anticristo governará à vontade. Ele fará reconstruir, com uma incrível magnificência, a cidade de Jerusalém, e dela fará a sede de seu império...

"Arrastado por seu fatal destino, fará todos os esforços por destruir todas as religiões, e sobretudo a religião católica. Sob os restos do antigo culto, ele reconstruirá o edifício de um culto novo, do qual será, ao mesmo tempo, o sumo sacerdote e o ídolo. Essa nova religião em toda parte terá seus defensores e seus sacerdotes. Um dos mais encarniçados e mais terríveis, aquele que São João designou nos versículos 11, 12 e 13 do Capítulo XIII, como a besta de dois cornos semelhantes aos do carneiro, será o grande apóstata. Holzauzer o chama assim porque ele será um dos primeiros a renunciar ao Cristianismo para devotar-se com furor ao culto do Anticristo.

"Nesses tempos reinará sobre o trono de São Pedro um pontífice santo com o nome de Pedro. Ferido de dor à vista dessas terríveis desgraças, e prevendo os perigos terríveis que correrão os fiéis, ele enviará a toda a cristandade santas exortações para premunir cada um contra as seduções do Anticristo, cuja perfídia ele desvendará claramente. Furioso por essa resistência aberta e com a imensa influência de São Pedro, o grande apóstata entrará em Roma à frente de um exército e com suas próprias mãos matará o último sucessor de Pedro, sobre os próprios degraus do altar...

"Por toda parte as igrejas serão invadidas, os santuários violados, os objetos do culto profanados. Os livros santos serão queimados; a cruz e todos os símbolos de nossa augusta religião calcados aos pés e arrastados no pó. Os quadros e as estátuas expostas à veneração dos fiéis serão derrubados; em seu lugar elevar-se-á a estátua maldita do Anticristo. – E essa estátua falará, diz o profeta...

132 | REVISTA ESPÍRITA

"E ver-se-ão homens instruídos e eloquentes pregando essa idolatria de um novo gênero, e numa linguagem brilhante e imaginosa exaltar os louvores daquele cuja estátua fala e faz milagres...

"Para ferir os olhos da multidão e subjugar as massas, o Anticristo realizará prodígios admiráveis. Ele transportará montanhas, andará sobre as águas e elevar-se-á nos ares, todo resplandecente de glória. Fará aparecer ao mesmo tempo vários sóis, ou mergulhará a Terra na mais completa obscuridade. À sua voz, o raio cairá do céu, os rios suspenderão os seus cursos, as muralhas desabarão. Tornando-se invisível, ele irá de um lugar a outro com uma maravilhosa rapidez e mostrar-se-á em vários lugares ao mesmo tempo. Enfim, como dissemos, ele animará a sua imagem e lhe comunicará uma parte de seu poder. Mas todos esses prodígios não serão, *na maioria,* senão ilusões de óptica e o resultado de uma fantasmagoria diabólica. Não serão *verdadeiros* milagres, porque Satã, com toda a sua força, *não poderia mudar as leis da Natureza...*"

OBSERVAÇÃO: Se essas coisas não são milagres, na rigorosa acepção da palavra, não sabemos a que se pode dar este nome, e se são, na maioria, ilusões de óptica, essas ilusões se afastam singularmente das leis da Natureza, e elas próprias seriam milagres, porque jamais se viu o raio cair e as muralhas se esboroarem por efeito e óptica. O que ressalta de mais claro desta explicação é a dificuldade de distinguir os verdadeiros milagres dos falsos, e fazer, nos efeitos dessa natureza, a parte dos santos e a parte do diabo.

"Ao mesmo tempo que ferirá todos os Espíritos de espanto e de admiração, o Anticristo, para ganhar todos os corações, exibirá todas as exterioridades da mais austera virtude. Enquanto se entrega aos mais vergonhosos deboches no fundo do seu palácio, ele terá o ar de fazer crer em sua temperança e em sua castidade. Prodigalizando ouro e prata em seu redor, ele fará grandes bens aos pobres e não haverá em toda parte senão concertos de louvores por sua beneficência e sua caridade. Vê-lo-ão cada dia passar horas inteiras em prece no seu templo; numa palavra, ele cobrir-se-á com o manto da hipocrisia com tanta habilidade, que mesmo os seus mais fiéis servidores ficarão persuadidos de sua virtude e de sua santidade."

"O Senhor, entretanto, não deixará seus filhos sem defesa e sem socorro durante esses tempos de provação. Enoc e Elias voltarão à Terra para aí pregar a palavra de Deus, sustentar a coragem dos fiéis e desvendar as imposturas dos falsos profetas. Durante mil duzentos e sessenta dias, ou três anos e meio, eles percorrerão o mundo, exortando todos os homens a fazer penitência e a voltar ao culto de Jesus Cristo. Eles oporão os *verdadeiros* milagres aos pretensos prodígios do Anticristo e de seus apóstolos... Mas depois que tiverem acabado o seu testemunho, a besta que sobe do abismo (o Anticristo) lhes fará guerra, os vencerá e os matará."

OBSERVAÇÃO: Não se poderia afirmar mais claramente a *reencarnação*. Não é aqui uma aparência, uma ilusão de óptica, é precisamente a reencarnação em carne e osso, pois os dois profetas são mortos.

"Então o orgulho do Anticristo não conhecerá mais limites. Orgulhoso da vitória que acaba de conquistar sobre os dois profetas que enfrentavam tão impunemente o seu poder há três anos e meio, mandará construir um trono magnífico no Monte das Oliveiras e lá, cercado de uma legião de demônios transformados em anjos de luz, far-se-á adorar pela imensa multidão que será reunida para gozar de seu triunfo.

"Mas, chegado o vigésimo quinto dia, o corpo dos dois profetas, animado pelo sopro de Deus, ressuscitará, e eles subirão ao céu, brilhantes de glória, à vista da multidão espantada. Enceguecido pela cólera e pelo ódio, o Anticristo anunciará que vai subir ao céu e ali procurar seus inimigos e precipitá-los na Terra. Com efeito, partindo nas asas dos demônios que o cercam, elevar-se-á nos ares; mas nesse momento o céu abrir-se-á e o Filho do Homem aparecerá sobre uma nuvem luminosa. O Anticristo será precipitado do céu, com seu cortejo de demônios e, entreabrindo-se a Terra, descerá vivo para o inferno...

"Então o fim do mundo estará próximo. Não se escoarão mais anos, nem meses, mas poucos dias, último termo dado aos homens para fazer penitência. Os mais apavorantes prodígios suceder-se-ão sem trégua, até que o mundo inteiro pereça num imenso desmoronamento.

134 | REVISTA ESPÍRITA

"Eis o que anuncia Holzauzer, e esta não é senão a explicação do que está contido no Apocalipse; é a doutrina de *todos os Pais da Igreja,* encerrada no Evangelho e nos atos dos apóstolos."

OBSERVAÇÃO: Assim terminará, então, o mundo! Não é o sonho de um homem, é a doutrina de *todos os Pais,* que são a luz da Igreja. Aqueles dos nossos leitores que apenas têm uma ideia vaga do Anticristo, ficarão gratos por termos feito sua descrição, com alguns detalhes, conforme as autoridades competentes. Se não há senão quarenta e três anos à sua frente, não tardaremos a ver esse reino maravilhoso. Por esses sinais reconheceremos a aproximação da data fatal.

O que há de estranho nesse relato é o apagamento do poder de Deus e de sua Igreja diante do Anticristo. Com efeito, depois de um triunfo de *curta duração,* a Igreja sucumbe de novo, para não mais se erguer. A fé de seus ministros não é bastante grande para impedir a corrupção de introduzir-se até no *santuário.* Não está aí uma confissão ingênua de fraqueza e de impotência? São coisas que se pode pensar, mas é inépcia gritar de cima dos telhados.

Teria sido muito de admirar que o Espiritismo não tivesse encontrado lugar nessa predição. Com efeito, ele aí está indicado como um dos sinais dos tempos, e eis em que termos. Não é mais Holzauzer quem fala, é o autor da brochura:

"Mas eis que esses ruídos se precisam, que esses terrores que parecem quiméricos tomam consistência e se formulam nitidamente. O fim do mundo se aproxima, gritam de todos os lados! Na Europa, nos países católicos, recordam-se as velhas profecias que, todas, anunciam esse grande acontecimento para a nossa época...

"Não são senão os Espíritos batedores que dão alarme. Abri o *Livro dos Espíritos,* de Allan Kardec, e lereis na primeira página, nos prolegômenos, as palavras seguintes: "Os Espíritos anunciam que os tempos marcados pela Providência para uma manifestação universal estão chegados, e que sendo os ministros de Deus e os agentes de sua vontade, sua missão é instruir e esclarecer os homens, abrindo uma nova era para a regeneração da Humanidade.""

OBSERVAÇÃO: Não vemos que anunciar a regeneração da Humanidade seja anunciar o seu fim. Estas duas ideias se contradizem. Em vez de *dar o alarme,* os Espíritos vêm trazer a esperança.

"E para começar, diz-nos o profeta Joel: *Naqueles tempos a magia cobrirá toda a Terra, e ver-se-ão até as crianças de peito fazer coisas extraordinárias, e falar como pessoas grandes.*"

"O Espiritismo, essa magia do século dezenove, invadiu o mundo. Há apenas alguns anos, na América, na Inglaterra, na França, fenômenos surpreendentes, incríveis, excitaram a curiosidade geral. Móveis inertes, animando-se à vontade dos operadores, entregavam-se às mais fantásticas evoluções, e respondiam sem hesitação às perguntas que lhes dirigiam. Buscou-se qual podia ser *a causa inteligente desses efeitos inteligentes.* As mesas responderam: São os Espíritos, as almas dos homens que a morte levou, que vêm comunicar-se com os vivos. Novos fenômenos se produziram. Ouviram-se como que golpes batidos nos móveis, nas paredes das casas; viram-se objetos movendo-se espontaneamente; ouviam-se vozes, sinfonias; viram-se mesmo aparições de pessoas mortas há muito tempo. Os prodígios se multiplicavam. Era preciso querer para ver; era preciso ver para ficar convencido.

"Em breve uma nova religião se organizou. Interrogados, os próprios Espíritos redigiram o código de sua nova doutrina. Foi, há que confessar, *um sistema filosófico admiravelmente bem combinado sob todos os aspectos.* Jamais o mais hábil sofista soube tão bem disfarçar a mentira e o paradoxo. Não podendo, sem desvendar sua origem e despertar suspeitas, quebrar de um golpe as ideias de Deus e de virtude, os Espíritos começam reconhecendo abertamente a existência de Deus, a necessidade desta virtude; mas fazem tão pouca diferença entre a sorte dos justos e a dos maus, que se é forçosamente levado por essas crenças, a satisfazer todas as suas paixões e a buscar na morte um refúgio contra a infelicidade. O crime e o suicídio são as duas consequências fatais desses princípios, que parecem, à primeira vista, marcados por uma moral tão bela e tão pura.

"Para explicar a anomalia dessas comunicações de Além--Túmulo, os Espíritos não puderam deixar de anunciar, como vimos, que *os tempos marcados pela Providência haviam*

136 | REVISTA ESPÍRITA

chegado; mas não querendo falar do fim do mundo, o que, absolutamente, não entrava em seu sistema, acrescentaram: *para a regeneração universal da Humanidade.*

OBSERVAÇÃO: Por uma singular coincidência, no mesmo dia, 24 de fevereiro, em que nos chegou esta brochura, que nos era enviada por um de nossos correspondentes de Lyon, e no momento em que líamos estes últimos parágrafos, recebíamos dos arredores de Boulogne-sur-Mer uma carta da qual extraímos as seguintes passagens:

"É do fundo de um vale obscuro do Boulonais que vos vêm estas poucas palavras, reflexos de uma existência sofredora, porque o Espiritismo penetra por toda parte, para espalhar a luz e as consolações. Pessoalmente, quanto alívio não lhe devo, bem como a vós, senhor, que sois o seu dispensador!

"Nascido de pais muito pobres, carregados de oito filhos, dos quais sou o mais velho, ah! até agora não ganhei o meu pão, embora tenha vinte e nove anos, pela debilidade de minha constituição. Juntai a isto uma propensão inata para o orgulho, a vaidade, a violência etc., e julgai o que tive de suportar de males, na minha miserável condição, antes que o Espiritismo tivesse vindo explicar-me o enigma de meu destino. Estava no ponto em que tinha, por mim, resolvido suicidar-me.

"Para isto, para acalmar as minhas apreensões e as censuras de minha consciência, eu me tinha dito, *na minha fé católica*: Ferir-me-ei com um golpe que, sendo mortal, não me fará morrer instantaneamente, e me deixará dispor de alguns instantes de vida, bastante para que tenha a possibilidade *de me confessar, comungar e de manifestar o meu arrependimento; numa palavra, de me pôr em estado de me assegurar uma vida feliz no outro mundo, escapando aos males deste.*

"Meu raciocínio era muito absurdo, não acha, senhor? Contudo, não era consequente com o dogma que nos afirma que todo pecado, todo crime mesmo, é apagado pela simples confissão feita a um padre que dá a absolvição?

"Agora, graças ao conhecimento do Espiritismo, semelhantes ideias estão *para sempre banidas de meu pensamento*; entretanto, quanta imperfeição ainda me resta a despojar!"

Assim, o Espiritismo impediu um ato, um crime que teria sido cometido, *não na ausência de toda a fé,* mas antes, diz a pessoa, por uma consequência de sua própria fé católica.

Neste caso, qual foi a mais poderosa para impedir o mal? Esse jovem será danado por ter seguido o impulso do Espiritismo, obra do demônio, segundo o autor da brochura, e teria sido salvo, suicidando-se, mas tendo recebido, antes de morrer, a absolvição de um padre? Que, com a mão na consciência, o autor da brochura responda a esta pergunta.

Tendo sido lidos os fragmentos acima na Sociedade de Paris, o nosso antigo colega Jobard veio dar espontaneamente, a propósito, a comunicação seguinte por um médium em sonambulismo espiritual:

(Sociedade de Paris, 28 de fevereiro - Médium: Sr. Morin)

Eu passava, quando o eco me trouxe a vibração de uma imensa gargalhada. Prestei atenção e tendo reconhecido o ruído do riso dos encarnados e desencarnados, me disse: Sem dúvida a coisa é interessante; vamos ver!... E eu não acreditava, senhores, ter o prazer de vir passar a noite junto de vós. Contudo, estou feliz por isto, crede-o bem, porque sei de toda a simpatia que conservastes por vosso antigo colega.

Assim, aproximei-me, e os ruídos da Terra me chegaram mais distintos: O fim do mundo! exclamavam; o fim do mundo!... Oh! Meu Deus, me disse eu, se é o fim do mundo, em que se vão tornar?... Chegando a mim a voz do vosso presidente e meu amigo, compreendi que vos lia algumas passagens de uma brochura na qual se anuncia o fim do mundo como muito próximo. O assunto interessou-me. Escutei atentamente, e depois de ter refletido maduramente, venho, como o autor da brochura, dizer-vos: Sim, senhores, o fim do mundo está próximo!... Oh! Não vos amedronteis, senhoras, porque é preciso estar bem perto para tocá-lo, e quando o tocardes, vê-lo-eis.

Enquanto esperamos, se me permitirdes, vou dar-vos minha apreciação sobre esta palavra, espantalho dos cérebros fracos e também dos Espíritos fracos; porque, sabei-o, se a apreensão do fim do mundo aterra os seres pusilânimes do vosso mundo, ela fere igualmente de terror os seres atrasados da erraticidade. Todos os que não estão desmaterializados, isto é, que embora Espíritos vivem mais materialmente que espiritualmente, apavoram-se à ideia do fim do mundo, porque por esta palavra compreendem a destruição da matéria. Não vos admireis, pois, que essa ideia emocione certos Espíritos, que não saberiam em que se tornar, se a Terra não existisse mais, porque a Terra ainda é o seu mundo, seu ponto de apoio. Por mim, eu me disse: Sim, o fim do mundo está próximo; ele lá está, eu o vejo, o toco... Ele está próximo para aqueles que sem o saber trabalham para precipitar a sua vinda!... Sim, o fim do mundo está próximo; mas, o fim de que mundo?

Será o fim do mundo da superstição, do despotismo, dos abusos mantidos pela ignorância, pela malevolência e pela hipocrisia; será o fim do mundo egoísta e orgulhoso, do pauperismo, de tudo o que é vil e rebaixa o homem; numa palavra, de todos os sentimentos baixos e cúpidos que são o triste apanágio do vosso mundo.

Esse fim do mundo, essa grande catástrofe que todas as religiões concordam em prever, é o que elas entendem? Ao contrário, não se deve ver a realização dos altos destinos da Humanidade? Se refletíssemos em tudo o que se passa em volta de nós, esses sinais precursores não seriam o sinal do começo de um outro mundo, quero dizer, de um outro mundo moral, antes que o da destruição do mundo material?

Sim, senhores, um período de depuração terrestre termina neste momento; um outro vai começar... Tudo concorre para o fim do velho mundo, e aqueles que se esforçam por sustê-lo trabalham energicamente, sem o querer, para a sua destruição. Sim, o fim do mundo está próximo para eles; eles o pressentem e se apavoram, acreditai, mais do que pelo fim do mundo terrestre, porque é o fim de sua dominação, de sua preponderância, a que eles se apegam mais do que a qualquer outra coisa; e isto será, em relação a eles, não a vingança de Deus, pois Deus não se vinga, mas a justa recompensa de seus atos.

Como vós, os Espíritos são filhos de suas obras; se são bons, é porque trabalharam para ser bons; se são maus, não é porque trabalharam para ser maus, mas porque não trabalharam para se tornarem bons.

Amigos, o fim do mundo está próximo e vos convido vivamente a tomar nota desta previsão; ele está tão próximo que já se trabalha na sua reconstrução. A sábia previdência daquele a quem nada escapa, quer que tudo se construa em vez de tudo ser destruído; e quando o edifício novo for coroado, quando a cumeeira estiver coberta, então é que desabará o antigo;

ele cairá por si mesmo, de sorte que, entre o velho mundo e o novo, não haverá solução de continuidade.

É assim que se deve entender o fim do mundo, que já pressagiam tantos sinais precursores. E quais serão os mais poderosos obreiros para essa grande transformação? Sois vós, senhoras; sois vós, senhoritas, com o auxílio da dupla alavanca da instrução e do Espiritismo. Na mulher na qual o Espiritismo penetrou, há mais que uma mulher, há um trabalhador espiritual. Nesse estado, tudo trabalhando por ela, a mulher trabalha ainda muito mais que o homem na edificação do monumento; porque, quando ela conhecer todos os recursos do Espiritismo e deles souber servir-se, a maior parte da obra será feita por ela. Amamentando o corpo de seu filho, ela poderá alimentar também o seu espírito. E que melhor ferreiro do que o filho de um ferreiro, aprendiz de seu pai? Assim o menino sugará, ao crescer, o leite da espiritualidade, e quando tiverdes espíritas filhos de espíritas e pais de espíritas, o fim do mundo, tal qual o compreendemos, não estará realizado? Admirai-vos, então, depois disto, que o Espiritismo seja um espantalho para tudo o que se apega ao velho mundo, e do encarniçamento com que procuram abafá-lo em seu berço!

JOBARD

A INTOLERÂNCIA E A PERSEGUIÇÃO AO ESPIRITISMO

O fato seguinte nos foi assinalado por um dos nossos correspondentes. Por conveniência, não revelamos o nome do lugar onde se passou, mas, se necessário, temos em mãos a peça justificativa.

O cura de... tendo sabido que uma de suas paroquianas havia recebido *O Livro dos Espíritos,* veio à sua casa e lhe fez uma cena escandalosa, apostrofando-a com epítetos muito pouco evangélicos; além disso, ameaçou-a de não enterrá-la quando morresse, se não acreditasse no diabo e no inferno; depois, apoderando-se do livro, levou-o.

140 | REVISTA ESPÍRITA

Alguns dias depois, aquela senhora, que pouco se havia abalado com os impropérios, foi à casa do padre lhe reclamar o seu livro, dizendo de si para consigo que se ele não o devolvesse, não lhe seria difícil adquirir outro, e que saberia pô-lo em lugar seguro.

O livro lhe foi entregue, mas num estado que provava que uma santa cólera se havia descarregado sobre ele. Estava cheio de rasuras, de anotações, de refutações, nas quais os Espíritos eram tratados de mentirosos, de demônios, de estúpidos etc. A fé daquela senhora, longe de ficar abalada, foi mais do que fortalecida. Dizem que se apanham mais moscas com mel do que com vinagre. O sacerdote apresentou-lhe vinagre; ela preferiu o mel, e disse: Perdoai-lhe, Senhor, porque ele não sabe o que fez. De que lado estava o verdadeiro Cristianismo?

As cenas desta natureza eram muito frequentes há sete ou oito anos, e por vezes tinham um caráter de violência que caía no burlesco. Recordamo-nos daquele missionário que espumava de raiva pregando contra o Espiritismo, e se agitava com tanto furor que um instante temeram que caísse do púlpito. E aquele outro pregador que convidava todos os possuidores de obras espíritas a lhas trazerem, para fazer uma fogueira na praça pública. Infelizmente, para ele, não lhe trouxeram nenhum, e ele contentou-se em queimar no pátio do seminário todos os volumes que compraram nas livrarias. Hoje que se reconheceu a inutilidade e os inconvenientes, essas demonstrações excêntricas são muito raras; a experiência provou que elas desviaram mais gente da Igreja do que do Espiritismo.

O fato relatado acima tem um caráter de gravidade particular. Em sua igreja, o sacerdote está em sua casa, no seu terreno; dar ou recusar preces, conforme a sua consciência, está no seu direito; sem dúvida às vezes ele usa esse direito de maneira mais prejudicial do que útil à causa que defende, mas, enfim, está no seu direito, e achamos ilógico que criaturas que estão, por pensamento, senão de fato, afastadas da Igreja, que não cumprem nenhum dos deveres que ela impõe, tenham a pretensão de constranger um padre a fazer o que, certo ou errado, ele considera como contrário à regra. Se não credes na eficácia de suas preces, por que exigi-las dele? Mas, pela mesma razão, ele ultrapassa o seu direito quando se impõe aos que não o pedem.

No caso de que se trata, com que direito aquele padre ia violentar a consciência daquela senhora em seu próprio domicílio, ali fazer uma visita inquisitorial e apoderar-se do que lhe não pertencia? O que ganha a religião por esses excessos de zelo? Os amigos desajeitados são sempre prejudiciais.

O fato em si é de pouca importância e não é, em definitivo, senão uma pequena contenda que prova a estreiteza das ideias de seu autor. Dele não teríamos falado se não se ligasse a fatos mais graves, às perseguições propriamente ditas, cujas consequências são mais sérias.

Estranha anomalia! Seja qual for a posição de um homem, oficial ou subordinado a um título qualquer, não se lhe contesta o direito de ser protestante, judeu ou mesmo absolutamente nada; ele pode ser abertamente incrédulo, materialista ou ateu; pode preconizar tal ou qual filosofia, mas não tem o direito de ser espírita. Se for suspeito de Espiritismo, como outrora se era suspeito de jansenismo, é suspeito; se a coisa é confessada, ele é olhado de esguelha por seus superiores, quando estes não pensam como ele; considerado como um perturbador da Sociedade, ele que abjura toda ideia de ódio e de vingança, que tem como regra de conduta a caridade cristã na sua mais rigorosa acepção, a benevolência para com todos, a tolerância, o esquecimento e o perdão das injúrias, numa palavra, todas as máximas que são a garantia da ordem social, e o maior freio das más paixões. Então! O que, em todos os tempos e em todos os povos civilizados, é um direito à estima das criaturas honestas, torna-se um signo de reprovação aos olhos de certas pessoas que não perdoam a um homem *o fato ter-se tornado melhor pelo Espiritismo!* Sejam quais forem as suas qualidades, os seus talentos, os serviços prestados, se ele não for independente; se sua posição não for invulnerável, uma mão, instrumento de uma vontade oculta, abate-se sobre ele, o fere, se puder, nos seus meios de subsistência, nas suas afeições mais caras, e até na sua consideração.

Que semelhantes coisas se passem em regiões onde a fé exclusiva erige a intolerância em princípio, como a sua melhor salvaguarda, nada tem de surpreendente, mas que ocorram em países onde a liberdade de consciência está inscrita no código das leis como um direito natural, é mais difícil de compreender. Então é preciso que se tenha muito medo desse Espiritismo, que, entretanto, afetam apresentar como uma

142 | REVISTA ESPÍRITA

ideia oca, uma quimera, uma utopia, uma tolice que um sopro da razão pode abater! Se esta luz fantástica ainda não está extinta, não é, entretanto, por não terem soprado. Soprai, pois, soprai sempre: há chamas que são atiçadas soprando, em vez de apagá-las.

Entretanto, perguntarão alguns, o que podem censurar àquele que não quer e não pratica senão o bem; que cumpre os deveres de seu cargo com zelo, probidade, lealdade e devotamento; que ensina a amar a Deus e ao próximo; que prega a concórdia e convida todos os homens a se tratarem como irmãos, sem acepção de cultos nem de nacionalidades? Não trabalha ele para o apaziguamento das dissensões e dos antagonismos que causaram tantos desastres? Não é ele o verdadeiro apóstolo da paz? Unindo por seus princípios o maior número possível de aderentes, por sua lógica, pela autoridade de sua posição, e sobretudo por seu exemplo, não evitará conflitos lamentáveis? Se, em lugar de um, forem dez, cem, mil, sua influência salutar não será tanto maior? Tais homens são auxiliares preciosos; nunca são bastantes; não deveríamos encorajá-los e honrá-los? A doutrina que faz penetrar esses princípios no coração do homem pela convicção apoiada numa fé sincera, não é um penhor de segurança? Além disto, onde se viu que os espíritas fossem turbulentos e provocadores de perturbações? Ao contrário, não são sempre e por toda parte assinalados como gente pacífica e amiga da ordem? Todas as vezes que foram provocados por atos de malevolência, em vez de usar represálias, não evitaram com cuidado tudo quanto poderia ter sido uma causa de desordem? A autoridade alguma vez teve que castigá-los por algum ato contrário à tranquilidade pública? Não, porque um funcionário, encarregado da manutenção da ordem, dizia, há pouco, que se todos os seus administrados fossem espíritas, ele poderia fechar o seu escritório. Há homenagem mais característica prestada aos sentimentos que os animam? E a que palavra de ordem obedecem? Unicamente à de sua consciência, pois que não revelam nenhuma personalidade patente ou oculta na sombra. Sua doutrina é sua lei, e essa lei lhes prescreve fazer o bem e evitar o mal; por seu poder moralizador, ela conduziu à moderação os homens exaltados, nada temendo, nem Deus nem a justiça humana, e capazes de tudo. Se ela fosse popular, com que peso não atuaria nos momentos de efervescência e nos centros turbulentos? Em que, pois, pode esta doutrina ser um motivo de reprovação? Como pode ela chamar a perseguição sobre aqueles que a professam e a propagam?"

Admirai-vos que uma doutrina que não produz senão o bem tenha adversários! Mas, então, não conheceis a cegueira do espírito de partido? Quando foi que ele considerou o bem que pode fazer uma coisa, quando esta é contrária às suas opiniões ou aos seus interesses materiais? Não esqueçais que, certos oponentes o são *por sistema,* muito mais que *por ignorância.* Em vão esperaríeis atraí-los a vós pela lógica de vossos raciocínios, e pela perspectiva dos efeitos salutares da doutrina; eles sabem disto tão bem quanto vós, e é precisamente porque o sabem que não o querem; quanto mais rigorosa e irresistível é essa lógica, mais os exaspera, porque lhes fecha a boca. Quanto mais lhes demonstram o bem que produz o Espiritismo, mais se irritam, porque sentem que aí está a sua força; assim, mesmo que ele devesse salvar o país dos maiores desastres, ainda assim o repeliriam. Triunfareis de um incrédulo, de um ateu de boa fé, de uma alma viciosa e corrompida, mas de gente de ideias preconcebidas, jamais!

Então, o que esperam eles da perseguição? Deter o surto das ideias novas pela intimidação? Vejamos, nalgumas palavras, se tal objetivo pode ser atingido.

Todas as grandes ideias, todas as ideias renovadoras, tanto na ordem científica quanto na ordem moral, receberam o batismo da perseguição, e isto assim devia ser, porque elas feriam os interesses dos que viviam velhas ideias, preconceitos e abusos. Mas, como essas ideias constituíam verdades, jamais viram eles a perseguição deter-lhes o curso? Não está aí a história de todos os tempos para provar que, ao contrário, elas cresceram, consolidaram-se, propagadas pelo próprio efeito da perseguição? A perseguição foi o estimulante, o aguilhão as levou avante e fê-las avançarem mais depressa, superexcitando os Espíritos, de sorte que os perseguidores trabalharam contra si mesmos e não ganharam senão ser estigmatizados pela posteridade. Eles não perseguiram senão as ideias nas quais se via futuro; as que julgaram sem consequência, deixaram que morressem de morte natural.

O Espiritismo é, também, uma grande ideia; devia, pois, receber seu batismo, como suas precursoras, porque o espírito dos homens não mudou, e lhe acontecerá o que aconteceu aos outros: um acréscimo de importância aos olhos da multidão e, por consequência, maior popularidade. Quanto mais em evidência estiverem as vítimas por sua posição, maior repercussão haverá em razão da extensão de suas relações. A curiosidade é tanto mais superexcitada quanto mais a pessoa é cercada de estima e consideração; cada um quer saber o porquê e o como; conhecer o fundo dessas opiniões que provocam tanta cólera; interrogam, leem, e eis como uma multidão de pessoas que jamais se teriam ocupado com o Espiritismo, são levadas a conhecê-lo, a julgá-lo, a apreciá-lo e a adotá-lo. Tal foi, como se sabe, o resultado das declamações furibundas, das interdições pastorais, das diatribes de toda espécie. Tal será o das perseguições. Estas fazem mais: elas o elevam ao nível das crenças sérias, porque o bom senso diz que não se trata de frivolidades.

A perseguição às ideias falsas, errôneas, é inútil, porque estas se desacreditam e caem por si mesmas. Ela tem como efeito criar partidários e defensores, e retardar a sua queda, porque muitas criaturas as encaram como boas, precisamente porque são perseguidas. Quando a perseguição só ataca as ideias verdadeiras, ela vai diretamente contra o seu objetivo, porque lhe favorece o desenvolvimento: é, pois, em todo o caso, uma inépcia que se volta contra os que a cometem.

Um escritor moderno lamentava que não tivessem queimado Lutero, para destruir o Protestantismo em suas raízes; mas como não poderiam tê-lo queimado senão após a emissão de suas ideias, se o tivessem feito, o Protestantismo talvez estivesse duas vezes mais espalhado do que está. Queimaram Jean Huss. O que ganhou o concílio de Constança? Cobrir-se com uma nódoa indelével. Mas as ideias do mártir não foram queimadas; elas foram um dos fundamentos da reforma. A posteridade conferiu a glória a Jean Huss e a vergonha ao concílio. *(Revista Espírita,* agosto de 1866). Hoje já não queimam, mas perseguem de outras maneiras.

Sem dúvida, quando desaba uma tempestade, muitos se põem ao abrigo. As perseguições podem, portanto, ter por efeito um momentâneo impedimento à livre manifestação do pensamento. Crendo tê-lo abafado, os perseguidores adormecem numa segurança enganadora. Entretanto, ele não deixa de subsistir, e as ideias comprimidas são como plantas em estufa: crescem mais depressa.

O ESPIRITISMO EM CÁDIZ, EM 1853 E 1868

Por diversas vezes tivemos ocasião de dizer que o Espiritismo conta com numerosos adeptos na Espanha, o que prova que a compressão das ideias não as impede de se produzirem. Há muito tempo sabíamos que Cádiz era a sede de um importante centro espírita. Um dos membros dessa Sociedade, tendo vindo a Paris, no ano passado, deu-nos a respeito detalhes circunstanciados de alto interesse, e que depois nos lembrou em sua correspondência. Só a abundância de matéria nos impediu de publicá-los mais cedo.

Os espíritas de Cádiz reivindicam para a sua cidade a honra de ter sido uma das primeiras, senão a primeira na Europa, a possuir uma reunião espírita constituída, e recebendo comunicações regulares dos Espíritos, pela escrita e pela tiptologia, sobre temas de Moral e de Filosofia. Essa pretensão é, com efeito, justificada pela publicação de um livro impresso em espanhol, em Cádiz, em 1854. Ele contém um prefácio explicativo sobre a descoberta das mesas falantes e da maneira de utilizá-las; depois o relato das respostas às perguntas feitas aos Espíritos numa série de sessões realizadas em 1853. O processo consistia no emprego de uma mesinha de três pés e de um alfabeto dividido em três séries, correspondendo cada uma a um dos pés da mesinha. Sem dúvida as respostas são muito elementares, em comparação ao que hoje se obtém, e nem todas são de uma exatidão irreprochável, mas na maioria são compatíveis com o ensinamento atual. Citaremos apenas algumas delas, para mostrar que na época em que, aliás, quase por toda parte, não se ocupavam das mesas falantes senão como objeto de distração, em Cádiz já pensavam em utilizar o fenômeno para instrução séria.

(8 de novembro de 1853)

– Aqui está presente um Espírito?
– Sim.
– Como te chamas?

146 | REVISTA ESPÍRITA

– Eqe.
– Que parte do mundo habitaste?
– A América do Norte.
– Eras homem ou mulher?
– Mulher.
– Dize-nos o teu nome em inglês.
– Akka.
– Como traduzes *belo* em inglês?
– *Fine.*
– Por que vieste aqui?
– Para fazer o bem.
– A ti ou a nós?
– A todos.
– Então podes dar-nos esse bem?
– Posso; tudo está no trabalho.
– Como alcançaremos o bem?
– Emancipando a mulher; tudo depende dela.

(11 de novembro)

O Espírito Eqe.

– Há um outro modo de nos comunicarmos com os Espíritos?
– Sim, pelo pensamento.
– De que maneira?
– Leio o teu.
– E como poderíamos nos entender com o pensamento dos Espíritos?
– Pela concentração.
– Há um meio de chegar a isto facilmente?
– Sim, a felicidade.
– Como se obtém a felicidade?
– Amando-vos uns aos outros.

(25 de novembro)

Anna Ruiz:

– Para onde vai nossa alma ao se separar do corpo?

– Ela não deixa a Terra.

– Queres dizer o corpo?

– Não, a alma.

– Tens os mesmos prazeres na outra vida que nesta aqui?

– Os mesmos e melhores: nós trabalhamos em todo o Universo.

(26 de novembro)

Odiuz:

– Os Espíritos revestem uma forma?

– Sim.

– Qual?

– A forma humana. Há dois corpos: um material, outro de luz.

– O corpo de luz é o Espírito?

– Não; é uma agregação de éter. Fluidos leves formam o corpo de luz.

– O que é um Espírito?

– Um homem em estado de essência.

– Qual é o seu destino?

– Organizar o movimento material cósmico; cooperar com Deus para a ordem e nas leis dos mundos no Universo.

(30 de novembro)

Um Espírito, espontaneamente.

A ordem distribui as harmonias. Esta lei vos diz que cada globo do sistema solar é habitado por uma Humanidade como a vossa; cada membro dessa Humanidade é um ser completo na classe que ocupa; ele possui uma cabeça, um tronco e membros. Cada um tem a sua destinação marcada, coletiva ou terrestre, visível ou invisível. O Sol, como os planetas e os seus satélites, tem seus habitantes com um destino complexo. Cada uma das Humanidades que povoam esses diversos globos tem sua dupla existência, visível e invisível, e uma palavra espiritual apropriada a cada um desses estados.

(1.º de dezembro)

Odiuz.

Lede João e tereis a significação da palavra *verbo*. Sabereis o que é o verbo da Humanidade solar; cada Humanidade tem a sua Providência, seu homem-Deus; a luz do homem-Deus solar é a Providência antropomórfica de todos os globos do sistema solar.

(8 de dezembro)

– Há analogia entre a luz material e a luz espiritual?
– O Sol ilumina, os planetas refletem sua luz. A inteligência solar ilumina as inteligências planetárias, e estas as de seus satélites. A luz inteligente emana do cérebro da Humanidade solar, que é a centelha inteligente, como o Sol é a centelha material de todos os astros. Há também analogia no modo de expansão da luz inteligente em cada Humanidade que a recebe do foco principal para transmiti-la aos seus membros.
Há unidade de sistema entre o mundo material e o mundo espiritual.
Nós temos a Natureza que reflete as leis que precederam a criação. A seguir vem o espírito humano que analisa a Natureza, para descobrir essas leis, interpretá-las e compreendê-las. Essa análise é para a luz espiritual o que é a refração para a luz física, porque a Humanidade inteira forma um prisma intelectual, no qual a luz divina única se refrata de mil maneiras diferentes.

(4 de janeiro de 1854).

– Por que nem sempre os Espíritos vêm ao nosso apelo?
– Porque eles são muito ocupados.
– Por que alguns dos Espíritos que se apresentaram até agora responderam por enigmas ou por absurdos?
– Porque eram Espíritos ignorantes ou levianos.
– Como distingui-los dos Espíritos sérios?
– Por suas respostas.

– Podem os Espíritos tornar-se visíveis?
– Algumas vezes.
– Em que caso?
– Quando se trata de humilhar o fanatismo.
– Sob que forma o Espírito se apresentou ao arcebispo de Paris?
– Forma humana.
– Qual a verdadeira religião?
– Amar-vos uns aos outros.

O extrato seguinte, de uma carta do nosso correspondente, em data de 17 de outubro de 1867, dará uma ideia do espírito que preside à Sociedade Espírita atual de Cádiz:

"Há onze anos estamos em comunicação com Espíritos da vida superior e, nesse espaço de tempo, eles nos fizeram revelações importantes sobre a moral, a vida espiritual e outros assuntos que interessam ao progresso.

"Reunimo-nos cinco vezes por semana. O Espírito presidente de nossa Sociedade, ao qual os outros Espíritos concedem uma certa supremacia, chama-se *Pastoret*. Temos em Dona J... uma excelente médium vidente e falante. Ela se comunica por meio de uma mesinha de três pés, que só lhe serve para estabelecer a corrente fluídica, e vê as palavras escritas numa espécie de fita fluídica que passa incessantemente diante dos seus olhos, e nela lê como num livro. Esse meio de comunicação, acrescido da benevolência dos Espíritos que vêm às nossas sessões, permite-nos que apresentemos as nossas observações e que estabeleçamos discussões quase familiares com esses mesmos Espíritos.

"Cada noite a sessão é aberta pela presença do Espírito do Dr. Gardoqui, que conhecemos, e que em vida exercia a medicina em Cádiz. Depois de dar conselhos aos nossos irmãos presentes, ele vai visitar os doentes que lhe recomendamos; indica os remédios necessários e quase sempre com sucesso.

"Depois da visita do médico, vem o Espírito familiar do círculo, que nos traz outros Espíritos, tanto superiores para nos instruir, quanto inferiores para que os ajudemos com os nossos conselhos e o nosso encorajamento. Por indicação dos nossos guias, realizamos periodicamente missões de caridade em favor dos pobres.

"Além do ridículo, contra o qual vós, franceses, tendes que lutar tanto quanto nós, nós lutamos contra a intolerância. Contudo, não desanimamos, porque a força de convicção que Deus nos dá é mais poderosa que os obstáculos.

"Terminamos cada sessão pela seguinte prece:

"Pai universal! Senhor todo-poderoso! Nós nos dirigimos a ti, porque te reconhecemos como o Deus único e eterno. Pai! Desejamos não incorrer no teu desagrado, mas ao contrário avançar a nossa purificação para nos aproximarmos de ti, único bem verdadeiro, suprema felicidade prometida aos que retornam para junto de ti.

"Senhor! Nós te lembramos continuamente os nossos pecados, a fim de que no-los perdoes, após a expiação que eles merecem. Quanto já devemos à tua grande bondade! Sê misericordioso para conosco.

"Pai eterno, tu me deste a vida e com a vida a inteligência para te conhecer, um coração para te amar e para amar os meus semelhantes. Minha inteligência crescerá quando eu pensar em ti e quando me elevar a ti.

"Pai universal de todos os seres, grande arquiteto do Universo, água bendita com que estancamos a sede do amor divino, nem o curso do tempo nem a diferença das inteligências impedem de reconhecer-te, porque teu grande poder e teu grande amor se veem por toda parte.

"Pai! Nós nos recomendamos à tua misericórdia, e como prova de nossa sinceridade, nós te ofertamos nossas vidas, nossos bens, tudo quanto nos deste. Nada possuímos que não venha de ti; pomos tudo à disposição dos nossos irmãos necessitados, para que eles aproveitem o fruto de nossa inteligência e do nosso trabalho.

"Nós somos teus filhos, Senhor, e solicitamos de tua infinita bondade um raio de luz para nos conduzir no caminho que nos mostraste, até que cheguemos ao complemento de nossa felicidade.

"Pai nosso, que estás nos céus, santificado seja o teu nome; que tua vontade seja feita na Terra como no Céu. Dá-nos hoje o nosso pão de cada dia. Perdoa-nos as ofensas como perdoamos aos que nos ofenderam, agora e sempre, até à hora de nossa morte.

"Nós te dirigimos as nossas preces, Pai infinitamente bom, por todos os nossos irmãos que sofrem na Terra e no espaço. Nosso pensamento é para eles e a nossa confiança está em ti."

Que os espíritas de Cádiz recebam, por nosso intermédio, as sinceras felicitações de seus irmãos de todos os países. A iniciativa que tomaram, na extremidade da Europa e numa terra refratária, sem relações com os outros centros, sem outro guia senão suas próprias inspirações, quando o Espiritismo ainda estava na sua infância, quase por toda parte, é mais uma prova que o movimento regenerador recebe seu impulso de mais alto que a Terra, e que seu foco está em toda parte; que, assim, é temerário e presunçoso esperar abafá-lo comprimindo num ponto, pois que, em falta e uma saída, há mil outros pelos quais será feita a luz. Para que servem as barreiras contra aquilo que vem do alto? De que serve esmagar alguns indivíduos, quando há milhões disseminados por toda a Terra, que recebem a luz e a espalham? Querer aniquilar o que está fora do poder do homem, não é representar o papel de gigantes que quisessem escalar o céu?

DISSERTAÇÕES ESPÍRITAS

INSTRUÇÃO DAS MULHERES

(Joinville – Haute-Marne – 10 de março de 1868. Médium: Sra.P...)

Neste momento, a instrução da mulher é uma das mais graves questões, porque não contribuirá pouco para realizar as grandes ideias de liberdade que dormem no fundo dos corações.

Honra aos homens de coragem que tomaram a sua iniciativa! Eles podem, de antemão, estar certos do sucesso de seus trabalhos. Sim, soou a hora da libertação da mulher; ela quer ser livre, e para isto há que libertar a sua inteligência dos

152 | REVISTA ESPÍRITA

erros e dos preconceitos do passado. É pelo estudo que ela alargará o círculo de seus conhecimentos estreitos e mesquinhos. Livre, ela fundará a sua religião sobre a moral, que é de todos os tempos e de todos os países. Ela quer ser e será a companheira inteligente do homem, sua conselheira, sua amiga, a instrutora de seus filhos e não um joguete de que se servem como uma coisa, e que depois se despreza para tomar outra coisa.

Ela quer trazer sua pedra ao edifício social que se ergue neste momento ao poderoso sopro do progresso.

É verdade que, uma vez instruída, ela escapa das mãos daqueles que a convertem num instrumento. Como um pássaro cativo, ela quebra a sua gaiola e voa para os vastos campos do infinito. É verdade que, pelo conhecimento das leis imutáveis que regem mundos, ela compreenderá Deus de modo diferente do que lhe ensinam; não acreditará mais num Deus vingador, parcial e cruel, porque sua razão lhe dirá que a vingança, a parcialidade e a crueldade não podem conciliar-se com a justiça e a bondade. O seu Deus, o dela, será todo amor, mansuetude e perdão.

Mais tarde ela conhecerá os laços de solidariedade que unem os povos entre si, e os aplicará em seu redor, espalhando com profusão tesouros de caridade, de amor e de benevolência para com todos. A qualquer seita a que pertença, saberá que todos os homens são irmãos e que o mais forte não recebeu a força senão para proteger o fraco e elevá-lo na Sociedade ao verdadeiro nível que ele deve ocupar.

Sim, a mulher é um ser perfectível como o homem, e suas aspirações são legítimas; seu pensamento é livre, e nenhum poder no mundo tem o direito de escravizá-la aos seus interesses e às suas paixões. Ela reclama sua parte de *atividade intelectual,* e a obterá, porque há uma lei mais poderosa do que todas as leis humanas, é a do progresso, à qual toda a criação está submetida.

UM ESPÍRITO

OBSERVAÇÃO: Temos dito e repetido muitas vezes, a emancipação da mulher será a consequência da difusão do Espiritismo, porque ele funda os seus direitos, não numa ideia filosófica generosa, mas na própria identidade da natureza do Espírito. Provando que não há Espíritos homens e Espíritos mulheres; que todos têm a mesma essência, a mesma origem e o mesmo destino, ele consagra a igualdade dos direitos. A grande lei da reencarnação vem, além disto, sancionar esse princípio. Considerando-se que os mesmos Espíritos podem encarnar-se tanto como homens quanto como mulheres, disso resulta que o homem que escraviza a mulher poderá ser escravizado por sua vez; que assim, trabalhando pela emancipação das mulheres, os homens trabalham pela emancipação geral e, por consequência, em proveito próprio. As mulheres têm, pois, um interesse direto na propagação do Espiritismo, porque este fornece ao apoio de sua causa os mais poderosos argumentos que jamais foram invocados. (Vide a *Revista Espírita* de janeiro de 1866 e junho de 1867).

ALLAN KARDEC

REVISTA ESPÍRITA
JORNAL DE ESTUDOS PSICOLÓGICOS

| ANO XI | MAIO DE 1868 | VOL. 5 |

CORRESPONDÊNCIA INÉDITA DE LAVATER COM A IMPERATRIZ MARIA DA RÚSSIA

(*Continuação e fim*. Vide o número de abril de 1866)

SEXTA CARTA

Mui venerada Imperatriz,
Junto ainda uma carta chegada do mundo invisível! Possa ela, *como as precedentes, ser apreciada* por vós e sobre vós produzir um efeito salutar!

Aspiramos sem cessar uma comunicação mais íntima com o *Amor,* o mais puro que se haja manifestado no homem e se glorificou em Jesus, o Nazareno!

Mui venerada Imperatriz, nossa felicidade futura está em nosso poder, de vez que nos é concedida a graça de compreender que só o amor nos pode dar a felicidade suprema, e que só a fé no amor divino faz nascer em nossos corações o sentimento que nos torna eternamente felizes, a fé que desenvolve, depura e completa a nossa aptidão para amar.

Muitos temas ainda me restam para vos repassar. Procurarei acelerar a continuação do que comecei a vos expor, e me consideraria muito feliz se pudesse esperar ter podido ocupar agradavelmente e utilmente alguns momentos de vossa preciosa vida.

JEAN GASPAR LAVATER
Zurique, 16 de dezembro de 1798

CARTA DE UM DEFUNTO A SEU AMIGO

Sobre as relações existentes entre os Espíritos e aqueles que eles amaram na Terra

Meu bem-amado, antes de tudo devo advertir-te que das mil coisas que, estimulado por uma nobre curiosidade, desejas aprender de mim, e que eu teria tanto desejo de poder dizer-te, ouso apenas comunicar-te uma só, pois de mim não dependo, absolutamente. Minha vontade depende, conforme já te disse, da vontade daquele que é a suprema sabedoria. Minhas relações contigo não são baseadas senão no teu amor. Esta sabedoria e este amor personificados, muitas vezes nos impelem, a mim e aos meus mil vezes mil convivas de uma felicidade que se torna continuamente mais elevada e embriagadora, para os homens ainda mortais, e nos fazem entrar com eles em relações certamente agradáveis para nós, embora muitas vezes obscurecidas e nem sempre bastante puras e santas. Recebe de mim algumas noções acerca destas relações. Não sei como conseguirei fazer-te compreender esta grande verdade que provavelmente te espantará muito, malgrado a sua realidade. É que *nossa própria felicidade muitas vezes depende, relativamente, bem entendido, do estado moral daqueles que deixamos na Terra e com os quais entramos em relações diretas.*

Seu sentimento religioso nos atrai; sua impiedade nos repele.

Nós nos regozijamos com suas puras e nobres alegrias, isto é, com suas alegrias espirituais desinteressadas. Seu amor contribui para a nossa felicidade; assim, sentimos, senão um sentimento semelhante ao sofrimento, ao menos uma diminuição de prazer, quando eles se deixam *envolver em sombras* por sua sensualidade, seu egoísmo, suas paixões animais ou pela impureza de seus desejos.

Meu amigo, peço-te que te detenhas ante estas palavras: *envolver-se em sombras.*

Todo pensamento divino produz um raio de luz, que jorra do homem amante, e que não é visto nem compreendido senão pelas naturezas amantes e radiantes. Toda espécie de amor tem seu raio de luz que lhe é particular. Esse raio, reunindo-se à auréola que cerca os santos, a torna ainda mais resplendente e mais agradável à visão. Do grau dessa claridade e dessa amenidade depende, muitas vezes, o grau de nossa própria felicidade, ou da felicidade que sentimos de nossa existência. Com o desaparecimento do amor, essa luz se extingue, e com ela o elemento de felicidade daqueles que nós amamos. Um homem que se torna estranho ao amor se *envolve em sombra,* no sentido mais literal e mais positivo do vocábulo; ele se torna mais material, e consequentemente mais elementar, mais terrestre, e as trevas da noite o cobrem com o seu véu. A vida, ou o que para nós é a mesma coisa: o amor do homem, produz o grau de sua luz, sua pureza luminosa, sua identidade com a luz, a magnificência de sua natureza.

Só estas últimas qualidades tornam possíveis e íntimas as nossas relações com ele. A luz atrai a luz. É-nos impossível agir sobre as almas sombrias. Todas as naturezas não amantes nos parecem sombrias. A vida de cada mortal, sua verdadeira vida, é como o seu amor; sua luz se assemelha ao seu amor; de sua luz decorre a nossa comunicação com ele e a sua conosco. Nosso elemento é a luz cujo segredo não é compreendido por nenhum mortal. Nós atraímos e somos atraídos por ela. Essa vestimenta, esse órgão, esse veículo, esse elemento, no qual reside a força primitiva que tudo produz, a luz, numa palavra, forma para nós o traço característico de todas as naturezas.

Nós clareamos na medida do nosso amor; reconhecem-nos por essa claridade, e somos atraídos por todas as naturezas amantes e radiantes como nós. Por efeito de um movimento imperceptível, dando uma certa direção aos nossos raios, nós podemos fazer nascer em naturezas que nos são simpáticas, ideias mais humanas, suscitar ações, sentimentos mais nobres e mais elevados; mas *não temos o poder de forçar ou de dominar ninguém, nem de impor a nossa vontade aos homens cuja vontade é inteiramente independente da nossa. O livre-arbítrio do homem nos é sagrado.* É-nos impossível transmitir um só raio de nossa pura luz a um homem a quem falta sensibilidade. Ele não possui nenhum sentido, nenhum órgão para poder receber de nós a menor coisa. Do grau de sensibilidade que possui um homem depende – Oh! Permite-me repeti-lo em cada uma de minhas cartas, – sua aptidão para receber a luz, sua simpatia com todas as naturezas luminosas e com o seu protótipo primordial. Da ausência da luz nasce a incapacidade de aproximar-se das fontes da luz, ao passo que milhares de naturezas luminosas podem ser atraídas por uma só natureza semelhante.

O Homem-Jesus, resplendente de luz e de amor, foi o ponto luminoso que incessantemente atraía para si legiões de anjos. Naturezas sombrias, egoístas, atraem para si Espíritos sombrios, grosseiros, privados de luz, malévolos, e são mais envenenadas por eles, ao passo que as almas amantes ainda se tornam mais puras e mais amantes, por seu contato com os Espíritos bons e amantes.

Jacob adormecido, cheio de sentimentos piedosos, vê os anjos do Senhor chegarem até ele em multidão, e a sombria alma de Judas Iscariotes dá ao chefe dos Espíritos sombrios o direito, direi mesmo o poder, de penetrar na sombria atmosfera de sua natureza odienta. Os Espíritos radiosos são abundantes onde se encontra um Elíseo; legiões de Espíritos sombrios pululam entre as almas sombrias.

Meu bem-amado, medita bem no que acabo de dizer-te. Encontrarás numerosas aplicações para isto nos livros bíblicos, que encerram verdades ainda intactas, assim como instruções da mais alta importância, concernentes às relações que existem entre os mortais e os imortais, entre *o mundo material e o mundo dos Espíritos.*

Não depende senão de ti encontrar-te sob a influência benéfica dos Espíritos amantes ou de afastá-los de ti; podes mantê-los junto a ti ou forçá-los a te deixar. Depende de ti tornar-me mais ou menos feliz.

Agora deves compreender que todo ser amante torna-se mais feliz quando encontra um ser tão amante quanto ele; que o mais feliz e o mais puro dos seres torna-se menos feliz quando encontra uma diminuição de amor naquele que ama; que o amor abre o coração ao amor, e que a ausência desse sentimento torna mais difícil, por vezes mesmo impossível, o acesso de toda comunicação íntima.

Se desejas tornar-me, a mim que já desfruto da felicidade suprema, ainda mais feliz, torna-te ainda melhor. Por isto, tu me tornarás mais radioso e poderás simpatizar com todas as naturezas radiosas e imortais. Elas se apressarão a vir para junto de ti; sua luz reunir-se-á à tua e a tua à deles; sua presença tornar-te-á mais puro, mais radiante, mais vivaz e, o que te parecerá difícil acreditar, mas não o é por isto menos positivo, por efeito de *tua* luz, aquela que radiará de ti, elas mesmas tomar-se-ão mais luminosas, mais vivazes, mais felizes de sua existência, e, por efeito de teu amor, ainda mais amantes.

Meu bem-amado, existem relações imperecíveis entre o que chamais de mundos *visível* e *invisível*; uma comunhão incessante entre os habitantes da Terra e os do Céu, que sabem amar; uma ação benéfica recíproca de cada um desses mundos sobre o outro.

Meditando e analisando esta ideia com cuidado, reconhecerás cada vez mais a sua verdade, a sua urgência e a sua santidade.

Não te esqueças, irmão da Terra: tu vives visivelmente num mundo que ainda é invisível para ti!

Não o esqueças! No mundo dos Espíritos amantes, alegrar-se-ão por teu crescimento em amor puro e desinteressado!

Achamo-nos junto a ti, quando nos julgas bem longe. Jamais um ser amante se acha só e isolado.

A luz do amor atravessa as trevas do mundo material, para entrar num mundo menos material.

Os Espíritos amantes e luminosos acham-se sempre na vizinhança do amor e da luz.

Estas palavras do Cristo são literalmente verdadeiras: "Onde estiverem reunidos dois ou três em meu nome, aí estarei com eles."

Também é indubitavelmente certo que podemos *afligir* o Espírito de Deus por nosso egoísmo, e *alegrá-lo* por nosso verdadeiro amor, conforme o profundo sentido destas palavras: *O que ligardes na Terra será ligado no Céu; o que desligardes na Terra será também desligado no Céu.* Desligais pelo egoísmo, ligais pela caridade, isto é, pelo amor. Vós vos aproximais e vos afastais de nós. Nada é mais claramente compreendido no Céu do que o amor dos que amam na Terra.

Nada é mais atraente para os Espíritos bem-aventurados pertencentes a todos os graus de perfeição, do que o amor dos filhos da Terra.

Vós, que ainda sois chamados mortais, pelo amor podeis fazer descer o Céu sobre a Terra.

Poderíeis entrar conosco, bem-aventurados, numa comunicação infinitamente mais íntima do que podeis supor, se vossas almas se abrissem à nossa influência pelos impulsos do coração.

Muitas vezes estou junto a ti, meu bem-amado! Gosto de me encontrar na tua esfera de luz.

Permite-me dirigir-te ainda algumas palavras de confiança.

Quando te aborreces, a luz que irradia de ti, no momento em que pensas nos que tu amas ou nos que sofrem, se obscurece e, então, sou forçado a afastar-me de ti, pois nenhum Espírito amante pode suportar as trevas da cólera. Ainda recentemente tive que deixar-te. Eu, por assim dizer, te perdi de vista e me dirigi para outro amigo, ou antes, a luz de seu amor me atraiu para si. Ele orava, derramando lágrimas por uma família benfeitora, momentaneamente caída na maior miséria e que ele não estava em condições de socorrer. Oh! Como seu corpo terrestre já me parecia *luminoso; foi como se uma claridade deslumbrante o inundasse.* Nosso Senhor aproximou-se dele e um raio de seu espírito caiu nessa luz. Que felicidade para mim poder mergulhar nessa auréola e, retemperado por essa luz, estar em estado de inspirar à sua alma a esperança de um socorro próximo! Pareceu-me ouvir uma voz do fundo de sua alma, dizer-lhe: "Nada temas! Crê! Desfrutarás a alegria de poder aliviar aqueles por quem acabas de pedir a Deus." Ele se ergueu inundado de alegria depois da prece. No mesmo instante fui atraído para outro ser radioso, também em prece... Era a nobre alma de uma virgem que orava e dizia: "Senhor! Ensina-me a fazer o bem segundo a tua vontade." Pude e ousei inspirar-lhe a seguinte ideia: "Não farei bem mandando a esse homem caridoso, que conheço, um pouco de dinheiro, para que o empregue, ainda hoje, em proveito de alguma família pobre?"

Ela apegou-se a esta ideia com uma alegria infantil; recebeu-a como se tivesse recebido um anjo descido do Céu. Essa alma piedosa e caritativa reuniu uma soma considerável; depois escreveu uma cartinha muito afetuosa, dirigida àquele por quem acabava de orar, e que a recebeu, assim como o dinheiro, apenas uma hora depois de sua prece, derramando lágrimas de alegria e cheio de um profundo reconhecimento a Deus!

Eu o segui desfrutando eu mesmo uma suprema felicidade e alegrando-me em sua luz. Ele chegou à porta da pobre família. "Deus terá tido piedade de nós?" perguntava a piedosa esposa a seu piedoso marido. – "Sim, ele terá piedade de nós, como nós tivemos tido piedade dos outros." – Ouvindo essa resposta do marido, aquele que tinha orado encheu-se de alegria; abriu a porta e, sufocado por sua ternura, apenas pôde pronunciar estas palavras: "Sim ele terá piedade de vós, como vós mesmos tivestes piedade dos pobres; eis uma dádiva da misericórdia de Deus. O Senhor vê os justos e ouve as suas súplicas."

160 | REVISTA ESPÍRITA

Com que viva luz brilharam todos os assistentes, quando, depois de ter lido a cartinha, levantaram os olhos e os braços para o céu! Massas de Espíritos se apressaram a vir de todos os lados. Como nos alegramos! Como nos abraçamos! Como todos louvamos a Deus e o bendizemos! Como todos nos tornamos mais perfeitos, mais amantes!

Tu brilhaste outra vez; eu pude e ousei chegar junto a ti; tu tinhas feito três coisas que me conferiam o direito de aproximar-me de ti e de te alegrar. Tinhas derramado lágrimas de vergonha por tua cólera; tinhas refletido, ficando seriamente enternecido pelos meios de poder dominar-te; sinceramente tinhas pedido perdão àquele a quem o teu comportamento havia ofendido e buscavas de que maneira poderias compensá-lo, proporcionando-lhe alguma satisfação. Essa preocupação restituiu a calma ao teu coração, a alegria aos teus olhos, a luz ao teu corpo.

Por este exemplo podes julgar se estamos sempre bem instruídos do que fazem os amigos que deixamos na Terra, e quanto nos interessamos por seu estado moral. Agora também deves compreender *a solidariedade que existe entre o mundo visível e o mundo invisível*, e que de vós depende proporcionar-nos alegrias ou aflições.

Oh! meu bem-amado, se pudesses compenetrar-te desta grande verdade, que um amor nobre e puro encontra em si mesmo sua mais bela recompensa; que os mais puros gozos, o gozo de Deus, não são senão o produto de um sentimento mais depurado, apressar-te-ias em te depurares de tudo o que é egoísmo.

De agora em diante, jamais poderei escrever-te sem voltar a este assunto. Nada tem preço sem o amor. Só ele possui o golpe de vista claro, justo, penetrante, para distinguir o que merece ser estudado, o que é eminentemente verdadeiro, divino, imperecível. Em cada ser mortal e imortal animado de um amor puro nós vemos, com um inexprimível sentimento de prazer, refletir-se o próprio Deus, como vedes o sol brilhar em cada gota de água pura. Todos os que amam, na Terra como no Céu, não fazem senão um pelo sentimento. É do grau do amor que depende o grau de nossa perfeição é de nossa felicidade interior e exterior. É teu amor que regula tuas relações com os Espíritos que deixaram a Terra, tua comunicação com eles, a influência que podem exercer sobre ti e sua ligação íntima com o teu Espírito.

Escrevendo-te isto, um sentimento de previsão que jamais me engana, ensina-me que tu te achas neste momento em excelente disposição moral, porquanto pensas numa obra de caridade. Cada uma de vossas ações, de vossos pensamentos, leva um cunho particular, instantaneamente compreendido e apreciado por todos os Espíritos desencarnados. Que Deus venha em teu auxílio.

Escrevi isto a 16 de dezembro de 1798.

Seria supérfluo ressaltar a importância destas cartas de Lavater, que por toda parte excitaram o mais vivo interesse. Elas atestam, de sua parte, não só o conhecimento dos princípios fundamentais do Espiritismo, mas uma justa apreciação de suas consequências morais. Apenas sobre alguns pontos ele parece ter tido ideias um pouco diferentes do que hoje sabemos, mas a causa dessas divergências, que aliás talvez se devam mais à forma do que ao fundo, está explicada na comunicação seguinte, por ele dada na Sociedade de Paris. Nós não as levantaremos, porque cada um as terá compreendido; o essencial era constatar que, muito antes do aparecimento oficial do Espiritismo, homens cuja alta inteligência não poderia ser posta em dúvida, dele tiveram a intuição. Se não empregaram a palavra, é que ela não existia.

Contudo, chamaremos a atenção sobre um ponto que poderia parecer estranho. É a teoria segundo a qual a felicidade dos Espíritos estaria subordinada à pureza dos sentimentos dos encarnados e achar-se-ia alterada pela mais leve imperfeição destes. Se assim fosse, considerando o que são os homens, não haveria Espíritos realmente felizes, e a felicidade verdadeira não existiria no outro mundo, como não existe na Terra. Os Espíritos devem sofrer tanto menos os malefícios dos homens pelo fato de sabê-los perfectíveis. Os homens imperfeitos são para eles como crianças cuja educação não está concluída e na qual eles têm a missão de trabalhar, eles que igualmente passaram pela fieira da imperfeição. Mas se deixarmos de lado o que o princípio desenvolvido nesta carta pode ter de muito absoluto, não poderemos deixar de reconhecer um senso muito profundo, uma admirável penetração das leis que regem as relações do mundo visível e do mundo invisível, e das nuanças que caracterizam o grau de adiantamento dos Espíritos encarnados ou desencarnados.

OPINIÃO ATUAL DE LAVATER SOBRE O ESPIRITISMO

COMUNICAÇÃO VERBAL PELO SR. MORIN, EM SONAM-BULISMO ESPONTÂNEO

(Sociedade de Paris, 13 de março de 1868)

A partir do momento que a misericórdia divina permitiu que eu, humilde criatura, recebesse a revelação dos mensageiros da imensidade, até este dia, um a um os anos caíram no abismo dos tempos, e à medida que se escoavam, aumentavam também os conhecimentos dos homens e se alargava o seu horizonte intelectual.

Desde quando me foram dadas algumas das páginas que vos foram lidas, muitas outras foram dadas no mundo inteiro, sobre o mesmo assunto e pelo mesmo meio. Não creiais que eu tenha a pretensão, eu, humilde entre todos, de ter tido a honra insigne de ser o primeiro a receber tal favor. Não. Outros, antes de mim, também tinham recebido a revelação. Mas, como eu, ah! eles compreenderam incompletamente algumas de suas partes. É que é necessário, senhores, levar em conta o tempo, o grau de instrução moral, e sobretudo o grau de emancipação filosófica dos povos.

Os Espíritos, dos quais hoje me sinto feliz em fazer parte, formam, também eles, povos e mundos, mas eles não têm raças; eles estudam, eles veem, e seus estudos podem ser incontestavelmente maiores, mais vastos que os estudos dos homens; mas, não obstante, eles partem sempre dos conhecimentos adquiridos e do ponto culminante do progresso moral e intelectual do tempo e do meio em que vivem. Se os Espíritos, esses mensageiros divinos, vêm diariamente vos dar instruções de uma ordem mais elevada, é que a generalidade dos seres que as recebem está em condições de compreendê-las. Por força de preparações que sofreram, há instantes em que os homens não necessitam deixar passar sobre si a eternidade de um século para compreender. Desde que se vê elevar-se rapidamente o nível moral, uma espécie de atração os leva para uma certa corrente de ideias que eles devem assimilar, e para o objetivo a que devem aspirar. Mas esses instantes são curtos, e cabe aos homens aproveitá-los.

Eu disse que era preciso levar em conta os tempos e sobretudo o grau de emancipação filosófica que a época comportava. Reconhecido à Divindade, que me tinha permitido adquirir, por um favor especial, mais depressa do que outros homens que partiram do mesmo ponto, certos conhecimentos, recebi comunicações dos Espíritos. Mas a primeira educação, os ensinamentos estreitos, a tradição e o costume pesaram sobre mim; malgrado as minhas aspirações a adquirir uma liberdade, uma independência de espírito que eu desejava, amante atraído pelos Espíritos que vinham comunicar-se comigo, não conhecendo a ciência que vos foi revelada depois, eu não podia atrair senão os seres de ideias similares às minhas, às minhas aspirações, e que, com um horizonte mais largo, contudo tinham a mesma visão limitada. Daí, eu confesso, alguns erros que pudestes notar no que vos veio de mim; mas o fundo, o corpo principal não está, senhores, de acordo com tudo o que posteriormente vos foi revelado por esses mensageiros dos quais eu falava há pouco?

Espírito encarnado, por instinto levado ao bem, natureza fervorosa apoderando-se de um pensamento que me levava ao verdadeiro, tão rápido, ah! como aquelas que me levavam ao erro, talvez aí esteja o motivo que provocou as inexatidões de minhas comunicações, sem ter, para retificá-las, o controle dos pontos de comparação. Porque, para que uma revelação seja perfeita, é preciso que se dirija a um homem perfeito, e este não existe; não é, pois, senão do conjunto que se podem extrair os elementos da verdade. Foi o que pudestes fazer; mas, em meu tempo, podia-se formar um conjunto de algumas parcelas do verdadeiro; de algumas comunicações excepcionais? Não. Sou feliz por ter sido um dos privilegiados do século passado; obtive algumas dessas comunicações por minha intermediação direta, e a maior parte por meio de um médium, meu amigo, completamente estranho à linguagem da alma, e é preciso dizer tudo, mesmo à do bem.

Feliz por partilhar essas ideias com inteligências que eu julgava acima da minha, uma porta me foi aberta; eu a aproveitei com entusiasmo, e todas as revelações da vida de Além-Túmulo foram por mim levadas ao conhecimento de uma Imperatriz que, por sua vez, as levou ao conhecimento do seu círculo, e assim por diante.

164 | REVISTA ESPÍRITA

Acreditai que o Espiritismo não foi revelado espontaneamente; como todas as coisas saídas das mãos de Deus, ele desenvolveu-se progressivamente, lentamente, seguramente. Ele esteve em germe no primeiro germe das coisas, e cresceu com esse germe até que estivesse bastante forte para se subdividir ao infinito e espalhar por toda parte sua semente fecunda e regeneradora. É por ele que sereis felizes, que será assegurada a felicidade dos povos; que digo eu? a felicidade de todos os mundos, porque o Espiritismo, palavra que eu ignorava, é chamado a fazer revoluções muito grandes! Mas, tende certeza, essas revoluções não ensanguentarão jamais a sua bandeira; são revoluções morais, intelectuais; revoluções gigantescas, mais irresistíveis que as provocadas pelas armas, pelas quais tudo é de tal modo chamado a se transformar, que tudo quanto conheceis não passa de fraco esboço do que elas produzirão. O Espiritismo é uma palavra tão vasta, tão grande, por tudo o que ela contém, que me parece que um homem que lhe pudesse conhecer toda a profundeza não poderia pronunciá-la sem respeito.

Senhores, eu, Espírito muito pequeno, a despeito da grande inteligência com que me gratificais, e em face daqueles muito superiores que me é dado contemplar, venho dizer-vos: Credes, então, que seja por efeito do acaso que esta noite pudestes ouvir o que Lavater tinha obtido e escrito? Não; não é por acaso que a minha mão perispiritual as dirigiu seguramente até vós. Mas se esses poucos pensamentos vieram ao vosso conhecimento por meu intermédio, não creiais que nisto eu tenha buscado uma vã satisfação do amor-próprio. Não, longe disto. O objetivo era maior, e nem mesmo me tinha vindo o pensamento de levá-las ao conhecimento universal da Terra. Esse conhecimento tinha a sua utilidade; ele deve ter consequências graves, e é por isto que vos foi dado espalhá-lo. Nas menores coisas encontra-se o germe das maiores renovações. Estou feliz, senhores, por ter sido deixado a mim o direito de vos pressagiar o alcance que terão essas poucas reflexões, essas comunicações, muito pobres ao lado das que obtendes atualmente; e se entrevejo o seu resultado, se me sinto feliz por isto, por que não vos sentiríeis?

Eu voltarei, senhores, e o que eu disse esta noite é tão pouco em comparação com o que tenho por missão vos ensinar, que ouso apenas dizer-vos: é Lavater.

Pergunta. – Agradecemos as explicações que tivestes a bondade de nos dar, e ficaremos muito contentes por contar convosco, de agora em diante, no número de nossos Espíritos instrutores. Receberemos vossas instruções com o mais vivo reconhecimento. Enquanto esperamos, permiti uma simples pergunta sobre a vossa comunicação de hoje:

1.º – Dissestes que a Imperatriz levou essas ideias ao conhecimento de seu círculo, e assim por diante. Seria por esta iniciativa, partida do ponto culminante da Sociedade, que a Doutrina Espírita deve encontrar tão numerosas simpatias entre as sumidades sociais na Rússia?

2.º – Um ponto que me admiro não ver mencionado em vossas cartas, é o grande princípio da reencarnação, uma das leis naturais que mais testemunham a justiça e a bondade de Deus.

Resposta. – É evidente que a influência da Imperatriz e de alguns outros grandes personagens foi predominante para determinar, na Rússia, o desenvolvimento do movimento filosófico no sentido espiritualista, mas se o pensamento dos príncipes da Terra por vezes determina o pensamento dos grandes que se acham em sua dependência, já o mesmo não se dá com os pequenos. Os que têm chance de desenvolver no povo as ideias progressistas são os filhos do povo; são eles que farão triunfar, por toda parte, os princípios da solidariedade e da caridade, que são a base do Espiritismo.

Assim, em sua sabedoria, Deus escalonou os elementos do progresso: *Eles estão no alto, embaixo, sob todas as formas, e preparados para combater todas as resistências.* Eles sofrem, assim, um movimento de vai e vem constante, que não pode deixar de estabelecer a harmonia dos sentimentos entre as altas e as baixas classes, e fazer triunfar solidariamente os princípios de autoridade e de liberdade.

Como sabeis, os povos são formados de Espíritos que têm entre si uma afinidade de ideias, que os predispõem, mais ou menos, para assimilar as ideias desta ou daquela ordem, porque essas mesmas ideias neles estão em estado latente e não esperam senão uma ocasião para se desenvolverem. O povo russo e vários outros estão neste caso em relação ao Espiritismo. Por pouco que o movimento fosse secundado, em vez de ser entravado, não se passariam dez anos antes que todos os indivíduos, sem exceção, fossem espíritas. Mas esses mesmos entraves são úteis para temperar o movimento que, embora um pouco desacelerado, não deixa de ser mais refletido. A Onipotência, por cuja vontade tudo se realiza, saberá muito bem como remover os obstáculos quando for tempo. Um dia o Espiritismo será a fé universal, e admirar-se-ão de que não tenha sido sempre assim.

Quanto ao princípio da reencarnação terrestre, confesso-vos que a minha iniciação não tinha chegado até lá, e sem dúvida de propósito, porque eu não teria deixado de fazer, como das outras revelações, o assunto de minhas instruções à Imperatriz, e talvez isto tivesse sido prematuro. Os que presidem o movimento ascensional sabem muito bem o que fazem. Os princípios nascem um a um, conforme os tempos, os lugares e os indivíduos, e estava reservado à vossa época vê-los reunidos em um feixe sólido, lógico e inatacável.

LAVATER

EDUCAÇÃO DE ALÉM-TÚMULO

Escrevem-nos de Caen:

Uma senhora e suas três filhas, querendo estudar a Doutrina Espírita, não podiam ler duas páginas sem sentir um mal-estar que elas não entendiam. Um dia encontrei-me em casa dessas senhoras, com uma jovem médium sonâmbula muito lúcida. Esta adormeceu espontaneamente e viu perto de si um Espírito que reconheceu como o padre L..., antigo cura do lugar, falecido há uns dez anos.

"*Pergunta:* – Sois vós, senhor, o cura, que impedis esta família de ler?

"*Resposta:* – Sim, sou eu. Velo incessantemente sobre o rebanho confiado aos meus cuidados. Há muito tempo que vos vejo querer instruir minhas penitentes em vossa triste doutrina. Quem vos deu o direito de ensinar? Fizestes estudos para isto?

"– Dizei-nos, senhor padre, estais no Céu?

"– Não. Não sou bastante puro para ver Deus.

"– Então estais nas chamas do purgatório?

"– Não, pois não sofro.

"– Vistes o inferno?

"– Fazeis-me tremer! Vós me perturbais! Não vos posso responder, porque talvez me digais que devo estar numa destas três coisas. Tremo ao pensar no que dizeis, contudo sou atraído para vós pela lógica de vossos raciocínios. Voltarei e discutirei convosco.

"Com efeito, ele voltou muitas vezes. Discutimos e ele compreendeu tão bem que foi tomado de entusiasmo. Ultimamente ele exclamava: "Sim, agora sou espírita, dizei-o a todos os que ensinam. Ah! Como eu gostaria que eles compreendessem Deus como este anjo mo fez conhecer!" Ele falava de Cárita, que tinha vindo a nós e diante da qual ele caiu de joelhos, dizendo que não era um Espírito, mas um anjo. A partir desse momento ele tomou por missão instruir os que pretendem instruir os outros."

Nosso correspondente acrescenta o seguinte fato:

"Entre os Espíritos que vêm ao nosso círculo, temos tido o Dr. X..., que se apodera do nosso médium, e que é como uma criança. É preciso dar-lhe explicações sobre tudo. Ele avança, compreende e está cheio de entusiasmo; vai junto dos cientistas que conheceu; quer explicar-lhes o que vê, o que ele agora sabe, mas eles não o compreendem; então ele se irrita e os trata de ignaros.

Um dia, numa reunião de dez pessoas, ele se apoderou da menina, como de hábito (a mocinha médium, pela qual ele falava e agia); perguntou-me quem era eu e por que sabia tanto sem nada ter aprendido; tomou-me a cabeça com as mãos e disse: "Eis a matéria, aí me reconheço, mas como estou eu aqui? Como posso fazer falar este organismo que, entretanto, não é meu? Falais-me da alma, mas onde está a que habita este corpo?"

"Depois de lhe haver feito notar o laço fluídico que une o Espírito ao corpo durante a vida, ele exclamou de repente, falando da mocinha médium: "Conheço esta menina; eu a vi em minha casa; tinha o coração doente. Como é que não mais está? Dizei-me, quem a curou?" Fiz-lhe ver que se enganava e que jamais a tinha visto – "Não, disse ele, não me engano, e a prova é que lhe piquei o braço e ela não sentiu nenhuma dor."

168 | REVISTA ESPÍRITA

"Quando a jovem foi despertada, perguntamos se tinha conhecido o doutor e se tinha ido consultá-lo. 'Não sei se foi ele, respondeu ela, mas estando em Paris, levaram-me a um célebre médico, do qual não me lembro o nome nem do endereço.'

"Suas ideias se modificam rapidamente; é agora um Espírito no delírio da felicidade do que ele sabe; ele queria provar a todo mundo que nosso ensino é incontestável. O que sobretudo o preocupa é a questão dos fluidos. 'Eu quero, diz ele, curar como o vosso amigo; não quero mais servir-me de venenos; não os tomeis nunca.' Hoje ele estuda o homem, não mais no seu organismo, mas na sua alma; fez-nos dizer como se operava a união da alma com o corpo na concepção, o que pareceu deixá-lo feliz. O bom Dr. Demeure veio em seguida e nos disse que não nos admirássemos com as perguntas, por vezes pueris, que ele nos poderia fazer. E disse: 'Ele é como a criança a quem se deve ensinar a ler no grande livro da Natureza; mas como é ao mesmo tempo uma grande inteligência, instrui-se rapidamente, e nós para isso concorremos do nosso lado.'"

Estes dois exemplos vêm confirmar estes três grandes princípios revelados pelo Espiritismo, a saber:

1.º – Que a alma conserva no mundo dos Espíritos, por um tempo mais ou menos longo, as ideias e preconceitos que tinha na vida terrestre;

2.º – Que ela se modifica, progride e adquire novos conhecimentos no mundo dos Espíritos;

3.º – Que os encarnados podem contribuir para o progresso dos Espíritos desencarnados.

Estes princípios, resultado de inumeráveis observações, têm uma importância capital, porque derrubam todas as ideias implantadas pelas crenças religiosas sobre o estado estacionário e definitivo dos Espíritos após a morte. Desde que é demonstrado o progresso no estado espiritual, todas as crenças fundadas na perpetuidade de uma situação uniforme qualquer caem ante a autoridade dos fatos. Elas também caem ante a razão filosófica que diz que o progresso é uma lei da Natureza, e que o estado estacionário dos Espíritos seria, ao mesmo tempo, a negação dessa lei e da justiça de Deus.

Progredindo o Espírito fora da encarnação, disso resulta esta outra consequência não menos capital: Voltando à Terra, ele traz o duplo adquirido das existências anteriores e da erraticidade. Assim se realiza o progresso das gerações.

É incontestável que quando o médico e o padre do qual se falou acima renascerem, eles trarão ideias e opiniões completamente diversas das que tinham na existência que acabam de deixar; um não será mais fanático, o outro não será mais materialista, e ambos serão espíritas. Outro tanto pode-se dizer do Dr. Morel Lavallé, do bispo de Barcelona e de tantos outros. Há, pois, utilidade, para o futuro da Sociedade, em se ocupar da educação dos Espíritos.

O DOUTOR PHILIPPEAU

Impressões de um médico materialista no mundo dos Espíritos

Numa reunião íntima de família, em que se ocupavam de comunicações pela tiptologia, dois Espíritos conversavam, manifestando-se espontaneamente, sem nenhuma evocação prévia, e sem que pensassem neles. Um era o de um médico distinto, que designaremos pelo nome de Philippeau, falecido há pouco, e que em vida tinha feito abertamente profissão do mais absoluto materialismo; o outro era o de uma mulher que assinou Santa Vitória. É essa conversa que relatamos a seguir. É digno de nota que as pessoas que obtiveram essa manifestação não conheciam o médico senão por sua reputação, mas não tinham qualquer ideia de seu caráter, de seus hábitos nem de suas opiniões; assim, a comunicação de modo algum poderia ser o reflexo do pensamento delas, principalmente porque ela foi obtida pela tiptologia, portanto era inteiramente inconsciente.

Perguntas do médico: O Espiritismo me ensina que é preciso esperar, amar, perdoar; eu faria tudo isto se soubesse como começar. É preciso esperar, o quê? É preciso perdoar o que e a quem? É preciso amar, a quem? Respondei-me.

PHILIPPEAU

170 | REVISTA ESPÍRITA

Resposta: É preciso esperar da misericórdia de Deus, que é infinita. É preciso perdoar aos que vos ofenderam. É preciso amar ao próximo como a si mesmo. É preciso amar a Deus, a fim de que Deus vos ame e vos perdoe. É preciso orar e lhe render graças por todas as suas bondades, por todas as vossas misérias, porque miséria e bondade, tudo nos vem dele, isto é, tudo nos vem dele conforme o que tenhamos merecido.

Aquele que expiou, mais tarde terá a sua recompensa. Cada coisa tem a sua razão de ser, e Deus, que é soberanamente bom e justo, dá a cada um segundo as suas obras. Amar e orar, eis toda a vida, toda a eternidade.

SANTA VITÓRIA

O médico: Eu queria, de toda minha alma, vos satisfazer, senhora, mas temo muito não poder fazê-lo inteiramente; contudo, vou tentar.

Uma vez morto, materialmente falando, eu pensava que tudo estivesse acabado; então, quando minha matéria ficou inerte, fui tomado de espanto, ao me sentir ainda vivo.

Vi esses homens a me carregar e disse de mim para mim: Mas eu não estou morto! Então esses médicos imbecis não veem que eu vivo, que eu respiro, que eu ando, que eu os vejo, que eu os sigo, a eles que vêm ao meu enterro?... A quem é então que enterram?... Esse não sou eu... Eu escutava uns e outros dizerem: "Esse pobre Philippeau fez muitas curas; ele matou alguns; hoje é a sua vez; quando a morte chega nós perdemos o nosso tempo." Por mais que eu gritasse: – Mas Philippeau não morre assim; não estou morto!" não me escutavam, não me viam.

Assim se passaram três dias; eu estava desaparecido do mundo, e eu me sentia mais vivo do que nunca. Seja acaso, seja a providência, meus olhos caíram sobre uma brochura de Allan Kardec; li suas descrições sobre o Espiritismo, e me disse: Seria eu, por acaso, um Espírito?... Li, reli e então compreendi a transformação de meu ser; eu não era mais um homem, mas um Espírito!... Sim, mas então, o que eu tinha que fazer nesse mundo novo, nessa nova esfera?... Eu vagava, procurava. Encontrei o vazio, o sombrio, o abismo, enfim.

O que tinha feito eu, ao deixar o mundo, para vir habitar estas trevas?... Então o inferno é negro e foi nesse inferno que eu caí?... Por quê?... Porque trabalhei toda a minha vida? Porque empreguei minha vida a cuidar de uns e de outros, a salvá-los quando minha ciência o permitia?... Não! Não!... Por que, então? Por quê?... Procuro! Procuro!... Nada; não encontro nada.

Então reli Allan Kardec: esperar, perdoar e amar, eis a solução. Agora compreendo o resto; o que não tinha compreendido, o que eu tinha negado: Deus, o Ser invisível e supremo; é preciso que lhe peça; o que eu tinha feito para a Ciência, era preciso fazer para Deus; que eu estude, que realize minha missão espiritual. Compreendo essas coisas ainda vagamente e vejo longos combates em minha mente, porque todo um mundo novo se abre para mim e recuo apavorado ante o que tenho a percorrer. Entretanto, dizeis que é preciso expiar; essa Terra me foi muito penosa, pois me foi necessário mais sofrimento do que podeis imaginar para chegar onde cheguei! A ambição era o meu único móvel; eu queria, e consegui.

Agora tudo está para refazer. Fiz tudo ao contrário do que devia. Eu aprendi, me aprofundei na ciência, não por amor à ciência, mas por ambição, para ser mais que os outros, para que falassem de mim. Tratei do próximo, não para o aliviar, mas para me enriquecer. Numa palavra, dediquei-me inteiramente à matéria, quando se deve dedicar ao espírito. Quais são hoje as minhas obras? A riqueza, a ciência; nada! nada! Tudo está para refazer.

Terei coragem para isto? Terei a força, os meios, a facilidade?... O mundo espiritual em que marcho é um enigma; a prece me é desconhecida. Que fazer? Quem me ajudará? Talvez vós, que já me respondestes... Cuidado! A tarefa é rude, difícil, o aprendiz às vezes rebelde... Contudo procurarei render-me às vossas boas razões, e, de antemão, agradeço a vossa bondade.

PHILIPPEAU

O ESPIRITISMO EM TODA PARTE

A literatura contemporânea, periódica ou não, impregna-se diariamente de ideias espíritas. Tanto é verdade, como dissemos há muito tempo, que essas ideias são uma mina fecunda para os trabalhos de imaginação, rica em quadros poéticos e em situações empolgantes. Assim, os escritores aí já colhem a mancheias. As doutrinas materialistas lhe oferecem um campo muito limitado, muito prosaico. O que daí se pode tirar, de natureza a tocar o coração e a elevar o pensamento? Que poesia oferece a perspectiva do nada, da destruição eterna de si mesmo e daqueles a quem estimamos? O materialista sente a necessidade de falar à alma de seus leitores, se não as quiser gelar; de emprestar uma alma a um de seus personagens, se quiser que se interessem por ele. Em todos os tempos, os poetas e os literatos tomaram das ideias espiritualistas suas mais belas imagens e suas mais comoventes situações. Mas o Espiritismo, hoje, definindo as crenças no futuro, dá um corpo aos pensamentos e uma intensidade que eles não tinham; abre um novo campo que começa a ser explorado. Disto já temos citado numerosos exemplos, e continuaremos a fazê-lo de vez em quando, porque é um sinal característico da reação que se opera nas ideias.

Além das obras literárias propriamente ditas, também a imprensa registra, diariamente, fatos que entram no quadro do Espiritismo.

A CONDESSA DE MONTE-CRISTO

Sob este título, a *Petite Presse* publica um romance-folhetim, no qual se encontram as passagens seguintes, extraídas dos capítulos XXX e XXXI:

"Meu paraíso, querida mãe, dizia à Condessa de Monte-Cristo a sua filha agonizante, será ficar junto a ti, perto de vós! sempre viva em vossos pensamentos, *escutando-vos e vos respondendo, conversando baixinho com as vossas almas.*

"Quando a flor embalsamar o jardim, e a levares aos teus lábios, estarei na flor e serei eu quem receberá o beijo! Também me farei o raio, o sopro que passa, o murmúrio que soa. O vento que agitar os teus cabelos será a minha carícia; o cheiro que dos lilases floridos se elevar para a tua janela será o meu hálito; o canto longínquo que te fará chorar será a minha voz.

"– Mãe, não blasfemes! Nada de cólera contra Deus! Vamos! *Essas cóleras e essas blasfêmias nos separariam para sempre.*
"*Enquanto estiveres aqui embaixo, eu me farei tua companheira de exílio;* mais tarde, porém, quando resignada às vontades do nosso Pai que está nos Céus, por tua vez terás fechado os olhos para não mais abri-los; então, por minha vez, estarei à tua cabeceira, esperando a tua libertação, e ébrios de uma alegria eterna, nossos dois corações, unidos para sempre, enlaçados para a eternidade, voarão num mesmo impulso para o céu clemente. Compreendes esta alegria, mãe? Jamais nos deixarmos; nos amarmos para sempre, *para sempre?* Formar, por assim dizer, ao mesmo tempo dois seres distintos e um só; ser tu e eu ao mesmo tempo? Amar e saber que se é amada, e que a medida do amor que se inspira é a mesma do que se experimenta?

"Aqui embaixo não nos conhecemos; eu te ignoro como tu me ignoras; *entre nossos dois Espíritos nossos dois corpos constituem um obstáculo; nós não nos vemos senão confusamente através do véu da carne*. Mas, lá no alto, *leremos claramente no coração uma da outra*. E saber a que ponto a gente se ama é o verdadeiro paraíso, vês?

"Ah! Todas estas promessas de felicidade mística e infinita, longe de acalmar as angústias de Helena, não faziam senão torná-las mais intensas, fazendo-a medir o valor do bem que ela ia perder.

"Entretanto, a intervalos, ao sopro dessas palavras inspiradas, a alma de Helena se evolava quase às alturas serenas onde planava a da Pippione. Suas lágrimas se estancavam, a calma voltava a seu seio desmoronado; *parecia-lhe que seres invisíveis flutuavam no quarto, soprando a Blanche as palavras à medida que ela as pronunciava.*

"A criança estava adormecida, e em seu sonho *ela parecia conversar com alguém que não se via, escutar vozes que só ela ouvia, e lhes responder.*

"De repente, um brusco tremor agitou seus membros frágeis, ela abriu largamente os grandes olhos e chamou sua mãe, que sonhava apoiada à janela.

"Ela aproximou-se do leito, e a Pippione tomou sua mão com a mão já úmida pelos últimos suores.

"– Chegou o momento, disse ela. Esta noite é a última. *Eles me chamam, eu os escuto!* Eu queria muito ficar ainda, pobre mãe, mas não posso; a vontade deles é mais forte que a minha. *Eles estão lá no alto e me fazem sinal.*

"– Loucura! exclamou Helena! visão! sonho! Tu morrer hoje, esta noite, entre os meus braços! Isto é possível?

"– Não, morrer não, disse a Pippione: *Nascer! Eu saio do sonho, em vez de nele entrar; o pesadelo acabou, eu desperto.* Oh! Se tu soubesses como é bonito, e que luz brilha aqui, junto à qual o vosso sol não passa de uma mancha negra!

"Ela se deixou cair sobre os travesseiros, ficou um instante silenciosa, depois continuou:

"– São poucos os instantes que tenho para passar ao vosso lado. Quero que todos estejais aqui para me dizer o que chamais um eterno adeus, e que não é, na realidade, *senão um curto até logo.* Todos, entendes bem? Primeiro tu, o bom doutor, Úrsula, e Cipriana, e José.

"Este nome foi pronunciado mais baixo que os outros; era o último suspiro, o último pesar humano da Pippione. A partir desse instante ela pertenceria inteiramente ao Céu.

"– Era minha filha!

"– Era!... repetiu com voz quase paternal o doutor Ozam, atraindo Helena para o seu peito. Era!... Agora não é mais... O que resta aqui? Um pouco de carne meio decomposta, nervos que não vibram mais, sangue que engrossa, olhos sem olhar, uma garganta sem voz, ouvidos que não mais escutam, um pouco de limo!

"Vossa filha, este cadáver no qual a Natureza fecunda já faz germinar a vida inferior que disseminará os seus elementos? – Vossa filha, este lodo que amanhã reverdecerá em erva, florescerá em rosas, e devolverá ao solo todas as forças vivas que dele tirou? Não, não. Isto não é a vossa filha! *Isto não é senão a vestimenta delicada e encantadora que ela tinha criado para atravessar a nossa vida de provações, um andrajo que ela abandonou desdenhosa, como um vestido velho que se tira!*

"Se quiserdes ter uma lembrança viva de vossa filha, pobre senhora, é preciso olhar alhures... e mais alto.

"– Vós também credes nisto, doutor, perguntou ela, nessa outra vida? Diziam que éreis materialista.

"O doutor teve um suave sorriso irônico.

"– Talvez eu o seja, mas não da maneira como o entendeis.

"Não é numa outra vida que eu creio, mas na vida eterna, na vida que não tem começo e que, por consequência, não terá fim. – Cada um dos seres, *no começo igual aos outros,* faz, por assim dizer, a educação de sua alma e aumenta as suas faculdades e o seu poder, na medida de seus méritos e de seus atos. Consequência imediata desta argumentação: essa alma mais perfeita agrega ao redor de si um envoltório igualmente mais perfeito. Depois, enfim, *chega um dia em que esse envoltório não lhe basta mais,* e então, como se diz, a alma rompe o corpo.

"Mas ela o rompe para encontrar um outro mais adequado às suas necessidades e qualidades novas? Onde? Quem sabe? Talvez num desses mundos superiores que brilham sobre as nossas cabeças, num mundo em que ela encontrará um corpo mais perfeito, dotado de órgãos mais sensíveis, por isto mesmo melhor e mais feliz!

"Nós mesmos, seres perfeitos, desde o primeiro dia dotados de todos os sentidos que nos põem em relação com a Natureza exterior, de quantos esforços não necessitamos! Que trabalhos latentes não são necessários para que a criança se torne homem, o ser ignorante e fraco, rei da Terra! E, incessantemente, até à morte, os corajosos e os bons perseveram nesta vida árdua de trabalho; eles expandem a inteligência pelo estudo, o coração pelo devotamento. Eis o trabalho misterioso da crisálida humana, o trabalho pelo qual ela adquire o poder e o direito de romper o envoltório do corpo e planar com as asas."

OBSERVAÇÃO: O autor, que até aqui tinha guardado o anonimato, é o Sr. du Boys, jovem escritor dramático. Por certas expressões quase textuais, vê-se que evidentemente ele se inspirou na Doutrina.

O BARÃO CLOOTZ

Sob o título de: *Um voto humanitário, Anacharsis Clootz, barão prussiano, convencional francês, aos seus concidadãos de Paris e de Berlim,* o *Progrès de Lyon,* de 27 de abril de 1867, publicava, sob a forma de uma carta supostamente escrita do outro mundo, pelo convencional Clootz, um artigo muito longo que assim começava:
"No outro mundo, onde eu habito, desde a terrível jornada de 24 de março de 1794, que, confesso, me desiludiu um pouco sobre os homens e sobre as coisas, só a palavra *guerra* guarda o privilégio de me recordar as preocupações da política terrestre. Aquilo que mais amei, que digo eu? adorei e servi, quando morava em vosso planeta, foi a fraternidade dos povos e a paz. A esse grande objeto de estudo e de amor, dei um penhor muito sério: minha cabeça, à qual as minhas cem mil libras de renda, aos olhos de muita gente, acrescentavam importante valor. O que de fato me consolava um pouco, ao subir os degraus do cadafalso, eram os considerandos pelos quais Saint-Just acabava de justificar a minha prisão. Ali era dito, se bem me lembro, que de então em diante, a paz, a justiça e a probidade seriam postas na ordem do dia. Eu teria dado a minha vida, e o declaro convictamente sem hesitar, e duas vezes em vez de uma, para obter a metade desse resultado. E notai, por favor, que meu sacrifício era mais completo e mais profundo do que teria sido o da maior parte dos meus colegas. Eu agia de boa-fé e guardava o respeito à justiça no

fundo do coração; mas, sem falar dos cultos aos quais tinha horror, o Ser supremo de Robespierre, ele mesmo, me maltratava os nervos, e a vida futura tinha para mim a aparência de um belo conto de fadas. Certamente me perguntareis o que ela é. Eu estava errado? Eu tinha razão? Eis o grande segredo dos mortos. Julgai vós mesmos, por vossa conta e risco. Contudo, parece que eu ia um pouco longe, porque, nesta ocasião solene, me é permitido vos escrever."

Sendo o artigo exclusivamente político e saindo dos nossos propósitos, citamos apenas este fragmento, para mostrar que, mesmo nesses graves assuntos, podemos tirar proveito da ideia dos mortos dirigindo-se aos vivos, para junto a estes continuar relações interrompidas. A cada instante o Espiritismo vê realizar-se esta ficção. É mais que provável que foi ele que deu esta ideia. Ademais, se ela fosse dada como real, ele não a desaprovaria.

METEMPSICOSE

"Conheceis a causa dos ruídos que nos chegam? perguntava a Sra. Des Genêts. Será alguma cena de tigres furiosos que esses senhores nos preparam?

"– Sossegai, cara amiga, tudo está em segurança, os nossos vivos e os nossos mortos. Escutai a encantadora melodia do rouxinol que canta no salgueiro! Talvez seja a alma de um dos nossos mártires que plana em torno de nós sob essa forma amável. Os mortos têm esses privilégios, e eu de boa vontade me convenço de que eles voltam assim muitas vezes para junto daqueles a quem amaram.

"– Oh! Se disséesseis a verdade! exclamou vivamente a senhora Des Genêts.

"– Eu acredito nisto sinceramente, disse a jovem duquesa. É tão bom crer nas coisas consoladoras! Ademais, meu pai, que é muito sábio, como não o ignorais, me assegurou que esta crença tinha sido difundida antigamente por grandes filósofos. O próprio Lesage também nela acredita."

Esta passagem é tirada de um romance-folhetim intitulado *O Calabouço da Torre dos Pinheiros,* por Paulin Capmal, publicado pela *Liberté* de 4 de novembro de 1867. Aqui, a ideia não é tirada da Doutrina Espírita, porque esta, em todos os tempos, ensinou e provou que a alma humana não pode renascer num corpo animal, o que não impede que certos críticos, que não leram a primeira palavra sobre o Espiritismo, repitam que ele professa a metempsicose; mas é sempre o pensamento da alma individual sobrevivendo ao corpo, voltando sob uma forma tangível junto aos que ela amou. Se a ideia não é espírita, é ao menos espiritualista, e melhor seria acreditar na metempsicose do que acreditar no nada. Essa crença pelo menos não é desesperadora como o materialismo; ela nada tem de imoral, ao contrário; ela conduziu todos os povos que a professaram a tratar os animais com doçura e benevolência. A exclamação: *É tão bom crer nas coisas consoladoras* é o grande segredo do sucesso do Espiritismo.

ENTERRO DO SR. MARC MICHEL

Lê-se no *Temps* de 27 de março de 1868:
"Ontem, no enterro do Sr. Marc Michel, o Sr. Jules Adenis disse adeus, em nome da Sociedade dos Autores Dramáticos, ao escritor que a comédia alegre e ligeira acaba de perder.
"Encontro esta frase em seu discurso:

"Foi Ferdinand Langlé que recentemente precedeu no túmulo aquele que hoje choramos... E – Quem sabe? Quem pode dizê-lo?...– assim como acompanhamos até aqui estes despojos mortais, talvez a alma de Langlé tenha vindo receber a alma de Marc Michel no limiar da eternidade."

"Com certeza a falta é de meu espírito muito leviano, mas confesso que me é difícil imaginar, com a gravidade conveniente, a alma do autor de *Sourd,* de *Camarade de lit,* de *Une sangsue,* da *Grève des portiers*, vir receber no limiar da eternidade a alma do autor de *Maman Sabouleux*, de *Mesdames de Montenfriche*, de um *Tigre du Bengale* e da *Station de Champbaudet*."

X. FEYRNET

O pensamento emitido pelo Sr. Jules Adenis é do mais puro Espiritismo. Suponhamos que o autor do artigo, o Sr. Feyrnet, que tem dificuldade em manter uma *gravidade conveniente* ouvindo dizer que a alma do Sr. Langlé talvez estivesse presente e viesse receber a alma de Marc Michel, tivesse tomado a palavra e, por sua vez, assim se tivesse expressado: "Senhores, acabam de vos dizer que a alma do nosso amigo Langlé aqui está, que ela nos vê e nos ouve! Ele não precisaria senão acrescentar que ela pode nos falar. Não acrediteis numa só palavra. A alma de Langlé não existe mais; ou então, o que dá no mesmo, ela se fundiu na imensidade. De Marc Michel não resta mais nada. A mesma coisa acontecerá convosco, quando morrerdes, como também com vossos pais e amigos. Esperar que eles vos esperem, que vos venham receber no desembarque da vida é loucura, superstição, iluminismo. Eis o positivo: Quando se morre, tudo está acabado." Qual dos dois oradores teria achado mais simpatia na assistência? Qual teria enxugado mais lágrimas, dado mais coragem e resignação aos aflitos? O infeliz que não espera mais alívio neste mundo, não teria razões para lhe dizer: "Se é assim, acabemos o mais cedo possível com a vida?" É preciso lamentar o Sr. Feyrnet por não poder conservar-se sério ante a ideia que seu pai e sua mãe, se ele os perdeu, ainda vivem, que eles velam à sua cabeceira e que ele voltará a vê-los.

UM SONHO

Extraído do *Fígaro,* de 12 de abril de 1868:

"Por mais extraordinário que pareça o relato seguinte, o autor, declarando tê-lo recebido do próprio vice-presidente do

Corpo Legislativo (o Barão Jérôme David), dá às suas palavras uma autoridade incontestável.

"Durante sua estada em Saint-Cyr, David foi testemunha de um duelo entre dois de seus camaradas de promoção, Lambert e Poirée. Este último recebeu um golpe de espada e foi curar-se na enfermaria, onde seu amigo David subia para vê-lo todos os dias.

"Certa manhã, Poirée lhe pareceu singularmente perturbado; ele crivou-o de perguntas e acabou por lhe arrancar a confissão de que sua emoção vinha de um simples pesadelo.

"– Eu sonhava que estávamos à beira de um rio, eu recebia uma bala na testa, acima do olho, e tu me sustinhas nos braços; eu sofria muito e me sentia morrer. Eu te recomendava minha mulher e meus filhos, quando acordei.

"– Meu caro, estás com febre, respondeu-lhe David sorrindo; refaze-te; estás em teu leito, não és casado e não tens bala acima do olho; é um sonho muito bobo; não me atormentes assim, se queres curar-te depressa.

"– É singular, murmurou Poirée, jamais acreditei em sonhos, não creio, contudo, estou abalado.

"Dez anos depois o exército francês desembarcava na Crimeia. Os *saint-cyrianos* se tinham perdido de vista. David, oficial ajudante ligado à divisão do príncipe Napoleão, recebeu ordem de ir descobrir um vau a montante do Alma. Para impedir que os russos o fizessem prisioneiro, apoiaram esse reconhecimento por uma companhia de caçadores, tomada do regimento mais próximo. Os russos faziam cair uma chuva de balas sobre os homens da escolta, que se desdobraram no contra-ataque.

"Não se tinham passado dez minutos quando um dos nossos oficiais rolou por terra, mortalmente ferido. O capitão David saltou do cavalo e correu para erguê-lo. Ele apoiou a cabeça em seu braço esquerdo e, destacando o cantil da cintura, aproximou-o dos lábios do ferido. Um buraco aberto acima do olho ensanguentava-lhe o rosto; um soldado trouxe um pouco de água e a derramou sobre a cabeça do moribundo, que já estertorava.

"David olhou com atenção os traços, que parecia reconhecer. Um nome foi pronunciado ao seu lado; não havia dúvida, era ele, era Poirée! Ele o chamou; seus olhos se abriram e o agonizante por sua vez reconheceu o camarada de Saint-Cyr...

"– David! tu aqui?... O sonho... minha mulher...

"Estas palavras entrecortadas não tinham acabado e já a cabeça caía inerte nos braços de David. Poirée estava morto, deixando sua mulher e seus filhos à lembrança e à amizade de David.

"Eu não ousaria contar semelhante história se eu mesmo não a tivesse ouvido do honrado vice-presidente do Corpo Legislativo.

"*Vox populi.*"

A que propósito o narrador ajunta as palavras *vox populi*? Poder-se-ia entendê-las assim: Os fatos desta natureza são de tal modo frequentes, que são atestados pela *voz do povo,* isto é, por um assentimento geral.

ESPÍRITOS BATEDORES NA RÚSSIA

Remetem-nos de *Riga*, em data de 8 de abril de 1868, o seguinte extrato do *Courrier Russe,* de São Petersburgo:

"Acreditais em Espíritos batedores? De minha parte, absolutamente não, contudo, acabo de ver um fato material, palpável, que de tal modo foge das regras do senso comum, e também está de tal modo em desacordo com os princípios de estabilidade e de gravidade dos corpos que me inculcou o meu professor do quarto ano, que não sei qual dos dois é mais ferido: o Espírito ou eu.

"Nosso secretário da redação recebeu, outro dia, um senhor de rosto agradável, de uma idade que não podemos atribuir--lhe a ideia de uma pilhéria de mau gosto; cumprimentos, apresentações etc.; tudo acabado, o senhor conta que vem ao nosso escritório pedir um conselho; que o que lhe acontece está de tal modo fora de todos os fatos da vida social, que ele julga seu dever dar-lhe publicidade.

"– 'Minha casa, disse ele, está cheia de Espíritos batedores; todas as noites, pelas dez horas, eles começam seus exercícios, transportando os objetos menos transportáveis, batendo, pulando e, numa palavra, pondo todo o meu apartamento de pernas para o ar. Pedi ajuda à polícia, e um soldado passou várias noites em minha casa. A desordem não cessou, embora a cada alarme ele tenha desembainhado o sabre de maneira ameaçadora. Minha casa é isolada, só tenho uma criada, minha mulher e minha filha, e quando os fatos se passam, estamos reunidos. Moro numa rua muito afastada, em Vassili-Ostroff.'

"Eu tinha entrado durante a conversa e o escutava de boca aberta. Eu disse que não acredito em Espíritos batedores, mas isso de maneira nenhuma. Expliquei a esse senhor que para dar publicidade a esses fatos, ainda precisava que estivéssemos convencidos de sua existência e lhe propus ir pessoalmente verificar a coisa. Marcamos encontro para a noite. Às nove horas eu estava na casa do meu homem. Introduziram-me numa pequena sala mobiliada muito confortavelmente; examinei a disposição das peças; eram apenas quatro, incluindo a cozinha, tudo ocupando o andar do meio de uma casa de madeira; ninguém mora em cima; o térreo é ocupado por um armazém. Pelas dez horas estávamos reunidos na sala, meu homem, sua mulher, sua filha, a cozinheira e eu. Uma meia hora, e nada de novo! De repente uma porta se abriu e uma galocha caiu no meio da sala; acreditei num comparsa e quis certificar-me de que a escada estava vazia, quando a galocha saltou sobre um móvel e de lá novamente no assoalho; depois foi a vez das cadeiras na peça vizinha, que não tinha saída senão pela que ocupávamos, e que eu acabara de verificar que estava perfeitamente vazia. Só ao cabo de uma hora o silêncio se restabeleceu e o Espírito, os Espíritos, o hábil comparsa, ou o Deus é que sabe, desapareceu, deixando-nos numa estupefação que, eu vos asseguro, nada tinha de jogo. Eis os fatos, eu os vi com os próprios olhos; não me encarrego de vo-los explicar. Se desejardes vós mesmos procurar a explicação, temos à vossa disposição todas as informações para irdes fazer vossas observações nos locais."

HENRI DE BRENNE

A FOME NA ARGÉLIA

Os detalhes fornecidos pelos jornais sobre o flagelo que neste momento dizima as populações árabes da Argélia nada têm de exagero, e são confirmados por todas as correspondências particulares. Um dos nossos assinantes de Sétif, o Sr. Dumas, teve a bondade de nos enviar uma fotografia representando a multidão de indígenas reunidos em frente à casa onde distribuem socorros. Esse desenho, de uma verdade chocante, é acompanhado da seguinte notícia impressa:

"Depois dos anos sucessivamente calamitosos que nossa grande colônia atravessou, um flagelo ainda mais terrível veio abater-se sobre ela: a fome.

"Apenas se tinham feito sentir os primeiros rigores do inverno, vê-se que à nossa porta os árabes morrem de fome. Eles chegam em bandos numerosos, seminus, com o corpo extenuado, chorando de fome e de frio, implorando a comiseração pública, disputando à voracidade dos cães alguns restos atirados com as imundícies na via pública.

"Embora eles próprios reduzidos a cruéis extremos, os habitantes de Sétif não podem contemplar com olhar impassível tamanha miséria. Logo, e espontaneamente, organizou-se uma comissão de beneficência, sob a presidência do Sr. Bizet, cura de Sétif. Foi aberta uma subscrição, cada um dá o seu óbolo e, em consequência, foram distribuídos socorros diários no presbitério, a duzentas e cinquenta mulheres ou crianças indígenas.

"Nos últimos dias de janeiro, enquanto uma neve abundante e longamente desejada caía em nossas regiões, pôde-se fazer melhor ainda. Foi instalado um forno num vasto local; ali, duas vezes por dia, os membros da comissão distribuem alimentos, não mais a duzentas e cinquenta, mas a quinhentas mulheres ou crianças indígenas. Ali, enfim, esses infelizes encontram um asilo e um abrigo.

"Mas, ah! Os europeus são obrigados, muito a contragosto, a limitar seus socorros às mulheres e às crianças... Para aliviar todas as misérias seria preciso uma boa parte do trigo que os poderosos *caïds* mantêm em seus silos. Entretanto, eles esperam poder continuar suas distribuições até metade do mês de abril."

Se nesta circunstância não abrimos uma subscrição especial nos escritórios da *Revista*, é que sabíamos que nossos

184 | REVISTA ESPÍRITA

irmãos em crença não foram os últimos a levar sua oferenda aos escritórios de sua circunscrição, para tal efeito abertos pelos cuidados da autoridade. Os donativos que nos foram enviados para esse efeito, lá foram depositados.

O Sr. capitão Bourgès, da guarnição de Laghouat, a respeito, escreve-nos o seguinte:

"Há alguns anos os flagelos se sucedem na Argélia: tremores de terra, invasão de gafanhotos, cólera, seca, tifo, fome, miséria profunda vieram, um a um, atingir os indígenas que agora expiam sua imprevidência e seu fanatismo. Os homens e os próprios animais morrem de fome e se extinguem sem ruído. A fome se estende ao Marrocos e à Tunísia. Entretanto, creio que a Argélia é mais flagelada. Não poderíeis crer quanto é comovente ver esses corpos macilentos e fanados, procurando alimento em toda parte, disputando com os cães vagabundos. Pela manhã, esses esqueletos vivos correm em volta do campo e se precipitam sobre os excrementos para deles extrair os grãos de cevada que os cavalos não digeriram e com os quais se repastam imediatamente. Outros roem ossos para sugar a gelatina que neles ainda se pode encontrar, ou comem a erva rara que cresce nas proximidades do oásis. Do meio desta miséria surge uma promiscuidade horrível, que se espalha nas últimas camadas da colônia, e espalha nos corpos materiais essas chagas corrosivas que deviam ser a lepra da antiguidade. Meus olhos se fecham para não ver tanta vergonha, e minha alma sobe ao Pai celeste, para lhe pedir que preserve os bons do contato impuro e dê aos homens fracos a força de não se deixarem arrastar nesse abismo malsão.

"A Humanidade ainda está muito longe do progresso moral que certos filósofos julgam já realizado. Em redor de mim não vejo senão epicuristas, que não querem ouvir falar do Espírito; eles não querem sair da animalidade; seu orgulho se atribui uma nobre origem e, contudo, seus atos dizem claramente o que eles foram outrora.

"Vendo o que se passa, acreditar-se-ia realmente que a raça árabe está fadada a desaparecer da Terra, porque, malgrado a caridade que se exerce para com ela, e a ajuda que lhe levam, ela se compraz em sua preguiça, sem nenhum sentimento de reconhecimento. Essa miséria física, proveniente das chagas morais, ainda tem sua utilidade. O egoísta, obsidiado, acotovelado a toda hora pelo infortunado que o segue, acaba abrindo a mão, e seu coração comovido sente, enfim, as suaves alegrias proporcionadas pela caridade. Acaba de nascer um sentimento que não se apagará e talvez mesmo o do reconhecimento surja no coração daquele que é assistido. Então se forma um elo simpático; novos socorros vêm dar vida ao infeliz que se extinguia e, do desespero, este último passa à esperança. O que parecia um mal fez nascer um bem: um egoísta a menos e um homem corajoso a mais."

Os Espíritos não se enganaram quando anunciaram que flagelos de toda sorte devastariam a Terra. Sabe-se que a Argélia não é o único país em prova. Na *Revista* de julho de 1867, descrevemos a terrível moléstia que há um ano flagelava a ilha Maurício. Uma carta recente diz que à doença vieram juntar-se novas desgraças, e muitas outras regiões neste momento são vítimas de acontecimentos desastrosos.

Deve-se acusar a Providência por todas essas misérias? Não, mas a ignorância, a incúria, consequência da ignorância, o egoísmo, o orgulho e as paixões dos homens. Deus não quer senão o bem; ele tudo fez para o bem; ele deu aos homens os meios para serem felizes; a eles cabe aplicá-los, senão quiserem adquirir experiência às próprias custas. Seria fácil demonstrar que todos os flagelos poderiam ser conjurados, ou pelo menos atenuados, de maneira a paralisar os seus efeitos. É o que faremos posteriormente, numa obra especial. Os homens não devem queixar-se senão de si mesmos pelos males que suportam. A Argélia nos oferece neste momento um notável exemplo: são as populações árabes, despreocupadas e imprevidentes, embrutecidas pelo fanatismo, que sofrem fome, ao passo que os Europeus souberam prevenir-se contra ela. Mas há outros flagelos não menos desastrosos, contra os quais estes últimos ainda não souberam premunir-se.

A própria violência do mal constrangerá os homens a buscar o remédio, e quando eles tiverem inutilmente esgotado os paliativos, compreenderão a necessidade de atacar o mal pela raiz, por meios heróicos. Este será um dos resultados da transformação que se opera na Humanidade.

Mas, perguntarão, que importa aos que sofrem agora a felicidade das gerações futuras? Eles terão tido o trabalho, e os outros o proveito; eles terão trabalhado, suportado o fardo de todas as misérias inseparáveis da ignorância, preparado os caminhos, e os outros, porque Deus os terá feito nascer em tempos melhores, colherão. O que faz às vítimas das exações da Idade Média o regime mais sadio no qual vivemos? Pode a isto chamar-se justiça?

É fato que, até hoje, nenhuma filosofia, nenhuma doutrina religiosa tinha resolvido essa grave questão, de tão poderoso interesse, entretanto, para a Humanidade. Só o Espiritismo lhe dá uma solução racional pela reencarnação, essa chave de tantos problemas que se julgavam insolúveis. Pelo fato da pluralidade das existências, as gerações que se sucedem são compostas das mesmas individualidades espirituais que renascem em diferentes épocas e tiram proveito dos melhoramentos que elas próprias prepararam; da experiência que adquiriram no passado. Não são novos homens que nascem; são os mesmos homens que renascem mais adiantados. Trabalhando cada geração para o futuro, na realidade trabalha em proveito próprio. A Idade Média foi seguramente uma época muito calamitosa; revivendo hoje, os homens daquele tempo se beneficiam do progresso realizado e são mais felizes, porque têm melhores instituições. Mas, quem fez melhores essas instituições? *Os mesmos que outrora as tinham feito más.* Devendo os de hoje reviver mais tarde, num meio ainda mais depurado, colherão o que houverem semeado; serão mais esclarecidos, e nem os seus sofrimentos, nem seus trabalhos anteriores terão sido em pura perda. Que coragem, que resignação não lhes daria esta ideia, inculcada no espírito dos homens! (Vide *A Gênese,* Cap. XVIII, n.º 34 e 35).

DISSERTAÇÕES DOS ESPÍRITOS

ONTEM, HOJE E AMANHÃ

Comunicação verbal em sonambulismo espontâneo. Médium Sr. Dubois.

Lyon, 2 de fevereiro de 1868,

Onde estamos hoje? Onde está a luz? Tudo é sombrio, tudo está turvo ao redor de nós. Ontem era o passado; amanhã será o futuro; hoje é o presente... O que distingue estes dias? Vivemos ontem, continuamos vivendo hoje, viveremos amanhã, e sempre no mesmo círculo. De onde sai, então, esta Humanidade, e para aonde vai ela? Mistério que só será esclarecido amanhã.

Moisés é o tempo passado; o Cristo, o tempo presente; o Messias a vir, que é o amanhã, ainda não apareceu... Moisés tinha que combater a idolatria; o Cristo, os fariseus; o Messias a vir terá também os seus adversários: a incredulidade, o ceticismo, o materialismo, o ateísmo e todos os vícios que abatem o gênero humano... Três épocas que marcam o progresso da Humanidade; parênteses filiais que se sucedem um ao outro; ontem era Moisés, hoje é o Cristo e amanhã será o novo Messias.

Digo que é o Cristo hoje, porque a sua palavra, a sua doutrina, a sua caridade, todos os seus sublimes ensinamentos devem espalhar-se por toda parte; porque, vós mesmos vedes que a Humanidade não progrediu muito. Apenas dezoito séculos nos separam do Cristo: dezoito séculos de trevas, de tirania, de orgulho e de ambição.

Considerai o passado, o presente, amanhã contemplareis o vosso futuro... Idólatras do passado, fariseus do presente, adversários do amanhã, a luz brilha para todos os povos, para todos os mundos, para todos os indivíduos, e não quereis vê-la!

Criatura, tu desanimas hoje, que é o presente; tu esperas a realização dos prodígios anunciados; tu os verás se realizarem. Em breve toda a Terra tremerá... O século XX ofuscará o brilho dos séculos passados, porque ele verá a realização do que foi predito.

O Messias que deve presidir ao grande movimento regenerador da Terra já nasceu, mas ainda não revelou a sua missão e não nos é permitido dizer nem o seu nome nem o país onde ele habita. Ele anunciar-se-á por suas obras, e os homens tremerão à sua voz potente, porque o número dos justos ainda é muito pequeno.

Ligai-vos à matéria, homens egoístas e ambiciosos que não viveis senão para satisfazer as vossas paixões e os vossos

188 | REVISTA ESPÍRITA

desejos mundanos. O tempo é curto para vós; tende-o, enlaçai-o, porque ontem é passado, hoje se põe e em breve será amanhã.

Vamos! fariseu do presente, tu esperas sempre. Que ronque o trovão, tu não te espantas diante do relâmpago precursor que vem deslumbrar os teus olhos. Tu que te comprazes no egoísmo e no orgulho, que persistes no passado e no presente, teu futuro é ser arrojado para um outro mundo, para que teu Espírito possa chegar um dia à perfeição a que Deus te chama.

Vós, espíritas, que estais aqui, que recebeis instruções dos Espíritos, sede pacientes, dóceis, conscientes de vossos atos; não vacileis; esperai com calma esse amanhã que vos deve livrar de todas as perseguições. Deus, para o qual nada é oculto, que lê nos corações, vos vê e não vos abandonará. A hora se aproxima, e em breve estaremos no amanhã.

Mas esse Messias que deve vir é o próprio Cristo? Pergunta difícil de compreender no momento presente, e que amanhã será esclarecida. Como um bom pai de família, Deus, que é todo sabedoria, não impõe todo o trabalho a um só de seus filhos. Ele atribui a cada um a sua tarefa, segundo as necessidades do mundo para onde os envia. Há que concluir que o novo Messias não será tão grande nem tão poderoso quanto o Cristo? Seria absurdo; mas esperai que soe a hora para compreender a obra dos mensageiros invisíveis, que vieram varrer o caminho, porque os Espíritos fizeram um imenso trabalho. É o Espiritismo que deve remover as grandes pedras que poderiam dificultar a passagem daquele que deve vir. Esse homem será poderoso e forte, e numerosos Espíritos estão na Terra para aplainar o caminho e fazer cumprir o que foi predito.

Esse novo Messias será chamado o Cristo? É uma pergunta a que não posso responder. Esperai até amanhã. Quantas coisas eu teria ainda a vos revelar! Mas eu paro, porque o dia de amanhã ainda não aparece. Estamos apenas antes da meia-noite.

Amigos que estais aqui, todos animados pelo desejo do vosso adiantamento moral, trabalhai sobre vós mesmos pela vossa regeneração, a fim de que o Mestre vos encontre preparados. Coragem, irmãos, porque o vosso esforço não será perdido. Trabalhai para quebrar os laços da matéria que impedem o Espírito de progredir.

Tende fé, porque ela conduz o homem com segurança ao fim de sua viagem. Tende amor, porque amar aos seus irmãos é amar a Deus. Vigiai e orai: a prece fortalece o Espírito que se deixa tomar pelo desânimo. Pedi ao vosso Pai celeste a força para triunfardes ante os obstáculos e as tentações. Armai-vos contra os vossos defeitos; mantende-vos prontos, porque o amanhã não está longe. A aurora do século marcado por Deus para a realização dos fatos que devem mudar a face deste mundo começa a surgir no horizonte.

O ESPÍRITO DA FÉ
Médium, Sr. Dubois, em sonambulismo espontâneo

ALLAN KARDEC

REVISTA ESPÍRITA
JORNAL DE ESTUDOS PSICOLÓGICOS

ANO XI	JUNHO DE 1868	VOL. 6

A MEDIUNIDADE NO COPO D'ÁGUA

Um dos nossos correspondentes de Genebra nos envia interessantes detalhes sobre um novo gênero de mediunidade vidente, que consiste em ver em um copo d'água magnetizada. Essa faculdade tem muitas relações com a do vidente de Zimmerwald, de que demos conta circunstanciada na *Revista* de outubro de 1864 e outubro de 1865. A diferença consiste em que este último se serve de um copo vazio, sempre o mesmo, e que a faculdade lhe é, de certo modo, pessoal. Ao contrário, o fenômeno que nos é assinalado, se produz com o auxílio do primeiro copo que aparece, contendo água magnetizada e parece que deveria vulgarizar-se. Se assim é, a mediunidade vidente poderia tornar-se tão comum quanto a escrita.

Eis as informações que nos são dadas, segundo as quais cada um poderá experimentar, colocando-se em condições favoráveis;

"A mediunidade vidente pelo copo d'água magnetizada acaba de se revelar entre nós num certo número de pessoas. Em um mês temos quinze médiuns videntes deste gênero, cada um com a sua especialidade. Um dos melhores é uma jovem senhora que não sabe ler nem escrever; ela é mais particularmente apta para as doenças, e eis como nossos bons Espíritos procedem para nos mostrar o mal e o remédio. Eu tomo um exemplo ao acaso: Uma pobre mulher que se achava na reunião havia recebido um rude golpe no peito. Ela apareceu no copo absolutamente como uma fotografia; levou a mão sobre a parte ofendida. A Sra. V... (a médium) viu a seguir o peito se abrir e notou que havia sangue coagulado no lugar onde tinha sido dado o golpe; depois tudo desapareceu para dar lugar à imagem dos remédios, que consistiam num emplastro de resina branca e um copo contendo benjoim. A senhora ficou perfeitamente curada depois de haver seguido o tratamento.

"Quando se trata de um obsedado, a médium vê os maus Espíritos que o atormentam; a seguir aparecem, como remédio, o Espírito simbolizando a prece, e duas mãos que magnetizam.

"Temos outro médium cuja especialidade é ver os Espíritos. Pobres Espíritos sofredores muitas vezes nos têm apresentado, por seu intermédio, cenas comovedoras, para nos fazer compreender as suas angústias. Um dia evocamos o Espírito de um indivíduo que se havia afogado voluntariamente; ele apareceu perturbado na água; não se lhe via senão a parte posterior da cabeça e os cabelos meio mergulhados na água. Durante duas sessões foi-nos impossível ver-lhe o rosto. Fizemos a prece pelos suicidas; no dia seguinte o médium viu a cabeça fora da água e foi possível, pelos traços, reconhecer o parente de uma das pessoas da Sociedade. Continuamos nossas preces, e agora o rosto tem a expressão de sofrimento, é certo, mas parece retomar a vida.

"Há algum tempo, em casa de uma senhora que reside num dos subúrbios de Genebra, produziam-se ruídos semelhantes aos de Poitiers, que causavam grande emoção em toda a casa. Essa senhora, que absolutamente não conhecia o Espiritismo, tendo dele ouvido falar, veio nos ver com seu irmão, pedindo para assistir às nossas sessões. Nenhum dos nossos médiuns os conhecia. Um deles viu em seu copo uma casa, em cujo interior um mau Espírito punha tudo em desordem; mexia os móveis e quebrava a louça. Pela descrição que ele fez, aquela senhora reconheceu a mulher de seu jardineiro, muito má em vida, e que lhe tinha dado muito prejuízo. Dirigimos a esse Espírito algumas palavras benevolentes para trazê-lo a melhores sentimentos. À medida que lhe falavam, seu rosto tomava uma expressão mais suave. No dia seguinte, fomos à casa dessa senhora, e à noite foi completado o trabalho da véspera. Os ruídos cessaram quase que inteiramente, depois da partida da cozinheira, que aparentemente servia de médium inconsciente àquele Espírito. Como tudo tem sua razão de ser e sua utilidade, penso que tais ruídos tinham por objetivo trazer aquela família ao conhecimento do Espiritismo.

"Agora, eis o que nossas observações nos ensinavam quanto à maneira de operar: É preciso um copo liso, com o fundo também liso; põe-se água até à metade, magnetizado-a pelos processos comuns, isto é, pela imposição das mãos, e sobretudo pela extremidade dos dedos, à boca do copo, com o auxílio da ação contínua do olhar e do pensamento. A duração da magnetização é de cerca de dez minutos, na primeira vez; depois bastam cinco minutos. A mesma pessoa pode magnetizar vários copos ao mesmo tempo.

"O médium vidente, ou aquele que quer experimentar, não deve magnetizar seu próprio copo, pois gastaria fluidos que lhe são necessários para ver. Para a magnetização é necessário um médium especial, e para isto há médiuns dotados de um poder mais ou menos grande. A ação magnética não produz na água qualquer fenômeno que indique a sua saturação.

"Feito isto, cada experimentador coloca o copo à sua frente e o olha durante vinte ou trinta minutos, no máximo, às vezes menos, conforme a aptidão. Esse tempo só é necessário nas primeiras tentativas; quando a faculdade está desenvolvida, bastam alguns minutos. Durante esse tempo, uma pessoa faz a prece para pedir o concurso dos bons Espíritos.

"Os que são aptos a ver, distinguem, a princípio, no fundo do copo, uma espécie de nuvenzinha; é um indício certo de que eles verão; pouco a pouco essa nuvem toma uma forma mais acentuada, e a imagem se desenha à vista do médium. Os médiuns, entre si, podem ver nos copos uns dos outros, mas não as pessoas que não sejam dotadas dessa faculdade. Algumas vezes parte do assunto aparece num copo e a outra parte em outro; por exemplo, para as doenças, um verá o mal e o outro o remédio. Outras vezes, dois médiuns verão simultaneamente, cada um em seu copo, a figura da mesma pessoa, mas geralmente em condições diferentes.

"Muitas vezes a imagem se transforma, muda de aspecto, depois desaparece. Muito geralmente é espontânea; o médium deve esperar e dizer o que vê. Mas também pode ser provocada por uma evocação.

"Ultimamente fui ver uma senhora que tem uma jovem operária de dezoito anos, que jamais havia ouvido falar do Espiritismo. Essa senhora pediu-me que lhe magnetizasse um copo d'água. A moça nele olhou cerca de um quarto de hora, e disse: 'Vejo um braço; dir-se-ia que é o de minha mãe; vejo a manga do seu vestido arregaçada, como era seu costume.' Essa mãe, que conhecia a sensibilidade de sua filha, sem dúvida não quis mostrar-se subitamente, para lhe evitar uma impressão muito grande. Então pedi àquele Espírito, se fosse o da mãe da médium, que se fizesse reconhecer. O braço desapareceu e o Espírito se apresentou do tamanho de uma fotografia, mas virado de costas. Era ainda uma precaução para preparar sua filha para vê-la. Esta reconheceu o seu gorro, um fichu, as cores e o modelo de seu vestido; vivamente comovida, ela lhe dirigiu as mais ternas palavras, para lhe pedir que deixasse ver o seu rosto. Eu mesmo lhe pedi que atendesse ao pedido de sua filha. Então ela se apagou, a nuvem sumiu e o rosto apareceu. A jovem chorou de reconhecimento, agradecendo a Deus a dádiva que lhe acabara de conceder.

"A própria senhora desejava muito ver. No dia seguinte, em sua casa, fizemos uma sessão que foi cheia de ensinamentos. Depois de inutilmente haver olhado no copo cerca de meia hora, disse ela: 'Meu Deus! se pudesse apenas ver o diabo no copo, ficaria contente!' Mas Deus não lhe concedeu essa satisfação.

"Os incrédulos não deixarão de levar esses fenômenos à conta de imaginação. Mas os fatos aí estão para provar que, numa porção de casos, a imaginação nada tem a ver. Para começar, nem todo mundo vê, por mais desejo que tenha. Eu mesmo muitas vezes fiquei com o espírito excitado com esse objetivo, sem jamais obter o mínimo resultado. A senhora de quem acabo de falar, a despeito de seu desejo de ver o diabo, após meia hora de espera e de concentração, nada viu. A jovem não pensava em sua mãe, quando esta lhe apareceu; e depois, as precauções para só se mostrar gradualmente, atestam uma combinação, uma vontade estranha, nas quais a imaginação da médium não podia absolutamente participar.

"Para ter uma prova ainda mais positiva, fiz a seguinte experiência. Tendo ido passar alguns dias no campo, a algumas léguas de Genebra, havia várias crianças na família com quem me achava. Como faziam muito barulho, eu lhes propus, para ocupá-las, um jogo mais calmo. Tomei um copo d'água e o magnetizei, sem que ninguém o percebesse, e lhes disse: 'Qual de vocês terá a paciência de olhar este copo durante vinte minutos, sem desviar os olhos?' Evitei acrescentar que eles poderiam nele ver alguma coisa; era a título de simples passatempo. Várias perderam a paciência antes do fim da prova; uma menina de onze anos foi mais perseverante; ao cabo de doze minutos, ela soltou um grito de alegria e disse que via uma paisagem magnífica, cuja descrição fez. Uma outra menina de sete anos, por sua vez, tendo querido olhar, adormeceu instantaneamente. Com medo de fatigá-la, logo a despertei. Onde está aqui o efeito da imaginação?

"Esta faculdade pode, pois, ser experimentada numa reunião de pessoas, mas não aconselho que nas primeiras experiências sejam admitidas pessoas hostis. Sendo necessários a calma e o recolhimento, a faculdade desenvolver-se-á mais facilmente. Quando consolidada, ela é menos suscetível de ser perturbada.

"O médium só vê com os olhos abertos; quando os fecha, está na escuridão. É, pelo menos, o que temos observado, e isto denota uma variedade na mediunidade vidente. O médium não fecha os olhos senão para descansar, o que lhe acontece duas ou três vezes por sessão. Ele vê tão bem de dia quanto de noite, mas à noite é preciso luz.

"A imagem das pessoas vivas se apresenta no copo tão facilmente quanto a das pessoas mortas. Tendo perguntado a razão disto ao meu Espírito familiar, ele respondeu: 'São suas *imagens* que nós vos apresentamos; os Espíritos são tão capazes de pintar, quanto de viajar.' Entretanto, os médiuns distinguem sem esforço o Espírito de uma pessoa viva; há qualquer coisa de menos material.

"O médium do copo d'água difere do sonâmbulo pelo fato que o Espírito deste último se destaca; é-lhe necessário um fio condutor para ir procurar a pessoa ausente, ao passo que o primeiro tem a sua imagem sob os seus olhos, que é o reflexo de sua alma e de seus pensamentos. Ele se afadiga menos que o sonâmbulo, e é menos exposto a se deixar intimidar à vista dos maus Espíritos que podem apresentar-se. Esses Espíritos podem fatigá-lo, porque procuram magnetizá-lo, mas ele pode, à vontade, subtrair-se ao seu olhar e, aliás, deles recebe uma impressão menos direta.

"Dá-se nesta mediunidade como em todas as outras: o médium atrai para si os Espíritos que lhe são simpáticos; ao médium impuro apresentam-se, de boa vontade, Espíritos impuros. O meio de atrair os bons Espíritos é estar animado de bons sentimentos; de não perguntar senão coisas justas e razoáveis; de não se servir desta faculdade senão para o bem, e não para coisas fúteis. Se dela fizermos um objeto de distração, de curiosidade ou de negócio, cairemos inevitavelmente na turba de Espíritos levianos e enganadores, que se divertem em apresentar imagens ridículas e falaciosas."

OBSERVAÇÃO: Como princípio, esta mediunidade certamente não é nova. Mas aqui se desenha de maneira mais precisa, sobretudo mais prática, e se mostra em condições particulares. Pode-se, pois, considerá-la como uma das variedades que foram anunciadas. Do ponto de vista da ciência espírita, ela nos faz penetrar mais adiante o mistério da constituição íntima do mundo invisível, cujas leis conhecidas confirma, ao mesmo tempo que nos mostra suas novas aplicações. Ela ajudará a compreender certos fenômenos ainda incompreendidos da vida diária e, por sua vulgarização, não pode deixar de abrir uma nova via à propagação do Espiritismo. Quererão ver, experimentarão; quererão compreender, estudarão, e muitos entrarão no Espiritismo por essa porta.

Este fenômeno oferece uma particularidade notável. Até agora compreendemos a visão direta dos Espíritos em certas condições; a visão à distância de objetos reais é hoje uma teoria elementar. Mas aqui não são os próprios Espíritos que são vistos, e que não podem vir alojar-se num copo d'água, assim como não vêm as casas, as paisagens e as pessoas vivas.

Aliás, seria um erro querer que aí estivesse um meio melhor que outro de saber tudo o que se deseja. Os médiuns videntes, por este processo ou por qualquer outro, não veem à vontade. Eles não veem senão o que os Espíritos lhes querem fazer ver, ou têm a permissão de lhes fazer ver quando a coisa é útil. Não se pode forçar nem a vontade dos Espíritos nem a faculdade dos médiuns. Para o exercício de uma faculdade mediúnica qualquer, é preciso que o aparelho sensitivo, se assim se pode dizer, esteja em estado de funcionar. Ora, não depende do médium fazê-lo funcionar à sua vontade. Eis por que a mediunidade não pode ser uma profissão, porquanto ela pode faltar no momento que fosse preciso satisfazer o cliente. Daí a incitação à fraude, para simular a ação do Espírito.

Prova a experiência que os Espíritos, sejam quais forem, *jamais* estão ao capricho dos homens, do mesmo modo, e menos ainda do que quando estavam neste mundo. Por outro lado, diz o simples bom senso que, com mais forte razão, os Espíritos sérios não poderiam vir ao apelo do primeiro que viesse para coisas fúteis e representar o papel de saltimbancos e ledores da sorte. Só o charlatanismo pode pretender a possibilidade de ter um escritório aberto ao comércio com os Espíritos.

Os incrédulos riem dos espíritas porque imaginam que estes acreditam em Espíritos confinados numa mesa ou numa caixa, e que os manobram como marionetes. Eles acham isto ridículo, e têm carradas de razões. Onde estão errados é em crer que o Espiritismo ensine semelhantes absurdos, quando ele diz positivamente o contrário. Se, por vezes, no mundo, eles encontraram alguns de uma credulidade muito fácil, não foi entre os espíritas esclarecidos. Ora, entre eles há necessariamente aqueles que o são, mais ou menos como em todas as ciências.

Os Espíritos não estão metidos no copo d'água, eis o que é positivo. O que há, pois, no copo? Uma imagem, e não outra coisa; imagem tirada da Natureza, razão pela qual muitas vezes é exata. Como é produzida? Eis o problema. O fato existe, portanto tem uma causa. Embora ainda não se lhe possa dar uma solução completa e definitiva, o artigo seguinte, parece-nos, lança uma grande luz sobre a questão.

FOTOGRAFIA DO PENSAMENTO

Ligando-se o fenômeno da fotografia do pensamento ao das criações fluídicas, descrito em nosso livro *A Gênese,* no capítulo dos fluidos, reproduzimos, para maior clareza, a passagem desse capítulo onde o assunto é tratado, e o completamos com novas observações.

Os fluidos espirituais, que constituem um dos estados do fluido cósmico universal, são, a bem dizer, a atmosfera dos seres espirituais; são o elemento onde eles colhem os materiais com que operam; são o meio onde se passam os fenômenos especiais, perceptíveis à vista e ao ouvido do Espírito, e que escapam aos sentidos carnais, impressionados só pela matéria tangível, onde se forma a luz peculiar ao mundo espiritual, diferente da luz ordinária, por sua causa e por seus efeitos; são, enfim, o veículo do pensamento, como o ar é o veículo do som.

Os Espíritos agem sobre os fluidos espirituais, não os manipulando, como o homem manipula os gases, mas com o auxílio do pensamento e da vontade. O pensamento e a vontade são para os Espíritos o que a mão é para o homem. Pelo pensamento, eles imprimem a esses fluidos tal ou qual direção; aglomeram-nos, combinam-nos e os dispersam; com eles formam conjuntos, tendo uma aparência, uma forma e uma cor determinadas; eles mudam as suas propriedades, como o químico muda as dos gases e de outros corpos, combinando-as segundo certas leis. É o grande atelier ou o laboratório da vida espiritual.

Por vezes essas transformações são o resultado de uma intenção; muitas vezes são o produto de um pensamento inconsciente. Basta ao Espírito pensar em uma coisa para que essa coisa se produza, como basta modular uma área para que essa ária repercuta na atmosfera.

É assim, por exemplo, que um Espírito se apresenta à vista de um encarnado dotado de visão psíquica, sob a aparência que ele tinha quando vivo, na época em que o conheceram, embora depois tivesse tido várias encarnações. Ele se apresenta com a vestimenta, os sinais exteriores – enfermidades, cicatrizes, membros amputados etc. – que tinha então; um decapitado apresentar-se-á sem a cabeça. Isto não quer dizer que tenha conservado estas aparências. Certamente não, porque, como Espírito, ele não é coxo, nem maneta, nem caolho, nem decapitado, mas seu *pensamento*, reportando-se à época em que ele era assim, seu perispírito toma instantaneamente as aparências, que ele deixa instantaneamente, a partir do momento que o pensamento deixa de agir. Se, pois, uma vez ele foi negro e outra vez foi branco, apresentar-se-á como negro ou como branco, conforme aquela das duas encarnações sob a qual for evocado, e à qual se reportará seu pensamento.

Por um efeito análogo, o pensamento do Espírito cria fluidicamente os objetos de que tinha o hábito de se servir: um avarento manipulará o ouro; um militar terá as suas armas e o seu uniforme; um fumante, o seu cachimbo; um lavrador, a sua charrua e os bois; uma velha, a sua roca. Esses objetos fluídicos são tão reais para o Espírito, que é, ele próprio, fluídico, quanto eram materiais para o homem vivo; mas, pelo simples fato de eles serem criados pelo pensamento, sua existência é tão fugaz quanto o pensamento.

Sendo os fluidos o veículo do pensamento, eles nos trazem o pensamento como o ar nos traz o som. Podemos dizer, portanto, a bem da verdade, que há nesses fluidos ondas e raios de pensamentos que se cruzam sem se confundir, como há no ar ondas e raios sonoros.

Como se vê, é uma ordem de fatos inteiramente novos que se passam fora do mundo tangível, e constituem, se assim se pode dizer, a física e a química especiais do mundo invisível. Mas como, durante a encarnação, o princípio espiritual está unido ao princípio material, daí ressalta que certos fenômenos do mundo espiritual se produzam conjuntamente com os do mundo material e são inexplicáveis por quem quer que não conheça as suas leis. O conhecimento dessas leis é, pois, tão útil aos encarnados quanto aos desencarnados, porquanto só ele pode explicar certos fatos da vida material.

Criando *imagens fluídicas,* o pensamento se reflete no envoltório perispiritual como num espelho, ou ainda como essas imagens de objetos terrestres que se refletem nos vapores do ar. Ele aí toma um corpo e de certo modo se fotografa. Se um homem, por exemplo, tiver a ideia de matar outro, por impassível que esteja o seu corpo material, seu corpo fluídico é posto em ação pelo pensamento, do qual reproduz todas as nuanças; ele executa fluidicamente o gesto, o ato que tem o desígnio de realizar; seu pensamento cria a imagem da vítima e a cena inteira se pinta, como num quadro, tal qual está em seu espírito.

É assim que os movimentos mais secretos da alma repercutem no envoltório fluídico; que uma alma, encarnada ou desencarnada, pode ler em outra alma como num livro, e ver o que não é perceptível pelos olhos do corpo. Os olhos do corpo veem as impressões interiores que se refletem nos traços do rosto: a cólera, a alegria, a tristeza, mas a alma vê nos traços da alma os pensamentos que não se traduzem no exterior.

Contudo, conforme a intenção, o vidente bem pode pressentir a realização do ato que será a sua consequência, mas não pode determinar o momento em que se realizará, nem precisar os detalhes, nem mesmo afirmar que ele se realizará, porque circunstâncias ulteriores podem modificar os planos preparados e mudar as disposições. Ele não pode ver o que ainda não está no pensamento; o que ele vê é a preocupação do momento, ou habitual, do indivíduo, seus desejos, seus projetos, suas boas ou más intenções. Daí os erros nas previsões de certos videntes, quando um acontecimento está subordinado ao livre-arbítrio de um homem. Eles não podem senão pressentir sua probabilidade, conforme o pensamento que veem, mas não podem afirmar que ocorrerá de tal maneira, nem em tal momento. A maior ou menor exatidão nas previsões depende, além disso, da extensão e da clareza da visão psíquica. Em certos indivíduos, Espíritos ou encarnados, ela é difusa ou limitada a um ponto, ao passo que em outros é clara e abarca o conjunto dos pensamentos e das vontades que devem concorrer à realização de um fato; mas, acima de tudo, há sempre a vontade superior, que pode, na sua sabedoria, permitir uma revelação ou impedi-la. Neste último caso, um véu impenetrável é lançado sobre a mais perspicaz visão psíquica. (Vide *A Gênese*, capítulo da *Presciência*).

A teoria das criações fluídicas, e, por consequência, da fotografia do pensamento, é uma conquista do Espiritismo moderno, e de agora em diante pode ser considerada como adquirida em princípio, salvo as aplicações de detalhe, que são resultado da observação. Esse fenômeno é incontestavelmente a fonte das visões fantásticas, e deve representar um grande papel em certos sonhos.

Pensamos que aí pode ser encontrada a explicação da mediunidade pelo copo d'água (Ver o artigo precedente). Considerando-se que o objeto que se vê não pode estar no copo, a água deve fazer o papel de um espelho, que reflete a imagem criada pelo pensamento do Espírito. Essa imagem pode ser a reprodução de uma coisa real, como a de uma criação de fantasia. Em todo caso, o copo d'água não é senão um meio de reproduzi-la, mas não é o único, como o prova a diversidade dos processos empregados por alguns videntes. Este talvez convenha melhor a certas organizações.

A MORTE DO SR. BIZET, CURA DE SÉTIF
A FOME ENTRE OS ESPÍRITOS

Um dos nossos correspondentes da Argélia nos informa, nos termos seguintes, sobre a morte do Sr. Bizet, cura de Sétif:

"O Sr. Bizet, cura de Sétif, faleceu a 15 de abril, com a idade de quarenta e três anos, sem dúvida vitimado por seu zelo durante a cólera e pelas fadigas suportadas durante a fome, quando desenvolveu uma atividade e uma dedicação verdadeiramente exemplares.

Nascido nas proximidades de Viviers, no departamento de Ardèche, ele era, há dezessete anos, pastor desta cidade, onde tinha sabido conciliar as simpatias de todos os habitantes, sem distinção de culto, por sua prudência, sua moderação e a sabedoria de seu caráter.

"No começo do Espiritismo nesta localidade, e principalmente quando o *Echo de Sétif* proclamou abertamente esta doutrina, por um instante o Sr. Bizet teve a intenção de combatê-lo; entretanto, absteve-se de entrar na luta que estavam decididos a sustentar. Depois, tinha lido as vossas obras com atenção. É possivelmente a essa leitura que se deve atribuir a sua reserva cheia de sabedoria, quando foi determinado que ele lesse do púlpito o famoso mandamento de Monsenhor Pavie, bispo de Argel, que qualificava o Espiritismo como *esta nova vergonha da Argélia*. O Sr. Bizet não quis ler em pessoa esse mandamento do púlpito: fê-lo ler por seu vigário, sem lhe acrescentar qualquer comentário."

Além disto, extraímos do *Journal de Sétif*, de 23 de abril, a seguinte passagem do necrológio que ele publicou sobre o Sr. Bizet.

"No dia seguinte à sua morte, a 15 de abril, celebraram-se as suas exéquias. A missa de *réquiem* foi cantada às dez horas da manhã, pelo repouso de sua alma; um dos senhores grandes vigários, enviado há alguns dias pelo Sr. bispo, era o oficiante. Nenhum setifiano faltou; as diversas religiões estavam reunidas e misturadas para dizer um adeus ao Sr. cura Bizet. Os árabes, representados por caïds e cadhis; os israelitas pelo rabino e pelos principais notáveis dentre eles; os protestantes por seu pastor, lá estavam, rivalizando em zelo e dedicação para prestar ao Sr. cura Bizet um último testemunho de simpatia, de afeição e de pesar.

"A reunião de tantas comunhões diversas num mesmo sentimento de simpatia é um dos mais belos sucessos conquistados pela caridade cristã que, no curso de seu apostolado em Sétif, não cessou de animar o Sr. padre Bizet. Vivendo em meio a uma população que está longe de ser homogênea, e na qual se encontram dissidentes de todos os tipos, ele soube conservar intacto o legado católico que lhe tinha sido confiado, ao mesmo tempo conservando com os que não partilhavam de suas convicções religiosas, relações benevolentes e afetuosas que lhe valeram a simpatia de todos.

"Mas o que transbordava de todos os corações era a lembrança dos sentimentos de caridade cristã que animavam o Sr. padre Bizet. Sua caridade era suave, sobretudo paciente, durante o longo inverno que acabamos de atravessar, em meio a uma miséria horrível que tinha posto a seu encargo uma multidão de infelizes. Sua caridade tudo acreditava, tudo esperava, tudo suportava e jamais se desencorajava. Foi no meio desse devotamento para socorrer os infelizes esfomeados, diariamente ameaçados de morrer de frio e de fome, que ele contraiu o germe da moléstia que o levou deste mundo, se é que já não estava atingido, devido ao zelo excepcional que desenvolveu durante a cólera no verão passado."

O Sr. Bizet era espírita? Ostensivamente, não; interiormente, ignoramo-lo. Se não o era, pelo menos tinha o bom espírito de não lançar o anátema a uma crença que conduz a Deus os incrédulos e os indiferentes. Ademais, que nos importa? Era um homem de bem, um verdadeiro cristão, um sacerdote segundo o Evangelho. Assim, se nos tivesse sido hostil, nem por isto os espíritas deixariam de tê-lo colocado na classe dos homens cuja memória a Humanidade deve honrar e que ela deve tomar como modelo.

A Sociedade de Paris quis dar-lhe um testemunho de sua respeitosa simpatia, chamando-o ao seu seio, onde ele deu a seguinte comunicação:

SOCIEDADE DE PARIS, 14 DE MAIO DE 1868

"Estou contente, senhor, pelo benevolente apelo que tiveste a bondade de me dirigir, e ao qual considero uma honra e um prazer responder. Se não vim imediatamente, a vosso meio, é que a perturbação da separação e o espetáculo novo que me chocou não mo permitiram. E depois, eu não sabia a quem escutar; encontrei muitos amigos cujo acolhimento simpático me ajudou poderosamente a me reconhecer; mas também tive sob os olhos o atroz espetáculo da fome entre os Espíritos. Encontrei lá em cima muitos desses infelizes que morreram nas torturas da fome, ainda procurando em vão satisfazer uma necessidade imaginária, lutando uns contra os outros para arrancar um pouco de comida que se esconde nas suas mãos, dilacerando-se uns aos outros e, se assim posso dizer, se entredevorando; uma cena horrível, pavorosa, ultrapassando tudo quanto a imaginação humana pode conceber de mais desolador!... Inúmeros desses infelizes me reconheceram, e seu primeiro grito foi: *Pão!* Era em vão que eu tentava lhes fazer compreender sua situação; eles estavam surdos às minhas consolações. – Que coisa terrível é a morte em semelhantes condições, e como aquele espetáculo é mesmo de natureza a fazer refletir sobre o nada de certos pensamentos humanos!... Assim, enquanto na Terra pensamos que os que partiram ao menos estão livres da tortura cruel que sofriam, percebemos no outro lado que não é nada disto, e que o quadro não é menos sombrio, embora os atores tenham mudado de aparência.

"Vós me perguntais se eu era espírita. Se entendeis por esta palavra aceitar todas as crenças que vossa doutrina preconiza, não, eu não chegava até lá. Eu admirava os vossos princípios; julgava-os capazes de fazer a salvação dos que sinceramente os põem em prática, mas fazia minhas reservas sobre um grande número de pontos. Eu não segui, em relação a vós, o exemplo de meus confrades e de alguns de meus superiores, que eu interiormente censurava, porque sempre pensei que a intolerância era a mãe da incredulidade e que era preferível ter uma crença que levava à caridade e á prática do bem, do que não ter crença nenhuma. Era eu espírita de fato? Não me cabe pronunciar-me a respeito.

"Quanto ao pouco bem que pude fazer, estou realmente confuso com os exagerados elogios de que me tornaram objeto. Quem não teria agido como eu?... Não são ainda mais merecedores do que eu, se nisto há algum mérito, os que se devotaram em socorrer os infelizes árabes, e que a isto não foram levados senão pelo amor ao bem?... Para mim, a caridade era um dever, por força do caráter de que eu estava revestido. Faltando a ela eu era culpado, eu teria mentido a Deus e aos homens aos quais eu havia consagrado a minha existência. Ademais, quem poderia ter ficado insensível ante tantas misérias?...

"Vós o vedes, fizeram como sempre: ampliaram enormemente os fatos; cercaram-me de uma espécie de renome que me deixa confuso e magoado e pelo que sofro em meu amor próprio, porque, enfim, bem sei que não mereço tudo isto, e estou bem certo, senhor, que me conhecendo melhor, reduzireis ao seu justo valor o alarido que fazem em torno de mim. Se tenho algum mérito, que mo concedam, concordo, mas que não me ergam um pedestal com uma reputação usurpada, pois eu não poderia concordar com isso.

"Como vedes, senhor, ainda estou muito novo neste mundo novo para mim, sobretudo muito ignorante e mais desejoso de instruir-me do que capaz de instruir os outros. Hoje vossos princípios me parecem tanto mais justos quanto, depois de haver lido a sua teoria, vejo a sua mais larga aplicação prática. Assim, ficaria feliz assimilando-os completamente e vos ficaria reconhecido se tivésseis a bondade de me aceitar algumas vezes como um dos vossos ouvintes."

Cura BIZET

OBSERVAÇÃO: A quem quer que não conheça a verdadeira constituição do mundo invisível, parecerá estranho que Espíritos que, segundo eles, são seres abstratos, imateriais, indefinidos, sem corpo, sejam vítimas dos horrores da fome; mas o espanto cessa quando se sabe que esses mesmos Espíritos são seres como nós, que têm um corpo fluídico, é verdade, mas que não deixa de ser matéria; que deixando o seu envoltório carnal, *certos* Espíritos continuam a vida terrena com as mesmas vicissitudes, durante um tempo mais ou menos longo. Isto parece singular, mas assim é, e a observação nos ensina que essa é a situação dos Espíritos que viveram mais a vida material do que a vida espiritual, situação por vezes terrível, porque a ilusão das necessidades da carne se faz sentir, e eles têm todas as angústias de uma necessidade impossível de saciar. O suplício mitológico de Tântalo, entre os Antigos, acusa um conhecimento mais exato do que se supõe, do estado do mundo de Além-Túmulo, sobretudo mais exato do que entre os modernos.

Muito diferente é a posição daqueles que desde esta vida se desmaterializaram pela elevação de seus pensamentos e sua identificação com a vida futura. Todas as dores da vida corporal cessam com o último suspiro, e logo o Espírito plana, radioso, no mundo etéreo, feliz como um prisioneiro livre de suas cadeias.

Quem nos disse isto? É um sistema, uma teoria? Alguém disse que deveria ser assim, e nós acreditamos sob palavra? Não; são os próprios habitantes do mundo invisível que o repetem em todos os pontos do globo, para ensinamento dos encarnados.

Sim, legiões de Espíritos continuam a vida corporal com suas torturas e suas angústias. Mas quais? Aqueles que ainda estão muito avassalados à matéria para dela se destacarem instantaneamente. É uma crueldade do Ser Supremo? Não. É uma lei da Natureza, inerente ao estado de inferioridade dos Espíritos e necessária ao seu adiantamento; é uma prolongação *mista* da vida terrestre durante alguns dias, alguns meses, alguns anos, conforme o estado moral dos indivíduos. Teriam competência para taxar de barbárie essa legislação, aqueles que preconizam o dogma das penas eternas irremissíveis e as chamas do inferno como um efeito da soberana justiça? Podem eles pô-la em paralelo com uma situação temporária, sempre subordinada à vontade do indivíduo de progredir; à possibilidade de avançar por novas encarnações? Ademais, não depende de cada um libertar-se dessa vida intermediária que não é verdadeiramente nem a vida material nem a espiritual? Os espíritas dela se libertam naturalmente, porque, compreendendo o estado do mundo espiritual antes de nele entrar, imediatamente se dão conta de sua situação.

As evocações nos mostram uma porção de Espíritos que ainda se julgam deste mundo: suicidas, supliciados que não suspeitam que estão mortos e sofrem o seu gênero de morte; outros que assistem ao próprio enterro, como ao de um estranho; avarentos que guardam os seus tesouros; soberanos que julgam ainda mandar e ficam furiosos por não serem obedecidos; depois de grandes naufrágios, náufragos que lutam contra o furor das ondas; depois de uma batalha, soldados que continuam lutando e, ao lado disto, Espíritos radiosos, que nada mais têm de terrestre e são para os encarnados o que a borboleta é para a lagarta. Pode-se perguntar para que servem as evocações, quando nos dão a conhecer, até nos mínimos detalhes, esse mundo que nos espera a todos, ao sairmos deste? É a Humanidade encarnada que conversa com a Humanidade desencarnada; o prisioneiro que fala com o homem livre. Não, por certo elas para nada servem ao homem superficial que nisto só vê um divertimento; elas não lhe servem mais do que servem a Física e a Química recreativas para a sua instrução. Mas para o filósofo, o observador sério que pensa no amanhã da vida, é uma grande e salutar lição; é todo um mundo novo que se descobre; é a luz atirada sobre o futuro; é a destruição dos preconceitos seculares sobre a alma e a vida futura; é a sanção da solidariedade universal que liga todos os seres. Talvez digam que podemos estar enganados; sem dúvida, como nos podemos enganar sobre todas as coisas, mesmo sobre as que vemos e tocamos. Tudo depende da maneira de observar.

    O quadro apresentado pelo padre Bizet nada tem, pois, de estranho; ele vem, ao contrário, confirmar, por mais um grande exemplo, o que já sabíamos, e o que afasta toda ideia de repercussão de pensamentos, é que ele o fez espontaneamente, sem que ninguém pensasse em chamar sua atenção sobre aquele ponto. Por que, então, teria vindo dizer, sem que se lhe perguntassem, se aquilo não fosse verdadeiro? Sem dúvida ele a isto foi levado para a nossa instrução. Ademais, toda a comunicação tem um cunho de seriedade, de sinceridade e de modéstia que é bem compatível com o seu caráter e que não é próprio dos Espíritos mistificadores.

O ESPIRITISMO EM TODA PARTE

O JORNAL *SOLIDARITÉ*

O Espiritismo conduz precisamente ao fim a que se propõem todos os homens progressistas. É, pois, impossível que, mesmo sem se conhecerem, eles não pensem da mesma maneira sobre certos pontos e que, quando se conhecerem, não se deem as mãos para caminhar juntos, na mesma rota, ao encontro de seus inimigos comuns, os preconceitos sociais, a rotina, o fanatismo, a intolerância e a ignorância.

O *Solidarité* é um jornal cujos redatores levam o seu título a sério. E que campo é mais vasto e mais fecundo para o filósofo moralista do que essa palavra que encerra todo o programa do futuro da Humanidade! Assim, essa folha, que sempre se faz notar pelo alto alcance de suas vistas, se não tem a popularidade das folhas leves, conquistou um crédito mais sólido entre os pensadores sérios[1]. Embora até hoje ela não se tenha mostrado muito simpática às nossas doutrinas, não rendemos menos justiça à sinceridade de seus pontos de vista e ao incontestável talento de sua redação. É, pois, com viva satisfação que hoje a vemos, por sua vez, fazer justiça aos princípios do Espiritismo. Seus redatores nos farão também a de reconhecer que não fizemos nenhum movimento para trazê-los a nós. Sua opinião não é, pois, o resultado de qualquer condescendência pessoal.

Sob o título de: *Boletim do movimento filosófico e religioso,* o número de 1.º de maio contém um notável artigo, do qual extraímos as passagens seguintes:

"A lama vai aumentando sem cessar. Onde irá parar? Não é só em política que não se entendem mais; não é somente economia social, é também em moral e em religião, de sorte que a perturbação se estende a todas as esferas da atividade humana, que invadiu o domínio da consciência e que a própria civilização está em causa.

"Não que a ordem material esteja em perigo. Há hoje na Sociedade muitos elementos adquiridos e muitos interesses

---

[1] O *Solidarité,* jornal mensal de 16 páginas in-4, aparece no dia 1.º de cada mês. Preço: Paris, 5 francos por ano; Departamentos, 6 francos; estrangeiro, 7 francos. Preço por número, 25 centavos; pelo correio, 30 centavos. – Redação: Rua des Saints-Pères, 13, na Librairie des Sciences Sociales.

JUNHO 1868 | 207

a conservar, para que a ordem material possa nela ser seriamente perturbada. Mas a ordem material nada prova. Ela pode persistir por muito tempo até que o princípio da vida social seja atingido e que a corrupção dissolva lentamente o organismo. A ordem reinava na Roma sob os Césares, enquanto a civilização romana se ia esboroando dia a dia, não sob o esforço dos bárbaros, mas sob o peso de seus próprios vícios.

"Nossa Sociedade conseguirá eliminar de seu seio os elementos mórbidos que ameaçam transformar-se, para ela, em germes de dissolução e de morte? Assim esperamos, mas é necessário o ponto de apoio dos princípios eternos; o concurso de uma ciência verdadeiramente positiva e a perspectiva de um ideal novo.

"Eis as condições da salvação social, porque aí estão, para os indivíduos, os meios de um verdadeiro renascimento. Uma sociedade não pode ser senão o produto dos seres sociais que a constituem, e o resultante de seu estado físico, intelectual e moral. *Se quiserdes uma transformação social, fazei, para começar, o homem novo*[2].

"Embora o círculo dos leitores de publicações filosóficas tenha crescido muito nestes últimos anos, quanta gente ainda ignora a existência destes jornais ou quanta gente negligencia a sua leitura! É um erro. Sem eles, é impossível se dar conta do estado das almas. Os órgãos da filosofia contemporânea têm ainda um outro alcance: preparam as questões que os acontecimentos levantarão em breve, e que será urgente resolver.

"Certamente a confusão é grande na imprensa filosófica; é um pouco a torre de Babel: cada um aí fala a sua língua e aí se preocupa muito mais em cobrir a voz do vizinho do que em escutar as suas razões. Cada sistema aspira ser único e exclui todos os outros. Mas há que se guardar de tomá-los ao pé da letra em seu exclusivismo. Talvez não haja um só que represente um ponto de vista legítimo. Todos passarão, porquanto só a verdade é eterna, mas nenhum deles, talvez, terá sido completamente estéril; nenhum terá desaparecido sem adicionar alguma coisa ao capital intelectual da Humanidade. O materialismo, o positivismo religioso e o positivismo filosófico, o independentismo (perdoem o barbarismo, que não é meu), o criticismo, o idealismo, o espiritualismo, o espiritismo – pois é preciso contar com este recém-vindo, que tem

[2] Escrevemos em 1862: "Antes de fazer as instituições para os homens, há que formar os homens para as instituições" (Viagem espírita).

mais partidários que todos os outros reunidos; – e, por outro lado, o protestantismo liberal, o idealismo liberal, e mesmo o catolicismo liberal: tais são os nomes das principais bandeiras que, a títulos diversos e com forças desiguais, se acham representados no campo filosófico. Sem dúvida não existe aí um exército, porque não há obediência a um chefe nem hierarquia nem disciplina, mas esses grupos, hoje divididos e independentes, podem ser reunidos por um perigo comum.

"O movimento filosófico a que assistimos precede de pouco tempo o grande movimento religioso que se prepara. Em breve as questões religiosas apaixonarão os espíritos, como o faziam há pouco as questões sociais, e mais fortemente ainda.

"Que a ordem deva fundar-se por uma simples evolução da ideia cristã reconduzida à sua pureza primitiva, como o pensam alguns, ou por uma espécie de fusão de crenças no terreno vago de um deísmo judeu-cristão, como esperam outros homens de boa vontade, ou, o que nos parece muito mais provável, pela intervenção de uma ideia mais larga e mais compreensível que dê à vida humana o seu verdadeiro objetivo, a primeira necessidade da época em que estamos é a liberdade: liberdade de pensar e de publicar o seu pensamento; liberdade de consciência e de culto; liberdade de propaganda e de pregação! Certamente, em meio a tantos sistemas em confronto, é impossível não se veja uma fase de discussões ardentes, apaixonadas, aparentemente desordenadas, mas essa fase preparatória é necessária, como a agitação caótica é necessária à criação. Como os relâmpagos e os raios na atmosfera terrestre, o amálgama das ideias agita a atmosfera moral para purificá-la. Quem pode temer a tempestade, sabendo que ela deve restabelecer o equilíbrio perturbado e renovar as fontes da vida?"

O mesmo número contém a seguinte apreciação de nossa obra *sobre a Gênese*. Não a reproduzimos senão porque ela se liga aos interesses gerais da Doutrina:

"Passa-se em nossa época um fato de importância capital, e *fingem não ver.* Entretanto, aí há fenômenos a observar, que interessam à Ciência, notadamente à Física e à Fisiologia humanas; mas, mesmo que os fenômenos que são chamados Espiritismo só existissem na imaginação de seus adeptos, a crença no Espiritismo, por toda parte espalhada tão rapidamente, é em si mesma um fenômeno considerável e muito digno de ocupar as meditações do filósofo.

"É difícil, mesmo impossível apreciar o número das pessoas que creem no Espiritismo, mas podemos dizer que essa crença é geral nos Estados Unidos, e que ela se propaga cada vez mais na Europa. Na França, há toda uma literatura espírita. Paris possui dois ou três jornais que a representam. Lyon, Bordéus, Marselha, cada uma tem o seu.

"O Sr. Allan Kardec é, na França, o mais eminente representante do Espiritismo. Foi uma felicidade para essa crença ter encontrado um chefe que soube mantê-la nos limites do racionalismo. Teria sido muito fácil, com toda essa mistura de fenômenos reais e de criações puramente ideais e subjetivas que constitui a maravilha do que se chama o Espiritismo, deixar-se arrastar pela atração do milagre e pela ressurreição de velhas superstições! O Espiritismo poderia ter dado aos inimigos da razão um poderoso apoio, se ele tivesse voltado à demonologia, e existe no seio do mundo católico um partido que para isto ainda faz todos os esforços. Há também uma literatura deplorável, malsã, mas felizmente sem influência. Ao contrário, o Espiritismo, na França como nos Estados Unidos, resistiu ao espírito da Idade Média. O demônio nele não representa nenhum papel, e *o milagre nele não vem introduzir as suas tolas explicações.*

"Deixando de lado a hipótese que constitui o fundo do Espiritismo, e que consiste em crer que os Espíritos das pessoas mortas se entretenham com os vivos por meio de certos processos de correspondência, muito simples e ao alcance de todos; deixando de lado, dizíamos, a hipótese deste ponto de partida, encontramo-nos em presença de uma doutrina geral que está perfeitamente em relação com o estado da ciência de nossa época, e que responde perfeitamente às necessidades e às aspirações modernas. E o que há de notável é que a Doutrina Espírita é mais ou menos a mesma em toda parte. Se não é estudada senão na França, pode-se crer que as obras do Sr. Allan Kardec, que são como a enciclopédia do Espiritismo, aí são abundantes. Mas esta paridade de doutrina se estende aos outros países; por exemplo, os ensinamentos de Davis, nos Estados Unidos, não diferem essencialmente dos do Sr. Allan Kardec. É verdade que nas ideias emitidas pelo Espiritismo, nada se encontra que não pudesse ter sido encontrado pelo espírito humano entregue apenas aos recursos da imaginação e da ciência positiva; mas, considerando-se que as sínteses que são propostas pelos escritores espíritas são científicas e racionais, elas merecem ser examinadas sem prevenção, sem ideia preconcebida, pela crítica filosófica.

"A nova obra do Sr. Allan Kardec aborda as questões que constituem objeto de nossos estudos. Não podemos hoje fazer-lhe o relato. A ela voltaremos num próximo número, e diremos, ao mesmo tempo, o que pensamos dos fenômenos ditos espíritas e das explicações que dos mesmos podem ser dadas no estado atual da ciência."

NOTA: Esse mesmo número contém um notável artigo do Sr. Raisant, intitulado *Meu ideal religioso,* e que os espíritas não desdenhariam.

CONFERÊNCIAS

Numa série de conferências feitas em abril último, pelo Sr. Chavée, no Instituto Livre do Boulevard des Capucines n.º 39, o orador fez, com tanto talento quanto verdadeira ciência, um estudo analítico e filosófico dos Vedas indianos e das leis de Manu, comparados com o livro de Jó e os Salmos. Esse tema conduziu a considerações de um elevado alcance, que tocam diretamente os princípios fundamentais do Espiritismo. Eis algumas notas, colhidas por um ouvinte dessas conferências. Não são senão pensamentos apanhados a esmo, que necessariamente perdem ao serem destacados do conjunto e privados de seu desenvolvimento, mas que bastam para mostrar a ordem de ideias seguidas pelo autor:

"De que serve lançar um véu sobre o que é? De que serve não dizer bem alto o que se pensa baixinho? É preciso ter a coragem de dizer. Quanto a mim, terei esta coragem."

"Nos Vedas indianos está dito: 'Temos os *nossos pares* lá no alto', e eu sou desta opinião."

"Com os olhos da carne não se pode ver tudo."

"O homem tem uma existência indefinida, e o progresso da alma é indefinido. Seja qual for a soma de suas luzes, ela tem sempre a aprender, porque tem o infinito à sua frente e, embora não possa atingi-lo, seu objetivo será sempre dele aproximar-se cada vez mais."

"O homem individual não pode existir sem um organismo que o limite no seio da criação. Se a alma existe após a morte, então tem um corpo, um organismo que chamo de *organismo superior,* em oposição ao corpo carnal, que é o *organismo inferior.* Durante a vigília, esses dois organismos estão, por assim dizer, confundidos; durante o sono, o sonambulismo e o êxtase, a alma não se serve senão de seu corpo etéreo ou organismo superior; nesse estado ela é mais livre; suas manifestações são mais elevadas, porque ela age sobre esse organismo mais perfeito, que lhe oferece menos resistência; ela abarca um conjunto de relações que admira, o que não pode fazer com o seu organismo inferior, que limita a sua clarividência e o campo de suas observações."

"A alma não tem extensão; ela não é estendida senão por seu corpo etéreo, e circunscrita pelos limites desse corpo, que São Paulo chama *organismo luminoso.*"

"Um organismo, etéreo nos seus elementos constitutivos, mas invisível e *atingível* apenas pela indução científica, em nada contraria as leis conhecidas da Física e da Química."

"Há fatos que a experimentação sempre pode reproduzir, constatando no homem a *existência* de um organismo interno superior, que deve suceder ao organismo opaco habitual, no momento da destruição deste último."

"Depois que a morte separa a alma de seu organismo carnal, ela continua a vida no espaço, com seu corpo etéreo, assim conservando a sua individualidade. Entre os homens, dos quais temos falado e que estão mortos segundo a carne, certamente há alguns aqui entre nós que assistem, invisíveis, às nossas conversas; eles estão ao nosso lado e planam acima de nossas cabeças; eles nos veem e nos escutam. Sim, eles estão aqui, eu vos asseguro.

"A escala dos seres é contínua; antes de ser o que somos, passamos por todos os graus dessa escala que estão abaixo de nós, e continuaremos a subir os que estão acima. Antes que o nosso cérebro fosse réptil, ele foi peixe, e foi peixe antes de ser mamífero.

"Os materialistas negam estas verdades; são gente honesta; são de boa-fé, mas enganam-se! Desafio um materialista a vir aqui, a esta tribuna, provar que tem razão e que estou errado. Que venham provar o materialismo! Não, não o provarão; apenas emitirão ideias apoiadas no vazio; apenas oporão negativas, ao passo que vou demonstrar por fatos a verdade de minha tese."

"Há fenômenos patológicos que provam a existência da alma após a morte? Sim, há e vou citar um. Vejo aqui doutores em medicina, que pretendem que isto não se dá. Responder-lhes-ei apenas isto: Se não o vistes, é porque olhastes mal. Observai, buscai, estudai e encontrareis, como eu próprio encontrei.

"É ao sonambulismo e ao êxtase que vou pedir as provas que vos prometi. – Ao sonambulismo? perguntar-me-ão. Mas a Academia de Medicina ainda não o reconheceu. – Que me importa isto? Nada tenho com a Academia de Medicina e a dispenso. – Mas o Sr. Dubois, de Amiens, escreveu um grosso volume in-8.º contra essa doutrina. – Isto também não me importa: são opiniões sem provas, que desaparecem diante dos fatos."

"Dir-me-ão ainda: 'Já não está em moda defender o sonambulismo.' Responderei que não me preocupo em estar na moda, e que se poucos homens ousam professar verdades que ainda atraem o ridículo, sou daqueles a quem o ridículo não pode atingir, e que o enfrentam de boa-vontade, para dizer corajosamente o que julgam ser a verdade. Se cada um de nós agisse assim, em breve a incredulidade perderia todo o terreno que ganhou há algum tempo, e seria substituída pela fé. Não a fé que é filha da revelação, mas a fé mais sólida, filha da ciência, da observação e da razão."

O orador cita numerosos exemplos de sonambulismo e de êxtase que lhe deram a prova, de certo modo material, da existência da alma; de sua ação isolada do corpo carnal; de sua individualidade após a morte, e, finalmente, de seu corpo etéreo, que não é senão o envoltório fluídico ou perispírito.

Como podemos ver, a existência do perispírito, suspeitada por inteligências de escol desde a mais alta Antiguidade, mas ignorada pelas massas, demonstrada e vulgarizada nestes últimos tempos pelo Espiritismo, é toda uma revolução nas ideias psicológicas e, consequentemente, na Filosofia. Admitido este ponto de partida, chega-se forçosamente, de dedução em dedução, à individualidade da alma, à pluralidade das existências, ao progresso indefinido, à presença dos Espíritos entre nós, numa palavra, a todas as consequências do Espiritismo, até ao fato das manifestações, que se explicam de maneira toda natural.

Por outro lado, demonstramos, em tempo, que partindo do princípio da pluralidade das existências, hoje admitido por numerosos pensadores sérios, mesmo fora do Espiritismo, chega-se exatamente às mesmas consequências.

Portanto, se homens cujo saber tem autoridade professam abertamente, pela palavra e pelos escritos, mesmo sem falar do Espiritismo, uns a doutrina do perispírito sob um nome qualquer, outros a pluralidade das existências, na realidade professam o Espiritismo, porquanto são duas rotas que forçosamente a ele conduzem. Se eles beberam essas ideias em si mesmos e nas próprias observações, isto prova melhor que elas estão na Natureza e quão irresistível é o seu poder. Assim, o perispírito e a reencarnação são, de agora em diante, duas portas abertas para o Espiritismo, no domínio da filosofia e nas crenças populares.

As conferências do Sr. Chavée são, pois, verdadeiras conferências espíritas, menos a palavra. E, sob este último aspecto, diremos que elas são, no momento, mais proveitosas para a doutrina do que se ele arvorasse abertamente a bandeira. Elas popularizam as suas ideias fundamentais sem ofuscar aqueles que, por ignorância da coisa, tivessem prevenção contra o nome. Uma prova evidente da simpatia que estas ideias encontram na opinião é o acolhimento entusiasta que é feito às doutrinas professadas pelo Sr. Chavée, pelo numeroso público que se comprime em suas conferências.

Estamos persuadido que mais de um escritor que põe os espíritas em ridículo aplaude o Sr. Chavée e suas doutrinas, que acha perfeitamente racionais, sem suspeitar que elas não são nada mais nada menos que puro Espiritismo.

O jornal *la Solidarité,* em seu número de 1.º de maio, que citamos acima, traz um relato dessas conferências, para o qual chamamos a atenção dos nossos leitores, porquanto ele completa sob outros pontos de vista os ensinamentos acima.

NOTA: A abundância de matérias nos força a adiar para o próximo número o relato de dois interessantíssimos folhetins do Sr. Bonnemère, autor do *Romance do futuro,* publicados no *Siècle* de 24 e 25 de abril de 1868, sob o título de *Paris sonâmbulo.* O Espiritismo aí é claramente definido.

NOTÍCIAS BIBLIOGRÁFICAS

A RELIGIÃO E A POLÍTICA NA SOCIEDADE MODERNA

Por Frédéric Herrenschneider[3]

O Sr. Herrenschneider é um antigo sansimoniano, e foi aí que colheu seu ardente amor ao progresso. Depois tornou-se espírita, contudo, estamos longe de partilhar sua maneira de ver sobre todos os pontos e aceitar todas as soluções que ele dá. A sua é uma obra de alta filosofia, em que o elemento espírita ocupa um lugar importante. Não a examinaremos senão do ponto de vista da concordância e da divergência de suas ideias, no que toca o Espiritismo. Antes de entrar no exame de sua teoria, parecem-nos essenciais algumas considerações.

Três grandes doutrinas dividem os espíritos, sob os nomes de religiões diferentes e filosofias muito distintas; são o materialismo, o espiritualismo e o Espiritismo. Ora, é possível ser materialista e crer ou não crer no livre-arbítrio do homem; no segundo caso se é *ateu* ou panteísta; no primeiro é-se inconsequente e ainda se toma o nome de panteísta ou de naturista, positivista etc.

A criatura é espiritualista, desde que não seja materialista, isto é, desde que admita um princípio espiritual distinto da matéria, seja qual for a ideia que faça de sua natureza e de seu destino. Os católicos, os gregos, os protestantes, os judeus, os muçulmanos, os deístas são espiritualistas, malgrado as diferenças essenciais de dogmas que os dividem.

Os espíritas fazem da alma uma ideia mais clara e mais precisa; não é um ser vago e abstrato, mas um ser definido, que reveste uma forma concreta, limitada, circunscrita. Independentemente da inteligência, que é a sua essência, ela tem atributos e efeitos especiais, que constituem os princípios fundamentais

---

[3] 1 vol. in-12; 600 páginas. Preço 5 francos; pelo correio, 5,75 francos. Dentu, Palais-Royal.

de sua doutrina. Eles admitem o corpo fluídico ou perispírito; o progresso indefinido da alma; a reencarnação ou pluralidade de existências, como necessidade do progresso; a pluralidade dos mundos habitados; a presença no meio de nós, das almas ou Espíritos que viveram na Terra e a continuação de sua solicitude pelos vivos; a perpetuidade das afeições; a solidariedade universal que liga os vivos e os mortos; os Espíritos de todos os mundos e, em consequência, a eficácia a prece; a possibilidade de comunicação com os Espíritos dos que não vivem mais; no homem, a visão espiritual ou psíquica, que é um efeito da alma.

Eles rejeitam o dogma das penas eternas, irremissíveis, como inconciliável com a justiça de Deus; mas admitem que a alma, depois da morte, sofre e suporta as consequências de todo o mal que praticou durante a vida, de todo o bem que poderia ter feito e não fez. Seus sofrimentos são a consequência *natural* de seus atos; eles duram enquanto durar a perversidade ou a inferioridade moral do Espírito; diminuem à medida que ele se melhora e cessam pela reparação do mal. Essa reparação se dá nas existências corporais sucessivas. Tendo sempre a sua liberdade de ação, o Espírito é, assim, o próprio artífice de sua felicidade e de sua desgraça, neste mundo e no outro. O homem não é levado fatalmente nem ao bem nem ao mal; ele realiza um e outro por sua vontade e se aperfeiçoa pela experiência. Em consequência deste princípio, os espíritas não admitem nem os demônios predestinados ao mal nem a criação especial de anjos predestinados à felicidade infinita sem terem tido o trabalho de merecê-la. Os demônios são Espíritos humanos ainda imperfeitos, mas que melhorarão com o tempo; os anjos são Espíritos que atingiram a perfeição, depois de haverem passado, como os outros, por todos os graus da inferioridade.

O Espiritismo não admite, para cada um, senão a responsabilidade de seus próprios atos; segundo ele, o pecado original é pessoal; ele consiste nas imperfeições que cada indivíduo traz ao renascer, porque ainda não se despojou delas em suas existências precedentes, e cujas consequências ele naturalmente sofre na existência atual.

Também não admite, como suprema recompensa final, a inútil e beata contemplação dos eleitos durante a eternidade; mas, ao contrário, uma incessante atividade de alto a baixo da escala dos seres, em que cada um tem atribuições proporcionais no seu grau de adiantamento.

Esta é, em resumo muito sucinto, a base das crenças espíritas. A pessoa é espírita a partir do momento em que entra nessa ordem de ideias, mesmo que não admitisse todos os pontos da doutrina na sua integridade ou em todas as suas consequências. Pelo fato de não ser espírita *completo*, ela não deixa de ser espírita, o que faz que por vezes seja espírita sem saber, algumas vezes sem querer confessá-lo e que, entre os sectários de diferentes religiões, muitos são espíritas de fato, mesmo que não sejam de nome.

A crença comum para os espiritualistas é acreditar num Deus criador, e admitir que, após a morte, a alma continue a existir, sob a forma de puro Espírito, completamente destacado de toda a matéria, e também que ela poderá, com ou sem a ressurreição de seu corpo material, gozar de uma existência eterna, feliz ou infeliz.

Os materialistas, ao contrário, creem que a força é inseparável da matéria e não pode existir sem ela; assim, Deus não é para eles senão uma hipótese gratuita, a menos que ele seja a própria matéria. Os materialistas negam com toda a sua força a concepção de uma alma essencialmente espiritual e da de uma personalidade sobrevivente à morte.

Sua crítica é fundada, no que concerne à alma, tal qual a aceitam os espiritualistas, em que, sendo a força inseparável da matéria, uma alma pessoal ativa e poderosa não pode existir como um ponto geométrico no espaço, sem dimensão de qualquer espécie, nem comprimento, nem largura, nem altura. Eles perguntam aos espiritualistas: Que força, que poder, que ação pode ter uma tal alma sobre o corpo durante a vida? Que progresso pode ela realizar, e de que maneira conserva sua individualidade, se ela nada é? Como poderia ela ser suscetível de felicidade ou infelicidade após a morte?

Não há que dissimular, essa argumentação é especiosa, mas ela é sem valor contra a doutrina dos espíritas. Eles efetivamente admitem a alma distinta do corpo, como os espiritualistas, com uma vida eterna e uma personalidade indestrutível, mas consideram essa alma como indissoluvelmente unida à matéria; não à matéria do próprio corpo, mas a uma outra, mais etérea, fluídica e incorruptível, que chamam *perispírito,* palavra feliz que muito bem exprime o pensamento, que é a origem e a base do Espiritismo.

Se resumirmos as três doutrinas, diremos que, para os materialistas, a alma não existe, ou, se existe, confunde-se com a matéria, sem nenhuma personalidade distinta fora da vida presente, em que essa personalidade é mais aparente do que real.

Para os espiritualistas, a alma existe no estado de espírito, independente de Deus e de toda matéria.

Para os espíritas, a alma é distinta de Deus, que a criou, e inseparável de uma matéria fluídica e incorruptível que se pode chamar *perispírito*.

Esta explicação preliminar permitirá compreender que existam espíritas sem o saber.

Com efeito, a partir do momento em que não se é materialista nem espiritualista, não se pode deixar de ser espírita, a despeito da repugnância que alguns parecem experimentar por essa qualificação.

Eis-nos bem longe das apreciações fantasistas dos que imaginam que o Espiritismo não repousa senão na evocação dos Espíritos. Entretanto há espíritas que jamais fizeram uma evocação; outros que jamais as viram, nem estão interessados em vê-las, pois sua crença não precisa desse recurso. E, por não se apoiar senão na razão e no estudo, essa crença não é menos completa nem menos séria.

Pensamos mesmo que é sob sua forma filosófica e moral que o Espiritismo encontra os mais firmes e os mais convictos aderentes; as comunicações não passam de meio de convicção, de demonstração, e sobretudo de consolo. Não se deve a elas recorrer senão com reserva, e quando já se sabe bem o que se quer obter.

Não que as comunicações sejam apanágio dos Espíritos; muitas vezes elas ocorrem espontaneamente, e por vezes mesmo em meios hostis ao Espiritismo, do qual elas não dependem. Com efeito, não são senão o resultado de leis e de ações naturais que os Espíritos ou os homens podem utilizar, uns ou outros, quer independentemente, quer de acordo entre si.

Mas, assim como é prudente pôr instrumentos de Física, de Química e de Astronomia apenas na mão daqueles que sabem utilizá-los, convém não provocar comunicações senão quando possam ter uma utilidade real, e não com o fito de satisfazer uma curiosidade pueril.

Dito isto, podemos examinar a obra notável do Sr. Herrenschneider. É a obra de um profundo pensador e de um espírita senão completo pelo menos convicto, mas não concordamos com todas as conclusões a que ele chega.

O Sr. Herrenschneider admite a existência de um Deus criador, em toda parte presente na criação, penetrando todos os corpos com sua substância fluídica e se achando em nós como nós nele. É a notável solução que o Sr. Allan Kardec apresentou na sua *Gênese,* a título de hipótese.

Mas, segundo o autor, no começo Deus enchia todo o espaço; ele teria criado cada ser retirando-se do lugar que lhe concedia para lhe deixar o livre desenvolvimento, sob sua proteção incessante. Esse desenvolvimento progressivo opera-se, a princípio, sob o efeito necessário das leis da Natureza e pela coerção do mal; depois, quando o Espírito já progrediu suficientemente, ele pode juntar a sua própria ação à ação fatal das leis naturais, para ativar o seu progresso.

Durante toda essa fase da existência dos seres, que começa pela molécula do mineral, continua no vegetal, desenvolve-se no animal e se determina no homem, o Espírito recolhe e conserva conhecimentos por seu perispírito. Adquire, assim, uma certa experiência. Os progressos que se realizam são de grande lentidão, e quanto mais lentos eles são, mais multiplicadas são as encarnações.

Como se vê, o autor adota os princípios científicos do progresso dos seres, emitidos por Lamarck, *Geoffroy Saint-Hilaire* e *Darwin*, com a diferença que a ação moderadora das formas e dos órgãos animais já não é apenas o resultado da seleção e da concorrência vital, mas também, e sobretudo, o efeito da ação inteligente do espírito animal, modificando incessantemente as formas e a matéria, que ele reveste para realizar uma apropriação mais conforme à experiência que adquiriu.

É nesta ordem de ideias que queríamos ter visto o autor insistir sobre a ação benéfica e afetuosa dos seres mais elevados concorrendo para o adiantamento dos mais fracos, guiando-os e os protegendo por um sentimento de simpatia e de solidariedade, cujo desenvolvimento é felizmente apresentado no livro *A Gênese* e em todas as obras do Sr. Allan Kardec.

O Sr. Herrenschneider não fala na ação recíproca de uns seres sobre os outros, senão do triste ponto de vista da ação maléfica e do progresso necessário que resulta do mal na Natureza. Sobre este ponto, ele bem compreendeu que o mal é apenas relativo, e que é uma das condições do progresso. Esta parte de seu trabalho é bem desenvolvida.

"*Criados*, diz ele, *na extrema fraqueza, na extrema preguiça e devendo ser os meios do nosso próprio fim,* nós somos obrigados a chegar à perfeição e ao poder, à felicidade e à liberdade por nossos próprios esforços; nosso destino é ser em tudo e por toda parte os filhos de nossas obras; é criar-nos a nossa unidade, a nossa personalidade, a nossa originalidade, assim como a nossa felicidade.

"Eis, em minha opinião, quais são os desígnios de Deus a nosso respeito. Mas, para consegui-lo, *evidentemente o Criador não nos pode abandonar a nós mesmos,* porque, criados nesse estado ínfimo e molecular, estamos naturalmente mergulhados num profundo entorpecimento; aí teríamos mesmo ficado perpetuamente, e jamais teríamos dado um passo à frente se, para nos despertar, para tornar sensível a nossa substância inerte, e para ativar a nossa força privada de iniciativa, *Deus não nos tivesse submetido a um sistema de coerção,* que nos prende à nossa origem, jamais nos deixa e nos força a desenvolver esforços para satisfazer às necessidades e aos instintos morais, intelectuais e materiais dos quais ele nos tornou escravos, por força do sistema de encarnação que dispôs para esse fim."

Indo mais longe que os estóicos, que pretendiam que a dor não existia e que não passava de uma palavra, vê-se que os espíritas chegam a pronunciar a estranha fórmula que *o próprio mal é um bem,* no sentido que a ele conduz fatalmente, necessariamente.

Sobre tudo o que precede, fazemos ao autor a crítica de haver esquecido que a mais estreita solidariedade liga todos os seres, e que os melhores de todos são aqueles que, tendo compreendido melhor esse princípio, o colocam em ação incessantemente, de tal modo que todos os seres na Natureza concorrem para o objetivo geral e para o progresso uns dos outros: uns sem o saber e sob o impulso de seus guias espirituais; outros compreendendo o seu dever de elevar e de instruir os que os cercam ou que deles dependem e se ajudando com o concurso dos mais adiantados que eles próprios. Hoje todo mundo compreende que os pais devem aos seus filhos uma educação conveniente, e que aqueles que são felizes, instruídos e adiantados devem ajudar os pobres, os sofredores e os ignorantes.

Em consequência, deve-se compreender a utilidade da prece, que nos põe em relação com os Espíritos que podem guiar-nos. Não nos acontece pedir aos que vivem como nós, que são nossos superiores ou nossos iguais, e nossa vida pode se passar sem este perpétuo apelo que fazemos à ajuda dos outros? Não é, pois, admirável que, entendendo-nos, os que já não vivem sejam igualmente sensíveis às nossas preces, na medida do que podem fazer, como, aliás, o teriam feito em vida. Por vezes damos a quem não pediu, mas damos sobretudo aos que pedem. Batei, e abrir-se-vos-á; pedi, e se for possível, sereis atendidos.

Não creiais que tudo vos seja devido e que devais esperar os benefícios sem pedi-los e sem merecê-los; não creiais que tudo chegue fatalmente e necessariamente, mas, ao contrário, refleti que estais no meio de seres livres e voluntários, tão numerosos quanto a areia do mar, e que a sua ação pode juntar-se à vossa, a vosso pedido e segundo a sua simpatia, que é preciso saber merecer.

Orar é um meio de agir sobre os outros e sobre si mesmo, mas não é este o momento de desenvolver tão importante assunto. Digamos apenas que a prece não vale senão quando acompanha *o esforço ou o trabalho,* e nada pode sem ele, ao passo que o trabalho e os esforços generosos podem muito bem substituir a prece. É sobretudo entre os espíritas que se admite este velho refrão: "Trabalhar é orar."

A parte mais interessante do livro do Sr. Herrenschneider é aquela onde ele faz o que se poderia chamar a psicologia da alma, concebida de tal forma que os espíritas a compreendem, e sob este ponto de vista, seu trabalho é novo e dos mais curiosos.

O autor determina claramente os fenômenos que dependem do perispírito, e como ele mantém à disposição do espírito a soma inteira de seus progressos anteriores, conservando o traço dos esforços e dos progressos novos tentados e realizados pelo ser, seja em que momento for.

Conforme esses dados, a natureza da alma ou perispírito deve ser considerada como um tesouro adquirido, conservado em nós e encerrando tudo o que concerne ao nosso ser na ordem moral, intelectual e prática.

Evitaremos servir-nos dos termos adotados pelo autor que, para exprimir que a alma pode agir, quer pelo efeito de seu tesouro adquirido ou natureza íntima (perispírito), quer por um esforço novo ou ação voluntária, se serve da expressão *dualidade da alma,* embora fazendo notar que a alma é *una.* Aí está uma expressão infeliz, que não exprime o verdadeiro pensamento do autor e que poderia prestar-se à confusão para um espírito pouco atento.

O Sr. Herrenschneider crê na unidade da alma, como os espíritas; como esses, ele admite a existência do perispírito, o que lhe permite fazer uma fina crítica da psicologia dos espiritualistas, que estuda mais especialmente segundo as obras do Sr. Cousin.

Partindo do mesmo ponto que Sócrates e Descartes: *o conhecimento de si mesmo,* o autor estabelece o fato primordial de onde resultam todos os conhecimentos, isto é, a afirmação de nós mesmos, feita cada vez que empregamos a palavra *eu;* a afirmação do *eu* é, pois, a verdadeira base da psicologia. Ora, há várias manifestações desse *eu* que se apresentam à nossa observação, sem que uma tenha qualquer prioridade sobre as outras e sem que se engendrem reciprocamente: *Eu me sinto, – eu me sei, – eu tenho consciência de minha individualidade, – eu tenho o desejo de ser satisfeito.* Estes dois últimos fatos de consciência são evidentes e claros por si mesmos; eles constituem o princípio da unidade do ser e o de nossa causa final ou destino, a saber: ser feliz.

Para se sentir e para se saber, é preciso notar que se tem perfeita consciência de se sentir sem ter necessidade de fazer qualquer esforço; ao contrário, a percepção do sentir é um ato que resulta de um esforço da mesma ordem que a atenção; a partir do momento em que eu não faço mais esforço, não penso mais nem presto atenção, e então sinto todas as coisas exteriores que me causam impressão, até o momento em que uma delas me fere bastante vivamente para que eu a examine, a ela dedicando a minha atenção. Assim, eu posso pensar ou sentir, ser impressionado ou perceber, e julgar minha impressão quando eu quiser.

Há aí duas ordens psicológicas diferentes, heterogêneas, uma das quais é *passiva* e se caracteriza pela sensibilidade e pela permanência: é o *sentir*; e a outra é *ativa,* e se distingue pelo esforço da atenção e por sua intermitência: é o pensamento voluntário.

É a partir dessa observação que o autor chega a concluir pela existência do perispírito, por uma série e deduções muito interessantes, mas muito longas para relatar aqui.

Para o Sr. Herrenschneider, o perispírito, ou substância da alma, é uma matéria simples, incorruptível, inerte, extensa, sólida e sensível; é o princípio *potencial* que, por sua sutileza, recebe todas as impressões, assimila-as, conserva-as e se transforma, sob essa ação incessante, de maneira a encerrar toda a nossa natureza moral, intelectual e prática.

A força da alma é de ordem virtual, espiritual, ativa, voluntária e refletida; é o princípio de nossa atividade. Por toda parte onde se encontre o nosso perispírito, encontra-se igualmente a nossa força. Do perispírito ou do tesouro adquirido de nossa natureza dependem a nossa sensibilidade, as nossas sensações, os nossos sentimentos, a nossa memória, a nossa imaginação, as nossas ideias, o nosso bom senso, a nossa espontaneidade, a nossa natureza moral e os nossos princípios de honra, assim como os sonhos, as paixões e a própria loucura.

De nossa força derivam, como qualidades virtuais, a atenção, a percepção, a razão, a lembrança, a fantasia, o humor, o pensamento, a razão, a reflexão, a vontade, a virtude, a consciência e a vigilância, assim como o sonambulismo, a exaltação e a monomania.

Levando-se em conta que estas qualidades podem substituir-se uma à outra, sem se excluírem, e também que os mesmos órgãos devem ser empregados tanto para a percepção quanto para a sensação, que se equivalem, pelo sentimento quanto pela razão etc., daí resulta que cada Espírito raramente se serve das duas ordens de suas faculdades com a mesma facilidade. Desta observação resulta para o autor que os indivíduos que funcionam mais facilmente, em virtude das faculdades ditas potenciais, terão estas mais desenvolvidas que os outros, e delas se servirão mais à vontade, e reciprocamente.

Deste ponto de vista e de uma observação relativa à mais ou menos grande força virtual de certas coletividades de indivíduos, geralmente agrupados sob um mesmo nome de raça, o autor chega à conclusão que existem Espíritos que se podem chamar Espíritos franceses, ingleses, italianos, chineses ou negros etc.

A despeito das dificuldades de explicação que resultariam de uma tal ordem de ideias, há que convir que os estudos muito esmerados feitos pelo Sr. Herrenschneider sobre os diversos povos são muito notáveis e, em todo caso, muito interessantes; mas desejaríamos que o autor tivesse indicado seu pensamento mais claramente, e que evidentemente é o seguinte: Os Espíritos se agrupam, em geral, segundo as suas afinidades; é o que faz que Espíritos da mesma ordem e do mesmo grau de elevação tendam a encarnar-se num mesmo ponto do globo, e daí resulta esse caráter nacional, fenômeno em aparência tão singular. Diremos, pois, que não há Espíritos franceses ou ingleses, mas que há Espíritos cujo estado, hábitos, tradições impelem uns a se encarnarem na França, outros na Inglaterra, como os vemos, durante a sua vida, agrupar-se segundo as suas simpatias, seu valor moral e seus caracteres. Quanto ao progresso individual, depende sempre da vontade, e não do valor já adquirido do perispírito que não serve, por assim dizer, senão como um ponto de partida destinado a permitir uma nova elevação do Espírito, novas conquistas e novos progressos.

Deixamos de lado a parte do livro que trata da ordem social e da necessidade de uma religião imposta, porque o autor, ainda imbuído dos princípios de autoridade que ele adquiriu no sansimonismo, afasta-se muito, neste ponto, dos princípios de tolerância absoluta, que o Espiritismo se gloria de professar. Achamos justo ensinar, mas temeríamos uma doutrina imposta e necessária, porque, se fosse excelente para a geração atual, forçosamente tornar-se-ia um entrave para as gerações seguintes, quando estas tivessem progredido.

O Sr. Herrenschneider não compreende que a moral possa ser independente da religião. Em nossa opinião, a questão está mal posta, e cada um a discute justamente do ponto de vista em que tem razão. Os moralistas independentes estão certos quando dizem que a moral é independente dos dogmas religiosos, no sentido que, sem crer em nenhum dos dogmas existentes, muitos dos antigos foram moralizados, e entre os modernos há, e muitos, que têm o direito de gabar-se de o ser. Mas o que é certo é que a moral, e sobretudo a sua aplicação prática, é sempre dependente de nossas *crenças individuais,* sejam quais forem. Ora, ainda que fosse das mais filosóficas, uma crença constitui a *religião* daquele que a possui.

224 | REVISTA ESPÍRITA

Isto se demonstra facilmente pelos fatos diários da existência, e os moralistas, que se dizem independentes, têm, eles próprios, como *crença*, que é preciso respeitar a si mesmo e aos outros, desenvolvendo, o mais possível, em si e nos outros, os elementos do progresso. Sua moral dependerá, pois, de sua crença; suas ações forçosamente dela ressentir-se-ão, e essa moral não será independente senão das religiões, das crenças e dos dogmas nos quais eles não acreditam, o que achamos muito justo e racional, mas também muito elementar.

O que se pode dizer é que, no estado atual da nossa Sociedade, há princípios de moral que estão de acordo com todas as crenças individuais, sejam quais forem, porque os indivíduos modificaram crenças religiosas sobre certos pontos, em virtude dos progressos científicos e morais dos quais os nossos antepassados fizeram a feliz conquista.

Terminaremos dizendo que o autor é, sob muitos pontos, discípulo de Jean Reynaud. Seu livro é o resumo de estudos e pensamentos sérios expressos claramente e com força. Ele é feito com um cuidado digno de louvor, e esse cuidado vai até a minúcia nos detalhes materiais da impressão, o que tem sua grande importância para a clareza de um livro tão sério.

Malgrado o desacordo profundo que nos separa do Sr. Herrenschneider, tanto a respeito de sua maneira de ver para impor a religião, quanto sobre suas ideias relativas à autoridade, à família, que ele esqueceu muito, assim como quanto à prece, à solidariedade benevolente dos Espíritos, que ele não soube apreciar etc., ideias que o próprio Jean Reynaud já havia desaprovado, é impossível não ser tocado pelo mérito da obra e pelo valor do homem que soube achar pensamentos fortes, muitas vezes justos e sempre claramente expressos.

O Espiritismo aí é claramente dado como verdadeiro, pelo menos nos seus princípios fundamentais, e levado em consideração nos elementos da ciência filosófica; há, contudo, no ponto de partida, uma diferença: O autor chega ao resultado por indução, ao passo que o Espiritismo, procedendo por via experimental, fundamentou sua teoria na observação dos fatos. É um escritor muito sério, o que lhe dá o direito de confiabilidade.

EMILE BARRAULT, *engenheiro*

ALLAN KARDEC

REVISTA ESPÍRITA

JORNAL DE ESTUDOS PSICOLÓGICOS

ANO XI	JULHO DE 1868	VOL. 7

A CIÊNCIA DA CONCORDÂNCIA DOS NÚMEROS E A FATALIDADE

Por várias vezes nos perguntaram o que pensamos da concordância dos números e se cremos no valor dessa ciência. Nossa resposta é bem simples: Até este momento nada pensamos a respeito, porque jamais com ela nos ocupamos. Bem que temos visto alguns casos de concordâncias singulares entre as datas de certos acontecimentos, mas em pequeníssimo número para delas tirar uma conclusão, mesmo aproximada. A bem da verdade, não vemos a razão de tal coincidência. Entretanto, o fato de não compreendermos uma coisa não significa que ela não existe. A Natureza não disse a sua última palavra, e o que hoje é utopia poderá ser verdade amanhã. Então, pode ser que entre os fatos exista uma certa correlação que não suspeitamos, e que poderia traduzir-se por números. Em todo caso, não se poderia dar o nome de *ciência* a um cálculo tão hipotético quanto o das relações numéricas, no que concerne à sucessão dos acontecimentos. Uma ciência é um conjunto de fatos suficientemente numerosos para deles se deduzirem regras, e suscetíveis de uma demonstração. Ora, no estado atual dos nossos conhecimentos, seria absolutamente impossível estabelecer uma teoria qualquer acerca dos fatos desse gênero, e até mesmo uma explicação satisfatória. Não é, portanto, ou, se quiserem, não é ainda uma ciência, o que não implica na sua negação.

Há fatos sobre os quais temos uma opinião pessoal. No caso de que se trata não temos nenhuma, e se nos inclinássemos para um lado, seria de preferência para a negativa, até prova em contrário.

Baseamo-nos no fato de que o tempo é relativo; de que ele não pode ser apreciado senão em termos comparativos e em relação aos pontos de referência obtidos na revolução dos outros, e esses termos variam conforme os mundos, porque fora dos mundos o tempo não existe. Não há parâmetro para medir o infinito. Assim, parece que não pode haver uma lei universal de concordância para a data dos acontecimentos, porque o cômputo da duração varia conforme os mundos, a menos que haja, nesse caso particular, uma lei para cada mundo, afeta à sua organização, como há uma para a duração da vida de seus habitantes.

Seguramente, se tal lei existe, um dia ela será reconhecida. O Espiritismo, que assimila todas as verdades, quando são constatadas, não irá repelir essa. Mas como, até o presente, essa lei não é atestada nem por um número suficiente de fatos nem por uma demonstração categórica, com ela devemos preocupar-nos muito pouco, porquanto ela só nos interessa de maneira muito indireta. Não dissimulamos a importância dessa lei, se é que ela existe, mas como as portas do Espiritismo estarão sempre abertas a todas as ideias progressivas, a todas as aquisições da inteligência, ele se ocupa com as necessidades do momento, sem receio de ser ultrapassado pelas conquistas do futuro.

Tendo sido esta questão submetida aos Espíritos num grupo muito sério do interior, e por isto mesmo geralmente bem assistido, foi respondido:

"Há, certamente, no conjunto dos fenômenos morais, como nos fenômenos físicos, relações baseadas nos números. A lei da concordância das datas não é uma quimera; é uma das que vos serão reveladas mais tarde e vos darão a chave das coisas que vos parecem anomalias, porque, acreditai, a Natureza não tem caprichos; ela marcha sempre com precisão e passo seguro. Além do mais, essa lei não é exatamente como imaginais; para compreendê-la na sua razão de ser, no seu princípio e na sua utilidade, necessitais adquirir ideias que ainda não tendes, e que virão com o seu tempo. Por ora, esse conhecimento seria prematuro, razão pela qual não vos é dado. Portanto, seria inútil insistir. Limitai-vos a recolher os fatos; observai sem nada concluir, para não vos confundirdes. Deus sabe dar aos homens o alimento intelectual à medida que eles estão em condições de absorvê-lo. Trabalhai sobretudo por vosso adiantamento moral, que é o essencial, porque é por esse caminho que merecereis possuir novas luzes."

Nós somos dessa opinião. Pensamos, até, que haveria mais inconvenientes do que vantagens em vulgarizar prematuramente uma crença que, nas mãos da ignorância, poderia degenerar em abuso e práticas supersticiosas, por falta do contrapeso de uma teoria racional.

O princípio da concordância das datas é, pois, inteiramente hipotético; mas se nada é ainda permitido afirmar a esse respeito, a experiência demonstra que, na Natureza, muitas coisas estão subordinadas a leis numéricas, suscetíveis do mais rigoroso cálculo. Este fato, de uma grande importância, talvez possa um dia lançar a luz sobre a primeira questão. É assim, por exemplo, que as chances do acaso são submetidas, em seu conjunto, a uma periodicidade de admirável precisão; a maior parte das combinações químicas para a formação dos corpos compostos dão-se em proporções definidas, e isto significa que é necessário um determinado número de moléculas de cada um dos corpos elementares, e que uma molécula a mais ou a menos muda completamente a natureza do corpo composto (vide *A Gênese,* Cap. X, itens 7 e seguintes); a cristalização se opera sob ângulos de uma abertura constante; em Astronomia, os movimentos e as forças seguem progressões de um rigor matemático, e a mecânica celeste é tão exata quanto a mecânica terrestre; dá-se o mesmo com a reflexão dos raios luminosos, calóricos e sonoros; é em cálculos positivos que são estabelecidas as possibilidades de sobrevivência e os riscos de mortalidade nos seguros.

É certo, pois, que os números estão na Natureza e que leis numéricas regem a maior parte dos fenômenos de ordem física. Dá-se o mesmo nos fenômenos de ordem moral e metafísica? É o que seria presunção afirmar, sem dados mais precisos do que aqueles que possuímos. Esta questão, aliás, levanta outras que têm a sua importância, e sobre as quais julgamos útil apresentar algumas observações de um ponto de vista geral.

Levando-se em consideração que uma lei numérica rege os nascimentos e a mortalidade das criaturas, não poderia dar-se o mesmo, porém numa escala mais vasta, para as individualidades coletivas, tais como as raças, os povos, as cidades etc.? As fases de sua marcha ascendente, de sua decadência e de seu fim; as revoluções que marcam as etapas do progresso da Humanidade, não estariam sujeitas a uma certa periodicidade?

228 | REVISTA ESPÍRITA

Quanto às unidades numéricas para o cômputo dos períodos da história da Humanidade, se não são os dias nem os anos nem os séculos, poderiam eles ter por base as gerações, como alguns fatos tenderiam a fazê-lo supor.

Aí não está um sistema; é ainda menos uma teoria, mas uma simples hipótese, uma ideia baseada numa probabilidade, e que um dia poderá servir de ponto de partida para ideias mais positivas.

Mas, perguntarão, se os acontecimentos que decidem a sorte da Humanidade, de uma nação, de uma tribo, têm seus prazos regulados por uma lei numérica, é a consagração da fatalidade e, então, em que se torna o livre-arbítrio do homem? Então o Espiritismo estaria errado quando diz que nada é fatal e que o homem é o senhor absoluto de suas ações e de sua sorte?

Para responder a esta objeção, há que tomar a questão de mais alto. Digamos, para começar, que o Espiritismo jamais negou a fatalidade de certas coisas, e que, ao contrário, sempre a reconheceu. Mas ele diz que essa fatalidade não entrava o livre-arbítrio. Eis o que é fácil de demonstrar.

Todas as leis que regem o conjunto dos fenômenos da Natureza têm consequências necessariamente fatais, isto é, inevitáveis, e essa fatalidade é indispensável à manutenção da harmonia universal. O homem, que sofre essas consequências, está, pois, sob alguns aspectos, submetido à fatalidade, em tudo quanto não depende de sua iniciativa. Assim, por exemplo, ele deve morrer fatalmente: é a lei comum, à qual ele não pode subtrair-se e, em virtude dessa lei, ele pode morrer em qualquer idade, quando chegar a sua hora; entretanto, se ele voluntariamente apressa a sua morte, pelo suicídio ou por seus excessos, age em virtude de seu livre-arbítrio, pois ninguém pode constrangê-lo a praticar esse ato. Ele deve comer para viver: é a fatalidade; mas se ele come além do necessário, pratica um ato de liberdade.

Em sua cela, o prisioneiro é livre de mover-se à vontade, no espaço que lhe é concedido, mas as paredes que não pode transpor são para ele a fatalidade que lhe restringe a liberdade. A disciplina é para o soldado uma fatalidade, pois o obriga a atos independentes de sua vontade, mas ele não é menos livre em suas ações pessoais, pelas quais é responsável. Assim é com o homem, na Natureza. A Natureza tem as suas leis fatais, que lhe opõem uma barreira, mas aquém da qual ele pode mover-se à vontade.

Por que Deus não deu ao homem uma liberdade completa? Porque Deus é como um pai previdente, que limita a liberdade de seus filhos ao nível do seu raciocínio e do uso que dela podem fazer. Se os homens já se servem tão mal da que lhes é concedida, se não sabem governar-se a si mesmos, que seria se as leis da Natureza estivessem à sua disposição, e se não lhes opusessem um freio salutar?

O homem pode, pois, ser livre em suas ações, a despeito da fatalidade que preside o conjunto; ele é livre numa certa medida, no limite necessário para lhe deixar a responsabilidade de seus atos. Se, em virtude dessa liberdade, ele perturba a harmonia por um mal que faz; se ele põe um obstáculo na marcha providencial das coisas, ele é o primeiro a sofrer as consequências disso, e como as leis da Natureza são mais fortes do que ele, acaba sendo arrastado na corrente; então ele sente a necessidade de retornar ao caminho do bem, e tudo retoma o seu equilíbrio, de sorte que a volta ao bem é ainda um ato livre, posto que *provocado,* nas não imposto pela fatalidade.

O impulso dado pelas leis da Natureza, bem como os limites que elas estabelecem, são sempre bons, porque a Natureza é obra da sabedoria divina. A resistência a essas leis é um ato de liberdade e essa resistência sempre atrai o mal. Sendo o homem livre para observar ou infringir essas leis, no que se refere à sua pessoa, é, pois, livre de fazer o bem ou o mal. Se ele pudesse ser fatalmente levado a fazer o mal, e não podendo essa fatalidade vir senão de um poder a ele superior, Deus seria o primeiro a infringir as suas leis.

A quem não ocorreu muitas vezes dizer: "Se eu não tivesse agido como agi em tal circunstância, não estaria na posição em que estou; se eu tivesse que recomeçar, agiria de outra maneira?" Não é reconhecer que tinha liberdade para fazer ou não fazer? Que estava livre para fazer melhor, se se apresentasse outra oportunidade? Ora, Deus, que é mais sábio do que ele, prevendo os erros nos quais ele pode cair e o mau uso que ele poderia fazer de sua liberdade, dá-lhe *indefinidamente* a possibilidade de recomeçar, pela sucessão de suas existências corporais, e ele recomeçará até que, instruído pela experiência, não mais erre o caminho.

230 | REVISTA ESPÍRITA

O homem pode, portanto, conforme a sua vontade, apressar ou retardar o termo de suas provas, e é nisto que consiste a liberdade. Agradeçamos a Deus não nos ter fechado para sempre o caminho da felicidade, decidindo a nossa sorte definitiva após uma existência efêmera, notoriamente insuficiente para chegar ao topo da escada do progresso, e de nos haver dado, pela própria fatalidade da reencarnação, os meios de progredir incessantemente, renovando as provas nas quais fracassamos.

A fatalidade é absoluta para as leis que regem a matéria, porque a matéria é cega; ela não existe para o Espírito que é, ele próprio, chamado a reagir sobre a matéria, em virtude de sua liberdade. Se as doutrinas materialistas fossem verdadeiras, elas seriam a mais formal consagração da fatalidade, porque se o homem fosse apenas matéria, não poderia ter iniciativa. Ora, se lhe concedeis iniciativa, seja no que for, é que ele é livre, e se é livre, é que tem em si algo além da matéria. Sendo o materialismo a negação do princípio espiritual, é, por isso mesmo, a negação da liberdade. E – contradição bizarra! – os materialistas, aqueles mesmos que proclamam o dogma da fatalidade, são os primeiros a dela tirar partido; a constituir-se senhores de sua liberdade; a reivindicá-la como um direito, na sua mais absoluta plenitude, junto aos que a restringem, e isto sem suspeitar que significa reclamar o privilégio do Espírito e não da matéria.

Aqui se apresenta outra questão. A fatalidade e a liberdade são dois princípios que parecem excluir-se. A liberdade da ação individual é compatível com a fatalidade das leis que regem o conjunto, e essa ação não vem perturbar a harmonia? Alguns exemplos tomados dos mais vulgares fenômenos da ordem material deixarão evidente a solução do problema.

Dissemos que as chances do acaso se equilibram com uma surpreendente regularidade. Com efeito, há um resultado muito conhecido no jogo do vermelho e preto que, a despeito da irregularidade de saída a cada lançamento, as cores são em número igual ao cabo de certo número de jogadas; isto significa que em cem jogadas haverá cinquenta vermelhos e cinquenta pretos; em mil, quinhentos de uma e quinhentos de outra, com uma diferença de poucas unidades. Dá-se o mesmo com os números pares e ímpares e com todas as chances ditas duplas. Se, em lugar de duas cores, houver três, haverá um terço de cada; se forem quatro, um quarto etc. Muitas vezes a mesma cor sai em séries de duas, três, quatro, cinco, seis vezes seguidas; num certo número de jogadas haverá tantas séries de duas vermelhas quanto de duas pretas; tantas de três vermelhas quanto de três pretas, e assim por diante. No entanto, as jogadas de duas serão 50% menos numerosa do que as de uma; as de três, um terço das de uma; as de quatro, um quarto etc.

Nos dados, como estes têm seis faces, jogando-o sessenta vezes, chegar-se-á a dez vezes um ponto, dez vezes dois pontos, dez vezes três pontos e assim com os outros.

Na antiga loteria da França havia noventa números colocados numa roleta. Sorteava-se cinco de cada vez. Nos registros de vários anos constatou-se que cada número havia saído na proporção de um nonagésimo e cada dezena na proporção de um nono.

A proporção é tanto mais exata quanto mais considerável o número de jogadas. Em dez ou vinte jogadas, por exemplo, pode ser muito desigual, mas o equilíbrio se estabelece à medida que aumenta o número, e isto com uma regularidade matemática. Sendo isto um fato constante, é bem evidente que uma lei numérica preside a essa repartição, quando abandonada a si mesma, e que nada vem forçá-la ou entravá-la. O que se chama acaso está, pois, submetido a uma lei matemática, isto é, não há acaso. A irregularidade caprichosa que se manifesta em cada jogada, ou num pequeno número de jogadas, não impede a lei de seguir o seu curso, de onde pode-se concluir que há nessa repartição uma verdadeira fatalidade, mas essa fatalidade que preside ao conjunto é nula, ou pelo menos inapreciável, para cada jogada isolada.

Estendemo-nos um pouco no exemplo dos jogos, porque é um dos mais chocantes e dos mais fáceis de verificar, pela possibilidade de multiplicar os fatos à vontade, em curto espaço de tempo. E como a lei ressalta do conjunto dos fatos, foi essa multiplicidade que permitiu reconhecê-la, sem o que é provável que ainda a ignorássemos.

A mesma lei pôde ser observada com precisão nas chances de mortalidade. A morte, que parece ferir indistintamente e às cegas, não segue menos, em seu conjunto, uma marcha regular e constante, segundo a idade. Sabemos perfeitamente que de mil indivíduos de todas as idades, em um ano morrerão tantos de um a dez anos, tantos de dez a vinte, tantos de vinte a trinta, e assim por diante; ou então que após um período de

232 | REVISTA ESPÍRITA

dez anos, o número dos sobreviventes será de tantos de um a dez anos, tantos de dez a vinte etc. Causas acidentais de mortalidade podem momentaneamente perturbar esta ordem, como no jogo a saída de uma longa série da mesma cor rompe o equilíbrio. No entanto, se em vez de um período de dez anos ou de um número de mil indivíduos, estendermos a observação a cinquenta anos e a cem mil indivíduos, encontraremos o equilíbrio restabelecido.

De acordo com isto, é permitido supor que todas as eventualidades que parecem efeito do acaso, na vida individual, bem como na dos povos e da Humanidade, são regidas por leis numéricas, e que o que falta para reconhecê-las é poder abarcar de um golpe de vista uma massa bastante considerável de fatos, e um lapso de tempo suficiente.

Pela mesma razão, nada haveria de absolutamente impossível que o conjunto dos fatos de ordem moral e metafísica fosse igualmente subordinado a uma lei numérica, cujos elementos e as bases, até agora, nos são totalmente desconhecidos. Em todo caso, vê-se, pelo que precede, que essa lei, ou, se preferirem, essa fatalidade do conjunto, de modo algum eliminaria o livre-arbítrio. É o que nos tínhamos proposto demonstrar. Não se exercendo o livre-arbítrio senão sobre pontos isolados de detalhe, ele não entravaria o cumprimento da lei geral, assim como a irregularidade da saída de cada número não entravaria a repartição proporcional desses mesmos números sobre um certo número de jogadas. O homem exerce o seu livre-arbítrio na pequena esfera de sua ação individual; esta pequena esfera pode estar em desalinho, sem que isto a impeça de gravitar no conjunto segundo a lei comum, assim como os pequenos remoinhos causados nas águas de um rio, pelos peixes que se agitam, não impedem a massa das águas de seguir o curso forçado que lhes imprime a lei de gravitação.

Tendo o homem o livre-arbítrio, em nada entra a fatalidade em suas ações individuais; quanto aos acontecimentos da vida privada, que por vezes parecem atingi-lo fatalmente, eles têm duas causas bem distintas: uns são consequência direta de sua conduta na existência presente; muitas pessoas são infelizes, doentes, enfermas por sua culpa; muitos acidentes são resultado da imprevidência; ele não pode queixar-se senão de si mesmo, e não da fatalidade ou, como se diz, de sua má estrela. Os outros são inteiramente independentes da vida presente e parecem, por isto mesmo, devidos a uma certa fatalidade. Mas, ainda aqui o Espiritismo nos demonstra que essa fatalidade é apenas aparente, e que certas posições penosas da vida têm sua razão de ser na pluralidade das existências. O Espírito as escolheu voluntariamente na erraticidade, antes de sua encarnação, como provações para o seu adiantamento. Elas são, pois, produto do livre-arbítrio, e não da fatalidade. Se algumas vezes são impostas como expiação, por uma vontade superior, é ainda por força das más ações voluntariamente cometidas pelo homem em existência precedente, e não como consequência de uma lei fatal, porquanto ele poderia tê-las evitado, agindo de outro modo.

A fatalidade é o freio imposto ao homem por uma vontade superior a ele, e mais sábia que ele, em tudo o que não é deixado à sua iniciativa. Mas ela jamais é um entrave ao exercício de seu livre-arbítrio, no que toca às suas ações pessoais. Ela não pode impor-lhe nem o mal nem o bem. Desculpar uma ação má qualquer pela fatalidade ou, como se diz muitas vezes, pelo destino, seria abdicar a capacidade de discernimento que Deus lhe deu para pesar o pró e o contra, a oportunidade ou a falta de oportunidade, as vantagens e os inconvenientes de cada coisa. Se um acontecimento está no destino de um homem, ele realizar-se-á, a despeito de sua vontade, e será sempre para o seu bem, mas as circunstâncias da realização dependem do emprego que ele faça de seu livre-arbítrio, e muitas vezes ele pode reverter em seu prejuízo o que deveria ser um bem, se agir com imprevidência, e se se deixar arrastar pelas suas paixões. Ele se engana mais ainda se toma o seu desejo ou os desvios de sua imaginação por seu destino. (Vide *O Evangelho segundo o Espiritismo,* Cap. V, itens I a 11).

Tais são as reflexões que nos sugeriram os três ou quatro pequenos cálculos de concordância de datas que nos foram apresentados, e sobre os quais nos pediram conselho. Elas eram necessárias para demonstrar que em semelhante matéria, de alguns fatos idênticos não se podia concluir por uma aplicação geral. Aproveitamo-los para resolver, por novos argumentos, a grave questão da fatalidade e do livre-arbítrio.

A GERAÇÃO ESPONTÂNEA E *A GÊNESE*

Em nossa obra sobre *A Gênese,* desenvolvemos a teoria da geração espontânea como uma hipótese provável. Alguns partidários absolutos dessa teoria admiraram-se que não a tenhamos afirmado como princípio. A isto respondemos que se a questão está resolvida para uns, não o está para todos, e a prova é que a esse respeito a Ciência ainda está dividida. Ademais, ela é do domínio científico, onde o Espiritismo não pode colher e onde nada lhe cabe resolver de maneira definitiva, naquilo que não é essencialmente de sua competência.

Pelo fato do Espiritismo assimilar todas as ideias progressistas, não se segue que ele se faça campeão cego de todas as concepções novas, por mais sedutoras que se apresentem à primeira vista, com o risco de mais tarde receber um desmentido da experiência e de se dar ao ridículo de haver patrocinado uma obra inviável. Se ele não se pronuncia abertamente sobre certas questões controvertidas, não é, como poderiam supor, para manejar os dois partidos, mas por prudência, e para não se adiantar levianamente num terreno ainda não suficientemente explorado. Eis por que ele não aceita as ideias novas, mesmo as que lhe parecem justas, inicialmente sob reserva, para efeito de futura ponderação, e de maneira definitiva apenas quando chegaram ao estado de verdades reconhecidas.

A questão da geração espontânea se enquadra neste caso. Pessoalmente é para nós uma convicção, e se tivéssemos que tratá-la numa obra comum, tê-la-íamos resolvido pela afirmativa; mas numa obra constitutiva da Doutrina Espírita, as opiniões individuais não podem fazer lei. Não sendo a doutrina baseada em probabilidades, não poderíamos resolver uma questão de tal importância tão logo tenha surgido, e que ainda está em litígio entre os especialistas. Afirmar a coisa sem restrição, teria sido comprometer a Doutrina prematuramente, o que não fazemos nunca, nem mesmo para fazer prevalecerem as nossas simpatias.

O que, até aqui, deu força ao Espiritismo; o que dele fez uma ciência positiva e de futuro, é que ele jamais avançou levianamente; que não se constituiu sobre nenhum sistema preconcebido; que não estabeleceu nenhum princípio absoluto sobre a opinião pessoal, nem de um homem, nem de um Espírito, mas somente depois que esse princípio recebeu a consagração da experiência e de uma demonstração rigorosa, resolvendo todas as dificuldades da questão.

Quando formulamos um princípio, portanto, é que previamente nos asseguramos do assentimento da maioria dos homens e dos Espíritos. Eis por que não temos tido decepções. Esta é, também, a razão pela qual nenhuma das bases que constituem a Doutrina, e isto há cerca de doze anos, recebeu desmentido oficial; os princípios de *O Livro dos Espíritos* foram sucessivamente desenvolvidos e completados, mas nenhum caiu em desuso, e nossos últimos escritos não estão, em nenhum ponto, em contradição com os primeiros, a despeito do tempo decorrido e das novas observações que foram feitas.

Certamente assim não teria sido se tivéssemos cedido às sugestões dos que incessantemente nos gritavam para ir mais depressa; se tivéssemos esposado todas as teorias que eclodiam de todos os lados. Por outro lado, se tivéssemos escutado os que nos pediam que fôssemos mais lentamente, ainda estaríamos observando as mesas girantes. Vamos em frente quando sentimos que o momento é propício e vemos que os espíritos estão maduros para aceitar uma ideia nova; detemo-nos quando vemos que o terreno não é bastante sólido para aí fincar o pé. Com a nossa aparente lentidão e nossa circunspecção muito meticulosa para o gosto de certas pessoas, avançamos mais do que se nos tivéssemos posto a correr, porque evitamos tropeçar no caminho. Não tendo motivo para lamentar a marcha que temos seguido até agora, não a alteraremos.

Dito isto, completaremos com algumas observações o que dissemos em *A Gênese* sobre a geração espontânea. Sendo a *Revista* um terreno de estudo e de elaboração de princípios, nela dando claramente a nossa opinião, não tememos empenhar a responsabilidade da doutrina, porque a doutrina a adotará se ela for justa e a rejeitará se for falsa.

É um fato hoje cientificamente demonstrado que a vida orgânica nem sempre existiu na Terra, e que ela aí teve um começo. A Geologia permite seguir o seu desenvolvimento gradual. Os primeiros seres do reino vegetal e do reino animal que apareceram, então, devem ter-se formado sem procriação e pertencer às classes inferiores, como o constatam as observações geológicas.

À medida que se reuniram os elementos dispersos, as primeiras combinações formaram corpos exclusivamente inorgânicos, isto é, as pedras, as águas e os minerais de toda espécie. Quando esses mesmos elementos se modificaram pela ação do fluido vital – que não é o princípio inteligente – eles formaram corpos dotados de vitalidade, de uma organização constante e regular, cada um na sua espécie. Ora, assim como a cristalização da matéria bruta não ocorre senão quando uma causa acidental não vem opor-se ao arranjo simétrico das moléculas, os corpos organizados se formam desde que as circunstâncias favoráveis de temperatura, de umidade, de repouso ou de movimento, e uma espécie de fermentação permitem que as moléculas da matéria, vivificadas pelo fluido vital, se reúnam. É o que se vê em todos os germes em que a vitalidade pode ficar latente durante anos e séculos, e se manifestar num dado momento, quando as circunstâncias são propícias.

Os seres não procriados formam, pois, o primeiro escalão dos seres orgânicos, e provavelmente um dia serão contados na classificação científica. Quanto às espécies que se propagam por procriação, uma opinião que não é nova, mas que hoje se generaliza sob a égide da Ciência, é que os primeiros tipos de cada espécie são o produto da espécie imediatamente inferior. Assim estabeleceu-se uma cadeia ininterrupta, desde o musgo e o líquen até o carvalho, e depois o zoófito, a minhoca e o oução, até o homem. Sem dúvida entre a minhoca e o homem, se considerarmos apenas os dois pontos extremos, há uma diferença que parece um abismo; mas quando se aproximam todos os elos intermediários, encontramos uma filiação sem solução de continuidade.

Os partidários desta teoria que, repetimo-lo, tende a prevalecer, e à qual nos ligamos sem reserva, estão longe de ser todos espiritualistas, e ainda menos espíritas. Não considerando senão a matéria, eles fazem abstração do princípio espiritual ou inteligente. Essa questão nada prejulga, pois, sobre a filiação desse princípio da animalidade na Humanidade; é uma tese da qual não vamos tratar hoje, mas que já se debate em certas escolas filosóficas não materialistas. Não se trata, pois, senão do envoltório carnal, distinto do Espírito, como a casa o é de seu habitante. Então o corpo do homem pode ser perfeitamente uma modificação do corpo do macaco, sem que se siga que o seu espírito seja o mesmo que o do macaco (*A Gênese,* Cap. XI, n.º 15).

JULHO 1868 | 237

A questão que se liga à formação deste envoltório não deixa de ser muito importante, primeiro porque resolve um sério problema científico, porquanto destrói preconceitos de longa data arraigados pela ignorância, e depois porque os que a estudam exclusivamente chocar-se-ão com dificuldades insuperáveis quando quiserem dar-se conta de todos os efeitos, absolutamente como se quisessem explicar os efeitos da telegrafia sem a eletricidade; eles não encontrarão a solução destas dificuldades senão na ação do princípio espiritual que deverão admitir, afinal de contas, para sair do impasse em que estarão empenhados, sob pena de deixar sua teoria incompleta.

Deixemos, pois, o materialismo estudar as propriedades da matéria; esse estudo é indispensável, e isso será feito, efetivamente: o espiritualismo não terá mais que completar o trabalho no que lhe concerne. Aceitemos suas descobertas e não nos inquietemos com suas conclusões absolutas, porque uma vez demonstrada a sua incapacidade para tudo resolver, as necessidades de uma lógica rigorosa concluirão forçosamente pela espiritualidade; e sendo a própria espiritualidade geral incapaz de resolver os inúmeros problemas da vida presente e da vida futura, será encontrada a única chave possível nos princípios mais positivos do Espiritismo. Já vemos uma porção de homens chegarem por si mesmos às consequências do Espiritismo, sem conhecê-lo, uns começando pela reencarnação, outros pelo perispírito. Eles fazem como Pascal, que descobriu os elementos da geometria sem estudo prévio, e sem suspeitar que aquilo que ele acreditava ter descoberto era uma obra concluída. Dia virá em que os *pensadores sérios*, estudando esta doutrina com a atenção que ela comporta, ficarão muito surpresos de nela encontrar o que procuravam, e proclamarão abertamente um trabalho de cuja existência eles não suspeitavam.

É assim que tudo se encadeia no mundo; da matéria bruta saíram os seres orgânicos, cada vez mais aperfeiçoados; do materialismo sairão, pela força das coisas e por dedução lógica, o espiritualismo geral, depois o Espiritismo, que não é outra coisa senão o espiritualismo estabelecido com precisão, apoiado nos fatos.

O que se passou na origem do mundo para a formação dos primeiros seres orgânicos acontece em nossos dias, pela via do que se chama a geração espontânea? Eis a questão. De nossa parte, não hesitamos em pronunciar-nos pela afirmativa.

Os partidários e os adversários confrontam reciprocamente experiências que deram resultados contrários; mas estes últimos esquecem que o fenômeno não se pode produzir senão em condições adequadas de temperatura e aeração; buscando obtê-las fora dessas condições, eles devem necessariamente fracassar.

Sabe-se, por exemplo, que para a eclosão artificial dos ovos, há necessidade de uma temperatura regular determinada, e certas precauções minuciosas especiais. Quem negasse tal eclosão porque não a tivesse obtido com alguns graus a mais ou a menos, e sem as precauções necessárias, estaria no mesmo caso daquele que não obtém a geração espontânea num meio impróprio. Parece-nos, pois, que se essa geração forçosamente se produziu nas primeiras idades do globo, não há razão para que ela não se produza em nossa época, se as condições forem as mesmas, como não há razão para que não se formem calcários, óxidos, ácidos e sais, como no primeiro período.

Está hoje constatado que os pêlos do mofo constituem uma vegetação que nasce sobre a matéria orgânica que atingiu um certo estado de fermentação. O mofo nos parece ser o primeiro, ou um dos primeiros tipos da vegetação espontânea, e essa vegetação primitiva, que persiste, revestindo formas diversas, conforme o meio e as circunstâncias, nos dá os liquens, os musgos etc. Querem um exemplo mais direto? Que são os cabelos, a barba e os pêlos do corpo dos animais, senão uma vegetação espontânea?

A matéria orgânica animalizada, isto é, contendo uma certa porção de azoto, dá origem a vermes que têm todos os caracteres de uma geração espontânea. Quando o homem ou um animal qualquer está vivo, a atividade da circulação do sangue e o funcionamento incessante dos órgãos mantêm uma temperatura e um movimento molecular que impedem os elementos constitutivos dessa geração de se formar e se reunir. Quando o animal está morto, a parada da circulação e do movimento, o abaixamento da temperatura num certo limite, produzem a fermentação pútrida e, em consequência, a formação de novos compostos químicos. É então que se veem todos os tecidos subitamente invadidos por miríades de vermes que neles se repastam, sem dúvida para apressar a sua destruição. Como seriam procriados, se antes não havia traços deles?

Objetarão, sem dúvida, que são os ovos das moscas depositados na carne morta. Mas isto nada provaria, porque os ovos das moscas são depositados na superfície, e não no interior dos tecidos, e porque a carne, posta ao abrigo das moscas, ao cabo de um certo tempo não está menos pútrida e cheia de vermes; muitas vezes eles são vistos invadindo os corpos antes da morte, quando há um começo parcial de decomposição pútrida, notadamente nas feridas gangrenosas.

Certas espécies de vermes se formam durante a vida, mesmo num estado de saúde aparente, sobretudo nos indivíduos linfáticos, cujo sangue é pobre, e que não têm a superabundância de vida que se nota em outros. São as lombrigas ou vermes intestinais; as tênias ou solitárias que por vezes atingem sessenta metros de comprimento, e se reproduzem por fragmentos, como os pólipos e certas plantas; os *dragonneaux*, peculiares à raça negra e a certos climas, de um comprimento de trinta a trinta e cinco centímetros, finos como um fio de linha, e que saem através da pele, pelas pústulas; os ascarídeos, os tricocéfalos etc. Muitas vezes eles formam massas consideráveis a ponto de obstruir o canal digestivo, sobem ao estômago e até à boca; atravessam os tecidos, alojam-se nas cavidades ou em volta das vísceras, enovelam-se como ninhos de lagarta e causam graves desordens na economia. Sua formação bem podia ser devida a uma geração espontânea, tendo sua fonte num estado patológico especial, na alteração dos tecidos, no enfraquecimento dos princípios vitais e em secreções mórbidas. Poderia dar-se o mesmo com os vermes do queijo, o ácaro da sarna, e numa porção de animálculos que podem nascer no ar, na água e nos corpos orgânicos.

É verdade que se poderia supor que os germes dos vermes intestinais são introduzidos na economia com o ar que se respira e com os alimentos, e que aí se desenvolvam. Mas, então, surge outra dificuldade: perguntar-se-ia por que a mesma causa não produz o mesmo efeito sobre todos; por que nem todo mundo tem solitária, nem mesmo lombrigas, quando a alimentação e a respiração em todos produzem idênticos efeitos fisiológicos. Ademais, esta explicação não seria aplicável aos vermes da decomposição pútrida que vêm após a morte, nem aos do queijo e tantos outros. Até prova em contrário, somos levados a considerar como sendo, ao menos em parte, um produto da geração espontânea, do mesmo modo que os zoófitos e certos pólipos.

A diferença de sexos que se reconheceu, ou pensou reconhecer em certos vermes intestinais, notadamente no tricocéfalo, não seria uma objeção concludente, visto que eles não deixam de pertencer à ordem dos animais inferiores, e, por isso mesmo, primitivos. Ora, como a diferença dos sexos deve ter tido um começo, nada se oporia a que nascessem espontaneamente macho ou fêmea.

Aí não estão senão hipóteses, mas que parecem vir em apoio ao princípio. Até onde ele estende a sua aplicação? É o que não se poderia dizer. O que se pode afirmar é que ela deve ser circunscrita aos vegetais e aos animais de organização mais simples, e não nos parece duvidoso que assistamos a uma criação incessante.

O PARTIDO ESPÍRITA

Os espíritas se consideravam como uma escola filosófica, mas nunca lhes tinha vindo à cabeça se julgar um *partido.* Ora, eis que um belo dia o *Moniteur* lhes deu esta notícia, que os surpreendeu um pouco. E quem foi que lhes deu esta qualificação? Foi um desses maus e inconsequentes jornalistas que lançam epítetos ao acaso, sem lhes compreender o alcance? Não; foi um relatório oficial feito para o primeiro corpo do Estado, para o Senado. Assim, não é provável que, num documento dessa natureza, essa palavra tenha sido usada estouvadamente. Sem dúvida não foi a benevolência que a ditou, mas ela foi dita e faz sucesso porque os jornais não a deixaram cair no esquecimento. Alguns, crendo aí encontrar um agravo a mais contra o Espiritismo, nada tiveram de mais urgente do que estampar nas suas colunas o título de: O *Partido Espírita.*

Assim, essa pobre escolinha, tão ridicularizada, tão atacada, que caridosamente pretendiam mandar em massa para o hospício; sobre a qual diziam que bastava soprar para que ela desaparecesse; que vinte vezes declararam morta e para sempre sepultada; à qual não há mais fino escritor hostil que não se tenha gabado de lhe haver dado o golpe de misericórdia, mas concordando, com estupefação, que ela invadia o mundo e todas as classes da Sociedade; da qual quiseram, a todo custo, fazer uma religião, gratificando-a com templos e sacerdotes grandes e pequenos que ela jamais viu, ei-la de repente transformada em partido. Por esta qualificação, o Sr. Genteur, relator do Senado, não lhe deu o seu verdadeiro caráter, mas a realçou; deu-lhe uma classe, um lugar, pondo-a em relevo, porque a ideia de partido implica a de um certo poder, de uma opinião bastante importante, bastante ativa e bastante expandida para representar um papel, e com a qual é preciso contar.

Por sua natureza e por seus princípios, o Espiritismo é essencialmente pacífico; é uma ideia que se infiltra sem ruído, e se encontra numerosos aderentes, é que agrada; ela jamais fez propaganda ou quaisquer exibições; forte pelas leis naturais, nas quais se apoia, vendo-se crescer sem esforços nem abalos, não vai de encontro a ninguém; não violenta nenhuma consciência; diz o que é e espera que a ele venham. Todo o alarido feito ao seu redor é obra de seus adversários; eles o atacaram, ele teve que se defender, mas sempre o fez com calma, moderação e só pelo raciocínio; jamais se afastou da dignidade que é própria de toda causa que tem consciência de sua força moral; jamais usou de represálias, pagando injúria por injúria, maus procedimentos por maus procedimentos. Convenhamos que este não é o caráter ordinário dos partidos, agitados por natureza, fomentando a agitação, e aos quais tudo se justifica para atingir os seus fins. Mas, já que lhe dão este nome, ele o aceita, certo de que não o desonrará por qualquer excesso, porque repudiaria quem quer que dele se prevalecesse para suscitar a menor perturbação.

O Espiritismo seguia a sua rota sem provocar qualquer manifestação pública, mas aproveitando a publicidade que lhe faziam os seus adversários. Quanto mais a sua crítica era escarnecedora, acerba e virulenta, mais ela excitava a curiosidade dos que não o conheciam e que, para saber como comportar-se diante dessa assim chamada nova excentricidade, iam simplesmente informar-se na fonte, isto é, nas obras especiais; estudavam-no e verificavam que era completamente

242 | REVISTA ESPÍRITA

diverso do que tinham ouvido dizer. É um fato notório que as declamações furibundas, os anátemas e as perseguições ajudaram poderosamente a sua propagação, porque, em vez de desviá-lo, provocaram o seu exame, mesmo que fosse apenas pela atração do fruto proibido.

As massas têm a sua lógica; elas dizem que se uma coisa nada fosse, dela não falariam, e medem a sua importância precisamente pela violência dos ataques de que ela é objeto e do pavor que causa aos seus antagonistas.

Instruídos pela experiência, certos órgãos de publicidade se abstinham de falar dele, bem ou mal, evitando mesmo pronunciar-lhe o nome, para não lhe dar repercussão, limitando-se a endereçar-lhe, de tempos em tempos, alguns ditos ofensivos ocasionais e como à sorrelfa, quando uma ocasião o punha inevitavelmente em evidência. Alguns também guardaram silêncio, porque a ideia tinha penetrado em suas fileiras, e com ela, senão talvez a convicção, pelo menos hesitação.

A imprensa em geral, portanto, se calava sobre o Espiritismo, quando uma circunstância que não podia ser efeito do acaso a colocou na contingência de falar dele. E quem provocou o incidente? Sempre os adversários da ideia, que ainda dessa vez se equivocaram, produzindo um efeito totalmente contrário ao que esperavam. Para dar mais repercussão ao seu ataque, eles conduzem-no desajeitadamente, não no terreno de uma folha sem caráter oficial e cujo número de leitores é diminuto, mas por via de petições à própria tribuna do Senado, onde ela é objeto de uma discussão e de onde saiu a expressão *partido espírita*. Ora, graças aos jornais de todas as cores, obrigados a noticiar o debate, a existência desse partido foi revelada instantaneamente a toda a Europa e fora dela.

É verdade que um membro da ilustre assembleia disse que não havia senão *bobos* que fossem espíritas, ao que o presidente respondeu que os bobos também podiam formar partido. Ninguém ignora que hoje existem milhões de espíritas e que altas notabilidades simpatizam com suas crenças; então, a gente pode admirar-se que um epíteto tão pouco cortês e tão generalizado tenha saído daquele ambiente, dirigido a uma parte considerável da população, sem que o autor tenha imaginado a sua repercussão?

Aliás, os próprios jornais se encarregaram de desmentir tal qualificação, certamente não por benevolência, mas, que importa! O jornal *la Liberté,* entre outros, que aparentemente não quer que tenhamos a *liberdade* de sermos espíritas, como temos a liberdade de ser judeu, protestante, sansimonista ou livre-pensador, publicou, em seu número de 13 de junho, um artigo sob a assinatura de *Liévin,* do qual eis um resumo:

"O Sr. Genteur, comissário do governo, revelou ao Senado a existência de um partido que *não conhecíamos,* e que, ao que parece, contribui como os outros, no limite de suas forças, para abalar as instituições do império. Já a sua influência se havia feito sentir, no ano passado, e o partido *espírita* – foi o nome que lhe deu o Sr. Genteur – tinha obtido do Senado, sem dúvida graças à sutileza dos meios de que dispõe, a remessa ao governo da famosa petição de Saint-Etienne, na qual eram denunciadas, como se lembram, não as tendências materialistas da Escola de Medicina, mas as tendências filosóficas da biblioteca da comuna. Até aqui nós tínhamos atribuído ao partido da intolerância a honra desse sucesso, e o considerávamos como uma consolação para ele, por seu último revés, mas parece que nos tínhamos enganado e que a petição de Saint-Etienne não passava de uma manobra desse partido *espírita,* cujo poder oculto parece querer exercer-se mais particularmente em detrimento das bibliotecas.

"Assim, segunda-feira, o Senado recebia uma nova petição, na qual o *partido espírita,* mais uma vez mostrando a sua cara, denunciava as tendências da biblioteca de Oullins (Ródano). Mas desta vez a venerável assembleia, posta em guarda pelas revelações do Sr. Genteur, frustrou, por uma ordem do dia unânime, os cálculos dos espíritas. Apenas o Sr. Nisard se deixou mais ou menos apanhar por essa astúcia de guerra, e de boa-fé estendeu a mão a esses pérfidos inimigos. Ele deu--lhes o apoio de um parecer em que, por sua vez, assinalava os perigos dos maus livros. Felizmente o equívoco do honrado senador não foi partilhado, e os espíritas, desmascarados e confusos, foram reconduzidos como mereciam."

Um outro jornal, a *Revue Politique Hebdomadaire,* de 13 de junho, assim começa um artigo sobre o mesmo assunto:

"Ainda não conhecíamos todos os nossos perigos. Não eram, pois, suficientes o partido legitimista, o partido orleanista,

244 | REVISTA ESPÍRITA

o partido republicano, o partido socialista, o partido comunista e o partido vermelho, sem contar o partido liberal, que os resume a todos, se se acredita no *Constitucional*? Era mesmo sob o segundo império, cuja pretensão é dissolver todos os partidos, que um novo partido devia nascer, *crescer e ameaçar a sociedade francesa,* o partido espírita? Sim, o partido espírita! Foi o Sr. Genteur, conselheiro de Estado, que o descobriu e o denunciou em pleno Senado!"

Dificilmente chegaremos a compreender que um partido que só se componha de *bobos* possa fazer o Estado correr sérios perigos. Temê-lo seria permitir que acreditem que se tem medo dos bobos. Soltando um grito de alarme em face do mundo, prova-se que o partido espírita é alguma coisa. Não tendo podido abafá-lo sob o ridículo, tentam apresentá-lo como um perigo para a tranquilidade pública. Ora, qual será o inevitável resultado desta nova tática? Um exame muito mais sério e mais aprofundado, que fará com que seja ainda mais realçado o seu perigo; quererão conhecer as doutrinas deste partido, seus princípios, sua palavra de ordem, suas filiações. Se o ridículo lançado sobre o Espiritismo, como crença, despertou a curiosidade, será muito diferente quando ele for apresentado como um partido temível; todos ficarão interessados em saber o que ele quer, para onde ele conduz: é tudo o que ele pede; agindo em plena luz, não tendo qualquer instrução *secreta,* fora do que é publicado para uso de todo mundo, ele não teme nenhuma investigação, bem *certo,* ao contrário, de ganhar por ser conhecido, e que quem quer que o perscrute com imparcialidade, verá em seu código moral uma poderosa garantia de ordem e de segurança. Um partido, porquanto existe um partido, que inscreve em sua bandeira: *Fora da caridade não há salvação,* indica bem claramente suas tendências, para que ninguém tenha razão para temê-lo. Ademais, a autoridade, cuja vigilância é conhecida, não pode ignorar os princípios de uma doutrina que não se esconde. A ela não falta gente para lhe dar conta do que se diz e do que se faz nas reuniões espíritas, e ela bem saberia chamar à ordem os que dela se afastassem.

É admissível que homens que fazem profissão de liberalismo; que reclamam em coro e aos gritos a liberdade; que a querem absoluta para as suas ideias, seus escritos, suas reuniões; que estigmatizam todos os atos de intolerância, entendam proscrevê-la para o Espiritismo.

Mas vede a que inconsequências conduz a cegueira! O debate que ocorreu no Senado foi provocado por duas petições: uma, do ano passado, contra a biblioteca de Saint-Etienne; outra deste ano, contra a biblioteca de Oullins, assinadas por alguns habitantes daquelas cidades, que reclamavam contra a introdução de certas obras, naquelas bibliotecas, entre as quais figuravam as obras espíritas.

Ora! O autor do artigo do jornal *la Liberté,* que sem dúvida examinou a questão um tanto levianamente, imagina que a reclamação emana do partido espírita, e conclui que este levou uma cacetada pela ordem do dia pronunciada contra a petição de Oullins. Eis, pois, esse partido tão perigoso facilmente abatido, e que requer que *suas próprias obras* sejam excluídas! Então seria verdadeiramente o partido dos bobos. Ademais, esse estranho equívoco nada tem de surpreendente, pois o autor declara, de início, *que não conhecia esse partido,* o que não o impediu de declará-lo capaz de abalar as instituições do império.

Longe de se inquietarem com esses incidentes, os espíritas devem rejubilar-se, pois essa manifestação hostil não podia produzir-se em circunstâncias mais favoráveis, e a Doutrina assim receberá, na certa, um novo e salutar impulso, como tem acontecido em todos os levantes de que ela tem sido objeto. Quanto mais repercussão têm esses ataques, mais proveitosos eles são. Dia virá em que se transformarão em aprovações abertas.

O jornal *le Siècle,* de 18 de junho, também publicou o seu artigo sobre o partido espírita. Todos aí notarão um espírito de moderação, que contrasta com os dois outros acima mencionados. Reproduzimo-lo na integra:

"Quem disse que não há nada de novo sob o do sol? O céptico que assim falava não suspeitava que um dia a imaginação de um conselheiro de Estado faria, em pleno Senado, a descoberta do *partido espírita.* Nós já contávamos com alguns partidos na França, e Deus sabe se os ministros oradores laboram em erro ao enumerar os perigos que pode causar essa divisão dos espíritos! Há o partido legitimista, o partido orleanista, o partido republicano, o partido socialista, o partido comunista, o partido clerical etc.

"Ao Sr. Genteur a lista não pareceu bastante comprida. Ele acaba de denunciar à vigilância dos veneráveis pais da política que estão assentados no Palácio Luxemburgo, a existência do *partido espírita*. A esta revelação inesperada, um arrepio percorreu a assembleia. Os defensores das duas morais, com o Sr. Nisard à frente, estremeceram.

"A despeito do zelo desses inumeráveis funcionários do império francês, o que está ameaçado por um novo partido? – Na verdade, é para desesperar a ordem pública. Como este inimigo, invisível até agora para o próprio Sr. Genteur, pôde subtrair-se a todas as vistas? Há nisto um mistério que o senhor conselheiro de Estado, se o penetrar, terá a bondade de nos ajudar a compreender. Pessoas oficialmente informadas afirmam que o *partido espírita* ocultava o exército de seus representantes, os Espíritos batedores, atrás dos livros das bibliotecas de Saint-Etienne e de Oullins.

"Eis-nos, pois, de volta aos belos tempos das histórias para boi dormir, das mesas girantes e dos tripés indiscretos!

"Embora o Espiritismo e seu primeiro apóstolo, o Sr. Delage, o mais suave dos pregadores, não tenham ainda convencido muita gente, contudo eles chegaram a constituir um partido. Isto, pelo menos, se diz no Senado, e não seremos nós que jamais nos permitiremos suspeitar da exatidão do que se afirma num lugar tão elevado.

"A influência oculta do partido recentemente assinalado se fez sentir até na última discussão do Senado, onde o Sr. Désiré Nisard, primeiro na qualificação, mostrou-se forte contra os reacionários. Um tal papel cabia de direito ao homem que foi, desde a sua saída da escola normal, um dos mais ativos agentes das ideias retrógradas.

"Depois disto, é de admirar ouvir o honrado senador invocar o arbítrio para justificar as medidas restritivas tomadas a propósito da escolha de livros da biblioteca de Oullins? 'Esses estabelecimentos populares, disse o Sr. Nisard, são fundados por associações; elas se encontram, pois, sob o disposto no Art. 291 do Código Penal e, por consequência, à mercê do ministro do interior. Ele usou, usa e usará desse poder ditatorial.'

"Deixamos ao *partido espírita* e ao seu Cristóvão Colombo, o Sr. Genteur, conselheiro de Estado, o trabalho de interrogar os

Espíritos reveladores, a fim de que nos digam o que o Senado espera obter impedindo os cidadãos de organizar livremente as bibliotecas populares, como se pratica na Inglaterra."

ANATOLE DE LA FORGE

O ESPIRITISMO EM TODA PARTE

O JORNAL *SIÈCLE* – PARIS SONÂMBULA

Há algum tempo o *Siècle* publica, sob o título de *Toda Paris*, uma série de folhetins interessantíssimos, escritos por diversos autores. Houve *Paris Artista, Paris Gastronômica, Paris Litigante* etc. No folhetim de 24 e 25 de abril de 1868, ele publicou *Paris Sonâmbula*, pelo Sr. Eugène Bonnemère, autor do *Romance do Futuro*. É uma exposição ao mesmo tempo científica e verdadeira, das diferentes variedades de sonambulismo, na qual incidentalmente faz intervir o Espiritismo, sob seu próprio nome, embora com todas as precauções oratórias determinadas pelas exigências do jornal cuja responsabilidade ele não queria comprometer. É o que explica certas reticências. Não nos permitindo a falta de espaço fazer tão numerosas citações quanto seria o nosso desejo, limitamo-nos às seguintes passagens:

"A mais elevada forma de sonambulismo é, sem contradita, o Espiritismo, que aspira passar ao estado de ciência. Ele possui uma literatura já rica, e notadamente os livros do Sr. Allan Kardec têm autoridade na matéria."

"Espiritismo é a correspondência das almas entre si. Segundo os adeptos dessa crença, um ser invisível se põe em comunicação com outro, chamado médium, que goza de uma organização particular que o torna apto a receber o pensamento dos que viveram e que escreve, quer por um impulso mecânico inconsciente dado à mão, quer por uma transmissão direta à inteligência dos médiuns."

"Não, a morte não existe. É o instante de repouso após a jornada feita e terminada a tarefa; depois, é o despertar para uma nova obra, mais útil e maior que a que se acaba de realizar."

"Partimos, levando conosco a lembrança dos conhecimentos aqui adquiridos; o mundo aonde iremos nos dará os seus, e nós os gruparemos todos em feixe, para deles formar o progresso."

"É pela sucessão das gerações que a Humanidade progride, a cada vez dando mais um passo para a luz, porque elas chegam animadas por almas sempre nativamente puras, depois que voltaram a Deus, e ficam impregnadas dos progressos que atravessaram."

"Por força das conquistas definitivamente asseguradas, a própria Terra que habitamos merecerá subir na escala dos mundos. Acontecerá um novo cataclismo; certas essências vegetais, certas espécies animais, inferiores ou malfazejas, desaparecerão, como outras desapareceram no passado, para dar lugar a criações mais perfeitas, e nós, por nossa vez, nos tornaremos um mundo no qual os seres já experimentados virão buscar um maior desenvolvimento. De nós depende acelerar, pelos nossos esforços, o advento desse período mais feliz. Nossos mortos bem-amados vêm ajudar-nos nessa tarefa difícil."

"Como se vê, essas crenças, sérias ou não, não deixam de ter uma certa grandeza. O materialismo e o ateísmo, que o sentimento humano repele com todas as suas energias, não passam de uma *inevitável reação* contra as ideias, dificilmente admissíveis pela razão, sobre Deus, a natureza e o destino das almas. *Alargando a questão, o Espiritismo reacende nos corações a fé prestes a extinguir-se.*"

TEATRO. – CORNÉLIO. – O GALO DE MYCILLE.

Neste inverno levaram à cena, com grande sucesso, no teatro das Fantasias Parisienses, uma encantadora opereta intitulada *O Elixir de Cornélio,* na qual a reencarnação é o próprio núcleo da intriga.

Eis a descrição que dela nos deu *o Siècle,* em seu número de 11 de fevereiro de 1868:

"Cornélio é um alquimista que se ocupa especialmente da transmigração das almas. Tudo quanto lhe contam a propósito ele escuta com ouvidos ávidos, como se a coisa tivesse acontecido. Ora, ele tem uma filha que não esperou sua licença para arranjar um pretendente. Não; mas ele recusa o consentimento. Então, como fazer para triunfar sobre a sua resistência? Uma ideia: o apaixonado lhe narra que sua filha, antes de ser sua filha, há muito tempo, era um jogador, dado a aventuras e frequentador de ruelas. Nessa mesma época, ele, o apaixonado, era uma jovem encantadora que foi enganada pelo aventureiro. Os papéis se inverteram e ele lhe pede para devolver a sua antiga honra. 'Ah! Vós me dizeis tanto!', responde o velho doutor convencido. E eis como um casamento a mais se realiza ante o público que tantas vezes se encarrega de substituir o senhor prefeito.

"A música é alegre como o assunto que a inspirou. Notou-se mais particularmente a serenata, as quadras de Cornélio, o duo burlesco e o final, escritos simples e facilmente."

Como se vê, o fundo do enredo repousa, aqui, não só no princípio da reencarnação, mas também na mudança de sexo.

Os assuntos dramáticos se esgotam e muitas vezes os autores ficam embaraçados para sair dos caminhos repisados; a ideia da reencarnação lhes vai fornecer, em profusão, situações novas para todos os gêneros; aberto o caminho, é provável que todos os teatros em breve tenham sua peça para a reencarnação.

O Teatro Francês apresentou, no fim de maio, uma peça na qual a alma representa o papel principal. É *O Galo de Mycille,* pelos Srs. Trianon e Eugène Nyon, da qual eis o tema principal.

Mycille é um jovem sapateiro remendão de Atenas; em frente à sua tenda mora um jovem magistrado, o arconte Eucrates, numa deliciosa casa de mármore. O pobre sapateiro manda a Eucrates as suas riquezas: sua mulher, a bela Cloé, sua prima, seus numerosos escravos. O opulento arconte, envelhecido precocemente, gotoso, inveja em Mycille sua boa aparência, sua saúde, o amor desinteressado que lhe dedica uma linda

250 | REVISTA ESPÍRITA

escrava, Dóris. Mycille tem um galo que a jovem Dóris lhe deu e que, com o seu canto matinal, desperta o arconte. Este ordena aos escravos que batam no sapateiro, caso não faça o seu galo calar-se. Por sua vez, o sapateiro quer bater no galo, mas nesse instante o animal se metamorfoseia em homem: é o filósofo Pitágoras, cuja alma veio animar o corpo do galo, segundo a sua doutrina da transmigração. Momentaneamente ele tomou a sua forma humana, para esclarecer Mycille sobre a tolice da inveja que ele tem da posição de Eucrates. Não podendo persuadi-lo, lhe diz: "Quero dar-te o meio de te esclareceres por tua própria experiência. Apanha esta pena que fizeste cair de meu próprio corpo de galo; introdu-la na fechadura da porta de Eucrates; logo a porta abrir-se-á; tua alma passará para o corpo do arconte e, reciprocamente, a alma do arconte passará para o teu corpo. Entretanto, antes de fazer qualquer coisa, aconselho-te a refletir bem. Então Pitágoras desapareceu. Mycille reflete, mas a sede do ouro o empolga e, solicitado por diversos incidentes, decide-se e a metamorfose se opera. Eis, pois, o sapateiro transformado no rico arconte, mas doente e gotoso, e o arconte feito sapateiro. Essa transformação ocasiona uma porção de complicações cômicas, em consequência das quais cada um, descontente com a sua nova posição, retoma a que tinha antes.

Como se vê, a peça é uma nova edição da história *do sapateiro e do financista,* já explorada sob tantas formas. O que a caracteriza é que, em vez de ser o sapateiro em pessoa, corpo e alma, que toma o lugar do financista, são as duas almas que mudam de corpo. A ideia é nova, original, e os autores a exploraram muito espirituosamente. Mas não é absolutamente tomada a ideia espírita, como se havia dito; ela é tirada de um diálogo de Luciano: *O sonho e o galo.* Não falamos deste senão para destacar o erro dos que confundem o princípio da reencarnação com a transmigração das almas, ou metempsicose.

A peça de Cornélio, ao contrário, é inteiramente compatível com a ideia espírita, embora a pretensa reencarnação do jovem e da moça não passem de uma invenção de sua parte, para chegar aos seus fins, ao passo que esta dela se afasta completamente. Para começar, o Espiritismo jamais admitiu a ideia da alma humana retrogradando na animalidade, pois seria a negação da lei do progresso. Em segundo lugar, a alma só deixa o corpo com a morte, e quando, depois de algum tempo passado na erraticidade, ela recomeça uma nova existência, é passando pelas fases ordinárias da vida: o nascimento, a infância etc., e não por efeito de uma metamorfose ou substituição instantânea, que só se vê nos contos de fadas, que não são o evangelho do Espiritismo, digam o que disserem os críticos, que disso não entendem muito.

Contudo, se bem que os dados sejam falsos na sua aplicação, eles não deixam de ser baseados no princípio da individualidade e da independência da alma; é a alma distinta do corpo e a possibilidade de reviver num outro envoltório posto em ação, ideia com a qual sempre é útil familiarizar a opinião geral. A impressão que daí fica não é perdida para o futuro, e é mais salutar que a das peças onde se põe em cena a impudência das paixões.

ALEXANDRE DUMAS – MONTE CRISTO

"Escutai, Valentim. Jamais sentistes por alguém uma dessas simpatias irresistíveis que fazem que, em vendo uma pessoa pela primeira vez, julgais conhecê-la de longa data e vos perguntais onde e quando o vistes? E embora não vos podendo recordar nem do lugar nem do tempo, chegais a crer que foi num mundo anterior ao nosso, e que essa simpatia não é senão uma lembrança que desperta?" *(Monte Cristo*, 3.ª parte, Cap. XVIII, "O recinto da luzerna").

"Jamais ousastes vos elevar num voo às esferas superiores que Deus povoou de seres invisíveis e excepcionais. – E admitis, senhor, que existam esferas superiores e que os seres superiores e excepcionais se misturem conosco? – Por que não? Acaso vedes o ar que respirais, e sem o qual não poderíeis viver? – Então nós não vemos estes seres de que falais. – Sim, vós os vedes quando Deus permite que se materializem..." *(Monte-Cristo,* 3.ª parte, Cap. IX, "Ideologia").

"E eu, senhor (Villefort), eu vos digo que não é assim como pensais. Esta noite eu dormi um sono horrível, porque me via de certo modo dormir, como se a minha alma já estivesse planando acima de meu corpo; meus olhos, que eu me esforçava por abrir, se fechavam a despeito da minha vontade; e, contudo... com meus olhos fechados, eu vi, no mesmo lugar onde estais, entrar sem ruído uma forma branca." *(Monte Cristo, 4.ª parte, Cap. XIII, "Senhora Mairan")*.

"Uma hora antes de expirar, ele me disse: Meu pai, a fé de nenhum homem pode ser mais viva que a minha, porque eu vi e ouvi falar uma alma separada de seu corpo." *(François Picaut, continuação do Monte Cristo)*.

Nestes pensamentos não há senão uma crítica muito pequena a fazer. É a qualificação de *excepcionais* dada aos seres invisíveis que nos rodeiam. Esses seres nada têm de excepcional, porquanto são as almas dos homens, e todos os homens, sem exceção, devem passar por esse estado. Fora disto, não poderíamos dizer que estas ideias foram tiradas textualmente da Doutrina?

BIBLIOGRAFIA

A ALMA, *demonstração de sua realidade, deduzida do estudo dos efeitos do clorofórmio e do curare sobre a economia animal,* pelo Sr. RAMON DE LA SAGRA, *membro correspondente do Instituto de França (Academia de Ciências Morais e Políticas), da Academia Real das Ciências dos Países Baixos etc.*[1]

Dissemos, num artigo acima, que as pesquisas da Ciência, mesmo em vista de um estudo exclusivamente material, conduziriam ao espiritualismo, pela impossibilidade de explicar certos efeitos apenas com o auxílio das leis da matéria; por outro lado, temos repetido muitas vezes que na catalepsia, na letargia, na anestesia[2] pelo clorofórmio ou outras substâncias,

---

[1] Um volume in-12, preço 2,50 francos; pelo correio 2,75 francos. Germer-Baillière, Livreiros. Rua de l'Ecole-de-Médicine, 17.

[2] *Anesthésie*, suspensão da sensibilidade; do grego, *a*, privação, e *aïsthanomaï*, sentir.

no sonambulismo natural, no êxtase e em certos estados patológicos, a alma se revela por uma ação independente do organismo, e dá, por seu isolamento, a prova patente de sua existência. Não falamos nem do magnetismo, nem do sonambulismo artificial, nem da dupla vista, nem das manifestações espíritas que a ciência oficial ainda não reconheceu, mas dos fenômenos sobre os quais ela pode fazer experiências todos os dias.

A Ciência procurou a alma com o escalpelo e o microscópio, no cérebro e nos gânglios nervosos, e não a encontrou; a análise dessas substâncias não lhe deu senão oxigênio, hidrogênio, azoto e carbono, de onde ela concluiu que a alma não era distinta da matéria. Se ela não a encontra, a razão é muito simples: ela faz da alma uma ideia fixa preconcebida; imagina-a dotada das propriedades da matéria tangível; é sob essa forma que a procura, e naturalmente não poderia reconhecê-la, ainda mesmo quando a tivesse sob suas vistas. Considerando que certos órgãos são os instrumentos das manifestações do pensamento, e que destruindo esses órgãos, ela para a manifestação, ela tira a consequência muito pouco filosófica que são os órgãos que pensam, absolutamente como se uma pessoa que tivesse cortado o fio telegráfico e interrompido a transmissão de um despacho, pretendesse ter destruído aquele que o enviava.

O aparelho telegráfico nos oferece, por comparação, uma imagem exata do funcionamento da alma no organismo. Suponhamos que um indivíduo receba um telegrama e que, ignorando a sua procedência, se entregasse às seguintes pesquisas. Ele segue o fio transmissor até o seu ponto de partida; percorrendo o caminho ele procura o seu expedidor ao longo do fio e não o encontra; o fio o conduz a Paris, ao telégrafo, ao aparelho. Diz ele: "Foi daqui que o telegrama partiu, não tenho dúvida; é um fato materialmente demonstrado." Ele explora o aparelho, desmonta-o, desloca-o para procurar seu expedidor, e ali não encontrando senão madeira, cobre e uma roda, diz: "Tendo em vista que o telegrama partiu daqui e aqui não encontro ninguém, foi esse mecanismo que concebeu o despacho; isto me é demonstrado não menos materialmente." Nesta altura, um outro indivíduo, colocando-se ao lado do aparelho, põe-se a repetir o telegrama palavra por palavra, e lhe diz: "Como podeis supor, vós, um homem inteligente, que este mecanismo composto de matéria inerte, destrutível, tenha podido conceber o pensamento do telegrama que recebestes, conhecer o fato que esse telegrama vos comunicou? Se a matéria tivesse a faculdade de pensar, por que o ferro, a pedra, a madeira não teriam ideias? Se essa faculdade depende da ordem e do arranjo das partes, por que o homem não construiria autômatos pensantes? Jamais vos veio ao espírito crer que essas bonecas que dizem: papá, mamã, tenham consciência do que fazem? Não admirastes, ao contrário, a inteligência do autor desse mecanismo engenhoso?"

Aqui, o novo interlocutor é a alma, que concebe o pensamento; o aparelho é o cérebro, onde ela se concentra e se formula; a eletricidade é o fluido diretamente impregnado do pensamento e encarregado de levá-lo para longe, como o ar leva o som; os fios metálicos são os cordões nervosos destinados à transmissão do fluido; o primeiro indivíduo é o sábio à procura da alma, que segue os cordões nervosos, à procura no cérebro, e não o encontrando aí, conclui que é o cérebro que pensa; não escuta a voz que lhe diz: "Tu te obstinas em me procurar dentro, enquanto eu estou fora; olha para o lado e me verás; os nervos, o cérebro e os fluidos não pensam mais que o fio metálico, o aparelho telegráfico e a eletricidade; eles não passam de instrumentos da manifestação do pensamento, engenhosamente combinados pelo inventor da máquina humana."

Em todos os tempos, fenômenos espontâneos muito frequentes, tais como a catalepsia, a letargia, o sonambulismo natural e o êxtase mostraram a alma agindo fora do organismo, mas a Ciência os desdenhou desse ponto de vista. Ora, eis que uma nova descoberta, a anestesia pelo clorofórmio, de uma incontestável utilidade nas operações cirúrgicas, e cujos efeitos, por isso mesmo, se é forçado a estudar, diariamente torna a Ciência testemunha desse fenômeno, pondo, por assim dizer, a nu a alma do paciente; é a voz que grita: "Olha para fora, e não para dentro, e me verás"; mas há criaturas que têm olhos e não veem, ouvidos e não escutam.

Entre os numerosos fatos desse gênero, aconteceu o seguinte, na prática do Sr. Velpeau:

"Uma senhora que não tinha dado qualquer sinal de dor enquanto eu a desembaraçava de um volumoso tumor, despertou sorrindo e me disse: "Bem sei que terminou, deixai-me voltar completamente e vou explicar isto... Não senti absolutamente nada, logo acrescentou ela, mas eis como soube

que estava operada. Em meu sono, fui fazer uma visita a uma senhora minha conhecida, para conversar sobre uma criança pobre que devíamos colocar. Enquanto conversávamos, a senhora me disse: "Credes estar neste momento em minha casa, não é? Ora, minha cara amiga, estais completamente enganada, porque estais em vossa casa, em vossa cama, onde vos fazem uma operação agora mesmo." Longe de me alarmar com sua conversa, respondi-lhe naturalmente: Ah! Se é assim, eu vos peço permissão para prolongar um pouco a minha visita, a fim de que tudo esteja acabado quando voltar para casa. E eis como, abrindo os olhos, antes mesmo de estar inteiramente desperta, pude anunciar-vos que estava operada."

A cloroformização oferece milhares de exemplos tão concludentes quanto este.

Comunicando este fato e outros análogos à Academia das Ciências, a 4 de março de 1850, o Sr. Velpeau exclamou: *"Que fonte fecunda para a Psicologia e para a Fisiologia são estes atos que chegam a separar o espírito da matéria, ou a inteligência do corpo!"*

Então o Sr. Velpeau viu funcionar a alma fora do organismo; pôde constatar a sua existência por sua independência; ele ouviu a voz que lhe dizia: Estou fora e não dentro. Por que, então, fez profissão de fé materialista? Ele disse, depois, quando estava no mundo dos Espíritos: "Orgulho do sábio, que não queria desmentir-se." Contudo, não temeu voltar atrás em certas opiniões científicas erradas que tinha professado publicamente. Em seu *Tratado de Mediana Operatória*, publicado em 1839, tomo I, página 32, ele diz:

"Evitar a dor nas operações é uma quimera que hoje não é permitido perseguir. Instrumento cortante e dor, em medicina operatória, são duas palavras que não se apresentam uma sem a outra ao espírito dos doentes, e cuja associação há que se admitir necessariamente."

O clorofórmio veio dar-lhe um desmentido sobre esse ponto, como sobre a questão da alma. Por que, então, aceitou um e não o outro? Mistério das fraquezas humanas!

Em suas lições, o Sr. Velpeau havia dito aos seus alunos: "Senhores, dizem-vos que não encontrareis a alma na ponta do vosso escalpelo, e têm razão, porque ela aí não está, e em vão aí a procureis, assim como eu mesmo fiz; mas estudai as manifestações inteligentes nos fenômenos da anestesia e tereis a prova irrefutável de sua existência; foi aí que a encontrei e todo observador de boa-fé a encontrará. Em presença de semelhantes fatos, não mais é possível negá-la, porquanto pode-se constatar a sua ação independente do organismo, e se pode isolá-la, por assim dizer, à vontade." Falando assim, ele não teria feito senão completar o pensamento antes emitido ante a Academia das Ciências. Com tal linguagem, apoiada na autoridade de seu nome, ele teria feito uma revolução na arte médica. Foi uma glória que repudiou e que hoje lamenta amargamente, mas que outros herdarão.

Essa é a tese que acaba de ser defendida com notável talento pelo Sr. Ramon de la Sagra, na obra que constitui o objeto deste artigo. O autor aí descreve com método e clareza, do ponto de vista da ciência pura, que lhe é familiar, todas as fases da anestesia pelo clorofórmio, pelo éter, pelo curare[3] e outros agentes, segundo suas próprias observações e as dos mais acreditados autores, tais como Velpeau, Gerdy, Bouisson, Flourens, Simonin e outros. A parte técnica e científica aí ocupa largo espaço, mas isto era necessário para uma demonstração rigorosa. Além disto, contém numerosos fatos, onde colhemos o que relatamos acima. Dela tomamos igualmente as seguintes conclusões:

"Considerando-se que é um fato perfeitamente constatado pelos fenômenos anestésicos, que o éter enfraquece a vitalidade dos nervos condutores das impressões dos sentidos, mas deixando livres as faculdades intelectuais, também se torna incontestável que essas faculdades não dependem essencialmente dos órgãos do sistema nervoso. Ora, como os órgãos dos sentidos, que produzem as impressões, não agem senão pelos nervos, é claro que estando estes paralisados, todo o organismo da vida animal, da vida de relação, fica aniquilado para essas faculdades intelectuais que, nada obstante, funcionam. É forçoso, portanto, confessar que a sua existência, ou melhor, a sua realidade, não depende essencialmente do organismo, e que elas procedem, por conseguinte,

---

[3] O curare é uma substância eminentemente tóxica, que os selvagens do Orenoco tiram de certas plantas e com a qual envenenam a ponta de suas flechas, que produzem feridas mortais.

de um princípio diverso dele, independente dele, que pode funcionar sem ele e fora dele.

"Eis, pois, a realidade da alma rigorosamente demonstrada, incontestavelmente estabelecida, sem que nenhuma observação fisiológica possa prejudicá-la. Podemos ver sair desta conclusão, como que jatos de luz que clareiam horizontes longínquos, que entretanto não abordaremos, porque esse gênero de estudos escapa do quadro que nos traçamos.

"O ponto de vista psicológico, sob o qual acabamos de apresentar os efeitos das substâncias anestésicas sobre a economia animal, e as consequências que daí deduzimos em favor da realidade da existência da alma, devem sugerir a esperança de que um método semelhante, aplicado ao estudo de outros fenômenos análogos da vida, poderia conduzir ao mesmo resultado.

"Nenhuma dedução seria mais justa, porque os efeitos fisiológicos e psicológicos que se mostram durante a embriaguês alcoólica, o delírio patológico, o sono natural e magnético, o êxtase e até a loucura, oferecem a maior semelhança, em muitos pontos, com os efeitos das substâncias anestésicas que acabamos de estudar nesta obra. Uma tal concordância de diversos fenômenos, procedendo de causas diferentes, em favor de uma conclusão idêntica, não nos deve surpreender. Ela não é senão a consequência do que provamos: a *realidade da existência de uma essência distinta da matéria* no organismo humano, e à qual são devolvidas as funções intelectuais que a matéria sozinha não poderia jamais preencher.

"Seria aqui o lugar de examinar uma outra questão, de fazer uma incursão no domínio do magnetismo animal, que sustenta a permanência das faculdades sensoriais fora dos sentidos, isto é, da visão, da audição, do paladar, do olfato, durante a paralisia completa dos órgãos que no estado normal proporcionam essas impressões. Mas esta doutrina, cuja verdade não queremos defender nem contestar, não é admitida pela ciência fisiológica, o que é suficiente para que a eliminemos de nossas pesquisas atuais."

Este último parágrafo prova que o autor fez, para a demonstração da alma, o que o Sr. Flammarion fez para a de Deus, isto é, que ele se colocou no próprio terreno da ciência experimental e que ele quis tirar só dos fatos oficialmente reconhecidos, a prova de sua tese. Ele nos promete outra obra, que não pode deixar de ser de grande interesse, na qual serão estudados, do

258 | REVISTA ESPÍRITA

mesmo ponto de vista, os diversos fenômenos que ele apenas menciona, pois se limitou aos da anestesia pelo clorofórmio.

Certamente essa prova não é necessária para firmar a convicção dos espíritas, nem dos espiritualistas; mas, depois de Deus, sendo a existência da alma a base fundamental do Espiritismo, devemos considerar como eminentemente útil à Doutrina toda obra que tenda a lhe demonstrar os princípios fundamentais. Ora, a ação da alma, abstração feita do organismo, uma vez provada, é um ponto de partida que, como a pluralidade das existências e o perispírito, pouco a pouco, e por dedução lógica, conduz a todas as consequências do Espiritismo.

Com efeito, o exemplo relatado acima é do mais puro Espiritismo, à primeira vista, o que o Sr. Velpeau nem suspeitava, ao publicá-lo, e se tivéssemos podido citar todos, teríamos visto que os fenômenos anestésicos não só provam a realidade da alma, mas a do Espiritismo.

É assim que tudo concorre, como foi anunciado, para abrir o caminho da doutrina nova; a ela se chega por uma porção de saídas, todas convergindo para um centro comum, e muita gente a ela carrega a sua pedra, uns conscientemente, outros sem o querer.

A obra do Sr. Ramon de la Sagra é uma dessas, cuja publicação temos o prazer de aplaudir, porque, embora nela tenha feito abstração do Espiritismo, pode-se considerar, como *Deus na Natureza,* do Sr. Flammarion, e *A Pluralidade das Existências*, do Sr. Pezzani, como monografias dos princípios fundamentais da Doutrina, às quais eles dão a autoridade da ciência.

ALLAN KARDEC

REVISTA ESPÍRITA

JORNAL DE ESTUDOS PSICOLÓGICOS

ANO XI	AGOSTO DE 1868	VOL. 8

O MATERIALISMO E O DIREITO

O materialismo, vangloriando-se como não o tinha feito em nenhuma outra época e se apresentando como supremo regulador dos destinos morais da Humanidade, teve por efeito apavorar as massas pelas consequências inevitáveis de suas doutrinas para a ordem social. Por isto mesmo provocou, em favor das ideias espiritualistas, uma enérgica reação que lhe deve provar que está longe de merecer simpatias tão gerais quanto supõe, e que labora em estranha ilusão se espera um dia impor suas leis ao mundo.

Seguramente as crenças espiritualistas dos tempos passados são insuficientes para o século atual; elas não estão mais no nível intelectual de nossa geração; sobre muitos pontos elas estão em contradição com os dados concretos da Ciência; deixam no espírito um vago incompatível com a necessidade do positivo que domina na Sociedade moderna; além disso, cometem o imenso erro de se imporem pela fé cega e proscrever o livre exame. Daí resulta, sem dúvida nenhuma, o desenvolvimento da incredulidade na maioria das pessoas. É muito evidente que se os homens não fossem alimentados, desde a infância, senão por ideias de natureza a serem mais tarde confirmadas pela razão, não haveria incrédulos. Quantas pessoas reconduzidas à crença pelo Espiritismo nos disseram: Se nos tivessem sempre apresentado Deus, a alma e a vida futura de maneira racional, jamais teríamos duvidado!

Pelo fato de um princípio receber uma aplicação má ou falsa, segue-se que seja preciso rejeitá-lo? Assim acontece com coisas espirituais, como com a legislação e todas as instituições sociais: é necessário apropriá-las aos tempos, sob pena de sucumbirem. Mas, em vez de apresentar algo de melhor que o velho espiritualismo clássico, o materialismo preferiu tudo suprimir, o que o dispensava de procurar, e parecia mais cômodo àqueles a quem importuna a ideia de Deus e do futuro. Que pensariam de um médico que, achando que o regime de um convalescente não é bastante substancial para o seu temperamento, lhe prescrevesse não comer absolutamente nada?

O que nos espanta encontrar na maioria dos materialistas da escola moderna é o espírito de intolerância levado aos seus últimos limites, eles que reivindicam sem cessar o direito de liberdade de consciência. Seus próprios correligionários políticos não encontram condescendência diante deles, desde que façam profissão de espiritualismo, testemunha o Sr. Jules Favre, a propósito de seu discurso na Academia (*Fígaro* de 8 de maio de 1868); e como o Sr. Camille Flammarion, ultrajantemente ridicularizado e denegrido, num outro jornal cujo nome esquecemos, porque ousou provar Deus pela Ciência. Segundo o autor dessa diatribe, não se pode ser sábio senão com a condição de não crer em Deus; Chateaubriand não passa de um escritor medíocre e insensato. Se homens de tão incontestável mérito são tratados com tão pouca consideração, os espíritas não se devem lamentar de serem um tanto ridicularizados a propósito de suas crenças.

Há, neste momento, da parte de um certo partido, um levante de armas contra as ideias espiritualistas em geral, entre as quais se acha incluído o Espiritismo. O que ele busca não é um Deus melhor e mais justo, é o Deus-matéria, menos aborrecido, porque não é preciso prestar-lhe contas. Ninguém contesta a esse partido o direito de ter as suas opiniões, de discutir as opiniões contrárias, mas o que não se lhe poderia conceder é a pretensão, ao menos singular, para homens que se apresentam como apóstolos da liberdade, de impedir que os outros creiam à sua maneira e que discutam as doutrinas que eles não partilham. Intolerância por intolerância, uma não vale mais que a outra.

Um dos melhores protestos que temos lido contra as tendências materialistas foi publicado no jornal *le Droit,* sob o título: *O materialismo e o direito.* A questão aí é tratada com notável profundidade e uma perfeita lógica, no duplo ponto de vista da ordem social e da jurisprudência. Sendo a causa do espiritualismo a do Espiritismo, aplaudimos toda enérgica defesa da primeira, mesmo quando aí é feita abstração da segunda. Eis por que pensamos que os leitores da *Revista* verão com prazer a reprodução desse artigo.

(Extrato do jornal *le Droit*, de 14 de maio de 1868)

A geração presente atravessa uma crise intelectual com a qual não se deve inquietar além da medida, mas cujo desenlace seria imprudência deixar ao acaso. Desde quando a Humanidade passou a pensar, o homem acreditava na alma, princípio imaterial distinto dos órgãos que o servem; faziam-na até imortal. Acreditavam numa Providência, criadora e senhora dos seres e das coisas, no bem, no justo, na liberdade do arbítrio humano, numa vida futura que, por valer mais do que o mundo em que estamos, não necessita, como diz o poeta, senão existir.

Modernos doutores, que começam a tornar-se barulhentos, mudaram tudo isto. O homem é por eles reconduzido à dignidade do animal, e o animal reduzido a um agregado material. A matéria e as propriedades da matéria, tais seriam os únicos objetos possíveis da ciência humana; o pensamento não seria senão um produto do órgão que é sua sede, e o homem, quando as moléculas orgânicas que constituem a sua pessoa se desagregam e voltam aos elementos, pereceria inteiramente.

Se as doutrinas materialistas jamais devessem ter a sua hora de triunfo, os jurisconsultos filósofos – há que dizer para a sua honra – seriam os primeiros vencidos. O que teriam a fazer as suas regras e as suas leis num mundo no qual a lei da matéria fosse toda a lei? As ações humanas não podem ser senão fatos automáticos, se o homem for todo matéria. Mas então, onde estará a liberdade? E se a liberdade não existir, onde estará a lei moral? A que título uma autoridade qualquer poderia pretender dominar a expansão fatal de uma força toda física e necessariamente legítima, se ela é fatal? O materialismo arruína a lei moral, e com a lei moral o direito, a ordem civil toda inteira, isto é, as condições de existência da Humanidade. Tais consequências imediatas, inevitáveis, certamente merecem que nelas pensemos. Vejamos, pois, como se reproduz esta velha doutrina materialista, que não vimos surgir, até o presente, senão nos piores dias.

262 | REVISTA ESPÍRITA

Quase sempre houve materialistas, teóricos ou práticos, quer por desvio do senso comum, quer para justificar baixos hábitos de viver. A primeira razão de ser do materialismo está na imperfeição da inteligência humana. Disse Cícero, em termos muito crus, que não há tolice que não tenha encontrado algum filósofo para defendê-la: *Nihil tam absurde dici potest quod non dicatur ab aliquo philosophorum.* Sua segunda razão de ser está nas más inclinações do coração humano. O materialismo prático, que se reduz a algumas máximas vergonhosas, sempre apareceu nas épocas de decomposição moral ou social, como as da Regência e do Diretório. O mais das vezes, quando houve visadas mais altas, o materialismo filosófico foi uma reação contra as exigências exageradas das doutrinas ultraespiritualistas ou religiosas. Mas em nossos dias ele se produz com um caráter novo; ele se diz científico. A história natural seria toda a ciência do homem; nada existiria do que ela não tem por objeto, e como ela não tem por objeto o espírito, o espírito não existe.

Para quem queira pensar no caso, com efeito o materialismo é mesmo um perigo, não da ciência verdadeira, mas da ciência incompleta e presunçosa; é uma planta má que cresce em seu solo. De onde vêm as tendências materialistas, mais ou menos marcantes, de tantos cientistas? De sua constante ocupação em estudar e manipular a matéria? Talvez um pouco. Mas elas vêm sobretudo de seus hábitos de espírito, da prática exclusiva de seu método experimental. O método científico pode reduzir-se a estes termos: Não reconhecer senão os fatos; induzir muito prudentemente a lei desses fatos; banir absolutamente todas as pesquisas das causas. Não é de admirar que, depois disto, inteligências de vistas curtas, débeis nalgum sentido, deformadas, como nos tornamos todos, por um mesmo trabalho intelectual ou físico muito contínuo, desconheçam a existência dos fatos morais, aos quais não convém a aplicação do seu instrumento lógico, e, por uma transmissão insensível, passem da ignorância metódica à negação.

Entretanto, se esse método exclusivamente experimental pode achar-se em erro, o erro está no estudo do homem, ser duplo, espírito e matéria, cujo próprio organismo não pode ser senão o produto e o instrumento da força oculta, mas essencialmente uma que o anima. Não se quer ver no organismo humano senão um agregado material! Por que cindir o homem e querer metodicamente nele considerar apenas um princípio, se há dois? É possível gabar-se, ao menos, de assim explicar todos os fenômenos da vida? O materialismo fisiológico, que prepara o materialismo filosófico, mas que a ele não conduz necessariamente, é ferido de impotência a cada passo. A vida, digam o que disserem, é um movimento, o movimento da alma formando o corpo; e a alma é, assim, a mola que move e transporta, por uma ação desconhecida e inconsciente, os elementos dos corpos vivos. Trazendo sistematicamente o estudo do homem físico às condições do estudo dos corpos não organizados; não vendo nas forças vivas de cada parte do organismo senão propriedades da matéria; localizando essas forças em cada uma dessas partes; não considerando a vida senão como uma manifestação física, um resultado, quando ela talvez seja um princípio; afastando a unidade do princípio de vida como uma hipótese, quando ela pode ser uma realidade, cai-se, sem dúvida, no materialismo fisiológico, para depois escorregar rapidamente no materialismo filosófico; mas se conclui por uma enumeração e um exame incompleto dos fatos; acreditou-se marchar apenas apoiado na observação, e afastou-se o fato capital que domina e determina todos os fatos particulares.

O materialismo da nova escola não é, pois, um resultado demonstrado do estudo; é uma opinião preconcebida. O fisiologista não admite o espírito; mas que há de admirável? É uma causa, e ele se pôs a estudar com um método que lhe interdita precisamente a pesquisa das causas. Não queremos submeter a causa do espiritualismo a uma questão de fisiologia controvertida, e sobre a qual poderiam refutar-nos com razão. O senso íntimo me revela a existência da alma com uma autoridade muito diferente. Quando o materialista fisiológico for tão verdadeiro quanto é discutível, nossas convicções espiritualistas ficarão menos inteiras. Fortalecido pelo testemunho do senso íntimo, confirmado pelo assentimento de mil gerações que se sucederam na Terra, repetiríamos o velho adágio: "A verdade não destrói a verdade", e nós esperaríamos que a conciliação se fizesse com o tempo. Mas de que peso não nos sentimos aliviados quando vemos que, para negar a alma e dar essa declaração como um resultado da ciência, o sábio, por confissão própria, partiu metodicamente da ideia que a alma não existe!

Lemos muitos livros de Fisiologia, em geral muito mal escritos. O que nos chamou a atenção foi o vício constante dos

264 | REVISTA ESPÍRITA

raciocínios do fisiologista organicista quando ele sai da sua área para se fazer filósofo. Vemo-lo constantemente tomar um efeito por uma causa, uma faculdade por uma substância, um atributo por um ser, confundir as existências e as forças etc., e raciocinar como lhe convém. Dir-se-ia uma aposta. Algumas vezes ele transpõe distâncias incríveis sem se dar conta do caminho que faz. Que espírito exato e claro, por exemplo, jamais pôde compreender o pensamento tão conhecido de Cabanis e de Broussais, que "o cérebro produz, *secreta* o pensamento?" Outras vezes, o homem positivo, o homem da ciência, o homem da observação e dos fatos nos dirá seriamente que o cérebro "armazena as ideias." Ainda um pouco, ele as desenhará. É metáfora ou aranzel?

Jamais será pedido à ciência natural que tome partido pró ou contra a alma humana; mas por que ela não se resolve a ignorar o que não é objeto de suas investigações? Com que direito ousa ela jurar que nada há depois dela, depois de ter constituído a lei de não ver? Por que não guarda ela um pouco dessa reserva que vai bem a todos nós, sobretudo aos que têm a pretensão de não avançar senão com a certeza? A que título o anatomista tomará para si a responsabilidade de declarar que a alma não existe, porque não a encontrou com seu escalpelo? Pelo menos começou ele a demonstrar rigorosamente, cientificamente, por experiências e por fatos, segundo o método que preconiza, que o seu escalpelo a tudo pode atingir, até mesmo um princípio imaterial?

Aconteça o que acontecer com todas estas questões, o materialismo, dizendo-se científico, sem por isto adquirir mais valor, instala-se à luz do dia, e é preciso que vejamos o que seria o direito materialista. Ai de nós! O estado social materialista oferecer-nos-ia um tristíssimo e vergonhoso espetáculo. Para começar, uma coisa é certa, é que, se o homem não existe senão por seu organismo, essa massa material e automática que será daqui por diante todo o homem, provido de um encéfalo para secretar ideias, não será responsável por todos os movimentos que ela produzirá[1]. Com ela não será preciso que o encéfalo de uma outra massa material se lembre de secretar ideias de justiça ou de injustiça, porque essas ideias de justiça ou de injustiça não são aplicáveis senão a uma força livre que existe por si mesma, capaz de querer e de se abster. Não se convence a torrente ou a avalanche.

[1] Assim como o fígado não é responsável pela bile que secreta.

Então a liberdade, isto é, a vontade de agir ou não agir, não existirá aqui embaixo, como também não existirá o direito. Nesse estado, todas as forças terão um pleno e absoluto poder de expansão. Tudo será legítimo, lícito, permitido, digamos mesmo, ordenado, porque é claro que todo fato que não seja o ato de uma vontade livre, que não se produz como um ato moralmente obrigatório ou moralmente proibido, é um fato inevitável, que bem pode vir chocar-se com um fato contrário do mesmo caráter, mas que, como todos os fatos físicos, cai no império inelutável das leis naturais.

Basta expor tais ideias para lhes fazer justiça. É o sistema de Spinoza, que muito resolutamente estabeleceu o princípio do direito da força. Os fortes, diz Spinoza, são feitos para dominar os fracos, da mesma forma que os peixes para nadar e os maiores para comer os menores. No sistema materialista, o que seria chamado direito não poderia ter um princípio diferente. Mas qual homem dotado de senso ousaria professar tal sistema, que bastaria, por si só, para refutar o materialismo, porquanto necessariamente dele decorre? Querem, entretanto, que esse princípio da força se ache, de fato, limitado por si mesmo? Nada será ganho, ou quase nada, com esse flagrante desmentido do princípio. Admitamos, se quiserem, que a substância pensante (continuamos a falar a linguagem dos materialistas) se concerte nos indivíduos para regularizar essa expansão da força: a que chegará ela? No máximo a um conjunto de regras que terão por base o interesse, e mais, como não há outras leis senão as leis da matéria, essa legislação não terá qualquer caráter obrigatório; cada um poderá infringi-la se sua matéria pensante o aconselhar e se sua força permitir. Assim, nesta singular doutrina, não haverá nem mesmo um estado social construído sobre o plano da triste sociedade de Hobbes.

Não falamos ainda senão das condições primeiras de todo estado social. Mas, em toda sociedade civil consagra-se a propriedade individual; contrata-se, vende-se, aluga-se, associa-se etc. O casamento funda a família; daí nasce toda uma ordem nova de relações. Pela educação no lar e pela educação pública, perpetuam-se as tradições. Assim se forma um espírito nacional e se desenvolve a civilização. Nossa sociedade materialista terá o seu direito civil? Impossível supô-lo, porque o direito civil, em seu conjunto, tem por princípio a justiça, e a justiça não pode ser senão uma palavra, ou uma contradição, numa doutrina que não conhece senão a matéria e as proprie-dades da matéria. Chega-se assim, inevitavelmente, a concluir (a menos que desarrazoando a propósito), que o estado civil da sociedade materialista é o estado de bestialidade.

Nada dizemos demais ao afirmarmos que o materialismo é destrutivo, não de tal moral, mas de toda moral; não de tal estado civil, mas de todo estado civil, de toda a Sociedade. É preciso recuar com ele além das regiões da barbárie, além da *selvageria*. Há que proscrevê-lo por isto? Deus não o permita. Assim reconhecido o seu caráter, não pediríamos, entretanto, que o seu ensino fosse interditado; nós o defenderíamos, se necessário, contra toda compressão pela força, desde que o professor não falasse senão em seu próprio nome. A liberdade nos é tão cara – sabem-nos os leitores deste jornal – ela leva consigo tais benefícios; temos uma tal confiança no bom senso público, que não conceberíamos nenhuma inquietude por ver toda cátedra, toda tribuna aberta a todas as ideias.

Mas a questão não mais se apresentaria nos mesmos termos se acontecesse que o professor falasse numa cátedra do Estado, sustentada pelo orçamento. Certo ou errado, o Estado ensina. Pode ele ensinar doutrinas cujas consequên-cias mais próximas sejam destrutivas do Estado? Ficará ao arbítrio de todo professor fazer o Estado endossar todas as doutrinas que puder conceber?

A questão não é simples. Os professores do Estado são funcionários públicos; seu ensino não pode ser e não é senão um ensino oficial. O Estado é responsável pelo que eles dizem; *ele responde por isso perante a juventude e as famílias*. Se por causa das grandes palavras de independência do professo-rado, recusassem o seu controle, eles se fariam opressores do Estado, pela mais hipócrita das opressões, porque assumiriam a responsabilidade pelas doutrinas que ele desaprova.

Sem dúvida a autoridade superior deve aos seus profes-sores, muitas vezes encanecidos pelo estudo, cuidados, con-sideração, uma grande confiança, como aos seus generais, aos seus administradores e aos seus magistrados. Mas ela não lhes deve o sacrifício do mandato do país, que se presume que lhe pertença. O professor não é mais independente do Estado do que o general que tomasse o comando de uma insurreição.

H. THIERCELIN

O JORNAL *LA SOLIDARITÉ*

O jornal *la Solidarité*, do qual falamos na *Revista* de junho de 1868, continua a ocupar-se do Espiritismo, com o tom de discussão séria que caracteriza essa folha eminentemente filosófica. Sob o título de *Pesquisas psicológicas a propósito de Espiritismo*, o número de 1.º de julho contém um artigo do qual extraímos as seguintes passagens:

"Há bem poucos jornais que se podem dizer independentes. Quero dizer de uma verdadeira independência, aquela que permite tratar de um assunto sem preocupação de partido, de igreja, de escola, de faculdade, de academia; melhor que isto: sem preocupação com o público, com seu próprio público de leitores e de assinantes, e não se inquietando senão em pesquisar a verdade e proclamá-la. O *Solidarité* tem essa vantagem muito rara de enfrentar até a perda de assinantes – pois não vive senão de sacrifícios – e de estar colocado muito alto nas regiões do pensamento para temer as flechas do ridículo.

"Tratando do Espiritismo, sabíamos que não satisfaríamos a ninguém, nem aos crentes nem aos incrédulos; ninguém, a não ser, talvez, as pessoas que não têm uma ideia preconcebida sobre a questão. Esses sabem que não sabem. Esses são os sábios, e são pouco numerosos."

O autor descreve a seguir o fenômeno material das mesas girantes, que explica pela eletricidade humana, declarando nada ver que acuse uma intervenção estranha. É o que temos dito desde o começo.

Ele continua:

"Enquanto não temos senão que explicar o movimento automático dos objetos, não necessitamos ir além do que é obtido nas ciências físicas. Mas a dificuldade aumenta quando chegamos aos fenômenos de natureza intelectual.

"Depois de se haver contentado em dançar, a mesa logo se pôs a responder às perguntas. Desde então, como duvidar que aí houvesse uma inteligência? A crença vaga nos Espíritos tinha suscitado o movimento dos objetos materiais, porque é evidente que sem esse *a priori,* jamais se teriam lembrado de fazer girar as mesas. Essa crença, achando-se confirmada pelas aparências, deveria levar a dar mais um passo. Considerando-se que o Espírito é a causa do movimento das mesas, deveria vir o pensamento de interrogá-lo.

"As primeiras manifestações inteligentes, diz o Sr. Allan Kardec, se deram por meio de mesas que se erguiam e batiam com um pé um determinado número de pancadas, e respondiam, assim, por um sim *ou por um* não, *conforme a convenção, a uma pergunta formulada. A seguir obtiveram-se respostas mais desenvolvidas pelas letras do alfabeto. Com o objeto móvel batendo um número de pancadas correspondente ao número de ordem de cada letra, chegou-se a formular palavras e frases, respondendo às perguntas feitas. A justeza das respostas e sua correlação excitaram a admiração. O ser misterioso que assim respondia, interrogado sobre a sua natureza, declarou que era* Espírito *ou* Gênio, *deu o seu nome e forneceu diversas informações por sua conta."*

"Esse meio de correspondência era longo e incômodo, como observa muito justamente o Sr. Allan Kardec. Não tardou que fosse substituído pela corbelha, depois pela prancheta. Hoje esses meios estão geralmente abandonados, e os crentes se reportam ao que maquinalmente escreve a mão do *médium,* sob o ditado do Espírito.

"É difícil saber qual a parte do médium nos produtos mais ou menos inspirados de sua pena; também não é fácil determinar o grau de automatismo de uma corbelha ou de uma prancheta, quando estes objetos estão colocados sob mãos vivas. Mas se a correspondência pela mesa é lenta e pouco cômoda, permite constatar a passividade do instrumento. Para nós, a relação intelectual por meio da mesa está tão bem estabelecida quanto a da correspondência telegráfica. O fato é real. Apenas se trata de saber se existe o correspondente de Além-Túmulo. Há um Espírito, um ser invisível com o qual se corresponde, ou os operadores são vítimas de uma ilusão e não estão em contato senão consigo mesmos? Eis a questão.

"Atribuímos à eletricidade emitida pela máquina humana os movimentos mecânicos das mesas; não temos que procurar alhures senão na alma humana o agente que imprime a esses movimentos um caráter inteligente. Representando a eletricidade como um fluido elástico de extrema sutileza, que se interpõe entre as moléculas dos corpos e os cerca como que de uma atmosfera, pode-se muito bem compreender que a alma, graças a esse envoltório, faça sentir sua ação sobre todas as partes do corpo, sem nele ocupar um lugar determinado, e que a unidade do *eu* esteja, ao mesmo tempo, em todos os lugares que sua atmosfera pode atingir. A ação pelo contato então ultrapassa a periferia do corpo, e as vibrações etéreas ou fluídicas, comunicando-se de uma atmosfera à outra, podem produzir entre os seres em relação, efeitos à distância. Há nisso tudo um mundo a estudar. As forças aí se influenciam e aí se transformam segundo as leis dinâmicas conhecidas, mas os seus efeitos variam com o ritmo dos movimentos moleculares e conforme esses movimentos se exerçam por vibração, por ondulação ou por oscilação. Mas, aconteça o que acontecer com essas teorias, que estão longe de haver atingido a positividade necessária para tomar lugar na Ciência, nada se opõe a que consideremos o *eu* humano como estendendo à tábua a ação de sua espontaneidade, dela se servindo como de um apêndice ao seu sistema nervoso, para manifestar movimentos voluntários.

"O que mais frequentemente provoca ilusão nestas espécies de correspondências telegráficas, é que o *eu* de cada um dos assistentes não pode mais se reconhecer na resultante da coletividade. A representação subjetiva que se faz no espírito do médium, pelo concurso desta espécie de fotografia, pode não parecer com nenhum dos assistentes, embora sem dúvida a maioria tenha fornecido algum traço. Entretanto é raro, se observarmos com cuidado, que não encontremos mais particularmente a imagem de um dos operadores que foi instrumento passivo da força coletiva. Não é um Espírito ultramundano que fala, na sala, é o espírito do médium, mas o espírito do médium talvez dublê do espírito de tal assistente que o domina muitas vezes sem que nenhum deles o saiba, e exaltado por forças

270 | REVISTA ESPÍRITA

que lhe vêm, como de diversas correntes eletromagnéticas, do concurso dado pelos assistentes[2].

"Vimos muitas vezes a personalidade do médium trair-se por erros ortográficos, por erros históricos ou geográficos que ele cometia habitualmente e que não podiam ser atribuídos a um *Espírito* realmente distinto de sua própria pessoa.

"Uma coisa das mais comuns nos fenômenos desta natureza é a revelação de segredos que o interrogante não julgava conhecidos por ninguém; mas ele esquece que esses segredos são conhecidos por aquele que interroga, e que o médium pode ler em seu pensamento. Para isto é necessária uma certa relação mental; mas essa relação é estabelecida por uma derivação da corrente nervosa que envolve cada indivíduo, mais ou menos como se poderia desviar a centelha elétrica, interceptando a linha telegráfica e a substituindo por um novo fio condutor. Tal faculdade é muito menos rara do que se pensa. A comunicação do pensamento é um fato admitido por todas as pessoas que se ocuparam de magnetismo, e é fácil para cada um se convencer da frequência e da realidade do fenômeno.

"Somos obrigados a deslizar sobre essas explicações muito imperfeitas. Elas não bastam, bem o sabemos, para infirmar a crença nos Espíritos, naqueles que julgam ter provas evidentes de sua intervenção.

"Não lhes podemos opor provas da mesma natureza. A crença em individualidades espirituais não só nada tem de irracional, mas nós a consideramos inteiramente natural. Nossa convicção profunda, como sabeis, é que o *eu* humano persiste em sua identidade após a morte, e que ele recupera, depois de sua separação do organismo terrestre, todas as suas aquisições anteriores. Que a pessoa humana esteja, então, revestida de um organismo de uma natureza etérea, é o que nos parece perfeitamente provável. O *perispírito* desses senhores assim não nos repugna. Então, o que é que nos separa? Nada de fundamental. Nada, a não ser a insuficiência de suas provas. Nós não achamos que as relações espíritas entre os mortos e os vivos sejam constatadas pelos movimentos das mesas, pelas correspondências, pelos ditados. Nós cremos que os

---

[2] Ver, para resposta a várias proposições contidas neste artigo: *O Livro dos Médiuns,* Cap. IV, Sistemas. – Introdução de *O Livro dos Espíritos. – Que é o Espiritismo?* Cap. I, Pequena Conferência.

fenômenos físicos se explicam fisicamente, e que os fenômenos psíquicos são *causados* pelas forças inerentes à alma dos operadores. Falamos do que vimos e estudamos com muito cuidado. Nada conhecemos, até aqui, entre as inspirações dos médiuns, que não tivesse podido ser produzido pelo cérebro vivo, sem o concurso de qualquer força celeste, e a maior parte de suas produções estão abaixo do nível intelectual do meio em que vivemos.

"Num próximo artigo examinaremos as doutrinas filosóficas e religiosas do *Espiritismo*, e notadamente as de que o Sr. Allan Kardec apresentou a síntese no seu último volume, intitulado *A Gênese segundo o Espiritismo.*"

Sem dúvida haveria muita coisa a responder sobre este artigo. Contudo, não o refutaremos, porque seria repetir o que tantas vezes temos escrito sobre o mesmo assunto. Temos a satisfação de reconhecer, com o autor, que a distância que ainda o separa de nós é pouca coisa: não é senão o fato material das relações diretas entre o mundo visível e o mundo invisível. Entretanto, essa pouca coisa é muito, por suas consequências.

Aliás, é importante notar que se ele não admite essas relações, também não as nega de maneira absoluta; nem repugna à sua razão conceber a sua possibilidade; com efeito, essa possibilidade decorre, muito naturalmente, do que ele admite. O que lhe falta, diz ele, são as provas do fato das comunicações. Ora! Essas provas lhe chegarão, mais cedo ou mais tarde; ele as encontrará, quer na observação atenta das circunstâncias que acompanham certas comunicações mediúnicas, quer na inumerável variedade das manifestações que se produziam antes do Espiritismo, e ainda se produzem em pessoas que não o conhecem e nele não acreditam, e nas quais, consequentemente, não se poderia admitir a influência de uma ideia preconcebida. Seria preciso ignorar os primeiros elementos do Espiritismo para crer que o fato das manifestações não se produz senão entre os adeptos.

Esperando, e ainda mesmo que aí devesse deter-se a sua convicção, seria desejável que todos os materialistas chegassem a esse ponto. Devemos, então, felicitar-nos por contá-lo, entre os homens de valor, pelo menos simpático à ideia geral, e por ver um jornal recomendável por seu caráter sério e

272 | REVISTA ESPÍRITA

sua independência, combater conosco a incredulidade absoluta em matéria de espiritualidade, bem como os abusos que fizeram do princípio espiritual. Marchamos para o mesmo fim por vias diferentes, mas convergindo para um ponto comum e nos aproximando cada vez mais pelas ideias; algumas dissidências sobre questões de detalhe não nos devem impedir de nos darmos as mãos.

Nestes tempos de efervescência e de aspiração por um melhor estado de coisas, cada um traz sua pedra para a edificação do mundo novo; cada um trabalha de seu lado, com os meios que lhe são próprios. O Espiritismo traz o seu contingente, que ainda não está completo, mas como ele não é exclusivo, não rejeita nenhum concurso; ele aceita o bem que pode servir à grande causa da Humanidade, venha de onde vier, mesmo que venha dos seus adversários.

Como dissemos no começo, não empreenderemos a refutação da teoria exposta no *Solidarité* sobre a fonte das manifestações inteligentes. Sobre isto apenas diremos poucas palavras.

Como se vê, essa teoria não é outra senão um dos primeiros sistemas que surgiram na origem do Espiritismo, quando a experiência ainda não havia elucidado a questão. Ora, é notório que tal opinião está hoje reduzida a algumas raras individualidades. Se ela estivesse certa, por que não teria prevalecido? Como é que milhões de espíritas que há quinze anos fazem experiências no mundo inteiro e em todas as línguas, que se recrutam em sua maioria na classe esclarecida, que contam em suas fileiras homens de saber e de incontestável valor intelectual, tais como médicos, engenheiros, magistrados etc., teriam constatado a realidade das manifestações, se ela não existisse? Podemos admitir razoavelmente que todos se tenham iludido? Que não se tenham encontrado entre eles homens de bastante bom senso e de perspicácia para reconhecer a verdadeira causa? Como dissemos, essa teoria não é nova e não passou despercebida entre os espíritas; ao contrário, tem sido seriamente meditada e explorada por eles, e é precisamente porque a viram desmentida pelos fatos, impotente para explicá-los todos, que ela foi abandonada.

É grave erro crer que os espíritas tenham vindo com a ideia preconcebida da intervenção dos Espíritos nas manifestações; se assim foi com alguns, a verdade é que a maioria deles não chegou à crença senão depois de ter passado pela dúvida ou pela incredulidade.

É igualmente um erro crer que, sem o *a priori* da crença nos Espíritos, jamais se tivessem lembrado de fazer girar as mesas. O fenômeno das mesas girantes e falantes era conhecido nos tempos de Tertuliano e na China de épocas imemoriais. Na Tartária e na Sibéria conheciam as *mesas volantes*[3]. Em certas províncias da Espanha servem-se de peneiras suspensas pelas pontas de tesouras. Os que interrogam pensam que são Espíritos que respondem? Absolutamente. Perguntai-lhes o que é e eles não sabem; são as mesas e as peneiras dotadas de uma força desconhecida; eles interrogam esses movimentos como os da varinha de condão, sem ir além do fato material.

Os fenômenos espíritas modernos não começaram pelas mesas girantes, mas pelas pancadas *espontâneas* dadas nas paredes e nos móveis; esses ruídos causaram espanto, surpreenderam; seu modo de percussão tinha algo de insólito, um caráter intencional, uma persistência que parecia indicar um ponto determinado, como quando alguém bate para chamar a atenção. Os primeiros movimentos de mesas ou outros objetos foram igualmente espontâneos, como ainda hoje o são em certos indivíduos que não têm qualquer conhecimento do Espiritismo. Dá-se aqui como na maior parte dos fenômenos naturais que se produzem diariamente e nada obstante passam desapercebidos, cuja causa fica ignorada, até o momento em que observadores sérios e mais esclarecidos prestem atenção neles, estudem-nos e os explorem.

Assim, de duas teorias contrárias nascidas na mesma época, uma cresce com o tempo, por força da experiência, generaliza-se, ao passo que a outra se extingue. Em favor da qual há presunção de verdade e de sobrevivência? Não damos isto como prova, mas como um fato que merece ser levado em consideração.

O Sr. Fauvety apoia-se em que nada encontrou nas comunicações mediúnicas que ultrapasse o alcance do cérebro humano. Eis aí, ainda, uma velha objeção cem vezes refutada pela própria Doutrina Espírita. Alguma vez o Espiritismo teria dito que os Espíritos são seres fora da Humanidade? Ao contrário, ele vem *destruir o preconceito* que deles faz seres excepcionais, anjos ou demônios, intermediários entre os homens e a Divindade, espécies de semideuses.

---

[3] *Revista Espírita* de outubro de 1859.

Ele repousa sobre o princípio que os Espíritos não são senão homens despojados de seu envoltório material; que o mundo visível se derrama incessantemente, pela morte, no mundo invisível, e este no mundo carnal pelos nascimentos.

Desde que os Espíritos pertencem à Humanidade, por que haveriam de querer que eles tivessem uma linguagem sobre-humana? Nós sabemos que alguns dentre eles não sabem mais, e por vezes sabem muito menos que certos homens, porquanto se instruem com estes últimos; os que eram incapazes de fazer obras-primas quando vivos, não as farão como Espíritos; o Espírito de um hotentote não falará como um acadêmico, e o Espírito de um acadêmico, que não passa de um ser humano, não falará como um deus.

Não é, pois, na excentricidade de suas ideias e pensamentos, na superioridade excepcional de seu estilo, que se deve buscar a prova da origem espiritual das comunicações, mas nas circunstâncias que atestam que, numa multidão de casos, o pensamento não pode vir de um encarnado, mesmo que fosse da mais banal trivialidade.

Desses fatos ressalta a prova da existência do mundo invisível em cujo meio vivemos, e por isto os Espíritos do mais baixo escalão o provam tão bem quanto os mais elevados. Ora, a existência do mundo invisível em nosso meio, parte integrante da Humanidade terrena, desaguadouro das almas desencarnadas e fonte das almas encarnadas, é um fato capital, imenso; é toda uma revolução nas crenças; é a chave do passado e do futuro do homem, que em vão procuraram todas as filosofias, como os sábios em vão buscaram a chave dos mistérios astronômicos antes de conhecer a lei da gravitação. Que acompanhem a fieira das consequências forçadas deste único fato: a existência do mundo invisível em torno de nós, e chegarão a uma transformação completa, inevitável, nas ideias, para a destruição dos preconceitos e dos abusos delas decorrentes e, por consequência, a uma modificação das relações sociais.

Eis aonde leva o Espiritismo. Sua doutrina é o desenvolvimento, a dedução das consequências do fato principal, cuja existência ele acaba de revelar. Suas consequências são inumeráveis, porque pouco a pouco elas atingem todos os ramos da ordem social, tanto no físico quanto no moral. É o que compreendem todos os que se deram ao trabalho de estudá-lo seriamente, e que compreenderão ainda melhor mais tarde, mas não os que, só lhe tendo visto a superfície, imaginam que ele esteja todo inteiro numa mesa que gira ou em perguntas pueris sobre a identidade de Espíritos.

Para maiores desenvolvimentos das questões tratadas neste artigo, remetemos ao primeiro capítulo de *A Gênese: Caráter da revelação espírita*[4].

O PARTIDO ESPÍRITA

Um dos nossos correspondentes de Sens nos transmitiu as observações seguintes, sobre a qualificação de *partido* dada ao Espiritismo, a propósito de nosso artigo do mês de julho, sobre o mesmo assunto.

"Num artigo do último número da *Revista*, intitulado: *O partido espírita*, dizeis que, uma vez que dão esse nome ao Espiritismo, ele o aceita. Mas deve aceitá-lo? Isto talvez mereça um sério exame.

"Todas as religiões, assim como o Espiritismo, não ensinam que todos os homens são irmãos, que são todos filhos de um pai comum, que é Deus? Ora, deveria haver partidos entre os filhos de Deus? Não é uma ofensa ao Criador? Porque o objetivo dos partidos é armar os homens uns contra os outros; e pode a imaginação conceber maior crime do que armar os filhos de Deus, uns contra os outros?

"Tais são, senhor, as reflexões que julguei dever submeter à vossa apreciação. Talvez fosse oportuno submetê-las, também, à dos benevolentes Espíritos que guiam os trabalhos do Espiritismo, a fim de conhecer a sua opinião. Esta questão talvez seja mais grave do que parece à primeira vista. De minha parte, repugnar-me-ia pertencer a um partido. Creio que o Espiritismo deve considerar os partidos como uma ofensa a Deus."

---

[4] Publicado em brochura separada. Preço, 15 centavos; pelo correio, 20 centavos.

Estamos perfeitamente de acordo com o nosso honrado correspondente, cuja intenção só podemos louvar. Contudo, cremos que seus escrúpulos são um pouco exagerados, no caso em apreço, sem dúvida porque não examinou a questão suficientemente.

A palavra *partido* implica, por sua etimologia, a ideia de divisão, de cisão e, por conseguinte, a de luta, de agressão, de violência, de intolerância, de ódio, de animosidade, de vingança, coisas todas contrárias ao espírito do Espiritismo. O Espiritismo, não tendo nenhum desses caracteres, pois que os repudia, por suas próprias tendências não é um partido na acepção vulgar da palavra, e o nosso correspondente tem muitíssima razão para repelir a qualificação sob esse ponto de vista.

Mas, ao nome de *partido* se liga também a ideia de uma força, física ou moral, bastante forte para pesar na balança, bastante preponderante para que se deva contar com ela; aplicá-la ao Espiritismo, pouco ou nada conhecido, é dar-lhe um atestado de notória existência, uma posição entre as opiniões, constatar a sua importância e, como consequência, provocar o seu exame, o que ele não cessa de pedir. Sob este aspecto, ele devia repudiar tanto menos essa qualificação, embora fazendo reservas sobre o sentido a ligar a isto, quanto, partida do alto, ela dava um desmentido oficial aos que pretendem que o Espiritismo é um mito sem consistência, que eles se gabavam vinte vezes de haver sepultado. Foi possível julgar do alcance desta palavra pelo ardor desajeitado com que certos órgãos da imprensa dela se apoderaram para transformá-la num espantalho.

É por esta consideração, e neste sentido, que dissemos que o Espiritismo aceita o título de partido, já que lho dão, porque significava engrandecê-lo aos olhos do público. Mas não temos a intenção de fazê-lo perder sua qualidade essencial, a de doutrina filosófica moralizadora, que constitui a sua glória e a sua força. Longe de nós, pois, o pensamento de transformar em partidários os adeptos de uma doutrina de paz, de tolerância, de caridade e de fraternidade. A palavra *partido,* aliás, não implica sempre a ideia de luta, de sentimentos hostis; não se diz: o partido da paz; o partido das criaturas honestas? O Espiritismo já provou, e provará sempre, que pertence a essa categoria.

Aliás, faça o que fizer, o Espiritismo não pode deixar de ser um partido. O que é, com efeito, um partido, abstração feita da ideia de luta? É uma opinião que não é partilhada senão por *uma parte* da população; mas essa qualificação não é dada senão às opiniões que contam um número de aderentes bastante considerável para chamar a atenção e representar um papel. Ora, não sendo ainda opinião de todos, a opinião espírita é necessariamente um partido em relação às opiniões contrárias que o combatem, até que ele os tenha unido a todos. Em virtude de seus princípios, ele não é agressivo; ele não se impõe; ele não subjuga; ele não pede para si senão a liberdade de pensar à sua maneira, seja. Mas, a partir do momento que é atacado, tratado como pária, ele deve defender-se e reivindicar para si o que é de direito comum; ele deve, é seu dever, sob pena de ser acusado de renegar a sua causa, que é a de todos os irmãos em crença, que não poderá abandonar sem covardia. Ele entra, pois, forçosamente na luta, por maior repugnância que experimente; ele não é o inimigo de ninguém, é verdade, mas tem inimigos que procuram arrasá-lo; é por sua firmeza, por sua perseverança e por sua coragem que ele se lhes imporá; suas armas são muito diferentes das armas dos adversários, isto também é verdade, mas ele não deixa de ser para eles, e a despeito de sua vontade, um partido, pois não lhe teriam dado este título se não o tivessem julgado bastante forte para contrabalançá-los.

Tais são os motivos pelos quais cremos que o Espiritismo podia aceitar a qualificação de partido que lhe era dada por seus antagonistas, sem que ele a tenha tomado por si mesmo, porque era levantar a luva que lhe era atirada. Nós pensamos que podia, sem repudiar os seus princípios.

PERSEGUIÇÕES

Pelo fim de 1864 foi pregada uma perseguição contra o Espiritismo em várias cidades do Sul, e seguida de alguns efeitos. Eis um resumo de um desses sermões que nos foi enviado na ocasião, com todas as indicações necessárias para constatar sua autenticidade. Apreciarão a nossa reserva não citando os lugares nem as pessoas:

"Fugi, cristãos; fugi desses homens perdidos e dessas mulheres más que se entregam a práticas que a Igreja condena! Não tenhais nenhuma relação com esses loucos e essas loucas; abandonai-os a um isolamento absoluto. Fugi deles como de criaturas perigosas. Não os suporteis ao vosso lado e expulsai-os do lugar santo, cujo acesso é interdito à sua indignidade.

"Vede esses homens *perdidos* e essas mulheres *más* que se ocultam na sombra e que se reúnem em segredo para propagar suas ignóbeis doutrinas; segui-os como eu em seus *covis*. Não se diriam conspiradores de baixo escalão, satisfazendo-se nas trevas para aí formar seus infames conchavos? Eles conspiram com audácia, com efeito, ajudados por Satã, contra a nossa santa madre Igreja, que Jesus estabeleceu para reinar na Terra. Que fazem eles ainda, esses homens ímpios e essas mulheres sem-vergonha? Eles *blasfemam contra Deus*; eles negam as sublimes verdades que durante séculos inspiraram o mais profundo respeito aos seus antepassados; eles se enfeitam com uma falsa caridade, do que só conhecem o nome, e dela se servem como manto para ocultar sua *ambição! Eles se introduzem, como lobos rapaces, em vossas residências para seduzir vossas filhas e vossas mulheres e para vos perder a todos para sempre;* mas vós os expulsareis de vossa presença como seres malfazejos!

"Compreendestes, cristãos, quais são os que assinalo à vossa reprovação! São os *espíritas!* E por que eu não os nomearia? É tempo de os repelir e de amaldiçoar as suas doutrinas infernais!"

Os sermões deste gênero estavam na ordem do dia naquela época. Se exumamos este documento dos nossos arquivos, após quatro anos, é para responder à qualificação de *partido perigoso* dada aos espíritas, nestes últimos tempos, por certos órgãos da imprensa. Na circunstância precitada, de que lado estava a agressão, a provocação, numa palavra, o espírito de partido? Seria possível levar mais longe a excitação ao ódio dos cidadãos uns contra os outros, à divisão das famílias? Tais pregações não lembram as da época desastrosa em que essas mesmas regiões eram ensanguentadas pelas guerras de religião, em que o pai estava armado contra o filho e o filho contra o pai? Nós não os julgamos do ponto de vista da caridade evangélica, mas do da prudência. É mesmo político assim excitar as paixões fanáticas numa região onde o passado ainda está vivaz? Onde a autoridade muitas vezes tem dificuldade em prevenir os conflitos? É prudente aí exibir de novo os fachos da discórdia? Queriam então aí renovar a cruzada contra os albigenses e a guerra das Cévennes? Se semelhantes sermões tivessem sido pregados contra os protestantes, represálias sangrentas seriam inevitáveis. Hoje se lançam contra o Espiritismo porque, não tendo ainda existência legal, julgam que tudo é permitido contra ele.

Pois bem! Qual tem sido, em todos os tempos, a atitude dos espíritas, em presença dos ataques de que têm sido objeto? A da calma, da moderação. Não deveriam bendizer uma doutrina cuja força é bastante grande para pôr um freio às paixões turbulentas e vingativas? Notai, entretanto, que em parte alguma os espíritas formam um corpo constituído; que eles não estão arregimentados em congregações obedientes a uma palavra de ordem; que não há entre eles qualquer filiação patente ou secreta; eles sofrem muito simplesmente e individualmente a influência de uma ideia filosófica, e essa ideia, livremente aceita pela razão, e não imposta, basta para modificar suas tendências, porque eles têm consciência de estar com a verdade. Eles veem esta ideia crescer sem cessar, infiltrar-se em toda parte, ganhar terreno diariamente; eles têm fé no seu futuro, porque ela está em harmonia com os princípios da eterna justiça; porque ela responde às necessidades sociais e porque se identifica com o progresso, cuja marcha é irresistível. Eis por que eles são calmos ante os ataques de que ela é objeto; eles acreditariam dar uma prova de desconfiança em sua força, se a sustentassem pela violência e por meios materiais. Eles riem-se desses ataques, pois os mesmos não resultam senão em propagá-la mais rapidamente, atestando a sua importância.

Mas os ataques não se limitam à ideia. Embora a cruzada contra os espíritas já não seja pregada abertamente como era há alguns anos, seus adversários não se tornaram nem mais benevolentes, nem mais tolerantes; a perseguição não é menos exercida sorrateiramente, quando se oferece a ocasião, contra os indivíduos que ela atinge, não só na sua liberdade de consciência, que é um direito sagrado, mas mesmo em seus interesses materiais. Em falta de razão, os adversários do Espiritismo ainda esperam derrubá-lo pela calúnia e pela repressão. Sem dúvida se equivocam, mas enquanto esperam, há algumas vítimas. Ora, desnecessário dissimular que a luta não está terminada; os adeptos devem, pois, armar-se de resolução para avançar com firmeza pela via que lhes é traçada.

É não só com vistas ao presente, mas sobretudo prevendo o futuro, que julgamos conveniente reproduzir a instrução que se segue, sobre a qual chamamos a séria atenção dos adeptos. Além disto, ela constitui um desmentido aos que buscam apresentar o Espiritismo como um partido perigoso para a ordem social. Praza a Deus que todos os partidos não obedeçam senão a semelhantes inspirações, porquanto a paz não tardaria a reinar na Terra.

(Paris, 10 de dezembro de 1864 - Médium: Sr. Delanne)

"Meus filhos, estas perseguições, como tantas outras, cairão e não podem ser prejudiciais à causa do Espiritismo. Os bons Espíritos velam pela execução das ordens do Senhor: nada tendes a temer. Nada obstante, é uma advertência para vos manterdes em guarda e agir com prudência. É uma tempestade que rebenta, como tendes que esperar e ver rebentar muitas outras, conforme vos temos anunciado, porque não deveis pensar que os vossos inimigos facilmente se darão por vencidos. Não, eles lutarão passo a passo, até se convencerem de sua impotência. Assim, deixai-os lançar o seu veneno, sem vos inquietardes com o que possam dizer, porque bem sabeis que nada podem contra a Doutrina, que deve triunfar, apesar de tudo. Eles bem o sentem, e é isto o que os exaspera e redobra o seu furor.

É preciso esperar que na luta eles façam algumas vítimas, mas aí estará a prova pela qual o Senhor reconhecerá a coragem e a perseverança de seus verdadeiros servidores. Que mérito teríeis em triunfar sem esforço? Como valentes soldados, os feridos serão os mais recompensados; e que glória para os que saírem da luta mutilados e cobertos de honrosas cicatrizes! Se um povo inimigo viesse invadir o vosso país, não sacrificaríeis os vossos bens, a vossa vida por sua independência? Por que, então, vos lamentaríeis de alguns arranhões que recebeis numa luta cujo desfecho inevitável conheceis, e na qual estais certos da vitória? Agradecei, pois, a Deus por vos haver posto na linha de frente, para que sejais dos primeiros a recolher as palmas gloriosas que serão o prêmio de vosso devotamento à santa causa. Agradecei aos vossos perseguidores, que vos dão oportunidade de mostrar a vossa coragem e de adquirir mais mérito. Não vades ao encontro da perseguição; não a busqueis, mas se ela vier, aceitai-a como uma das provas da vida, porque é uma delas, e uma das mais proveitosas ao vosso adiantamento, conforme a maneira pela qual a suportardes. Acontece com esta prova o mesmo que acontece em todas as outras: por vossa conduta podeis fazer que ela seja fecunda ou sem frutos para vós.

Vergonha aos que tiverem recuado e preferido o repouso da Terra àquele que lhes estava preparado, porque o Senhor fará a conta de seus sacrifícios. Ele lhes dirá: "Que pedis, vós que nada perdestes, nada sacrificastes; que não renunciastes nem a uma noite do vosso sono, nem a um pouco de vossa mesa, nem deixastes um pedaço de vossas roupas no campo de batalha? Que fizestes durante esse tempo, enquanto os vossos irmãos marchavam ao encontro do perigo? Mantiveste-vos de lado, para deixar passar a tempestade e vos mostrar depois do perigo, ao passo que os vossos irmãos subiam resolutamente para a estacada.

Pensai nos mártires cristãos! Eles não tinham, como vós, as comunicações incessantes do mundo invisível para reanimar a sua fé, contudo, não recuavam ante o sacrifício, nem de sua vida, nem de seus bens. Ademais, já passou o tempo dessas provas cruéis; os sacrifícios sangrentos, as torturas, as fogueiras não mais se renovarão; vossas provas são mais morais do que materiais; elas serão, por consequência, menos penosas, mas não serão menos meritórias, porque tudo é proporcional ao seu tempo. Hoje é o espírito que domina, eis por que o espírito sofre mais do que o corpo. A predominância das provas espirituais sobre as provas materiais é um indício do adiantamento do espírito. Além disto, vós sabeis que muitos dos que sofreram pelo Cristianismo vêm concorrer para o coroamento da obra, e são eles que sustentam a luta com mais coragem; eles juntam, assim, uma palma às que já haviam conquistado.

O que vos digo, meus amigos, não é para vos decidir a entrar estouvadamente na luta, de cabeça baixa, não; ao contrário, eu vos digo: Agi com prudência e circunspecção, no próprio interesse da Doutrina, que sofreria por causa de um zelo irrefletido. Mas se um sacrifício for necessário, fazei-o sem murmurar e pensai que uma perda temporal nada é ao lado da compensação que por isso recebereis.

Não vos inquieteis com o futuro da Doutrina. Entre os que hoje a combatem, mais de um será seu defensor de amanhã. Os adversários se agitam; em dado momento quererão reunir-se para desfechar um grande golpe e derrubar o edifício começado, mas seus esforços serão vãos, e a divisão afetará as suas fileiras. Aproximam-se os tempos em que os acontecimentos favorecerão o desabrochar do que semeais. Considerai a obra na qual trabalhais, sem vos preocupardes com o que possam dizer ou fazer. Vossos inimigos fazem tudo o que podem para vos empurrar para além dos limites da moderação, a fim de poder dar um pretexto às suas agressões. Seus insultos não têm outra finalidade, mas a vossa indiferença e a vossa longanimidade os confundem. À violência, continuai, pois, a opor a suavidade e a caridade; fazei o bem aos que vos querem mal, a fim de que mais tarde eles possam distinguir o verdadeiro do falso. Tendes uma arma poderosa: a do raciocínio. Servi-vos dela, mas não a mancheis jamais pela injúria, o supremo argumento dos que não têm boas razões para dar. Esforçai-vos, enfim, pela dignidade de vossa conduta, para fazer respeitar em vós o título de espírita.

SÃO LUÍS

ESPIRITISMO RETROSPECTIVO

A MEDIUNIDADE NO COPO D'ÁGUA EM 1706

Na casa do Duque de Orléans

Podem compreender-se sob o título geral de *Espiritismo Retrospectivo* os pensamentos, as doutrinas, as crenças e todos os fatos espíritas anteriores ao *Espiritismo Moderno,* isto é, até 1850, data na qual começaram as observações e os estudos sobre esses tipos de fenômenos. Não foi senão em 1857 que tais observações foram coordenadas em corpo de doutrina metódica e filosófica. Esta divisão nos parece útil à história do Espiritismo.

O fato seguinte é relatado nas *Memórias do Duque de Saint-Simon*[5]:

"Lembro-me também de uma coisa que ele (o Duque de Orléans) me contou no salão de Marly, por ocasião de sua partida para a Itália, cuja singularidade, verificada pelo acontecimento, me leva a não omiti-lo. Ele era curioso por todas as sortes de artes e ciências, e, com muitíssimo espírito, tinha tido toda a sua vida a fraqueza, tão comum na corte dos filhos de Henrique II, que Catarina de Médicis tinha, entre outros males, trazido da Itália. Tanto quanto era possível, ele tinha procurado ver o diabo, sem ter conseguido, conforme me disse muitas vezes, e ver coisas extraordinárias e saber o futuro. A Sery tinha em casa uma filha de oito a nove anos, que ali havia nascido e dali nunca havia saído, e que tinha a ignorância e a simplicidade dessa idade e dessa educação. Entre outros velhacos envolvidos com curiosidades ocultas, dos quais o Sr. Duque de Orléans tinha visto muitos em sua vida, apresentaram-lhe um que pretendia fazer ver, num copo cheio d'água, tudo quanto se quisesse saber. Ele pediu alguém jovem e inocente para aí olhar, e essa pequena foi considerada indicada para tanto. Então eles se divertiram em querer saber o que se passava nessa mesma ocasião em lugares distantes, e a pequena via e descrevia o que estava vendo. Aquele homem pronunciava alguma coisa baixinho sobre o copo cheio d'água e logo ali observavam com sucesso.

"Os embustes de que tantas vezes tinha sido vítima o Sr. Duque de Orléans levaram-no a uma prova que pudesse dar-lhe certeza. Ordenou baixinho, ao ouvido de um de seus servidores, que fosse imediatamente à casa da Sra. de Nancré; que verificasse quem ali estava, o que faziam, a posição e o mobiliário da sala e a situação de tudo quanto ali se passava, e sem perder um instante nem falar a ninguém, vir dizer-lhe ao ouvido. Num relance a missão foi executada, sem que ninguém se apercebesse do que se tratava; e a menina, sempre na sala. Quando o Sr. Duque de Orléans foi informado, ele

---

[5] Vide o número de junho de 1868 da *Revista Espírita*.

pediu à menina que visse quem estava em casa da Sra. de Nancré e o que ali se passava. Logo ela lhe contou, palavra por palavra, tudo o que tinha visto o enviado do Sr. Duque de Orléans, a descrição do rosto, da aparência, das roupas, das pessoas que ali estavam, sua situação na sala, as pessoas que jogavam em duas mesas diferentes, as que olhavam ou conversavam sentadas ou de pé, a disposição dos móveis, numa palavra, tudo. Na mesma hora o Sr. Duque de Orléans determinou que Nancré fosse lá, e ele relatou ter encontrado tudo como a menina havia dito, e como o valete que lá tinha estado havia contado ao ouvido do Sr. Duque de Orléans.

"Ele me falava pouco dessas coisas, porque eu tomava a liberdade de embaraçá-lo. Tomei a liberdade de *injuriá-lo,* neste caso, e de dizer-lhe que eu julgava poder demovê-lo da crença nesses sortilégios, numa ocasião, sobretudo, em que ele devia ter o espírito ocupado com tantas grandes coisas. 'Isto não é tudo, disse-me ele: não vos contei isto senão para chegar ao resto.' Em seguida contou-me que, encorajado pela exatidão do que a menina havia visto na sala da Sra. Nancré, ele quis ver algo de mais importante, e o que se passaria com a morte do rei, mas sem indagar a data, que não se podia ver no copo. Então ele fez essa pergunta à menina, que jamais tinha ouvido falar de Versalhes, nem tinha visto ninguém da corte senão ele. Ela olhou e lhe explicou demoradamente tudo o que via. Fez com exatidão a descrição do quarto do rei em Versalhes, e do mobiliário que, com efeito, aí se achava por ocasião de sua morte. Ela o descreveu perfeitamente em seu leito, e disse que estava de pé junto ao leito, ou no quarto, um menino bem comportado, seguro pela Sra. de Ventadour, com o que gritou, porque a tinha visto em casa da senhorita Sery. Ela lhes fez conhecer a Sra. de Maintenon, o rosto singular de Fayon, a Sra. Duquesa de Orléans, a senhora duquesa e a Sra. Princesa de Conti; gritou ao Sr. Duque de Orléans; numa palavra, deu-lhe a conhecer o que lá havia de príncipes, de senhores, de criados e de valetes. Quando acabou de dizer tudo, o Sr. Duque de Orléans, surpreso porque não lhe tinha referido Monsenhor, o Sr. Duque de Borgonha, o Sr. Duque de Berry, lhe perguntou se não via pessoas com tais e tais feições. Ela respondeu com firmeza que não, e repetiu aquelas que ela via. Era o que o Sr. Duque de Orléans não podia compreender e de que se admirou muito comigo, em vão procurando a razão.

"A cerimônia de exaltação o explicou. Estávamos, então, em 1706. Os quatro estavam então cheios de vida e de saúde, e os quatro tinham morrido antes do rei. A mesma coisa aconteceu com o Sr. Príncipe, com o Sr. Duque e com o Sr. Príncipe de Conti, que ela não viu, enquanto viu os filhos dos dois últimos, o Sr. de Maine, os seus, e o Sr. Conde de Toulouse. Mas até a exaltação, isto ficou na obscuridade. Terminada esta curiosidade, o Sr. Duque de Orléans quis saber o que aconteceria consigo. Então não foi mais no copo d'água. O homem que lá estava se ofereceu para lhe mostrar, como se pintado na parede da sala, desde que ele não tivesse medo de ver. E ao cabo de um quarto de hora, de algumas afetações diante de todos, a figura do Sr. Duque de Orléans, vestido como estava então e em tamanho natural, apareceu de repente na parede, como em pintura, com uma coroa na cabeça. Ela não era da França, nem da Espanha, nem da Inglaterra, nem imperial; o Sr. Duque de Orléans, que a considerou, de olhos arregalados, jamais pôde adivinhá-la, e jamais tinha visto uma semelhante; ela tinha apenas quatro círculos e nada no topo. Essa coroa lhe cobria a cabeça.

"Da obscuridade precedente e desta, aproveitei a ocasião para lhe censurar a vaidade dessas espécies de curiosidades, os justos enganos do diabo, que Deus permite para castigar as curiosidades que ele proíbe, o nada e as trevas que daí resultam em vez da luz e da satisfação que nelas se buscam. Ele seguramente estava bem longe de ser regente do reino, e de imaginá-lo. Talvez fosse o que lhe anunciava essa coroa singular. Tudo isto se havia passado em Paris, em casa de sua amante, em presença de sua mais estreita intimidade, na véspera do dia em que ele me contou, e eu o achei tão extraordinário que aqui lhe dei lugar, não para aprová-lo, mas para fazer o registro."

A credibilidade do Duque de Saint-Simon é tanto menos suspeita pelo fato de ele se opor a essa espécie de ideias; não se pode, pois, duvidar que tenha registrado fielmente o relato do Duque de Orléans. Quanto ao fato em si mesmo, não é provável que o Duque o tivesse inventado à toa. Os fenômenos que se produzem em nossos dias, aliás, provam a sua possibilidade; o que, então, passava por algo de maravilhoso, é agora um fato muito natural. Certamente não se pode levar à conta da imaginação da menina, que aliás, sendo desconhecida do indivíduo, não lhe podia servir de comparsa. As palavras pronunciadas sobre o copo d'água sem dúvida não tinham outro objetivo senão dar ao fenômeno uma aparência misteriosa e cabalística, segundo as crenças da época; mas podiam muito bem exercer uma ação magnética inconsciente, e isto com tanto mais razão porque aquele homem parecia dotado de uma vontade enérgica. Quanto ao fato do quadro que ele fez aparecer na parede, até o presente não se lhe pode dar qualquer explicação. Ademais, a magnetização prévia da água não parece ser indispensável.

Um dos nossos correspondentes da Espanha citava-nos, há alguns dias, o seguinte fato, que se havia passado sob suas vistas, há uns quinze anos, numa época e numa região onde o Espiritismo era desconhecido e quando ele mesmo levava a incredulidade até os últimos limites. Em sua família tinham ouvido falar da faculdade que têm certas pessoas de ver numa garrafa de cristal cheia d'água, e a isso não ligavam mais importância do que nas crendices populares. Não obstante, quiseram experimentar, por curiosidade. Uma moça, após um instante de concentração, viu um parente dele, do qual fez o retrato exato; ela o viu numa montanha, a algumas léguas dali, onde não podiam supor que ele estivesse, depois descer num despenhadeiro, voltar, fazer diversas idas e vindas. Quando o indivíduo regressou e lhe disseram de onde vinha e o que tinha feito, ele ficou muito surpreso, pois não havia comunicado a ninguém a sua intenção. Aqui a imaginação está completamente fora de causa, porque o pensamento de nenhum dos assistentes poderia agir sobre o espírito da moça.

Sendo a influência da imaginação a grande objeção que opõem a esse gênero de fenômenos, como a todos os da mediunidade em geral, seria preciso colher com o maior cuidado os casos em que é demonstrado que essa influência não se pode dar. O fato seguinte é um exemplo não menos concludente.

Um outro de nossos assinantes, de Palermo, na Sicília, esteve ultimamente em Paris; em sua ausência, a filha, que jamais veio a Paris, recebeu o número da *Revista* onde se trata do copo d'água; ela quis tentar ver seu pai. Não o viu, mas viu várias ruas que, pela descrição que fez ao lhe escrever, ele facilmente reconheceu como sendo as ruas *de la Paix*, *Castiglione* e *Rivoli*. Ora, essas ruas eram precisamente aquelas por onde ele havia passado no mesmo dia em que a experiência foi feita. Assim, aquela jovem senhora não vê o pai, que ela conhece, que deseja ver, no qual tem o pensamento concentrado, ao passo que vê o caminho por ele percorrido, que ela não conhecia. Que razão dar a essa originalidade? Os Espíritos nos disseram que as coisas se haviam passado dessa maneira para dar uma prova irrecusável de que em nada a imaginação havia entrado no caso.

Pelas reflexões que seguem, completaremos o que dissemos sobre o mesmo assunto no número de junho.

Tanto o copo quanto a garrafa de cristal, com ou sem água, evidentemente representam, neste fenômeno, o papel de agentes *hipnóticos;* a concentração da visão e do pensamento em um ponto provocam um maior ou menor desprendimento da alma e, por conseguinte, o desenvolvimento da visão psíquica. (Vide a *Revista* de janeiro de 1860 – *Detalhes sobre o hipnotismo).*

Esse gênero de mediunidade pode dar lugar a modos especiais de manifestações, a percepções novas; é um meio a mais de constatar a existência e a independência da alma, e, por isto mesmo, um assunto de estudo muito interessante; mas, como dissemos, seria um erro pensar que aí esteja um meio melhor que outro de saber tudo quanto se deseja, porque há coisas que nos devem ficar ocultas, ou que não podem ser reveladas senão em seu devido tempo. Quando chegar o momento de conhecê-las, seremos informados por uma das mil maneiras de que dispõem os Espíritos, quer sejamos, quer não sejamos espíritas. Mas o copo d'água não é mais eficaz do que outra. Pelo fato de se haverem dele servido os Espíritos para dar indicações salutares para as doenças, não se segue que seja um processo infalível para triunfar de todos os males, mesmo dos que não devem ser curados. Se uma cura é possível pelos Espíritos, estes dão seu conselho por um meio qualquer e por qualquer médium apto para esse gênero de comunicação. A eficácia está na prescrição, e não na maneira segundo a qual ela é dada.

O copo d'água também não é uma garantia contra a interferência dos maus Espíritos; a experiência já provou que os Espíritos mal-intencionados se servem desse meio como de outros para induzir em erro e abusar da credulidade. Em que seria possível opor-lhes um obstáculo mais poderoso? Temo-lo dito muitas vezes, e nunca seria demais repeti-lo: *Não há mediunidade ao abrigo dos maus Espíritos, e não existe nenhum processo material para afastá-los.* O melhor, o único preservativo está em si próprio; é por sua própria depuração que os afastamos, como pela limpeza do corpo nos preservamos contra insetos nocivos.

A REENCARNAÇÃO NO JAPÃO

São Francisco Xavier e o bonzo japonês.

O relato seguinte é extraído da história de São Francisco Xavier pelo Pe. Bouhours. É uma discussão teológica entre um bonzo japonês chamado Tucarondono e São Francisco Xavier, então missionário no Japão.

"– Não sei se me conheces, ou melhor, se me reconheces, disse Tucarondono a São Francisco Xavier.

"– Não me lembro de jamais tê-lo visto, respondeu-lhe este.

"Então o bonzo, rebentando de riso e se voltando para outros bonzos, seus confrades, que ele tinha trazido consigo, lhes disse:

"– Bem vejo que não teria dificuldade em vencer um homem que tratou comigo mais de cem vezes, e que finge jamais me ter visto.

"Em seguida, olhando Xavier com um sorriso de desprezo, continuou:

"– Nada te resta das mercadorias que me vendeste no porto de Frénasoma?

"– Na verdade, – replicou Xavier com uma expressão sempre serena e modesta, – em minha vida não fui negociante e jamais estive em Frénasoma.

"– Ah! Que esquecimento e que tolice! – replicou o bonzo, fazendo-se de admirado e continuando suas risadas: – O que! É possível que tenhas esquecido isto?

"– Avivai-me a memória, – prosseguiu docemente o Pai, – vós que tendes mais memória e mais espírito que eu.

"– Bem que eu quero, – disse o bonzo, todo orgulhoso do elogio que Xavier lhe havia feito. – Hoje faz exatamente mil e quinhentos anos que tu e eu, que éramos negociantes, fazíamos o nosso comércio em Frénasoma e que te comprei cem peças de seda muito barato. Lembras-te agora?

"O santo, que avaliou até onde iria a conversa do bonzo perguntou-lhe, honestamente, que idade tinha ele.

"– Tenho cinquenta e dois anos, disse Tucarondono.

"– Como é possível, redarguiu Xavier, que fôsseis negociante há quinze séculos, se não há senão meio século que estais no mundo, e que negociássemos naquele tempo, vós e eu, em Frénasoma, se a maioria entre vós outros bonzos ensinais que o Japão não passava de um deserto há mil e quinhentos anos?

"– Escuta-me, – disse o bonzo; – tu ouvirás os oráculos e concordarás que temos mais conhecimento das coisas passadas do que vós outros o tendes das coisas presentes.

"– Deves, pois, saber que o mundo jamais teve começo, e que as almas, a bem dizer, não morrem. *A alma se desprende do corpo onde estava encerrada; ela busca um outro, novo e vigoroso, onde renascemos, ora com o sexo mais nobre, ora com o sexo imperfeito,* conforme as diversas constelações do céu e os diferentes aspectos da lua. Essas mudanças de nascimento fazem que também mude a nossa sorte. Ora, é a recompensa dos que viveram santamente ter a lembrança fresca de todas as vidas que levaram nos séculos passados e de representar-se em si mesmo todo inteiro, tal qual foi há uma eternidade, sob a forma de príncipe, de negociante, de homem de letras, de guerreiro e sob outras aparências. Ao contrário, alguém como tu, que sabe tão pouco de seus negócios, que ignora o que foi e o que fez no curso de uma infinidade de séculos, mostra que seus crimes o tornaram digno da morte tantas vezes que ele perdeu a lembrança das vidas que mudou."

OBSERVAÇÃO: Não se pode supor que Francisco Xavier tivesse inventado esta história, que não lhe era favorável, nem suspeitar a boa-fé do seu historiador, o Pe. Bouhours. Por outro lado, não é menos certo que era uma armadilha preparada ao missionário pelo bonzo, pois sabemos que a lembrança das vidas anteriores é um caso excepcional e que, em todo caso, jamais comporta detalhes tão precisos. Mas o que ressalta deste fato é que a doutrina da reencarnação existia no Japão naquela época, em condições idênticas, salvo a intervenção das constelações e da Lua, as que são ensinadas em nossos dias pelos Espíritos. Uma outra similitude não menos notável é a ideia que a precisão da lembrança é um sinal de superioridade. Os Espíritos nos dizem, com efeito, que nos mundos superiores à Terra, onde o corpo é menos material e a alma está num estado normal de desprendimento, a lembrança do passado é uma faculdade comum a todos; aí eles se lembram das existências anteriores, como nos lembramos dos primeiros anos de nossa infância. É bem evidente que os japoneses não estão neste grau de desmaterialização, que não existe na Terra, mas esse fato prova que eles têm a sua intuição.

CARTA DO SR. MONICO

Ao jornal *la Mahouna*, de Guelma (Argélia)

O jornal *la Mahouna,* de 26 de junho de 1868, publicou a carta seguinte, que reproduzimos com prazer, dirigindo ao autor as mais sinceras felicitações.

"Senhor Diretor,

"Acabo de ler um artigo no *Indépendant,* de Constantina, de 20 do corrente, apreciando o papel pouco delicado que teria representado um certo Sr. Home, segundo esse jornal (na Inglaterra), começado por estas linhas: 'Os espíritas, sucessores dos feiticeiros da Idade Média, não se limitam mais a indicar aos *imbecis,* seus adeptos, tesouros ocultos. Eles arranjam-se para descobri-los em seu proveito.' Segue a apreciação etc...

"Permiti-me, senhor redator, servir-me do vosso honrado jornal para protestar energicamente contra o autor dessas linhas, tão pouco literárias e tão ferinas para os adeptos dessas ideias, ideias certamente muito desconhecidas, porquanto tão falsamente apreciadas.

"O Espiritismo sucede aos feiticeiros, como a Astronomia sucedeu aos astrólogos. Quer dizer que essa Ciência hoje tão difundida, que esclareceu os homens, dando-lhes a conhecer as imensidades siderais que as religiões primitivas haviam afeiçoado ao seu ideal e para servir aos seus interesses, esposou todas as elucubrações fantasiosas e grosseiras dos astrólogos de outrora?

"Vós não pensais assim.

"Do mesmo modo, o Espiritismo, tão atacado pelos que não o conhecem, vem destruir os erros dos feiticeiros e revelar uma ciência nova à Humanidade. Ele vem explicar esses fenômenos até agora incompreendidos, que a ignorância popular atribuía *ao milagre.*

"Longe de esposar as superstições de uma outra época, como os feiticeiros, os mágicos etc., como toda essa multidão de párias rebeldes à civilização, empregando esses meios a fim de explorar a ignorância e especular com os vícios, ele vem, digo eu, destruí-los e, ao mesmo tempo, trazer ao serviço do homem uma força imensa, muito superior a todas as trazidas pelas filosofias antigas e modernas.

"Essa força é: *conhecimento do passado e do futuro* reservado ao homem, respondendo a estas perguntas: De onde venho? Para onde vou?

"Esta dúvida terrível que pesava sobre a consciência humana, o Espiritismo vem explicá-la, não só teoricamente e por abstração, mas materialmente, isto é, por *provas acessíveis aos nossos sentidos,* e fora de qualquer aforismo ou sentença teológica.

"As antigas opiniões, muitas vezes nascidas da ignorância e da fantasia, desaparecem pouco a pouco para dar lugar a convicções novas, baseadas na observação, e cuja realidade é das mais manifestas; o traço dos velhos preconceitos se apaga, e o homem mais refletido, estudando com mais atenção esses fenômenos reputados sobrenaturais, neles encontrou *o produto de uma vontade manifestando-se fora dele.*

"Pelo fato dessa manifestação, o Universo aparece, para o espírita, como um mecanismo conduzido por um número infinito de inteligências, um imenso governo em que cada ser inteligente tem a sua parte de ação sob o olhar de Deus, quer no estado de homem, quer no de alma ou Espírito. Para ele a morte não é um espantalho que faz tremer, nem o nada; ela não é senão o ponto extremo de uma fase do ser e o começo de outra, isto é, muito simplesmente, uma transformação.

"Detenho-me, pois não tenho a pretensão de dar um curso de Espiritismo, e, ainda menos, a de convencer o meu adversário, mas não posso deixar que seja ofendida uma doutrina que proclama como princípio *a liberdade de consciência e as máximas do mais depurado Cristianismo,* sem protestar com toda a minha alma.

"O Espiritismo tem por inimigos os que não o estudaram nem na sua parte filosófica nem na sua parte experimental; é por isto que o primeiro que surge, sem se dar ao trabalho de se esclarecer, se arroga o direito, *a priori,* de tratá-lo de absurdo.

"Mas, infelizmente para o homem, sempre foi assim, cada vez que surgiu uma ideia nova. Aí está a História para prová-lo.

"Estando o Espiritismo de acordo com as ciências de nossa época (Vide *A Gênese, os Milagres e as Predições segundo o Espiritismo*), seus mais autorizados representantes e todos os escritos que saíram de seu seio declararam que ele estava pronto para aceitar *todas as ideias* baseadas nas verdades científicas e rejeitar todas as que fossem reconhecidas como *manchadas de erros*; numa palavra, que ele quer marchar à frente do progresso humano.

"Os adeptos desta doutrina, em vez de se esconderem na sombra e de se reunirem nas catacumbas, procedem de maneira muito diversa. É em plena luz e publicamente que emitem as suas ideias e se exercitam na prática de seus princípios. A opinião espírita na França é representada por cinco revistas ou jornais; na Inglaterra, na Alemanha, na Itália e na Rússia, por quinze folhas hebdomadárias; nos Estados Unidos da América, esse país de liberdade e de progresso em todos os gêneros, por numerosos jornais ou revistas, e os adeptos do Espiritismo nesse país já se contam por milhões, que involuntariamente e sem reflexão, o autor do artigo do *Indépendant* trata de *imbecis*.

"Nossa época, tão distanciada dos atos de intolerância religiosa, que se ri das disputas teológicas e dos raios do Vaticano, deveria inspirar melhor o respeito às opiniões contrárias.

"Tende a bondade de receber etc."

JULES MONICO

O mesmo jornal, de 17 de julho, traz outro artigo do Sr. Monico, que anuncia que deve publicar uma série, em resposta a alguns ataques dos antagonistas do Espiritismo. Aí vemos igualmente o anúncio, como estando no prelo, de uma brochura do mesmo autor, intitulada: *A liberdade de consciência,* e que deve aparecer na primeira quinzena de agosto. Preço: I franco.

BIBLIOGRAFIA

O Espiritismo em Lyon, jornal bimestral, que aparece em Lyon desde 15 de fevereiro, continua com perseverança e sucesso o curso de sua publicação. Como dissemos há tempos, e como ele mesmo diz, não é um jornal com pretensões literárias; seu objetivo, mais modesto, é popularizar, pela modicidade de seu preço, as sãs ideias sobre a Doutrina. Ele é feito fora de qualquer ideia de especulação, porque o excedente dos gastos materiais é lançado na caixa de socorro. É, pois, uma obra de devotamento da parte dos que empreenderam essa pesada tarefa. Pelo bom espírito em que é concebida a sua redação e o louvável objetivo a que se propõe, ele não pode deixar de conciliar as simpatias e o encorajamento de todos os espíritas sinceros. Lemos com vivo prazer, no topo dos últimos números, um aviso, pelo qual informa que o senhor senador prefeito do Ródano autorizou sua venda na via pública. Fazemos votos por sua prosperidade, pois ele deve trazer benefícios à Doutrina e aos infelizes. Por falta de espaço adiamos para o próximo número as reflexões sugeridas por alguns artigos, entre os quais notamos um, no número de 15 de julho, sabiamente concebido, sobre o processo do Sr. Home.

ALLAN KARDEC

REVISTA ESPÍRITA
JORNAL DE ESTUDOS PSICOLÓGICOS

| ANO XI | SETEMBRO DE 1868 | VOL. 9 |

AUMENTO E DIMINUIÇÃO DO VOLUME DA TERRA

A PROPÓSITO DA GÊNESE

Nosso correspondente de Sens, do qual publicamos no número precedente a observação a propósito do *partido espírita*, em sua carta juntou uma outra, a propósito do aumento do volume da Terra e que a abundância de matérias nos obrigou a adiar.

"Peço-vos ainda, senhor, permissão para vos submeter uma reflexão que me veio, ao ler a vossa última obra sobre a Gênese. Na página 161 há isto: "Na época em que o globo terrestre era uma massa incandescente, ele não continha um átomo a mais nem a menos do que hoje." Entretanto, os Espíritos disseram que não há duas leis diferentes para a formação dos corpos principais e dos corpos secundários; e, depois, li algures que as plantas dão à Terra mais do que dela recebem. Não sei se isto está bem constatado e cientificamente demonstrado, mas segundo este e outros dados, sem falar dos aerólitos, que hoje são um fato inconteste, não poderia ser que um dia se descobrisse que o nosso globo adquire ainda maior volume, o que contradiria essa asserção?"

É muito certo que as plantas dão ao solo mais do que dele tiram, mas o globo não se compõe apenas da parte sólida, pois a atmosfera dele faz parte integrante. Ora, está provado que as plantas se nutrem tanto, e mesmo mais, dos fluidos aeriformes tirados da atmosfera do que dos elementos sólidos absorvidos pelas raízes. Considerando-se a quantidade de plantas que viveram na Terra desde a sua origem, sem falar dos animais, os fluidos atmosféricos de longa data estariam esgotados, se não se alimentassem numa fonte permanente. Esta fonte está na decomposição das matérias sólidas orgânicas e inorgânicas que fornecem à atmosfera o oxigênio, o hidrogênio, o azoto, o carbono e os outros gases que dela haviam subtraído. Há, pois, uma troca constante, uma transformação perpétua, que se realiza na superfície do globo. Dá-se aqui exatamente como a água, que se eleva em vapores e recai em chuva, e cuja quantidade é sempre a mesma. O crescimento dos vegetais e dos animais, operando-se com o auxílio dos elementos constitutivos do globo, seus restos, por mais consideráveis que sejam, não acrescentam um átomo à massa. Se a parte sólida do globo aumentasse por essa causa, de maneira permanente, seria às custas da atmosfera que diminuiria outro tanto, e acabaria sendo imprópria à vida.

Na origem da Terra, as primeiras camadas geológicas se formaram de matérias sólidas momentaneamente volatilizadas pelo efeito da alta temperatura e que, mais tarde, condensadas pelo resfriamento, se precipitaram. Incontestavelmente elas elevaram um pouco a superfície do solo que, sem isto, se teria detido na camada granítica, mas sem nada acrescentar à massa total, porquanto não era senão um deslocamento de matéria. Quando a atmosfera, expurgada dos elementos que mantinha em suspensão, encontrou-se em seu estado normal, as coisas seguiram o curso regular que tiveram desde então. Hoje, a menor modificação na constituição da atmosfera acarretaria forçosamente a destruição dos seres vivos atuais. Mas então, provavelmente, formar-se-iam novas raças, em outras condições de vitalidade.

Considerada deste ponto de vista, a *massa* do globo, isto é, a soma das moléculas que compõem o conjunto de suas partes sólidas, líquidas e gasosas, é incontestavelmente a mesma desde a sua origem. Se houvesse uma dilatação ou uma condensação, seu *volume* aumentaria ou diminuiria, sem que a massa sofresse qualquer alteração. Se, pois, a Terra aumentasse de massa pela adjunção de novas moléculas, seria por efeito de uma causa estranha, pois ela não poderia tirar de si mesma os elementos necessários ao seu acréscimo.

Algumas pessoas pensam que a queda de aerólitos pode ser uma causa de aumento do volume da Terra; outras, sem se ocupar das vias e dos meios, fundam-se no princípio que,

296 | REVISTA ESPÍRITA

desde que os animais e as plantas nascem, crescem e morrem, os corpos planetários devem ser submetidos à mesma lei.

Para começar, a origem dos aerólitos é ainda problemática; durante muito tempo pensou-se mesmo que se podiam formar nas regiões superiores da *atmosfera* terrestre, pela condensação das matérias gaseificadas oriundas da própria Terra; mas, supondo que tenham uma origem estranha ao nosso globo, que provenham de restos de planetas quebrados, ou que se formem espontaneamente, pela condensação de matéria cósmica interplanetária, caso em que poderiam ser considerados como *abortos de planetas,* sua queda acidental não poderia dar lugar a um acréscimo sensível e, ainda menos, regular, do nosso globo.

Por outro lado, a assimilação que se pretenderia fazer entre as plantas e os planetas carece de justeza, porque seria fazer destes últimos, seres orgânicos, o que não é admissível.

Segundo outra opinião, o globo pode aumentar pelo afluxo de matéria cósmica interplanetária que ele recolhe através de seu curso no espaço, e que deposita incessantemente novas moléculas em sua superfície. Esta doutrina nada tem de irracional, porque, neste caso, o crescimento ocorreria por adjunção ou superposição, como para todos os corpos inorgânicos. Mas, além de se poder perguntar onde pararia esse crescimento, ela é ainda muito hipotética para ser admitida como princípio. Não é senão um sistema combatido por sistemas contrários, porque, segundo outros, a Terra, em vez de adquirir, consome, por efeito de seu movimento, isto é, ela abandona no espaço uma parte de suas moléculas e assim, em vez de aumentar, diminui. Entre estas duas teorias, a ciência positiva ainda não se pronunciou e é provável que não possa fazê-lo tão cedo, por falta de meios materiais de observação. Nisto fica-se reduzido a formular raciocínios baseados nas leis conhecidas, o que pode dar probabilidades, mas ainda não dá certezas.

Eis, em resposta à questão proposta, a opinião motivada do eminente Espírito que ditou os sábios *estudos uranográficos* referidos no capítulo VI de *A Gênese.*

(Sociedade de Paris, julho de 1868 - Médium: Sr. Desliens)

"Os mundos se esgotam envelhecendo e tendem a dissolver-se para servir de elementos de formação de outros universos. Eles devolvem, pouco a pouco, ao fluido cósmico universal do espaço, o que haviam tirado para se formar. Além disto, todos os corpos se gastam pelo atrito; o movimento rápido e incessante do globo através do fluido cósmico tem por efeito diminuir constantemente a massa, se bem que numa quantidade inapreciável num dado tempo[1].

"Em minha opinião, a existência dos mundos pode dividir-se em três períodos:

"*Primeiro período*: Condensação da matéria, durante o qual o volume do globo diminui consideravelmente, mas a massa continua a mesma; é o período da infância.

"*Segundo período*: Contração, solidificação da crosta, surgimento dos germes, desenvolvimento da vida até o aparecimento do tipo mais perfectível. Nesse momento o globo está em toda a sua plenitude: é a idade da virilidade; ele perde, mas muito pouco, de seus elementos constitutivos. À medida que seus habitantes progridem *espiritualmente,* ele passa ao período de diminuição *material*; perde, não só por causa do atrito, mas também pela desagregação das moléculas, como uma pedra dura que, roída pelo tempo, acaba por virar poeira. Em seu duplo movimento de rotação e de translação, ele deixa no espaço parcelas fluidificadas de sua substância, até o momento em que a sua dissolução será completa.

"Mas, então, como a força atrativa está na razão da massa – eu não digo do volume – diminuindo a massa, suas condições de equilíbrio no espaço se modificam; dominado por globos mais poderosos, com os quais ele não pode constituir contrapeso, produzem-se desvios em seus movimentos, em sua posição em relação ao Sol; ele sofre novas influências, e daí surgem mudanças nas condições de existência de seus habitantes, à espera que ele desapareça do cenário do mundo.

"Assim, nascimento, vida e morte; infância, virilidade e decrepitude, tais são as três fases pelas quais passa toda aglomeração de matéria orgânica ou inorgânica. Só o espírito, que não é matéria, é indestrutível."

GALILEU

---

[1] Em seu movimento de translação em torno do Sol, a velocidade da Terra é de 400 léguas por minuto. Tendo a Terra 9.000 léguas de circunferência no equador, no movimento de rotação sobre o seu eixo, cada ponto do equador percorre, pois, 9.000 léguas em vinte e quatro horas, ou 6,3 léguas por minuto.

Em que se tornam os habitantes de um mundo destruído? Fazem o que fazem os moradores de uma casa que é demolida: vão morar alhures, em melhores condições. Para eles os globos não passam de estações temporárias, mas é provável que quando um globo tenha chegado a seu período de dissolução, há longa data já tenha deixado de ser habitado, porque, então, já não pode fornecer elementos necessários à manutenção da vida.

Todo problema é insolúvel na Natureza, se fizermos abstração do elemento espiritual; tudo se explica, ao contrário, claramente e logicamente, se levarmos em consideração esse elemento.

É importante notar que, conforme a ordem de ideias expressas na comunicação acima, o fim de um mundo coincidiria com a maior soma de progresso de seus habitantes, compatível com a natureza desse mundo, em vez de ser o sinal de uma reprovação que condenaria a maioria à danação eterna.

A ALMA DA TERRA

A questão precedente nos conduz, naturalmente, à da alma da Terra, várias vezes debatida e diversamente interpretada.

A alma da Terra representa o papel principal na teoria da formação do nosso globo pela incrustação de quatro planetas, teoria cuja impossibilidade material demonstramos, conforme as observações geológicas e os dados da ciência experimental (Vide *A Gênese,* capítulo VII, n.º 4 e seguintes). Pelo que concerne à alma, apoiar-nos-emos igualmente nos fatos.

Esta questão leva a outra: A Terra é um ser vivo? Sabemos que certos filósofos, mais sistemáticos do que práticos, consideram a Terra e todos os planetas como seres animados, fundando-se no princípio de que tudo vive na Natureza, desde o mineral até o homem. Para começar, cremos que haja uma diferença capital entre o movimento molecular de atração e de repulsão, de agregação e de desagregação do mineral e o princípio vital da planta; há aí efeitos diferentes, que acusam causas diferentes, ou, pelo menos, uma profunda modificação na causa primeira, se ela é única. *(A Gênese,* Cap. X, n.º 16 a 19).

Mas admitamos, por um instante, que o princípio da vida tenha a sua fonte no movimento molecular. Não poderemos contestar que seja ainda mais rudimentar no mineral do que na planta. Ora, daí a uma alma cujo atributo essencial é a inteligência, a distância é grande. Ninguém, cremos nós, pensou em dotar um seixo ou um pedaço de ferro com a faculdade de pensar, de querer e de compreender. Fazendo mesmo todas as concessões possíveis a este sistema, isto é, colocando-nos no ponto de vista dos que confundem o princípio vital com a alma propriamente dita, a alma do mineral nele estaria no estado de germe latente, porquanto nele não se revela por qualquer manifestação.

Um fato não menos patente que o de que acabamos de falar é que o desenvolvimento orgânico está sempre em relação com o desenvolvimento do princípio inteligente. O organismo se completa à medida que se multiplicam as faculdades da alma. A escala orgânica segue sempre, em todos os seres, a progressão da inteligência, desde o pólipo até o homem. Não poderia ser de outro modo, pois à alma é necessário um instrumento apropriado à importância das funções que ela deve desempenhar. De que serviria à ostra ter a inteligência do macaco, sem os órgãos necessários à sua manifestação? Se, pois, a Terra fosse um ser animado, servindo de corpo a uma alma especial, essa alma deveria ser ainda mais *rudimentar* que a do pólipo, pois a Terra não tem a mesma vitalidade da planta, ao passo que, pelo papel que se atribui a essa alma, sobretudo na teoria da incrustação, dela fazem um ser dotado de raciocínio e do mais completo livre-arbítrio, um Espírito superior, numa palavra, o que não é nem racional nem conforme à lei geral, porque jamais um Espírito teria sido mais aprisionado e pior dotado. A ideia da alma da Terra, entendida neste sentido, tanto quanto a que faz da Terra um animal, deve, pois, ser colocada entre as concepções sistemáticas e quiméricas.

Aliás, o mais ínfimo animal tem liberdade de movimentos; ele vai aonde quer e anda quando lhe apraz, ao passo que os astros, esses seres que dizem vivos e animados por inteligências superiores, seriam adstritos a movimentos perpetuamente automáticos, sem jamais poderem afastar-se de sua rota; seriam, na verdade, bem menos favorecidos que o último pulgão. Se, conforme a teoria da incrustação, as almas dos quatro planetas que formaram a Terra tiveram a liberdade de reunir os seus envoltó-

300 | REVISTA ESPÍRITA

rios, teriam a de ir aonde quisessem, de mudar à vontade as leis da mecânica celeste. Por que não mais a têm?

Há ideias que se refutam por si mesmas e sistemas que caem desde que se perscrutam seriamente as suas consequências. O Espiritismo seria, com razão, ridicularizado por seus adversários, se se fizesse o editor responsável por utopias que não resistem a um exame. Se o ridículo não o matou, é porque só mata o que é ridículo.

Por alma da Terra pode-se entender, mais racionalmente, a coletividade dos Espíritos encarregada da elaboração e da direção de seus elementos constitutivos, o que já supõe um certo grau de adiantamento e de desenvolvimento intelectual; ou, melhor ainda, o Espírito ao qual é confiada a alta direção dos destinos morais e do progresso de seus habitantes, missão que não pode ser entregue senão a um ser eminentemente superior em saber e em sabedoria. Neste caso, não é, a bem dizer, a alma da Terra, porque esse Espírito nela não está encarnado, nem subordinado a seu estado material; é um chefe, preposto à sua direção, como um general é preposto à condução de um exército. Um Espírito encarregado de tão importante missão qual a governança de um mundo, não poderia ter caprichos, ou Deus seria muito imprevidente para confiar a execução de seus desígnios soberanos a seres capazes de levá-los ao fracasso, por sua má vontade. Ora, segundo a doutrina da incrustação, seria a má vontade da alma da Lua a causa da Terra ter ficado incompleta.

Numerosas comunicações, dadas em vários lugares, vieram confirmar esta maneira de encarar a questão da alma da Terra. Citaremos apenas uma, que resume todas em poucas palavras.

Sociedade Espírita de Bordéus, abril de 1862

A Terra não tem alma que lhe pertença propriamente, porque não é um ser organizado como os que são dotados de vida; ela os tem aos milhões, que são os Espíritos encarregados de seu equilíbrio, de sua harmonia, de sua vegetação, de seu calor, de sua luz, das estações, da encarnação dos animais pelos quais eles velam, assim como pela dos homens. Isto não quer dizer que tais Espíritos sejam a causa desses fenômenos: eles os presidem como os funcionários de um governo presidem cada uma das engrenagens da administração.

A Terra progrediu à medida que se formou; ela progride sempre, sem jamais se deter, até o momento em que tiver atingido o máximo de sua perfeição. Tudo o que nela é vida e matéria progride ao mesmo tempo, porque, à medida que se realiza o progresso, os Espíritos encarregados de velar por ela e seus produtos, progridem, por sua vez, pelo trabalho que lhes incumbe, ou cedem o lugar a Espíritos mais adiantados. Neste momento, ela chega a uma transição do mal ao bem, do medíocre ao belo.

Deus, criador, é a alma do Universo, de todos os mundos que gravitam no infinito, e os Espíritos encarregados, em cada mundo, da execução de suas leis, são agentes de sua vontade sob a direção de um delegado superior. Esse delegado pertence, necessariamente, à ordem dos Espíritos mais elevados, porque seria injúria à sabedoria divina crer que ela abandonasse à fantasia de uma criatura imperfeita o cuidado de velar pela realização do destino de milhões de suas próprias criaturas.

Pergunta: – Os Espíritos encarregados da direção e da elaboração dos elementos constitutivos do nosso globo podem encarnar-se aqui?

Resposta: – Certamente, porque na condição de encarnados, tendo uma ação mais direta sobre a matéria, eles podem fazer o que lhes seria impossível como Espíritos, assim como certas funções, por sua natureza, incumbem mais especialmente ao estado espiritual. A cada estado são conferidas missões particulares.

"Os habitantes da Terra não trabalham sua melhora material? Considerai, então, todos os Espíritos encarnados como parte da equipe de Espíritos encarregados de fazê-la progredir, ao mesmo tempo que eles próprios progridem. É a coletividade de todas essas inteligências, encarnadas e desencarnadas, inclusive o delegado superior, que constitui, a bem dizer, a alma da Terra, da qual cada um de vós faz parte. Encarnados e desencarnados são as abelhas que trabalham na edificação da colmeia, sob a direção do Espírito-chefe. Este é a cabeça, os outros, os braços.

Pergunta: – Esse Espírito chefe também pode encarnar?

Resposta: – Sem dúvida nenhuma, quando ele recebe a missão, o que ocorre quando sua presença entre os homens é necessária ao progresso.

Um dos vossos guias espirituais.

DA PROTEÇÃO DO ESPÍRITO DOS SANTOS PATRONOS

A pergunta seguinte nos foi proposta ultimamente por um dos nossos assinantes:

"De lado todo preconceito de seita e de ideia mística, a qualificação de santo denota uma certa superioridade espiritual, porque, para merecer esse título, é preciso ter-se distinguido por atos meritórios quaisquer. De acordo com isto, e sendo a coisa considerada do ponto de vista espírita, os santos, sob cuja invocação nos colocam ao nascermos, não se tomam nossos protetores naturais, e quando celebramos a festa patronímica de alguém, aquele cujo nome ele carrega não é atraído por simpatia, e a ela não se associa, ao menos por pensamento, senão por sua presença?"

Há nesta pergunta dois pontos a considerar, que devem ser examinados separadamente.

Melhor que ninguém, sabem os espíritas que o pensamento atrai o pensamento, e que a simpatia dos Espíritos, sejam ou não beatificados, é solicitada por nossos sentimentos a seu respeito. Ora, que é o que determina, em geral, a escolha dos nomes? É uma veneração particular pelo santo que o tinha; admiração por suas virtudes; confiança em seus méritos; o pensamento de dá-lo para modelo do recém-nascido? Perguntai à maioria dos que o escolhem se sabem quem foi ele, o que fez, quando viveu, por que se distinguiu, se conhecem uma só de suas ações. Se excetuarmos alguns santos cuja história é popular, quase todos são totalmente desconhecidos e, sem o calendário, o público nem mesmo saberia que eles existiram. Assim, nada pode induzir o seu pensamento de preferência para um do que para outro. Nós supomos que para certas pessoas o título de santo basta, e que podemos tomar um nome de confiança, desde que esteja na lista dos bem-aventurados organizada pela Igreja, sem que seja preciso saber mais: é uma questão de fé.

Mas então, para essas pessoas, quais são os motivos determinantes? Há dois que predominam quase sempre. O primeiro é, muitas vezes, o desejo de agradar a algum parente ou amigo, cujo amor-próprio querem adular, dando o seu nome ao recém-nascido, sobretudo se daquele esperam alguma coisa, porque se fosse um pobre diabo, sem crédito e sem consistência, não lhe prestariam essa honra. Nisto visam muito mais a proteção do homem que a do santo.

O segundo motivo é ainda mais mundano. O que se busca quase sempre no nome é a forma graciosa, uma consonância agradável. Num certo mundo, sobretudo, querem nomes bem usados, que tenham um cunho de distinção. Há outros que são repelidos impiedosamente, porque não agradam nem ao ouvido nem à vaidade, por mais que pertencessem aos santos ou santas mais dignos de veneração. E depois, o nome é muitas vezes uma questão de moda, como a forma do penteado.

Há que convir que esses santos personagens em geral devem ser pouco tocados pelos motivos da preferência que lhes concedem. A bem da verdade, eles não têm nenhuma razão especial para interessar-se, mais do que por outros, por aqueles que têm o seu nome, perante os quais são como esses parentes afastados, dos quais só se lembram quando esperam uma herança.

Os espíritas, que compreendem o princípio das relações afetuosas entre o mundo corporal e o mundo espiritual, agiriam de modo diverso em tais circunstâncias. Ao nascer uma criança, os pais escolheriam, entre os Espíritos beatificados ou não, antigos ou modernos, amigos, parentes ou estranhos à família, um daqueles que, com seu conhecimento, deram provas irrecusáveis de sua superioridade, por sua vida exemplar, pelos atos meritórios que praticaram, pela prática das virtudes recomendadas pelo Cristo: a caridade, a humildade, a abnegação, o devotamento desinteressado à causa da Humanidade, numa palavra, por tudo quanto sabem ser uma causa de adiamento no mundo dos Espíritos. Invocá-lo-iam solenemente e com fervor, pedindo-lhe que se una ao anjo da guarda da criança para protegê-la na vida que vai percorrer, guiá-la com seus conselhos e suas boas inspirações; e em sinal de aliança dariam a essa criança o nome desse Espírito. O Espírito veria nessa escolha uma prova de simpatia e aceitaria com prazer uma missão que seria um testemunho de estima e de confiança.

Depois, à medida que a criança crescesse, ensinar-lhe-iam a história de seu protetor; contar-lhe-iam suas boas ações; ela saberia por que tem o seu nome, e esse nome incessantemente lhe lembraria um belo modelo a seguir. É então que na festa de aniversário o protetor invisível não deixaria de associar-se, porque teria seu lugar no coração dos assistentes.

A POLTRONA DOS ANTEPASSADOS

Contaram-nos que em casa de um poeta de grande renome há um costume que parece bizarro a quem quer que não seja espírita. À mesa da família há sempre uma cadeira vazia; essa poltrona é fechada por um cadeado e ninguém nela se senta; é o lugar dos antepassados, dos avós e dos amigos que deixaram este mundo; lá está, como respeitoso testemunho de afeição, uma piedosa lembrança, um apelo à sua presença, e para lhes dizer que eles vivem sempre no espírito dos sobreviventes.

A pessoa que nos relatou o fato, como vindo de boa fonte, acrescentou: "Os espíritas repelem, com razão, as coisas de puro formalismo, mas se há uma que possam adotar sem derrogar seus princípios é esta, sem a menor dúvida."

Seguramente, eis um pensamento que jamais brotaria do cérebro de um materialista; ele não só atesta a ideia espiritualista, mas é eminentemente espírita, e não nos surpreende absolutamente da parte de um homem que, sem arvorar abertamente a bandeira do Espiritismo, muitas vezes afirmou sua crença nas verdades fundamentais que dele decorrem.

Há nessa prática algo de tocante, de patriarcal e que impõe respeito. Com efeito, quem ousaria ridicularizá-la? Não é uma dessas fórmulas estéreis, que nada dizem à alma. É a expressão de um sentimento que parte do coração, sinal sensível do laço que une os presentes aos ausentes. Essa cadeira, aparentemente vazia, mas que o pensamento ocupa, é toda uma profissão de fé, e mais, todo um ensinamento, tanto para os grandes quanto para os pequenos. Para as crianças é uma eloquente lição, embora muda, e que não pode deixar de produzir salutares impressões. Aqueles que forem educados nessas ideias jamais serão incrédulos, porque mais tarde a razão virá confirmar as crenças com que terão sido embaladas. A ideia da presença em torno deles, dos seus avós ou de pessoas veneradas, será para eles um freio mais poderoso que o medo do diabo.

CÍRCULO DA MORAL ESPÍRITA EM TOULOUSE

Temos o prazer de anunciar que uma sociedade acaba de ser oficialmente autorizada em Toulouse sob o nome de *Círculo da Moral Espírita*. Felicitamos os fundadores pela escolha do título, que mostra claramente o objetivo que se propuseram, ao mesmo tempo que resume perfeitamente o caráter essencial da Doutrina. Se é verdade que *nobreza abriga,* não o é menos dizer que *título obriga,* a menos que se minta à sua bandeira. Estamos convictos que os membros dessa reunião saberão justificá-lo. Pela própria severidade de seu regulamento, do qual tomamos conhecimento, eles provam sua firme intenção de agir como verdadeiros espíritas.

Houve outrora em Paris uma sociedade, por muito tempo bem florescente, da *moral cristã.* Por que não haveria *sociedades da moral espírita?* Seria o melhor meio de impor silêncio aos trocistas e fazer calar as prevenções que alimentam contra o Espiritismo aqueles que não o conhecem. A qualidade de membro de uma sociedade que se ocupa de moral teórica e prática é um título à estima e à confiança, mesmo para os incrédulos, porque é o equivalente ao de membro de uma sociedade de pessoas honestas, e todo espírita sincero deve ter a honra de fazer parte dela. Ousarão os gracejadores dizer que são sociedades de bobos, de loucos ou de imbecis?

A palavra *círculo,* adotada pela sociedade de Toulouse, indica que não se limita a sessões ordinárias, mas que é, além disso, um local de reuniões, onde os membros podem vir ocupar-se com o objetivo especial de seus estudos.

AS MEMÓRIAS DE UM MARIDO

Pelo Sr. Fernand Duplessis

Os traços do Espiritismo que se encontram por toda parte, são como as inscrições e as medalhas antigas que atestam, através dos séculos, o movimento do espírito humano. As crenças populares, sem contradita, contêm os traços, ou melhor, os germes das ideias espíritas em todas as épocas e em todos os povos, mas misturadas a lendas supersticiosas, como o ouro das minas está misturado à ganga.

Não é somente aí que se deve procurá-las, é na expressão dos sentimentos íntimos, porque é aí que as encontramos no estado de pureza. Se pudéssemos sondar todos os arquivos do pensamento, ficaríamos surpresos de ver até que ponto elas estão arraigadas no coração humano, desde a vaga intuição até os princípios claramente formulados. Ora, quem, pois, os fez nascer antes do aparecimento do Espiritismo? Dirão que é uma influência de camarilha? Elas aí nasceram espontaneamente porque estão na Natureza; mas, muitas vezes foram abafadas ou desnaturadas pela ignorância e pelo fanatismo. Hoje o Espiritismo, que passou ao status de filosofia, vem arrancar essas plantas parasitas e constituir um corpo de doutrina daquilo que não passava de vaga aspiração.

Um dos nossos correspondentes de Joinville-sur--Marne, o Sr. Petit-Jean, ao qual já devemos numerosos documentos sobre este assunto, manda-nos um dos mais interessantes, que temos a satisfação de acrescentar aos que já publicamos.

"Joinville, 16 de julho de 1868.
"Eis ainda pensamentos espíritas! Estes têm tanto mais importância porque não são, como tantos outros, produto da imaginação ou uma ideia explorada pelos romancistas.

São a exposição de uma crença partilhada pela família de um convencional, e expressa na mais grave circunstância da vida, na qual não se pensa em brincar com as palavras. "Eu as colhi numa obra literária que tem como título: *As Memórias de um Marido*, que não são senão o relato minucioso da vida do Sr. Fernand Duplessis. Essas *Memórias* foram editadas em 1849, por Eugène Sue, a quem o Sr. Fernand Duplessis havia enviado, com a missão de publicá-las, a título, segundo suas próprias expressões, de expiação para ele e de ensinamento para os outros. Dou-vos a análise das passagens que têm mais relação com a nossa crença."

"A Sra. Raymond, bem como o seu filho, prisioneiros políticos, recebem a visita do Sr. Fernand Duplessis, seu amigo. Essa visita dá lugar a uma conversa, em seguida à qual assim falou a Sra. Raymond ao seu filho (pg. 121):

"Vejamos, meu filho, - continuou a Sra. Raymond num tom de afetuosa censura – é de hoje que temos dado os primeiros passos nesta carreira onde devemos agradecer a Deus um dia sem angústias? Será que continuamos, será que atingimos o alvo para onde tendemos, sem dor, sem perigos e muitas vezes sem martírio? Será que não nos dissemos cem vezes que a nossa vida não nos pertence, mas à santa causa da liberdade, pela qual teu pai morreu no cadafalso? Visto que já estás na idade da razão, será que não nos habituamos à ideia que um dia eu poderia ter que cerrar as tuas pálpebras, como tu poderias fechar as minhas? Será que existe motivo para nos entristecermos previamente? Alguma vez me vês abatida, sombria, porque vivo sempre com a lembrança querida e sagrada de teu pai, cuja fronte sanguinolenta beijei, e que enterrei com minhas próprias mãos? Não temos fé como os nossos pais, os gauleses, no renascimento indefinido de nossos corpos e de nossas almas, que vão, um a um, povoar a imensidade dos mundos? Para nós, o que é a morte? O começo de outra vida, nada mais. Estamos do lado de cá da cortina, passamos para o outro, onde perspectivas imensas aguardam o nosso olhar. Quanto a mim, não sei se é porque sou filha de Eva, – acrescentou a Sra. Raymond com um meio sorriso, – mas o fenômeno da morte jamais me inspirou senão uma excessiva curiosidade."

Pg. 208:

"*O pensamento da morte excitava, sobretudo em Jean, uma vivíssima curiosidade. Espiritualista por essência, ele partilhava, com sua mãe, seu tio e Charpentier, a crença viril que foi a de nossos pais, os gauleses. Segundo o admirável dogma druídico, sendo o homem imortal, alma e corpo, espírito e matéria, ele ia assim, alma e corpo, incessantemente renascer e viver de mundo em mundo, elevando-se, a cada nova migração, para uma perfeição infinita como a do Criador.*

"*Só essa valorosa crença explicava, aos meus olhos, o soberbo desprendimento com o qual Jean e sua mãe encaravam esses terríveis problemas que lançam tanta perturbação e tanto espanto nas almas fracas, habituadas a ver na morte o nada ou o fim da vida física, ao passo que a morte não é senão a hora de um renascimento completo, que uma outra vida espera com suas novidades misteriosas.*

"*Mas ah! Não me era dado partilhar dessa crença. Eu via, com doloroso pavor, aproximar-se o dia fatal em que Jean seria julgado pela Corte dos Pares. Quando chegou esse dia, a Sra. Raymond pediu-me que a acompanhasse a essa temível sessão. Em vão quis dissuadi-la desse desígnio, com receio de uma condenação à morte proferida contra Jean; contudo, não ousava exprimir-lhe as minhas apreensões, mas ela adivinhou o meu pensamento. Meu caro senhor Duplessis, disse-me ela, o pai de meu filho morreu no cadafalso pela liberdade; piedosamente enterrei-o com as minhas mãos... se meu filho também deve morrer pela mesma causa, saberei cumprir o meu dever com mão firme... Credes que possam condenar Jean à morte?... Eu creio que só poderão condená-lo à imortalidade. (Textual). Dai-me o vosso braço, senhor Duplessis... Dominai a vossa emoção e vamos à Câmara dos Pares.*

"*Jean foi condenado à morte e devia ser executado dois dias depois. Fui vê-lo na prisão e esperava no mínimo ter a força de resistir a essa última e fúnebre entrevista. Quando entrei, ele fazia, vigiado por um policial, a sua toalete matinal, com um cuidado tão minucioso como se estivesse em casa. Ele veio a mim estendendo-me as mãos; depois, olhando-me no rosto, disse-me com ansiedade:*

"*– Meu Deus! Meu bom Fernand, como estás pálido!... O que tens?*

"– O que tenho! exclamei, fundindo-me lágrimas e atirando-me ao seu pescoço, tu me perguntas!
"– Pobre Fernand! respondeu-me ele, emocionado por minha comoção, acalma-te... coragem!
"– E és tu que me encorajas neste momento supremo?! disse-lhe eu. Mas, então, como tua mãe, és dotado de uma força sobre-humana?
"– Sobre-humana!... Não. Tu nos honras muito, retomou ele sorrindo, mas minha mãe e eu sabemos o que é a morte... e esta não nos apavora...
"Nossa alma muda de corpo, como nossos corpos mudam de roupa; vamos reviver alhures e esperar ou nos reunir aos que amamos... Graças a esta crença, meu amigo, e à curiosidade de ver mundos novos, misteriosos; enfim, graças à consciência da realização próxima de nossas ideias e da certeza de deixar depois de si a memória de um homem honesto, tu o confessarás, a partida deste mundo nada oferece de tão pavoroso, ao contrário."

"Jean Raymond não foi executado; sua pena foi comutada em prisão perpétua e ele foi transferido para a cidadela de Doullens."

BIBLIOGRAFIA

O REGIMENTO FANTÁSTICO

POR VICTOR DAZUR[2]

---

[2] Um grosso volume, in-12, Preço 3,50 francos; pelo correio, 4 francos. Esta obra foi impressa em Lyon e não traz o nome de nenhum editor; diz apenas que se encontra em todos os livreiros de Paris. Adquirimo-la na Librairie Internationale, Boulevard Montmartre, 15.

Transcrevemos as passagens seguintes do relato que o *Siècle* faz da obra, em seu folhetim de 22 de junho de 1868:

"É uma espécie de romance filosófico, no qual a maior parte das questões que atualmente apaixonam os espíritos são tratadas de forma original e dramática; o espiritualismo e o materialismo, a imortalidade da alma e o nada, o livre-arbítrio e o fatalismo, a responsabilidade e a irresponsabilidade, as penas eternas e a expiação, depois a guerra, a paz universal, os exércitos permanentes etc.

"Todas essas questões não são discutidas com muito método e profundeza, mas são todas discutidas com uma certa erudição, com uma evidente boa-fé, quase sempre com alegria, muitas vezes com espírito e algumas vezes com eloquência.

"Em suma, a obra é de um homem liberal, amigo do progresso, da perfectibilidade e do espiritualismo, amigo da paz, embora evidentemente militar.

"Eis, portanto, como o autor fala de si próprio:

"O autor, que neste livro tomou o nome de François Pamphile, tinha a insigne honra de ser cabo no exército francês, quando teve um sonho estranho, que constitui o plano da obra que ides ler, se não tiverdes nada melhor para fazer. Mais tarde o nosso militar escreveu o seu sonho, e depois se divertiu em embelezá-lo quando dispunha de tempo."

"*O Regimento Fantástico,* de Victor Dazur, é pois um sonho, como o *Paris na América,* do Sr. Laboulaye, mas é um sonho que vos transporta a um mundo absolutamente imaginário.

"O cabo François Pamphile entra em sua caserna, depois de, com alguns camaradas, ter participado dos prazeres de uma festa pública em Paris. Saturado de barulho, de música, de espetáculos ao ar livre, de iluminação, de fogos de artifício, de barriga cheia e com a consciência tranquila, não tendo tido atrito com ninguém, nem ferido nenhum civil com seu sabre, caiu em profundo sono. Ao cabo de um tempo que ele não pode avaliar, parece-lhe que o seu leito é levado, como se estivesse suspenso a um balão, à guisa de nacela.

"Ele abre os olhos e se vê no espaço; um panorama móvel estende-se abaixo dele; ele vê desaparecer Paris, depois o campo, a Terra. Parece-lhe fazer uma das viagens aerostáticas do nosso colaborador Flammarion, de quem ele se declara um assíduo leitor, do qual louva com entusiasmo o belo livro espiritualista que tem por título a *Pluralidade dos Mundos Habitados.*

"De repente falta-lhe o ar; ele sufoca; mas ele entra numa outra atmosfera; retoma a respiração; percebe um outro globo, que seus estudos astronômicos o fazem reconhecer como o planeta Marte. Ele se sente atraído para esse planeta, cujo globo cresce rapidamente aos seus olhos. Ele treme ao pensar que poderá ser esmagado ali caindo, segundo as leis da gravidade; receia um choque terrível, mas não, ei-lo estendido sobre uma espessa grama, aos pés de árvores maravilhosas, cheias de pássaros não menos maravilhosos.

"Ele acredita estar num mundo novo, promovido do grau de cabo ao de primeiro homem. Ele chama uma Eva. É a canção do *Rei Dagoberto* que lhe responde.

"A admiração do bom cabo redobra ao ver que o cantor é um grande folgazão, vestido com o uniforme de sargento-mor da infantaria de linha francesa.

"– Quem sois vós? pergunta o sargento, que tem o ar tão surpreso quanto o seu.

"– Major, responde François Pamphile, sou cabo; venho do planeta Terra, que deixei involuntariamente esta noite; e eu queria que tivésseis a bondade de me dizer o nome do planeta onde caí.

"– Ora bolas! Este planeta é Soraï-Kanor!

"– Soraï-Kanor?... Eu supunha que fosse o planeta Marte. Parece que me enganei.

"– Não vos enganastes. Nosso planeta, que os terrícolas chamam de Marte, é chamado de Soraï-Kanor por nossos astrônomos.

"O cabo admira-se que o sargento saiba o nome dado pelos habitantes da Terra a seu planeta. Mas o sargento lhe diz que só deixou a Terra depois de sua morte terrestre, e que lá era rei da França.

"A esta resposta inesperada, o cabo se descobre, isto é, tira o boné de algodão que tem na cabeça.

"O rei sargento-mor lhe diz que não lhe preste tantas honras, porque ele não passa de um simples suboficial. Na Terra ele se chamava Francisco I; em Marte ele pertencia ao *regimento fantástico,* um regimento composto da maioria dos soberanos que haviam reinado no globo terrestre. O coronel é Alexandre o Grande; o tenente-coronel, Júlio César (que não reinou, a bem dizer,) e o major, Péricles (que reinou menos ainda). O Regimento tem três batalhões, e cada batalhão tem oito companhias. O comandante do primeiro batalhão é Sesostris, e o subcomandante, Átila; o comandante do segundo batalhão, Carlos Magno, e o subcomandante, Carlos V; o comandante do terceiro batalhão, Aníbal, e o subcomandante, Mitrídates.

"Cada companhia é composta de soberanos de uma mesma nação. A companhia francesa é a primeira do segundo batalhão e tem como capitão Luís XIV, o que prova, em parênteses, que o favor domina em Marte, como na Terra, porque Francisco I, que apenas é sargento-mor, seguramente era maior capitão do que Luís XIV, e ainda tinha a seu favor a antiguidade.

"As cantineiras do regimento fantástico são Semíramis, Cleópatra, Elisabeth e Catarina II. Assim como todos os oficiais e os soldados do regimento são antigos soberanos ou homens que exerceram a soberania, todas as cantineiras e as servas da cantina são antigas soberanas. Só os músicos são antigos compositores: Beethoven, Mozart, Glück, Puccini, Haydn, Bellini. O regimento não adotou o uniforme francês senão depois do reinado de Napoleão I, cujas campanhas entusiasmaram Alexandre, o Grande. Depois o regimento seguiu todas as variações de nosso uniforme militar, o que não é pouco. Foi também desde o reinado de Napoleão I que a língua francesa foi adotada como língua oficial do regimento. Não foi, entretanto, sob o Império que a língua francesa brilhou mais. Ademais, o vencedor de Austerlitz não faz parte do regimento fantástico. Ele não está em Marte; talvez esteja num mundo superior, talvez num inferior: Francisco I não sabe.

"Outros soberanos jamais figuraram no regimento fantástico; alguns o deixaram após séculos de serviço; outros ainda após milhares de séculos. O regimento nunca muda de guarnição e jamais faz guerra. É uma espécie de regimento penitenciário, no qual os soberanos, homens e mulheres, são postos para expiar os malefícios que cometeram em seus reinos.

"Ainda bem, mas os músicos Beethoven, Mozart e os outros, que malefícios cometeram para serem retidos nesse regimento expiatório? É o que o autor esquece de explicar.

"O suplício habitual dos militares e das cantineiras do regimento é o suplício de Tântalo. Os guerreiros que na Terra se alegravam no sangue e nos massacres guardaram seus instintos belicosos que o som do clarim desperta sem cessar, e que os exercícios e os combates simulados superexcitam, sem que jamais lhes seja possível satisfazer-se, porque o poder divino que na Terra permite a guerra, a interdita em Marte.

"Os voluptuosos e as voluptuosas sofrem um suplício semelhante. Todos, homens e mulheres, conservam a beleza de que gozavam no seu belo período de vida, mas são submetidos a uma causa fisiológica que os condena a uma castidade absoluta.

"Um outro castigo, que os desola ainda mais, é o suplício das lembranças. Uma memória extraordinariamente lúcida lhes recorda os atos da vida terrena. A única coisa que os distrai é uma ocupação contínua, mas a disciplina é rigorosa. A cada instante eles são condenados à sala de polícia, à prisão ou à sala das lembranças. Na sala de polícia e na prisão ainda lhes permitem algumas distrações, mas na sala das lembranças não lhes permitem nenhuma. Ali eles ficam cercados por todos os instrumentos de tortura e de suplício usados em seus reinados; nas paredes são pintados a fresco todos os sofrimentos e todos os morticínios ordenados pelos reis.

"Quando Luís XI está encerrado na sala das lembranças, é posto numa gaiola de ferro, em uso no seu reinado, e colocado em frente ao cadafalso de Nemours, do qual o sangue goteja sobre a cabeça de seus filhos. Felipe, o Belo, é estendido sobre uma fogueira, de onde vê o suplício dos Templários.

Fernando, o Católico, é amarrado a um cavalete, com a cabeça voltada para um auto-de-fé.

"Nosso cabo ouve Nero lamentar-se nestes termos a seu camarada Calígula:

"– Três quartos do tempo sou punido com detenção ou na sala de polícia. Se reclamo contra uma punição, eles a aumentam. Quando não estou na sala de polícia, estou no pelotão de punição, e quando não estou no pelotão de punição, estou na faxina do quartel. Enfim, sou acabrunhado por vexames de toda espécie, sem contar meus outros sofrimentos. Olha quantos séculos isto dura. Quando isto acabará?"

"– Mas este vosso regimento fantástico é um inferno, diz o bom Pamphile a Francisco I.

"– Não, responde-lhe este, porque as penas aqui não são eternas. *O Grande Desconhecido,* que é a justiça suprema, não profere condenações eternas, de vez que *faltas finitas, por maiores que elas sejam, não poderiam merecer penas infinitas.* Nosso planeta e alguns outros não são infernos, mas purgatórios onde os homens, numa ou em várias existências sucessivas, pagam as *dívidas morais que contraíram numa existência anterior.*

"Avistando, assim, ora o sargento-mor Francisco I, ora o simples infante Carlos V, ora o seu colega, o cabo Carlos VII, o cabo Pamphile recebe instruções e revelações sobre o que interessa à Humanidade no mais alto grau. Enfim, numa audiência que lhe concede o coronel Alexandre, o Grande, no círculo dos oficiais, o antigo conquistador lhe expõe um projeto de congresso internacional universal, que ele o encarrega de propor à Terra, para estabelecer para sempre, em nosso globo, a paz, a concórdia e a fraternidade.

"– Meu coronel, exclama Pamphile entusiasmado, vosso projeto é tão lógico, parece-me de tal modo indispensável e a ideia é tão natural, que me parece que assim que for conhecido na Terra, todo mundo lá embaixo dirá: 'Como é que não pensamos antes em estabelecer um congresso internacional?'

"A despeito da esperança do bom cabo, duvidamos que os diferentes governos do nosso planeta se apressem em acolher o projeto de Alexandre, mas o congresso da paz que reunir--se-á em Berna no próximo mês de setembro, não pode deixar de levá-lo em consideração. Nós o recomendamos especialmente ao relator encarregado de estudar qual poderia ser a constituição dos *Estados Unidos da Europa.*"

E. –D. DE BIÉVILLE

Se o Sr. Victor Dazur, nome que sem dúvida deve ser um pseudônimo, inspirou-se na *Pluralidade dos Mundos Habitados* do Sr. Flammarion, do qual se declara leitor assíduo, ele também rebuscou largamente nas obras espíritas. Salvo o quadro de que se serviu, sua teoria filosófica das penas futuras, da pluralidade das existências, do estado dos Espíritos desprendidos dos corpos, da responsabilidade moral etc., evidentemente é colhida na doutrina do Espiritismo, da qual ele não só reproduz a ideia, mas muitas vezes até a forma.

As passagens seguintes não podem deixar dúvida sobre este ponto:

"Tu sonhas, meu amigo, pensei eu; tu sonhas! Todos esses soberanos da Terra que recomeçam uma nova existência no planeta Marte, esse gênio diáfano e de asas azuis, tudo isto cheira a Espiritismo... Entretanto, quando estás desperto, não acreditas nessa invenção. Depois, dirigindo-me a Francisco I, eu lhe disse:

"– Major, vem-me ao espírito uma ideia singular; esta ideia me faz supor que tudo quanto vejo e tudo quanto ouço desde que aqui cheguei não passa do efeito de um sonho. Dizei-me, por favor, a vossa opinião. Pensais, como eu, que estou sonhando?

"– Mas claro que não! Não estais sonhando, respondeu-me Francisco I com um ar tão indignado, como se eu lhe tivesse feito uma pergunta muito estúpida. Não, não sonhais! Se estivésseis sonhando, desfilariam diante do vosso espírito uma porção de quimeras sem pé nem cabeça. Os acontecimentos de que seríeis testemunha não teriam entre si nenhuma relação razoável.

"– Mas isto não é tudo, major. O que ainda me faz crer que estou sonhando é que eu me apalpei e não encontrei corpo... Apalpo-me ainda agora, e também não me encontro. Contudo, sinto-me viver e me vejo com braços e pernas. Desnecessário dizer que estes braços e estas pernas, sendo impalpáveis, não passam de aparências fantásticas. Eu bem poderia explicar essas aparências, mas para isso ser-me-ia necessário, a mim que não creio no Espiritismo, admitir certa teoria espírita que, certa ou errada, é, em todo caso, muito engenhosa.

"Essa teoria pretende que o Espírito de um corpo é envolvido por um *perispírito*, isto é, por um envoltório semimaterial que pode tomar a forma desse corpo e tornar-se visível em certos casos. Uma vez admitido o perispírito, a mesma teoria pretende que um indivíduo por vezes pode ser visto no mesmo instante em dois lugares, mesmo muito afastados um do outro, o corpo dormindo num lugar e a aparência do corpo, isto é, o perispírito, agindo noutra parte.

"Se esta asserção fosse verdadeira, eu estaria pondo em prática a teoria de que acabo de falar. Poder-se-ia ver neste momento o meu corpo dormindo em Paris, enquanto vedes o meu perispírito como se fosse o meu corpo. Mas eu não acreditaria numa coisa tão extraordinária, a não ser que ela fosse comprovada.

"Seria ainda adotar o Espiritismo admitir como real essa reunião de potentados realizada aqui, como eles pretendem, para expiar os erros que cometeram quando estavam na Terra.

"– Se quiserdes, disse-me Francisco I, não acrediteis no que tendes diante dos olhos. Suponde, por um momento, que em vez de estar neste planeta, estejais no domínio ideal da razão, e dizei-me se acreditais que os homens que fazem o mal, seja qual for a sua posição na Sociedade, podem estar isentos do purgatório depois de sua morte terrena.

"– Major, não sei responder.

"– Mas eu sei o que pensais. Pensais que o purgatório existe, não importa onde, mas apenas para as pessoas que ocupam posições mais elevadas na escala social. E o que vos leva a pensar assim, é que as faltas das pessoas bem colocadas no mundo são muito mais aparentes que as dos simples particulares. Mas ides modificar imediatamente esta ideia, pensando que, para o Ser supremo, não há faltas ocultas. Com efeito, o Grande Desconhecido vê constantemente, na Terra, simples particulares que relativamente fazem tanto mal na sua pequena esfera de ação, quanto fizeram, em seus Estados, certos tiranos marcados pela História. Os simples particulares de que falo, em vez de exercer a sua tirania num reino, a exercem em sua família e em seu círculo, fazendo sofrer sem piedade mulher, filhos e subordinados. Esses tiranetes só têm uma preocupação, que é gozar a vida, escapando do código penal do país que habitam. Ora, eu vos pergunto, credes que essas criaturas malfeitoras, que às vezes passam por virtuosas aos olhos de quem quer que lhes não conheça a vida, digo eu, que esses seres malfazejos logo sejam transportados a um lugar de delícias?

"– Não, não creio.

"– Não admitis que, fazendo o mal, tenham contraído uma certa dívida moral?

"– Sim, major, eu admito!

"– Pois então! Não vos deveis admirar que certos planetas sejam verdadeiros purgatórios, nos quais os homens, *em uma ou em várias existências, paguem as dívidas contraídas numa existência anterior.*

"– Mas, major, os sofrimentos que todo homem experimenta no curso de sua vida não pagam suficientemente o mal que ele pôde fazer desde a idade da razão até a morte?

"– Isto só poderia aplicar-se a um número muito pequeno de indivíduos, porque, o mais das vezes, o mal que um homem faz recai sobre certo número de seus semelhantes, o que multiplica tanto mais a soma do mal pessoal, e torna quase sempre a dívida tão grande que esse homem não poderia pagá-la no curso de sua curta existência. *Ora, quando não se pode pagar suas dívidas numa vida, é forçoso pagá-las em outra*, porque, no caso de dívidas criminais, o Grande Desconhecido dispôs as coisas de maneira que não há bancarrota possível.

"Admitido isto, admitireis também que é impossível que monstros como Nero, Calígula, Heliogábalo, Bórgia e tantos outros, cujos crimes não podem ser enumerados, tenham podido pagar semelhantes dívidas pelo pouco mal que sofreram em vida. Ora, de duas uma: ao morrer esses homens caíram no nada, ou recomeçaram uma nova existência; se admitirmos que tivessem caído no nada, admitiremos muito naturalmente que devem ter feito uma enorme bancarrota. Concordareis que a ideia de semelhante bancarrota revolta o espírito, ao passo que se admitirmos que cada um recomeçou uma nova existência, o espírito se acha satisfeito ao pensar que *essas novas vidas não poderão ser senão existências de expiação, ou melhor, de purificação*[3].

"– Major, não é mais simples admitir a danação eterna para os monstros de que falais?

"– Concordo que é mais simples, mas não mais lógico. A lógica, que deve ser a alma da justiça, recusa admitir a danação eterna, porque *faltas finitas não poderiam merecer castigos infinitos.*"

---

[3] Se o efeito da injustiça ou do mal que um homem comete em relação a outro homem se detém no indivíduo, a necessidade de reparação será individual; mas se, ao contrário, esse mal prejudica a uma centena de indivíduos, sua dívida será centuplicada, porque será uma centena de reparações a realizar. Quanto mais vítimas ele tiver feito, direta ou indiretamente, mais indivíduos haverá que lhe demandarão contas de sua conduta. É assim que a responsabilidade e o número de reparações, aumentando com a extensão da autoridade de que somos investidos, nos torna responsáveis perante indivíduos que jamais conhecemos, mas que nem por isso deixaram de sofrer as consequências dos nossos atos.

Segue uma dissertação das mais atraentes e das mais lógicas que já lemos contra o inferno e as penas eternas, sobre a justiça da proporcionalidade das penas e sobre a doutrina do trabalho, mas a sua extensão não nos permite reproduzi-la.

"– Major, diz o cabo Pamphile, eu vos farei notar que a negação do inferno eterno, bem como a proporcionalidade das penas, é o fundo da doutrina dos Espíritos. Ora, eu já vos disse que não acredito no Espiritismo.

"– Então... acreditai no inferno eterno, se isto vos causa prazer."

Entre os soberanos que o cabo Pamphile encontra no planeta Marte, há alguns que viviam na época do dilúvio; reis da Assíria, na época da Torre de Babel; faraós na época da passagem do Mar Vermelho pelos hebreus etc., e cada um dá sobre esses acontecimentos explicações que, em sua maioria, têm o mérito, senão da prova material, pelo menos o da lógica.

Em suma, o quadro escolhido pelo autor para emitir suas ideias é feliz, até a própria negação do Espiritismo, que resulta, em definitivo, numa afirmação indireta. Nós diremos, como o *Siècle,* que sob uma forma aparentemente leve, todas as questões aí são tratadas com certa erudição, com uma evidente boa-fé, quase sempre com alegria, muitas vezes com espírito e algumas vezes com eloquência. Acrescentaremos que, não conhecendo o autor, se esse número lhe cair nas mãos, desejamos que ele aqui encontre a expressão de nossas sinceras felicitações, porque ele fez um livro interessante e muito útil.

CONFERÊNCIAS SOBRE A ALMA

Pelo Sr. Alexandre Chaseray[4]

São inumeráveis as obras modernas nas quais o princípio da pluralidade das existências é expresso incidentalmente,

---
[4] Pequeno volume in-12. Preço 1,50 franco; pelo correio, l,75 franco. Casa Germer-Baillière, Rua de l'École-de-Médecine, 17.

mas a de que falamos nos parece uma daquelas em que ele é tratado de maneira mais completa. O autor se preocupa, além disto, em demonstrar que a ideia cresce e se impõe cada dia mais aos Espíritos esclarecidos.

Nos fragmentos que transcrevemos a seguir, as notas são do autor.

"A transmigração das almas, diz o Sr. Chaseray, é uma ideia filosófica ao mesmo tempo das mais antigas e das mais modernas. A metempsicose constitui o fundo da religião dos indianos, religião muito anterior ao Judaísmo, e Pitágoras pôde haurir essa crença dos brâmanes, se for verdade que ele esteve na Índia. Mas é mais provável que ele a tenha trazido do Egito, onde viveu muito tempo. A civilização reinava às bordas do Nilo alguns milhares de anos antes do nascimento de Moisés e, segundo Heródoto, os sacerdotes egípcios foram os primeiros a anunciar que a alma é imortal e que ela passa sucessivamente por todas as espécies animais, antes de entrar num corpo de homem.

"Por seu lado, os gregos jamais abandonaram completamente a ideia da metempsicose. Aqueles que entre eles não admitiam por inteiro a doutrina de Pitágoras, acreditavam vagamente com Platão que a alma imortal tinha existido algures, antes de se manifestar sob a forma humana, ou acreditavam no rio Letes, e no renascimento do homem na Humanidade. Entre os primeiros cristãos, muitos neófitos entendiam conservar de seus antigos dogmas o que lhes parecia bem. Os maniqueístas, por exemplo, tinham conservado os dois princípios: do bem e do mal, e a migração das almas. Assim é que os heresiarcas, vindo multiplicar-se, os Pais e os Concílios tanto tiveram que fazer para trazer os espíritos a uma fé uniforme. Definitivamente vitoriosa, a Igreja apostólica baniu do seu império a metempsicose, que foi substituída pelo dogma do juízo irrevogável e da divisão dos humanos em eleitos e danados. O purgatório foi introduzido mais tarde, como ajuste de uma decisão demasiado inflexível.

"Assim como não considerei como um progresso o espiritualismo de Santo Tomás, do qual não se vê nenhum traço nos livros sagrados, assim também não julgo nem feliz nem conforme à antiga doutrina do pecado original, que estabelece uma solidariedade tão estreita entre todas as gerações de homens, a afirmação dogmática que consiste em dizer que a existência de cada um de nós não tem raízes no passado e conduz a um paraíso ou a um inferno eternos. Em minha opinião, aí está uma heresia filosófica, contra a qual o espírito moderno reage com força.

"Voltam de todos os lados à transmigração das almas. Mas, em nossos dias, geralmente se concebe uma metempsicose mais larga do que aquela cuja crença atribuíam aos Antigos. O espírito de indução, tendo transposto os limites da Terra, e reconhecido, nos sóis e nos planetas, mundos habitáveis, não mais limitou os destinos do homem ao globo terrestre. Em vez de ver a alma percorrendo incessantemente o círculo das plantas, dos animais e da espécie humana, ou renascendo constantemente na Humanidade, pudemos imaginá-la alçando o seu voo para mundos infinitos[5].

"Tenho dificuldade na escolha das citações para mostrar que a fé tem uma série de existências, umas anteriores, outras posteriores à vida presente, e que ela diariamente cresce mais e mais, e se impõe aos espíritos esclarecidos.

"Comecemos por Jean Reynaud. Esse filósofo insiste na ligação natural que apresentam as ideias de pré-existência e de vida futura:

"Se examinarmos, diz ele, todos os homens que passaram pela Terra, a partir de quando a era das religiões cultas aqui começou, veríamos que a grande maioria viveu com a consciência mais ou menos estabelecida de uma existência prolongada por caminhos invisíveis, aquém e além dos limites desta

---

[5] Era tão natural aproveitar a oportunidade gloriosa aberta à alma pelas descobertas astronômicas, que não posso crer que a metempsicose de Pitágoras tenha sido realmente o que dela pensava o vulgo, porque Pitágoras conhecia o verdadeiro sistema do mundo; o duplo movimento de rotação e de translação da Terra; a relativa imobilidade do Sol; a importância das estrelas fixas, cada uma das quais é um sol e o centro de um grupo de planetas muito provavelmente habitados; a marcha e a volta dos cometas. Absolutamente nada disto era ignorado por Pitágoras. Esse filósofo, instruído pelos sábios sacerdotes egípcios, que não revelaram seus segredos senão a um pequeno número de iniciados, julgou dever, a exemplo deles, guardar segredo sobre essa parte de sua ciência. Um de seus discípulos, menos escrupuloso, a divulgou. Mas como faltaram as provas e as verdades estavam perdidas no meio de erros e de divagações místicas, a revelação passou despercebida. Não basta emitir uma ideia justa, é preciso saber fazer com que ela seja aceita. Assim, Copérnico e Galileu, os vulgarizadores do verdadeiro sistema cosmológico, são considerados como os seus descobridores, embora a noção primeira se perca na noite dos tempos.

vida. Com efeito, aí há uma espécie de simetria tão lógica que deve ter seduzido as imaginações à primeira vista; aí o passado está em equilíbrio com o futuro, e o presente não passa de um pivô entre o que já não é e o que ainda não é. O platonismo despertou esta luz precedentemente agitada por Pitágoras e dela se serviu para esclarecer as mais belas almas que honraram os tempos antigos[6]."

"Este julgamento de Jean Reynaud se acha plenamente confirmado pela nota seguinte de Lagrange, o elegante tradutor do poema de Lucrécio:

"De todos os filósofos que viveram antes do Cristianismo, nenhum sustentou a imortalidade da alma sem estabelecer previamente a sua preexistência. Um desses dogmas era considerado como a consequência natural do outro. Julgava-se que a alma devia existir sempre, porque sempre tinha existido; e, ao contrário, estavam persuadidos que, concordando que ela tinha sido gerada com o corpo, não se tinha mais o direito de negar que nela devesse morrer com ele. – 'Nossa alma, diz Platão, existia algures antes de estar nesta forma de homens. Eis por que não duvido que ela seja imortal.'"

"O velho Druidismo, prossegue o autor de Terra e Céu, *fala ao meu coração. Este mesmo solo que hoje habitamos comportou antes de nós um povo de heróis, que estavam todos habituados a se considerar como tendo experimentado o Universo de longa data, antes de sua encarnação atual, baseando assim a esperança de sua imortalidade na convicção de sua preexistência."*

"Um dos nossos melhores historiadores também faz grandes elogios ao principal ensino dos druidas. Henri Martin é de opinião que os nossos pais, os gauleses, representavam no mundo antigo 'a mais firme, a mais clara noção da imortalidade que jamais houve[7].

"Por sua vez, diz Eugène Sue sobre a fé druídica:

"Segundo esta crença sublime, o homem imortal, espírito e matéria, vindo de baixo e indo para o alto, transitava por esta

---

[6] *Terra e Céu.*
[7] *História da França,* 4.ª ed., t. I.

Terra, aqui vivia passageiramente, assim como tinha vivido e devia viver nessas outras esferas que brilham, inumeráveis, no meio dos abismos do espaço[8].

"Já no século dezessete, Cyrano de Bergerac dizia, a exemplo dos sacerdotes gauleses:

"*Nós morremos mais de uma vez; e como não somos senão partes deste Universo, mudamos de forma para retomar vida alhures, o que não é um mal, porque é um caminho para aperfeiçoar o seu ser e para chegar a um número infinito de conhecimentos.*"

"Muitos de nossos contemporâneos, entretanto, sem parecer inspirar-se nos druidas, também anunciam que o destino da alma é viajar de mundos em mundos.

"Lê-se, por exemplo, na *Profissão de fé do século dezenove,* de Eugène Pelletan:

"*Pela irresistível lógica da ideia, creio poder afirmar que a vida mortal terá o espaço infinito como lugar de peregrinação... O homem irá, pois, sempre de Sol em Sol, subindo sempre, como na escada de Jacob, a hierarquia da existência. Passando sempre, segundo o seu mérito e o seu progresso, de homem a anjo, de anjo a arcanjo.*"

"E na *Renovação religiosa* do Sr. Patrice Larroque, antigo reitor da Academia:

---

[8] (Folhetim de *la Presse,* de 19 de outubro de 1854).
Nem todos os autores antigos desconheceram o lado belo da religião dos druidas, como testemunham estes versos de Lucano:
Vobis auctoribus, umbrae
Non tacitas Erebi sedes, Ditisque profundi
Pallida regna petunt: *regit idem spiritus artus*
Orbe alio: longae (canitis si cognita) vitae
Mors media est.
"Segundo vós, druidas, as sombras não descem às silenciosas regiões do Erebo, aos pálidos reinos do deus do abismo. *O mesmo Espírito anima um novo corpo em outra esfera.* A morte (se os vossos hinos contêm a verdade) é o meio de uma longa vida."

"Podemos conjecturar que a maior parte dos outros globos que se movem no espaço abrigam, como a Terra, seres organizados e animados, e que esses globos serão teatros sucessivos de nossas vidas futuras."

"Lamennais exprime a ideia do renascimento de uma maneira absolutamente precisa, conquanto mais restrita. Diz ele:

"O progresso possível no indivíduo sob sua forma orgânica atual, uma vez realizado, ele devolve à massa elementar esse organismo gasto e reveste-se de outro, mais perfeito[9].

"Assinalemos, ainda, o trecho seguinte do discurso pronunciado pelo Sr. Guéroult, da *Opinion Nationale,* no túmulo do Pe. Enfantin:

"Ninguém foi mais religioso do que Enfantin; ninguém viveu tanto quanto ele em presença da vida eterna, da qual esta vida que nos escapa a cada instante não passa de uma das etapas inumeráveis."

"Uma das nossas mais célebres romancistas dá a pensar que ele acredita na passagem dos seres inferiores a espécies superiores e, nomeadamente, dos animais à Humanidade. Diz George Sand:

"Explique quem quiser, essas afinidades entre o homem e certos seres secundários na criação. Elas são tão reais quanto as antipatias e os terrores insuperáveis que nos inspiram certos animais inofensivos... É talvez que todos os tipos, cada um partindo especialmente de cada raça de animais, se encontrem no homem. Os fisionomistas constataram semelhanças físicas; quem pode negar as semelhanças morais? Não há, entre nós, raposas, lobos, leões, águias, besouros e moscas? A grosseria humana é muitas vezes baixa e feroz como o apetite do porco..."

"George Sand se mostra mais explícita a respeito da migração das almas, nas seguintes linhas da mesma obra:[10]

---

[9] *Da Sociedade Primeira e de suas Leis.* Livro III.

[10] *História de minha vida.*

"Se não devemos aspirar à beatitude dos puros Espíritos da região das quimeras; se devemos sempre entrever, além desta vida, um trabalho, um dever, provações e uma organização limitada em nossas faculdades diante do infinito, pelo menos nos é permitido pela razão e nos é ordenado pelo coração, contar com uma série de existências progressivas, em razão dos nossos bons desejos... Nós podemos olhar esta Terra como um lugar de passagem e contar com um despertar mais suave no berço que nos espera alhures. De mundos em mundos, podemos, desprendendo-nos da animalidade que aqui embaixo combate o nosso espiritualismo, tornar-nos aptos a revestirmos um corpo mais puro, mais apropriado às necessidades da alma, menos combatido e menos entravado pelas enfermidades da vida humana, tal qual a suportamos aqui."

"Citemos ainda um romancista, Balzac. Os romancistas dessa ordem, como os poetas de primeira linha, abordam as mais elevadas questões, e sabem semear profundas mensagens em seus escritos de uma forma leve e agradável. É assim que em *Os Miseráveis*, Victor Hugo deixa cair de sua pena esta vaga interrogação: *'De onde viemos? É verdade que nada fizemos antes de haver nascido?'* Não é senão pensando nisso, e sem a ideia preconcebida de estabelecer uma tese filosófica, que o autor da *Comédia Humana* fala das existências sucessivas. Assim, não posso deixar de captar, compulsando de relance vários de seus romances, esse pensamento.

"Eis, por exemplo, algumas linhas do *Lírio do Vale*:

"O homem é composto de matéria e de espírito; a animalidade vem terminar nele, e nele começa o anjo. Daí essa luta que experimentamos todos entre um destino futuro que pressentimos e as lembranças de nossos instintos exteriores, dos quais não estamos inteiramente desligados: um amor carnal e um amor divino."

"E encontro em *Séraphita*, esse romance místico, no qual Balzac expõe com um interesse e um encanto tão poderosos a doutrina religiosa do sueco Swedenborg:

"As qualidades adquiridas e que se desenvolvem lentamente em nós são laços invisíveis que ligam cada uma das nossas existências uma à outra."

"Enfim, nos *Comediantes sem o Saber,* a sibila, Sra. Fontaine, pergunta a Gazonal:

"– De que flor gostais?
"– Da rosa.
"– Que cor preferis?
"– O azul.
"– Que animal preferis?
"– O cavalo. Por que estas perguntas? pergunta ele por sua vez.
"– O homem se liga a todas as formas por seus estados anteriores, diz ela sentenciosamente. Daí vêm os seus instintos, e os seus instintos dominam o seu destino."

"Michelet testemunha sua simpatia pelas mesmas ideias, quando diz que o cão é *um candidato à Humanidade,* e quando diz, falando dos pássaros:

"Que são eles? Almas esboçadas, almas especializadas ainda em tais funções da existência, candidatos à vida mais geral e mais vastamente harmônica à qual chegou a alma humana."[11]

"Pierre Leroux não crê que o homem haja passado pelos tipos inferiores dos animais e das plantas. Segundo ele, os indivíduos se perpetuam no seio da espécie, e o homem renasce indefinidamente na Humanidade. A solidariedade entre todos os membros da família humana então é evidente; *o bem que um homem faz aos seus semelhantes converte-se em sua própria vantagem, porque dele não se separa pela morte, senão para voltar em breve a misturar-se a eles.* Sustentando a perpetuidade do ser no seio da espécie, Pierre Leroux afasta-se dos autores que acabo de citar e não

---

[11] *L'Oiseau.*

326 | REVISTA ESPÍRITA

encontra muitos aprovadores[12], mas não deixa de ser um ardente defensor da ideia geral e de uma importância extrema, que liga a vida atual a uma série de existências.

"Depois de ter dito que a criança que vem ao mundo não é, como pretendia a escola do Locke, uma *tábula rasa*, e que é injuriar a Divindade supor que ela tira do nada novas criaturas, que embeleza ao acaso com seus dons ou fere ao acaso com a sua cólera, Pierre Leroux conclui por estas palavras:

"*Assim, por necessidade, há que admitir ou sistema indeterminado das metempsicoses, ou o sistema determinado do renascimento na Humanidade, que eu sustento*[13]."

"Estou longe de repelir de maneira absoluta o sistema de renascimento na Humanidade; mas a Humanidade teve um começo, posterior mesmo ao da maioria das espécies animais e vegetais que cobrem o nosso globo; a Humanidade terá um fim; e, desde que a alma não perece, é preciso que o ser permanente, o *eu,* mergulhe suas raízes alhures que não na Humanidade, e encontre seu desenvolvimento futuro alhures que não na Humanidade, forma transitória."

As numerosas citações feitas pelo autor, e que estão longe de ser completas, provam quanto é geral a ideia da pluralidade das existências e que em pouco terá passado ao estado de verdade adquirida. Sobre outros pontos, ele se afasta completamente da Doutrina Espírita; estamos longe de partilhar de sua opinião sobre todas as questões ele que aborda em seu livro, notadamente no que concerne à Divindade, à qual ele atribui um papel secundário, e à natureza íntima da alma, cuja espiritualidade contesta. Seu sistema é uma espécie de panteísmo que caminha ao lado

---

[12] Goethe parecia partilhar desta maneira de ver, quando exclamava numa de suas cartas à encantadora Sra. de Stein: "Por que o destino nos ligou tão estreitamente? Ah! Em tempos decorridos, tu foste minha irmã ou minha esposa; tu conheceste os meus menores traços e olhaste a mais pura vibração de minhas fibras; tu soubeste ler-me num olhar, a mim que um olhar humano dificilmente penetra" *(Revue Germanique,* dezembro de 1865).
Victor Meunier não está longe de crer também no renascimento do homem na Terra: "A sorte dos que virão depois de nós, diz ele, não me encontra indiferente, longe disto! Tanto mais porque não me está demonstrado que nós não nos sucederemos a nós mesmos." *(La Science et les Savants* em 1865, 2.º semestre).

[13] De l'*Humanité.*

do Espiritismo, e parece ser um termo médio para certas pessoas que não querem o ateísmo, nem o niilismo, nem o espiritualismo dogmático. Por mais incompleto que seja, não deixa de ser um notável progresso sobre as ideias materialistas, das quais está muito mais afastado do que das nossas. Salvo alguns pontos muito controvertidos, a obra contém vistas muito profundas e muito justas às quais o Espiritismo não deixa de associar-se.

INSTRUÇÕES DOS ESPÍRITOS

O que fizeram de mim?

Extraímos a comunicação seguinte do jornal espírita *le Salut*, que é publicado em Nova Orleans, número de 1.º de junho de 1868:

– Filhos, eu vos escrevi: "Quando vossa boa união me chamar, virei a vós." E vossa boa união me chamou; eis-me aqui.

Eis-vos agora como meus apóstolos de outrora. Fazei como os bons e não façais como os maus; que ninguém renegue, que ninguém traia! Ides assentar-vos à mesma mesa que reunia os amigos da minha fé e do meu coração; que ninguém seja nem Pedro nem Judas!

Ó meus bons filhos, olhai em torno de vós e vede! Minha cruz, o instrumento glorioso de meu vil suplício, domina os edifícios da tirania ... e eu, eu não tinha vindo senão para pregar a liberdade e a felicidade. Com a minha cruz, afogaram os corpos no sangue e as consciências na mentira! Com a minha cruz, disseram aos homens: "Obedecei aos vossos senhores; curvai-vos ante os opressores!" E eu dizia: "Sois todos filhos de um mesmo pai, sem distinção a não ser a de vossos méritos, resultantes da vossa liberdade."

Eu tinha dito aos grandes: "Humilhai-vos!" e aos pequenos: "Erguei-vos!" e exaltaram os grandes e rebaixaram os pequenos.

O que fizeram de mim, de minha memória, de minha lembrança, de meu apostolado? Um sabre! – Sim, e há ainda aqueles que se fizeram agentes dessa infâmia! ...Oh! Se fosse possível sofrer na morada celeste, eu sofreria!... e vós, vós deveis sofrer... e deveis estar prontos a tudo para a redenção que comecei, ainda que não fosse senão para arvorar sobre a mesma montanha o mesmo sinal de união!... Ele será visto e compreendido, e deixarão tudo para defendê-lo, para abençoá-lo, para amá-lo.

Filhos, ide para o Céu com a fé, e toda a Humanidade vos seguirá sem medo e com amor! Logo sabereis, na prática, o que é o mundo, se a teoria não vos tiver mostrado.

Tudo quanto vos foi dito para a prática do verdadeiro Cristianismo não é senão a sombra da verdade! O triunfo que vos espera está tão acima dos triunfos humanos e dos vossos pensamentos, quanto as estrelas do céu estão acima dos erros da Terra!

Oh! Quando eles verão como Tomé! Quando tiverem tocado!... Vós vereis! Vós vereis! As paixões vos criarão obstáculos, depois elas vos socorrerão, porque serão as boas paixões após as más paixões.

Pensai em mim quando fordes partir o meu pão e beber o meu vinho, dizendo que arvorais, para a eternidade, a bandeira dos mundos... Oh! sim, dos mundos, porque ela unirá o passado, o presente e o futuro a Deus.

JESUS

O jornal publica esta comunicação sem dar informação sobre as circunstâncias em que foi recebida. Parece, contudo, que deve ter sido numa festa comemorativa da ceia, ou qualquer ágape fraterno entre os adeptos. Seja como for, ela traz, no fundo e na forma dos pensamentos, na simplicidade unida à nobreza do estilo, um cunho de identidade que não poderíamos ignorar. Ela atesta, da parte dos assistentes, disposições de natureza a lhes merecer esse favor, e não podemos senão felicitá-los. Pode-se ver que as instruções dadas na América sobre a caridade e a fraternidade não cedem em nada às que são dadas na Europa. É o elo que unirá os habitantes dos dois mundos.

LIGA INTERNACIONAL DA PAZ

Pedem-nos que demos conhecimento aos leitores da *Revista Espírita* que as adesões e subscrições à *Liga Internacional da Paz* são recebidas pelos Srs. Dolfus, Mieg & Cie., tesoureiros da Liga, na Rua Saint-Fiacre, 9 e na secretaria, na Rua Roquépine, 18, onde podem ser obtidas todas as informações e dirigir todas as comunicações. Recebemos oportunamente uma brochura contendo o relatório da primeira assembleia geral, os discursos dos oradores e diversos documentos úteis para dar conhecimento do objetivo dessa associação. Ela é encontrada na livraria Guillaumin, Rua Richelieu, 14, ao preço de I franco.

Agradecemos penhoradamente o convite que nos é feito, pois todos os espíritas são, por princípio, amigos da paz, e simpatizam com todas as instituições ou projetos que visam fazer desaparecer o flagelo da guerra. Sua doutrina, que conduz à fraternidade universal fazendo desaparecer os antagonismos de raças, de povos e de cultos, é por si mesma um poderoso elemento para a paz geral.

NO PRELO

Para sair no fim de setembro

O Espiritismo na Bíblia, ensaio sobre as ideias psicológicas entre os antigos hebreus; por Henri Stecki, de São Petersburgo. Brochura de 150 a 200 páginas, no formato do *Que é o Espiritismo?*

ALLAN KARDEC

REVISTA ESPÍRITA

JORNAL DE ESTUDOS PSICOLÓGICOS

ANO XI	OUTUBRO DE 1868	VOL. 10

MEDITAÇÕES

POR C. TSCHOKKE

(Artigo enviado de São Petersburgo)

Entre os livros de alta piedade, cujos autores, penetrados das verdadeiras ideias cristãs, tratam todas as questões religiosas e abstratas com um zelo esclarecido, isento de preconceitos e de fanatismo, um dos que na Alemanha desfruta de grandíssima estima, em todos os sentidos merecida, é, sem contradita, o que tem por título *Horas de Piedade* (Stunden der Andacht), por C. Tschokke, distinto escritor suíço, autor de muitas obras literárias escritas em língua alemã e muito apreciadas na Alemanha. Esse livro teve, desde 1815, mais de quarenta edições. Os supostos *ortodoxos,* mesmo protestantes, em geral acham que o livro é demasiado liberal em suas ideias, em matéria de religião, e que o autor não se apoia suficientemente nos dogmas e nas decisões dos Concílios; mas os crentes esclarecidos, os que procuram as consolações da religião e desejam adquirir as luzes necessárias para compreender as verdades, depois de o terem lido e meditado, farão plena justiça às luzes e à tocante piedade do autor.

Damos aqui a tradução de duas meditações contidas nesse livro notável, porque elas encerram ideias inteiramente espíritas, expostas com perfeita justeza, há mais de cinquenta anos. Numa e noutra se acham uma definição muito exata e admiravelmente elaborada do *corpo espiritual* ou *perispírito,* ideias muito sãs e muito lúcidas sobre a *ressurreição* e a pluralidade das existências, através das quais já se projeta a grande luz da sublime doutrina da *reencarnação,* esta pedra angular do Espiritismo moderno.

W. FOELKNER

141.ª MEDITAÇÃO

DO NASCIMENTO E DA MORTE

O nascimento e a morte são ambos cercados de trevas impenetráveis. Ninguém sabe de onde veio, quando Deus o chamou; ninguém sabe para onde irá, quando Deus o chamar. Quem poderia dizer-me se eu já não existi, antes de tomar o meu corpo atual? O que é este corpo, que pertence tão pouco ao meu *eu,* que, durante uma existência de cinquenta anos, eu o terei mudado várias vezes como uma roupa? Eu não tenho mais a mesma carne e o mesmo sangue que tinha quando estava no seio, nos anos de minha juventude e na maturidade. As partes de meu corpo que me pertenceram durante a primeira idade, já estão há muito tempo dissolvidas e evaporadas. Só o espírito fica o mesmo durante todas as variações que sofre o seu envoltório terreno. Por que necessitaria eu, para a minha existência, do corpo que possuía quando eu era uma criança? Se existi antes dele, onde estava eu? E quando me desembaraçar de minha roupa atual, onde estarei? Ninguém me responde. Aqui vim como que por milagre e é por milagre que desaparecerei. O nascimento e a morte lembram ao homem esta verdade tantas vezes por ele esquecida porque ele se encontra sob o poder de Deus.

Mas essa verdade é, ao mesmo tempo, uma consolação. O poder de Deus é o poder da sabedoria, o encanto do amor. Se o começo e o fim de minha vida forem envoltos em trevas, tenho que pensar que isto deve ser um benefício para mim, como tudo o que vem de Deus é benefício e graça. Quando tudo em redor de mim proclama a sua sabedoria suprema e a sua bondade infinita, posso crer que as trevas que cercam o berço e o esquife sejam as únicas exceções? É possível que eu já tenha existido uma vez, mesmo várias vezes? Quem conhece os mistérios da natureza dos Espíritos?[1] Minha presença na

---

[1] É preciso lembrar que estas linhas foram escritas cinquenta anos antes das revelações dos Espíritos, colhidas pelo Espiritismo. (Nota do tradutor para o francês).

332 | REVISTA ESPÍRITA

Terra não seria talvez uma fraca imagem da existência eterna? Já não vejo aqui a minha passagem de eternidade a eternidade, como num espelho opaco?

Ousaria eu embalar-me em estranhos pressentimentos? Esta vida seria realmente uma imagem em miniatura da existência eterna? Que seria eu se já tivesse tido várias existências; se cada uma das minhas existências fosse uma hora de vigília da infância de meu Espírito e cada mudança de seu envoltório, de suas relações ou o que se chama morte, um letargo para um despertar com forças novas? É verdade que me é impossível saber quantas vezes e como existi, antes que Deus me tivesse chamado à existência atual; mas a criança de colo sabe mais do que eu de suas primeiras horas? Então ela perdeu tanto a ponto de não se lembrar de seus primeiros sorrisos e de suas primeiras lágrimas? Quando ela tiver mais idade certamente não se recordará mais do que agora, mas saberá o que foi em seus primeiros anos; saberá que sorriu, chorou, dormiu, acordou, sonhou como os outros. Se é possível aqui na Terra, por que seria impossível que um dia, depois de uma viagem mais elevada de meu espírito imortal, ele pudesse lembrar e analisar sua jornada, as diversas circunstâncias em que se encontrou durante sua viagem e nos mundos que habitou? Em que degrau de idade estou agora colocado? Ainda pareço a criança que uma hora depois esquece os acontecimentos da hora precedente e não está em condições de guardar a lembrança de um sonho que tendo-o transportado à vida exterior o separou da vigília precedente; mas me pareço com a criança que, pelo menos, já sabe reconhecer os seus pais. Ela esquece os prazeres e os desgostos do momento decorrido, mas a cada despertar reconhece novamente suas feições queridas. Assim se dá comigo: eu também reconheço meu Pai, meu Deus no Todo-Eterno. Eu o teria procurado com os olhos, tê-lo-ia chamado, mesmo que ninguém me tivesse falado dele, porque a lembrança do Pai Celeste, ao que se diz, é inata em cada homem. Todos os povos guardam essa lembrança, mesmo os mais selvagens cujas ilhas solitárias banhadas pelo oceano jamais foram abordadas por viajantes civilizados. Dizem *inata*; talvez se devesse dizer *herdada,* transportada de uma vida anterior, assim como a criancinha, num sonho posterior, se lembra da imagem de sua mãe num sonho anterior.

Mas eu caio nos sonhos! Quem está em condições de aprová-los ou rejeitá-los? Eles se assemelham às primeiras lembranças, muito vagas e muito fracas que uma criança tem de algo que lhe parece ter ocorrido em seus momentos de passadas vigílias. Nossas mais audaciosas suposições, mesmo quando as julgamos verdadeiras, não são senão o reflexo fugidio e confuso de nossos sentimentos que datam de um passado esquecido. Ademais, eu não mais me censuro por isso. Mesmo supondo-as quiméricas, elas revelam o meu espírito, porque, encarando a nossa vida terrena como uma hora de uma criança de colo, que vasta e incomensurável perspectiva da eternidade se desdobra à minha frente! Como será, pois, a juventude mais adiantada, a plena maturidade de meu espírito imortal, quando, ainda muitas vezes, eu tiver velado, dormido e subido um maior número de degraus da escada espiritual?

O dia da morte terrena tornar-se-á meu novo dia de nascimento para uma vida mais elevada e mais perfeita, o começo de um sono que será seguido por um despertar refrescante. A graça divina me sorrirá com um amor maior que a afeição com que uma mãe terrena sorri ao filhinho que desperta do sonho, no momento em que ele abre os olhos.

143.ª MEDITAÇÃO

DA TRANSFIGURAÇÃO APÓS A MORTE

Se tenho o direito de burguesia nos dois mundos, se pertenço não só à vida terrena, mas também à vida espiritual, penso que seja muito perdoável ocupar-me, por vezes, do que me espera nesta última, para a qual um vago ardor me atrai incessantemente... Entretenho-me de muito boa vontade com a lembrança dos que me foram caros e que a morte levou, tanto quanto com aqueles que neste mundo me cumulam de alegria com sua presença, porque os primeiros não deixaram de existir, embora privados de um corpo material. A destruição do corpo não determina a destruição do espírito. Continuo a vos querer, meus amigos ausentes, meus caros defuntos! Posso eu temer não ser igualmente objeto de vossa afeição? Certamente não. Nenhum mortal tem o poder de separar espíritos unidos por Deus, assim como nenhuma sepultura tem esse poder.

Embora me seja oculta a sorte que me aguarda num outro mundo, penso que me seja permitido meditar algumas vezes

334 | REVISTA ESPÍRITA

sobre este assunto, e procurar adivinhar, pelo que aqui vejo, o que lá me poderia acontecer. Se na Terra nos é recusado ver, devemos procurar alimentar em nós a fé que tudo vivifica. – Jesus Cristo falou muitas vezes, em alegorias elevadas, do estado da alma após a morte do corpo, e seus discípulos também gostavam de entreter-se sobre este assunto com os seus confidentes, bem como com os que duvidavam da possibilidade da ressurreição dos mortos.

A doutrina da ressurreição dos corpos era uma das mais antigas da religião judaica. Os fariseus a ensinavam, mas de maneira grosseira e material, pretendendo que todos os corpos enterrados nos túmulos deveriam necessariamente tornar-se, um dia, o envoltório e o instrumento dos espíritos que os tinham animado na vida terrestre, – opinião que foi plenamente refutada por um outro partido religioso judaico, os saduceus.

Levado um dia a se pronunciar entre estas duas opiniões contrárias, o Cristo demonstrou que os dois partidos religiosos hebreus, à força de aberrações, tinham chegado a erros inteiramente opostos; que a imortalidade da alma, isto é, a continuação de sua existência no outro mundo, ou a ressurreição dos mortos, poderia se dar e dar-se-ia infalivelmente, sem ser uma ressurreição grosseiramente material dos corpos, providos de todas as exigências e de todos os sentidos terrestres necessários à sua conservação e à sua reprodução. Os saduceus reconheceram a verdade de suas palavras. Eles disseram: "Mestre, respondestes muito bem." (Luc. XX, versículos 27 a 39).

O que Jesus não discutia em público senão muito raramente em detalhe, tornava-se assunto de seus íntimos entretenimentos com seus discípulos. Estes tinham as mesmas ideias que ele sobre o estado da alma após a morte e sobre a doutrina judaica concernente à ressurreição. "Insensatos que sois, diz o apóstolo Paulo, não vedes que o que semeais não retoma vida, se não morre *antes*? E quando semeais, não semeais o corpo da planta que deve nascer, mas somente o grão, como o do trigo ou de qualquer outra coisa. O corpo, como uma semente, agora é posto em terra cheio de corrupção e ressuscitará incorruptível. É posto na terra como um corpo animal e ressuscitará como um corpo *espiritual. Como há um corpo animal, há também um corpo espiritual.* A carne e o sangue não podem possuir o reino de Deus e a corrupção não possuirá a herança incorruptível. (1 Cor. XV:37-50).

O corpo humano, composto de elementos terrestres, voltará à terra e entrará nos elementos que compõem os corpos das plantas, dos animais e dos homens. Esse corpo é incapaz de uma vida eterna; sendo corruptível, ele não pode herdar a incorruptibilidade. Um *corpo espiritual* nascerá da morte, isto é, o *eu espiritual* elevar-se-á como *transfigurado* acima das partes do corpo feridas pela morte, numa liberdade maior e provido de um *envoltório espiritual.*

Esta doutrina do Evangelho, tal qual saiu das revelações de Jesus e de seus discípulos, corresponde admiravelmente ao que já sabemos da natureza do homem. É irrecusável que o espírito ou alma, além de seu corpo terrestre, é, na realidade, revestido de um corpo espiritual, o qual, exatamente como a reprodução da flor de uma semente apodrecida, se liberta pela morte do corpo material.

Diz-se muitas vezes, por alegoria, que o sono é o irmão da morte, e ele realmente é. O sono não é senão a afastamento do espírito ou da alma, *o abandono provisório feito por ela das partes exteriores e mais grosseiras do corpo.* A mesma coisa ocorre no momento da morte. Durante o sono, nessas partes de nosso corpo abandonadas por algum tempo por nossa personalidade mais elevada, não reside senão a vida vegetativa. O homem fica num estado de insensibilidade, mas o sangue circula nas veias; sua respiração continua; todas as funções da vida vegetativa estão em plena atividade, assemelhando-se às da vida inconsciente das plantas. Esse afastamento passageiro do elemento espiritual do homem parece necessário, de vez em quando, para o elemento material, porque este último acaba por se destruir, por assim dizer, a si mesmo, por um desgaste muito prolongado, e se enfraquece a serviço do espírito. A vida vegetativa, abandonada a si mesma e deixada em repouso pela atividade do espírito, pode então continuar a trabalhar sem entraves na sua restauração, conforme as leis de sua Natureza. Eis por que, depois de um sono em estado de saúde, sentimos nosso corpo como repousado, com o que se alegra o nosso espírito. Mas depois da morte, a vida vegetativa também abandona os elementos materiais do corpo que lhe deviam sua ligação, e eles se desagregam.

O corpo abandonado pelo espírito ou alma, em certos casos, nos parece ter vida, mesmo quando a *morte verdadeira já está consumada,* isto é, quando o *elemento espiritual* já o deixou. O cadáver abandonado por seu espírito continua a respirar e o pulso a bater; diz-se: "Ainda vive." Por outro lado, por vezes pode acontecer que a força vital, tendo positivamente abandonado algumas partes do corpo, estas estão verdadeiramente mortas, enquanto o espírito e o corpo ficam unidos nas outras partes do corpo onde ainda reside a força vital.

O sono, um dos maiores segredos da existência humana, merece as nossas observações mais constantes e atentas; mas a dificuldade que apresentam essas observações torna-se maior, porquanto, para fazê-las, o espírito observador é forçado a sujeitar-se às leis da natureza material e deixar esta agir, para lhe dar a faculdade de se prestar mais facilmente ao seu uso e às suas experiências. Todo sono é o alimento da força vital. O espírito aí não tem nenhuma participação, porque o sono é também completamente independente do espírito, tanto quanto a digestão, a transformação dos alimentos em sangue, o crescimento dos cabelos, ou a separação do corpo dos líquidos inúteis. O estado de vigília é um consumo de força vital, sua expansão fora do corpo e sua ação exterior; o sono é uma assimilação, uma atração dessa mesma força de fora. Eis por que encontramos o sono, não só nos homens e nos animais, mas também nas plantas que, à aproximação da noite, fecham as corolas de suas flores ou deixam pender suas folhas, depois de havê-las fechado.

Qual é, pois, o estado de nosso elemento espiritual, durante o seu afastamento de nossos sentidos exteriores? Ele não é mais apto a receber as impressões de fora, pelo uso dos olhos, dos ouvidos, pelo paladar, pelo olfato e pelo tato, mas poder-se-ia dizer que durante esses momentos, o nosso *eu* se aniquila? Se assim fosse, nosso corpo receberia todas as manhãs um *outro* Espírito, uma *outra* alma, em lugar daquela que estaria destruída. Tendo-se o Espírito retirado de seus sentidos, continua a viver e agir, embora não podendo manifestar-se senão imperfeitamente, tendo renunciado por algum tempo aos instrumentos de que tem o hábito de se servir ordinariamente.

Os sonhos são outras tantas provas da continuação da atividade do Espírito. O homem desperto lembra-se de ter sonhado, mas essas lembranças geralmente se tornam vagas ou obscuras pelas vivas impressões que se precipitam subitamente para o Espírito ao despertar, por intermédio dos sentidos. Se mesmo nesse momento ele ignora de que visões se havia ocupado durante o sono, não obstante conserva, no momento de um despertar súbito, a consciência que sua atenção se destacou de alguma coisa que o tinha preocupado, até então, dentro de si mesmo.

O sono se compõe sempre de visões, de desejos e de sentimentos, mas que se formam de uma maneira independente dos objetos exteriores, pois os sentidos exteriores do homem ficam inativos. É por isso que eles raramente deixam uma impressão viva e durável na memória. Então o Espírito devia estar ocupado, embora depois do sono não nos possamos recordar dos resultados de sua atividade. Mas qual o homem que está em condições de se lembrar dos milhares dessas rápidas visões que se apresentam ao seu espírito, mesmo em estado de vigília, em tal ou qual hora do dia? Tem ele, por isso, o direito de pretender que seu espírito não teve visões, justo no momento em que ele estava, antes de tudo, ativo e refletindo?

Durante o sono, o espírito conserva o sentimento de sua existência, tão bem quanto em estado de vigília. Mesmo durante seu sono, ele sabe distinguir-se perfeitamente dos objetos de suas visões. Cada vez que nos lembramos de um sonho, achamos que era o nosso próprio *eu* que, com um sentimento muito imperfeito de sua individualidade, flutuava entre as imagens de sua própria fantasia. Podemos esquecer os acessórios dos sonhos que sobre nós produziram uma fraca impressão, e durante os quais o nosso espírito não reagiu fortemente por seus desejos e sentimentos. Por conseguinte, poderíamos também esquecer que então tínhamos o sentimento de nossa existência, mas não é uma razão para supor que este último tenha sido suspenso um só instante, pelo fato de não mais nos lembrarmos!

Há homens que, preocupados com graves reflexões, não sabem, mesmo em vigília, o que se passa em torno deles. Estando o Espírito afastado das partes exteriores do corpo e dos órgãos dos sentidos, concentra-se e não se preocupa senão consigo mesmo e, exteriormente, eles parecem sonhar ou dormir com os olhos abertos. Mas quem poderá negar que hajam guardado plenamente o sentimento de sua existência, durante esses momentos de profunda meditação, embora eles então não vejam com os seus olhos e não escutem com os seus ouvidos? Uma outra prova da *continuação incessante do sentimento de nossa existência e de nossa identidade* é o poder que possui o homem de despertar por *si* mesmo numa hora por ele prefixada.

Consequentemente, não se pode dizer que um homem mergulhado num sono mais ou menos profundo tenha perdido

338 | REVISTA ESPÍRITA

a consciência de si mesmo, quando, ao contrário, traz em si o sentimento de sua existência, mas sem poder no-lo manifestar. É justamente o caso dos delíquios, quando o elemento espiritual do homem se retira por si mesmo, por efeito de uma perturbação passageira e parcial de sua vida vegetativa, porque o espírito foge a tudo o que é morto e não se liga senão graças à força vital, ao que, por si própria, não é senão matéria inerte. O homem desmaiado não dá nenhum sinal exterior de existência, mas dela não está privado, do mesmo modo que durante o sono. Muitas pessoas desmaiadas, assim como os adormecidos, muitas vezes conservam a lembrança de algumas das visões que tiveram durante esse estado, que tanto se avizinha do da morte; outros as esquecem. Há desmaios durante os quais todo o corpo fica macilento, frio, privado de respiração e de movimento e parece inteiramente um cadáver, enquanto o Espírito, achando-se ainda em comunicação com alguns dos sentidos, compreende tudo o que se passa em seu redor, sem poder, como nos casos de catalepsia, dar qualquer sinal exterior de vida e de consciência. Quantas pessoas desta maneira foram enterradas vivas, em pleno conhecimento de tudo quanto determinavam para o seu enterro os seus parentes ou amigos enganados por uma aparência fatal![2]

---

[2] O célebre fisiologista alemão Dr. Buchner publicou em 1859, no nº 349 de *Disdascalia,* jornal científico editado em Darmstadt, um artigo sobre o uso do clorofórmio, no fim do qual acrescenta estas palavras muito notáveis na boca do autor de *Força e Matéria:* "A descoberta do clorofórmio e de seus efeitos extraordinários é não só de uma grande significação para a ciência médica, mas também para duas de nossas principais ciências: *a Fisiologia* e – não se espantem muito – a *Filosofia.*" Isto leva o doutor materialista a dizer que mesmo sob o aspecto psicológico, o uso do clorofórmio tem algum peso; é que achando-se os pacientes, durante as operações sofridas, num estado de semi-atordoamento produzido pelo efeito do clorofórmio, várias vezes declararam, depois de despertar, que, durante a operação, eles não haviam sentido nem dor, nem sentimento de angústia ou medo, mas que o tempo todo tinham ouvido perfeitamente tudo o que se passava e se dizia em seu redor, sem, contudo, estar em condições de fazer qualquer movimento, nem mexer um só de seus membros.
Este fato não vem provar positivamente a possibilidade da existência do espírito fora da matéria, que morre quando o Espírito que a vivificava a deixa definitivamente?
Também o próprio magnetismo não oferece provas, por assim dizer palpáveis, da existência da alma independente da matéria? E como ele é tratado pelos sábios e pelas academias? Em vez de lhe prestar toda a atenção e de se aplicar em estudá-lo seriamente, eles limitam-se a negá-lo, o que certamente é mais cômodo, mas não honra as nossas corporações científicas. (Nota do tradutor do alemão para o francês).

Um outro estado mui notável do homem nos dá a prova da atividade ininterrupta do Espírito e de seu conhecimento de si mesmo, que jamais se perde, mesmo quando, logo em seguida, ele não mais se recorda. É o estado de sonambulismo. O homem adormece em seu sono ordinário. Ele não escuta, não vê e nada sente. Mas, de súbito, parece despertar, não de seu sono, mas *em si mesmo*. Ele ouve, mas não com seus ouvidos; vê, mas não com seus olhos; sente, mas não pela epiderme. Ele anda, fala, faz muitas coisas e exerce várias funções, com a admiração geral dos assistentes, com mais circunspecção e mais perfeição do que em estado de vigília. Nesse estado ele se lembra mui distintamente dos acontecimentos ocorridos quando estava acordado, mesmo daqueles que ele esquece durante sua vigília, quando está de posse de todos os sentidos. Depois de haver ficado nesse estado durante algum tempo, o sonâmbulo cai de novo no sono ordinário, e quando é tirado deste, não se recorda absolutamente de nada do que se passou. Ele esqueceu tudo o que disse e fez, e muitas vezes se recusa a acreditar o que dele contam os expectadores. Poderíamos, entretanto, negar a seu Espírito o conhecimento de si mesmo, assim como sua admirável atividade durante o sono sonambúlico? Quem ousaria? O sonâmbulo, caindo novamente no sono que *constitui seu despertamento interior,* lembra-se perfeitamente, nesse estado incompreensível para si próprio, de tudo o que fez e pensou antes num estado semelhante, e do qual havia perdido completamente a lembrança durante o estado de vigília de seus sentidos exteriores.

Como explicar este fenômeno? Como é que um homem que dorme não apenas pode ver e ouvir com os seus sentidos exteriores inativos, mas isto mais positivamente, mais perfeitamente do que em vigília? Porque sabemos que o corpo não é senão o vaso ou envoltório exterior da alma; porque, sem ela, nada pode experimentar, e porque o olho de um cadáver vê tanto quanto o olho de uma estátua. É, pois, a alma, e unicamente a alma que sente, vê e ouve o que se passa fora dela. O olho, o ouvido etc., não são senão instrumentos e dispositivos favoráveis do envoltório exterior, para proporcionar à alma as impressões de fora. Mas há circunstâncias nas quais, achando-se esse envoltório grosseiro partido ou estragado, a alma, por assim dizer, o atravessa e continua a sua ação, sem para isto necessitar ele seus sentidos exteriores. Então ela reage

340 | REVISTA ESPÍRITA

com um acréscimo de vigor, mas completamente diferente de quando em seu estado ordinário ou de vigília, contra o que não é morte no homem.

Portanto, é de fato a alma que sente, e não o corpo. Por consequência, é ela que forma o verdadeiro corpo do Espírito, e o corpo material não é senão o seu arcabouço externo, sua *cobertura, seu envoltório*. A experiência e inumeráveis exemplos nos provam suficientemente que o Espírito jamais perde a sua atividade e a consciência do seu *eu*, mesmo quando ele não pode lembrar-se minuciosamente de cada momento particular de sua existência. Sabendo que o Espírito, absorvido em suas profundas reflexões, perde de vista seu próprio corpo e tudo o que o cerca; que em certas doenças, pode ele achar-se na absoluta impossibilidade de agir sobre as partes exteriores de seu corpo e, algumas vezes pode prescindir completamente (como no estado de sonambulismo), para a execução de seus desígnios, devemos compreender claramente como o Espírito imortal, tendo deixado seu envoltório material e perecível, conserva, depois de sua morte terrestre, a consciência e o sentimento de sua existência, embora achando-se impossibilitado de manifestá-lo aos vivos, por meio do cadáver, porquanto este não mais lhe pertence. Ao mesmo tempo, compreendemos o que é o *corpo espiritual* de que fala o apóstolo Paulo; o que devemos entender por corpo imperecível que deve renascer do corpo perecível (I Cor. XV:4); como a fraqueza se abate e é semeada no túmulo, e como a força se eleva e se lança para o céu, madura para uma vida melhor (1 Cor. XV:43). Eis a verdadeira ressurreição da morte, a ressurreição espiritual. O que em nós é pó, deve voltar ao pó e às cinzas, mas o Espírito, vestido num corpo transfigurado, leva daí em diante a imagem do céu, exatamente como até agora tinha levado a imagem da Terra (1 Cor. XV:49).

O corpo terrestre, apodrecendo no túmulo, nada mais sente, mas também jamais sentiu por si mesmo. Era, pois, o corpo espiritual, a alma, que percebia e sentia tudo. Assim ela continuará a fazê-lo, liberta de seu vaso partido, no entanto de uma maneira infinitamente mais delicada e mais pronta. Tendo o Espírito consciência de si mesmo em seu envoltório espiritual, poderá, então, muito bem e infinitamente melhor ainda, admirar a glória de Deus em suas criações, e ao mesmo tempo possuir a faculdade de ver e amar os que lhe são caros. Mas ele não mais experimentará necessidades materiais e sensuais, não terá mais lágrimas. Tornar-se-á a imagem do céu, que é a sua verdadeira pátria.

Que sentirei eu no momento em que me chamares a ti, meu Criador, meu Pai! no momento da minha transfiguração, quando, cercado de meus bem-amados chorando em volta de mim e *vendo meus bem-amados que me precederam aproximar-se de mim,* eu os bendirei a todos com um amor igual!

E quando, santificado por Jesus Cristo, participando de seu reino, apresentar-me-ei diante de ti, ó meu Deus! adorando-te com o mais vivo reconhecimento, com a mais profunda veneração, com a admiração sem limites! Que meu espírito imortal esteja, então, *bastante maduro* para desfrutar essa felicidade suprema! *Amém.*

DOUTRINA DE LAO-TSEU

FILOSOFIA CHINESA

Devemos a notícia seguinte à gentileza e ao zelo esclarecido de um dos nossos correspondentes em Saigon, na Cochinchina.

No sexto século antes de nossa era, portanto quase ao mesmo tempo que Pitágoras, e dois séculos antes de Sócrates e Platão, na província de Lunan, na China, vivia Lao-Tseu, um dos maiores filósofos que jamais existiram. Originário da mais ínfima origem, Lao-Tseu não teve outros meios de se instruir senão a reflexão e numerosas viagens. Quando chegou aos cinquenta anos de idade, seja porque suas disposições filosóficas desenvolvidas pelo estudo enfim tivessem produzido os seus frutos, seja porque inconscientemente tenha combinado esses frutos com uma revelação particular, ele escreveu seu livro *A Razão Suprema e Virtude,* obra considerada como autêntica, a despeito de sua antiguidade, pelos historiadores chineses de

342 | REVISTA ESPÍRITA

todas as seitas, e com tanto mais autoridade pelo fato de certamente não ter sido incluída no incêndio de livros ordenado pelo imperador Loang-Ti, duzentos anos antes da era cristã.

Para mais clareza, digamos, para começar, o que Lao-Tseu designava pela palavra *tas*. Era uma denominação dada por ele ao primeiro ser; impotente que ele era para chamá-lo por seu nome eterno e imutável, qualificava-o por seus principais atributos: *tas, razão suprema*. À primeira vista parece que o termo chinês... (Aqui o nosso correspondente o reproduz em caracteres chineses, que o nosso impressor não pôde reproduzir), cuja pronúncia figurada é *tas,* tem alguma analogia, do ponto de vista fonético, com o *Theos* dos gregos ou o *Deus* dos latinos, de onde veio o nosso vocábulo francês *Dieu*. Contudo, ninguém crê que a língua chinesa e a língua grega jamais tenham pontos comuns. Ademais, a anterioridade reconhecida da nação e da civilização chinesas basta para provar que esta expressão é um idiotismo chinês[3].

O *tas,* ou a razão suprema universal de Lao-Tseu, tem duas naturezas ou modos de ser: o modo espiritual ou imaterial, e o modo corporal ou material. A natureza espiritual é a natureza perfeita; é dela que emanou o homem; é a ela que ele deve voltar, desprendendo-se dos laços materiais do corpo. O aniquilamento de todas as paixões materiais e o afastamento dos prazeres mundanos são meios eficazes de se tornar digno de a ela retornar. Mas escutemos o próprio Lao-Tseu falar. Servir-me-ei da tradução de Pauthier, sinólogo tão erudito quão consciencioso. Seus trabalhos sobre o filósofo chinês e sua doutrina são tanto mais notáveis e isentos de suspeita porquanto, falecido há muito tempo, ele ignorava até o nome da Doutrina Espírita.

Na vigésima primeira seção da razão suprema, Lao-Tseu estabeleceu uma verdadeira cosmogonia:

"As formas materiais do grande poder criador não são senão as emanações do *tas;* foi o *tas* que produziu os seres materiais existentes. (Antes) não havia senão uma confusão completa, um caos indefinível; era um caos! uma confusão inacessível ao pensamento humano.

"Em meio a esse caos havia um princípio sutil, vivificante; esse princípio sutil, vivificante, era a suprema verdade.

---

[3] É quase supérfluo dizer que o vocábulo chinês *tas* não tem qualquer relação de sentido com o francês *tas,* pois apenas tem pronúncia figurada.

"Em meio a esse caos havia seres, mas seres em germes; seres imperceptíveis, indefinidos.

"Em meio a esse caos, havia um princípio de fé. Desde a Antiguidade até os nossos dias, seu nome não desapareceu. Ele examina com cuidado o bom de todos os seres. Mas nós, como conhecemos as virtudes da multidão? Por esse *tas*, essa razão suprema.

"Os seres de formas corporais foram formados da matéria primeira, confusa.

"Antes da existência do céu e da Terra, não havia senão um silêncio imenso, um vazio incomensurável e sem formas perceptíveis.

"Só ele existia, infinito, imutável. Ele circulava no espaço, sem experimentar qualquer alteração.

"Podemos considerá-lo como a mãe do Universo; eu ignoro o seu nome, mas o designo por seus atributos, e o digo *Grande, Elevado.*

"Sendo (reconhecido) grande, elevado, eu o chamo: grande ao longe.

"Sendo (reconhecido) grande ao longe, eu o chamo: distante, infinito.

"Sendo (reconhecido) distante, infinito, eu o chamo: o que é oposto a mim.

"O homem tem a sua lei na Terra;

"A Terra tem a sua lei no Céu;

"O céu tem a lei no *Tas* ou a razão suprema universal;

"A razão suprema tem a sua lei em si mesma."

Alhures diz Lao-Tseu:

"É preciso esforçar-se para chegar ao último degrau da incorporeidade, a fim de poder conservar a maior imutabilidade possível.

"Todos os seres aparecem na vida e realizam os seus destinos; nós contemplamos as suas renovações sucessivas. Esses seres materiais se mostram incessantemente com novas formas exteriores. Cada um deles retorna à sua origem.

"Retornar à sua origem significa tornar-se em repouso;

"Tornar-se em repouso significa cumprir o seu mandato;

344 | REVISTA ESPÍRITA

"Cumprir o seu mandato significa tornar-se eterno;

"Saber que se torna eterno (ou imortal) significa ser esclarecido;

"Não saber que se torna imortal é ser entregue ao erro e a toda sorte de calamidades.

"Se sabem que se tornam imortais, contêm-se e se abraçam todos os seres;

"Abraçando todos os seres numa comum afeição, é-se justo, equitativo para todos os seres;

"Sendo justo e equitativo para todos os seres, possuem-se os atributos do soberano;

"Possuindo os atributos do soberano, tem-se a natureza divina;

"Tendo a natureza divina, chega-se a ser identificado com o *tas;*

"Estando identificado com a razão suprema universal, subsiste-se eternamente; sendo o próprio corpo exposto à morte, não se tem que temer nenhum aniquilamento."

Vejamos agora qual é a moral da filosofia chinesa:

"O santo homem não tem um coração inexorável; ele faz o seu coração segundo o coração de todos os homens.

"O homem virtuoso, devemos tratá-lo como um homem virtuoso; o homem vicioso devemos igualmente tratá-lo como um homem virtuoso. Eis a sabedoria e a virtude.

"O homem sincero e fiel, devemos tratá-lo como um homem sincero e fiel; o homem não sincero e infiel, devemos igualmente tratá-lo como um homem virtuoso. Eis a sabedoria e a sinceridade."

Estas máximas correspondem ao que chamamos *indulgência* e *caridade.* Demonstrando-nos que o progresso é uma lei da Natureza, o Espiritismo precisa melhor esse pensamento, dizendo que é necessário tratar o homem vicioso como *podendo* e *devendo, um dia,* em consequência de suas existências sucessivas, tornar-se virtuoso, para o que lhe devemos fornecer os meios, em vez de o relegar entre os párias da danação eterna, e pensando que nós próprios talvez tivéssemos sido piores que ele.

Toda a doutrina de Lao-Tseu respira a mesma mansuetude, o mesmo amor pelos homens, unidos numa elevação extraordinária de sentimentos. Sua sabedoria se revela sobretudo na passagem seguinte, na qual ele reproduz o célebre axioma da sabedoria antiga: *Conhece-te a ti mesmo*, sem que tivesse tido conhecimento da fórmula de Tales:

"Aquele que conhece os homens é instruído;
"Aquele que se conhece a si mesmo é verdadeiramente esclarecido.
"Aquele que subjuga os homens é poderoso;
"Aquele que se domina a si mesmo é verdadeiramente forte.
"Aquele que realiza obras difíceis e meritórias deixa uma lembrança durável na memória dos homens.
"Aquele que não dissipa a sua vida é imperecível;
"Aquele que morre e não é esquecido tem uma vida eterna."

É certo, como o faz notar o eminente tradutor, que não se encontraria na Grécia, antes de Aristóteles, uma série de sorites tão logicamente encadeadas. Quanto aos princípios mesmos, eles constituem, seguramente, uma doutrina, e se é certo que ela nada contém de incompatível com o que admite a razão, por que não seria tão boa quanto tantas outras que dificilmente suportam a discussão? "A verdadeira religião, necessária à salvação, já o disseram, deve ter começado com o gênero humano." Ora, desde que ela é essencialmente *una,* como a verdade, como Deus, a religião primitiva já era o Cristianismo, assim como o Cristianismo, depois do Evangelho, é a religião primitiva consideravelmente desenvolvida.

Nesta série de ensinamentos não vemos retraçados os mesmos princípios que servem de base ao Espiritismo, a despeito de um único ponto, a leve tendência panteísta da não distinção, ou melhor, da identificação da criatura santificada com o Criador, tendência que, se viciosa, pode ser devida à influência do meio em que vivia o filósofo Lao-Tseu, talvez a uma sequência muito longa dada a essa notável cadeia de argumentos ou, enfim, à imperfeita interpretação dada por nós ao seu próprio pensamento?

Se, pois, como está constatado, Lao-Tseu é posto, pelos séculos, entre essas vozes potentes de sabedoria e de razão que as leis providenciais e naturais das sociedades humanas fazem surgir em certas épocas para protestar energicamente contra um estado de dissolução social e reconduzir os Espíritos aos destinos eternos do gênero humano; se sua doutrina pode ser a base da verdadeira religião, a qual, como vimos, sendo necessária à salvação, ela deve ter existido de todos os tempos. Considerando-se que os princípios filosóficos do Espiritismo não são, em substância, senão os de Lao-Tseu, não se pode considerar a verdade da Doutrina Espírita como estando moralmente provada, fora dos ensinamentos do Cristo?

OBSERVAÇÃO: Como vemos, os chineses não são absolutamente tão bárbaros quanto geralmente se pensa; de longa data eles são nossos irmãos mais velhos em civilização, e alguns dentre eles serviriam de exemplo a mais de um dos nossos contemporâneos em matéria de Filosofia. Como é, então, que um povo que teve sábios como Lao-Tseu, Confúcio e outros, ainda tenha costumes tão pouco em harmonia com tão belas doutrinas? Outro tanto poder-se-ia dizer de Sócrates, Platão, Sólon e ouros, em relação aos gregos; do Cristo, cujos preceitos estão longe de ser praticados por todos os cristãos.

Os trabalhos desses homens que de tempos em tempos aparecem entre os povos, como meteoros da inteligência, jamais são estéreis. São sementes que ficam durante longos anos em estado latente, que não beneficiam senão a algumas individualidades, mas que as massas são incapazes de assimilar. Os povos são lentos em modificar-se, até o momento em que um abalo violento venha tirá-los de seu torpor.

É de notar que a maior parte dos filósofos pouco se preocupam com a prática de suas ideias. Inteiramente dados ao trabalho da concepção e da elaboração, eles não têm o tempo necessário, e por vezes nem mesmo a aptidão necessária, para a execução do que concebem. Esse trabalho incumbe a outros que delas se penetram, e frequentemente são esses mesmos trabalhos, habilmente postos em ação, que servem, ao cabo de muitos séculos, para mobilizar os povos e esclarecê-los.

Poucos Chineses, salvo alguns letrados, sem dúvida, conhecem Lao-Tseu. Hoje que a China está aberta às nações ocidentais, não seria impossível que estas contribuíssem para vulgarização dos trabalhos do filósofo em seu próprio país, e quem sabe se os pontos de contato existentes entre a sua doutrina e o Espiritismo não será um dia um traço de união para a aliança fraterna das crenças? O que é bem certo é que quando todas as religiões reconhecerem que adoram o mesmo Deus sob nomes diversos; quando lhe concederem os mesmos atributos de soberana bondade e justiça; quando não diferirem senão na forma de adoração, os antagonistas religiosos cairão. É a esse resultado que deve levar o Espiritismo.

EXÉQUIAS DA SENHORA VICTOR HUGO

A Senhora Victor Hugo, falecida em Bruxelas, foi trazida para a França, a 30 de agosto último, para ser inumada em Villèquiers (Seine-Inférieur), junto de sua filha e de seu genro. O Sr. Victor Hugo a acompanhou até a fronteira. Sobre o túmulo, o Sr. Paul Meurice pronunciou as seguintes palavras:

"Eu queria apenas lhe dizer adeus por todos nós.

"Vós bem sabeis, vós que a rodeais – pela última vez! – o que era – o *que é* esta alma tão bela e tão suave, este adorável espírito, este grande coração.

"Ah! Este grande coração, sobretudo! Como ela gostava de amar! Como gostava de ser amada! Como sabia sofrer com os que ela amava!

"Ela era a esposa do maior homem que existe, e pelo coração ela se alçava a esse gênio. Ela quase o igualava, pelo fato de compreendê-lo.

"E ela tem que nos deixar! E nós temos que deixá-la!

"*Ela já voltou a amar.* Ela reencontrou seus dois filhos, aqui e lá (mostrando o túmulo da filha e o céu).

"Victor Hugo me disse na fronteira, ontem à noite: *Dizei a minha filha que, esperando, sempre lhe envio sua mãe.* Está dito, *e creio que está entendido.*

"E agora, pois, adeus! Adeus aos presentes! Adeus aos ausentes! Adeus, nossa amiga! Adeus, nossa irmã!

"Adeus, mas até à vista!"

O Sr. Paul Foucher, irmão da Senhora Victor Hugo, numa carta que escreveu no *France,* para dar contas da cerimônia, termina por estas palavras: "Separamo-nos dilacerados, mas calmos e persuadidos, mais do que nunca, que o desaparecimento de um ser é um encontro marcado com ele numa hora indefinida."

Nessa ocasião julgamos oportuno lembrar a carta do Sr. Victor Hugo ao Sr. Lamartine, quando da morte da esposa deste último, em data de 23 de maio de 1863, e que a maioria dos jornais da época publicou.

"Caro Lamartine,

"Uma grande desgraça vos fere; preciso pôr o meu coração junto do vosso. Eu venerava aquela que amáveis. Vosso alto espírito vê além do horizonte; percebeis distintamente a vida futura.

"Não é a vós que é necessário dizer: esperai. Sois daqueles que sabem e que esperam.

"Ela é sempre a vossa companheira, invisível, mas presente. Vós perdestes a mulher, mas não a alma. Caro amigo, vivamos nos mortos."

"*Tuus*"

VICTOR HUGO

As palavras pronunciadas pelo Sr. Victor Hugo, e o que ele escreveu em diversas circunstâncias provam que ele crê, não somente nessa vaga imortalidade na qual, com muito poucas exceções, todo o gênero humano acredita, mas nessa imortalidade claramente definida, que tem um objetivo, satisfaz à razão e dissipa a incerteza sobre a sorte que nos aguarda; quem nos representa as almas ou Espíritos dos que deixaram a Terra como seres concretos, individuais, povoando o espaço, vivendo entre nós, com a lembrança do que aqui fizeram, beneficiando-se do progresso intelectual e moral realizado, conservando suas afeições, testemunhas invisíveis de nossas ações e de nossos sentimentos, comungando pensamentos com os que lhes são caros; numa palavra, nesta imortalidade consoladora que enche o vazio deixado pelos ausentes e pela qual se perpetua a solidariedade entre o mundo espiritual e o mundo corporal. Ora, aí está todo o Espiritismo. Que acrescenta ele a isto? A prova material daquilo que não era, até ele, senão uma teoria sedutora. Enquanto certas pessoas chegaram a esta crença pela intuição e pelo raciocínio, o Espiritismo partiu do fato e da observação.

Sabemos em consequência de que dolorosa catástrofe o Sr. Victor Hugo perdeu sua filha e seu genro, o Sr. Charles Vacquerie, no dia 4 de setembro de 1843. Eles iam, em barco a vela, de Villequiers para Caudebec, em companhia de um tio do Sr. Vacquerie, antigo marinheiro, e de um menino de dez anos. Uma ventania fez soçobrar a embarcação e os quatro pereceram.

Que de mais significativo, marcado de mais profunda e mais justa ideia da imortalidade que estas palavras: *Dizei à minha filha que, esperando, sempre lhe envio sua mãe!* Que calma, que serenidade, que confiança no futuro! Dir-se-ia que sua filha acabava de partir para uma viagem, à qual manda dizer: "Envio-te tua mãe, esperando que eu vá vos encontrar." Quanta consolação, força e esperança não se tem nesta maneira de compreender a imortalidade! Não é mais a alma perdida no infinito, que a própria certeza de sua sobrevivência não deixa qualquer esperança de reencontrar; deixando para sempre a Terra e os que ela amou, quer esteja ela nas delícias da beatitude contemplativa, quer nos tormentos eternos do inferno, a separação é eterna. Compreende-se a amargura dos pesares com uma tal crença; mas para aquele pai, sua filha está sempre lá; ela receberá sua mãe ao sair de seu exílio terrestre e escuta as palavras que ele lhe manda dizer!

Quem quer que tenha chegado a isto é espírita; porque, se quiser refletir seriamente, ele não pode escapar de todas as consequências lógicas do Espiritismo. Aqueles que repelem essa qualificação é que, não conhecendo do Espiritismo senão os quadros ridículos da crítica trocista, fazem dele uma ideia falsa. Se eles se dessem ao trabalho de estudá-lo, de analisá-lo, de sondar o seu alcance, ficariam felizes, ao contrário, por encontrar nas ideias que constituem a sua felicidade, uma sanção capaz de consolidar a sua fé. Eles não mais diriam apenas: "Creio, porque me parece justo", mas: "Creio porque compreendo."

Façamos um paralelo entre os sentimentos que animaram o Sr. Victor Hugo nessa circunstância e em todas aquelas em que o seu coração recebeu semelhantes feridas; a definição da imortalidade que dava o *Fígaro* de 3 de abril de 1868, sob a rubrica de: *Dicionário do Fígaro*: IMORTALIDADE, *conto de enfermeiros para tranquilizar seus clientes.*

EFEITO MORALIZADOR DA REENCARNAÇÃO

O *Fígaro* de 5 de abril de 1868, o mesmo jornal que dois dias antes publicava esta definição da imortalidade: *Conto de enfermeiros para tranquilizar seus clientes,* e a carta mencionada no artigo precedente, continha o artigo seguinte:

"O compositor E... acredita firmemente na migração das almas. Ele conta, de boa fé, que em séculos anteriores foi escravo grego, depois histrião e compositor italiano célebre, mas invejoso, que impedia os seus confrades de produzir...

"– Hoje sou punido por isto, acrescenta ele com filosofia; é a minha vez de ser sacrificado pelos outros e de ver barrados meus caminhos!

"Esta maneira de se consolar bem vale uma outra."

Esta ideia é puro Espiritismo, porque não só é o princípio da pluralidade das existências, mas o da expiação do passado, pela pena de talião, nas existências sucessivas, segundo a máxima: "A gente é sempre punido pelo que pecou." Esse compositor assim entende as suas tribulações. Ele se consola pelo pensamento de que não tem senão o que merece. A consequência desse pensamento é que, para não o merecer novamente, é de seu próprio interesse procurar melhorar-se. Isto não é melhor do que dar um tiro na cabeça, o que logicamente o conduziria ao pensamento do nada?

Esta crença é, pois, uma causa poderosa e muito natural de moralização; ela é surpreendente pela atualidade e pelo fato material das misérias suportadas e que, por não se poder explicá-las, são levadas à conta de fatalidade ou de injustiça de Deus. Ela é compreensível para todo mundo, para a criança e para o homem mais iletrado, porque não é nem abstrata nem metafísica. Não há ninguém que não compreenda que podemos ter vivido, e que se já vivemos, podemos viver novamente. Considerando-se que não é o corpo que pode reviver, é a mais evidente confirmação da existência da alma, de sua individualidade e de sua imortalidade.

É, pois, para popularizá-la que devem tender os esforços de todos os que se ocupam seriamente do melhoramento das massas. É para eles uma poderosa alavanca com a qual eles farão mais do que pela ideia dos diabos e do inferno dos quais hoje se riem.

Como ela está na ordem do dia, germina por todos os lados e sua lógica a torna facilmente aceita, muito naturalmente ela abre aos espíritas uma porta para a propagação da Doutrina. Que eles se liguem, pois, a essa ideia, da qual ninguém ri, que é aceita pelos mais sérios pensadores, e farão mais prosélitos por esta via do que pelas manifestações materiais. Considerando-se que essa é hoje a corda sensível, é nela que se deve tocar, e quando ela tiver vibrado, o resto virá por si mesmo. Não faleis àqueles a quem apavora a simples palavra *Espiritismo*. Falai da pluralidade das existências; dos inúmeros escritores que preconizam essa ideia. Falai, também, sobretudo aos aflitos, como o faz o Sr. Victor Hugo; da presença, em torno de nós, dos nossos seres queridos que nós perdemos. Eles vos compreenderão, e mais tarde ficarão muito surpreendidos de serem espíritas sem o haver suspeitado.

UMA PROFISSÃO DE FÉ MATERIALISTA

O *Fígaro* de 3 de abril de 1868 continha a carta seguinte, a propósito dos debates havidos por essa época no Senado, relativamente a certas lições professadas na Escola de Medicina.

"Paris, 2 de abril de 1868

"Senhor redator,

"Um erro que me concerne resvalou na última palestra do doutor Flavius. Eu não assisti à aula inaugural do Sr. Sée, no ano passado, e consequentemente não tenho direito a nenhum papel nessa história. Ademais, é um erro de forma e não de fundo, mas, a cada um de acordo com os seus atos. Há que substituir o meu nome pelo de meu amigo Jaclard, o qual não acredita mais que eu na alma imortal. E, a bem dizer, eu quase não vejo em todo o Senado senão o Sr. Sainte-Beuve, que ousou, na ocasião, confiar-nos os cuidados de seus molares ou a direção de seu tubo digestivo.

"E, desde que tenho a palavra, permiti-me mais uma. É preciso terminar com uma brincadeira que começa a tornar-se insuportável, além de ter ares de um recuo. A Escola de Medicina, diz o doutor Flavius, mais forte em partos do que em Filosofia, não é nem ateísta nem materialista; é positivista.

"Mas, na verdade, o que é o positivismo senão um ramo dessa grande escola materialista que vai de Aristóteles e de Epicuro até Bacon, até Diderot, até Virechow, Moleschoff e Büchner, sem contar os contemporâneos e compatriotas que não cito, e com razão.

"A filosofia de A. Comte teve a sua utilidade e a sua glória num tempo em que o Cousinismo reinava como senhor. Hoje que a bandeira do materialismo foi erguida na Alemanha por nomes ilustres, na França por gente moça, em cujo meio tenho orgulho e pretensão de me contar, é bom que o positivismo se recolha ao modesto papel que lhe convém. É bom, sobretudo, que ele não dedique por mais tempo ao materialismo, seu mestre e seu antepassado, um desdém ou reticências que são, pelo menos, inoportunos.

"Recebei, senhor redator, o preito de minha distinta consideração."

A. REGNARD
(*Antigo interno dos hospitais*)

Como se vê, o materialismo também tem o seu fanatismo. Há alguns anos apenas, ele não teria ousado exibir-se tão audaciosamente; hoje ele leva abertamente o desafio ao espiritualismo, e o positivismo já não é, aos seus olhos, bastante radical. Ele tem suas manifestações públicas, e é ensinado publicamente à mocidade; tem a mais o que censura aos outros, a intolerância, que vai até a intimidação. Imagine-se o estado social de um povo imbuído de semelhantes doutrinas!

Esses excessos, entretanto, têm a sua utilidade, a sua razão de ser. Eles amedrontam a Sociedade, e o bem sempre sai do mal. É preciso o excesso do mal para fazer sentir a necessidade do melhor, sem o que o homem não sairia de sua inércia; ficaria impassível diante de um mal que se perpetuaria por força de sua pouca importância, ao passo que um grande mal desperta a sua atenção e lhe faz buscar os meios de remediá-lo. Sem os grandes desastres ocorridos no início das ferrovias, e que apavoravam, os pequenos acidentes isolados, passando quase desapercebidos, teriam conduzido ao menosprezo das medidas de segurança. No moral é como no físico: quanto mais excessivos os abusos, mais próximo está o termo.

A causa primeira do desenvolvimento da incredulidade está, como temos dito muitas vezes, na insuficiência das crenças religiosas, em geral, para satisfazer a razão, e no seu princípio de imobilidade que lhes interdita toda concessão sobre os seus dogmas, mesmo diante da evidência. Se, em vez de ficar para trás, elas tivessem seguido o movimento progressivo do espírito humano, mantendo-se sempre no nível da Ciência, é certo que elas difeririam um pouco do que eram no princípio, como um adulto difere da criança de colo, mas a fé, em vez de se extinguir, teria crescido com a razão, porque é uma necessidade para a Humanidade, e elas não teriam aberto a porta à incredulidade que vem sapar o que delas resta. Elas colhem o que semearam.

O materialismo é uma consequência da época de transição em que estamos; não é bem um progresso, mas um instrumento de progresso. Ele desaparecerá, provando a sua insuficiência para a manutenção da ordem social e para a satisfação dos Espíritos sérios que procuram o porquê de cada coisa. Para isto era necessário que o vissem à obra. A Humanidade, que necessita crer no futuro, jamais se contentará com o vazio que ele deixa após si, e procurará algo de melhor para combatê-lo.

PROFISSÃO DE FÉ SEMIESPÍRITA

Em apoio às reflexões contidas no artigo precedente, reproduzimos com prazer a carta seguinte, publicada pela *Petite Presse* de 20 de setembro de 1868.

"Les Charmettes, setembro de 1868.

"Meu caro Barlatier,

"Sabeis a romança:

"Quando se é basco e bom cristão...

"Sem ser basco, sou bom cristão, e o cura de minha aldeia, que ontem comia a minha sopa de couve, me permite vos conte a nossa conversa.

"– Então ides retomar o *Roi Henri?* perguntou-me ele.

"– Com muito prazer, respondi eu, porque eu vivi naquele tempo.

"Meu digno cura deu um salto.

"Então lhe falei da minha convicção de que já tínhamos vivido e que voltaríamos a viver. Nova exclamação do bravo homem. Mas, enfim, concordou que as crenças cristãs não excluem esta opinião e deixou-me ir adiante.

"Ora, meu caro amigo, acreditai mesmo que eu não quis divertir-me com a candura do meu cura, e que esta convicção de que falo está em mim fortemente arraigada. Eu vivi ao tempo da Liga, sob Henrique III e Henrique IV. Quando eu era menino, minhas avós me falavam de Henrique IV e me contavam de um bom homem que eu não reconhecia absolutamente, um monarca grisalho, metido numa gola plissada, devoto em excesso e jamais tendo ouvido falar da *Belle Gabrielle*. Era o do padre Péréfixe. O Henrique IV que conheci, batalhador, amável, ligeiro, um pouco esquecido, é o verdadeiro. É aquele de quem já falei e vos falarei ainda.

"Não deveis rir. Quando vim a Paris pela primeira vez, reconheci-me por toda parte nos velhos bairros e tenho uma vaga lembrança de me haver encontrado na Rua da *Ferron-nerie*, no dia em que o povo perdeu seu bom rei, aquele que havia desejado que cada francês, aos domingos, tivesse uma galinha na panela. O que era eu nesse tempo? Pouca coisa, sem dúvida um cadete de Provença ou de Gasconha. Mas se tivesse estado nas guardas de meu herói, não me admiraria.

"Em breve, pois, meu primeiro folhetim da *Segunda Juventude do Rei Henrique*, e crede-me..."

Todo vosso,
PONSON DU TERRAIL

Quando o Sr. Ponson du Terrail lançava o ridículo sobre o Espiritismo, ele não imaginava, e talvez ainda hoje não imagine, que uma das bases fundamentais desta doutrina é precisamente a crença da qual faz uma profissão de fé tão explícita. A ideia da pluralidade das existências e da reencarnação evidentemente ganha a literatura, e não ficaríamos surpresos que Méry, que se lembrava tão bem do que ele tinha sido, não tenha despertado em mais de um de seus confrades, lembranças retrospectivas, e não seja, entre eles, o primeiro iniciador do Espiritismo, porque o leem, ao passo que não leem os livros espíritas. Eles aí encontram uma ideia racional, fecunda, e a aceitam.

A *Petite-Presse* publica, neste momento, sob o título de *O Sr. Médard,* um romance cujo enredo é todo espírita. É a revelação de um crime pela aparição da vítima em condições muito naturais.

INSTRUÇÕES DOS ESPÍRITOS

INFLUÊNCIA DOS PLANETAS NAS PERTURBAÇÕES DO GLOBO TERRESTRE

Extraímos o que segue de uma carta que nos é dirigida de Santa Fé de Bogotá (Nova Granada), por um dos nossos correspondentes, o Sr. Dr. Ignácio Pereira, médico, cirurgião, membro fundador do Instituto Homeopático dos Estados Unidos da Colômbia:

"Há três anos, pela mudança das estações em nossas regiões, o verão tomou-se muito longo e apareceram em algumas plantas doenças inteiramente desconhecidas em nosso país; as batatas foram atacadas de gangrena seca, e, pelas observações microscópicas que fiz em plantas atacadas por essa moléstia, reconheci que é produzida por um parasita vegetal chamado *perisporium solani*. Há três anos nosso globo

356 | REVISTA ESPÍRITA

tem sido vítima de desastres de toda sorte: as inundações, as epidemias, as epizootias, a fome, as tempestades, as comoções do mar, os tremores de terra têm, um por um, devastado diversas regiões.

"Sabendo que quando um cometa se aproxima da Terra, as estações se tornam irregulares, pensei que esses astros pudessem igualmente produzir uma ação sobre os seres orgânicos, ocasionar perturbações climatéricas, causas de certas moléstias, e talvez influir sobre o estado físico do globo, pela produção de fenômenos diversos.

"O Espírito de meu irmão, que interroguei a respeito, limitou-se a dizer que não é um cometa que age, mas o planeta Júpiter que, de quarenta em quarenta anos, está no seu período mais próximo da Terra, recomendando-me não prosseguir este estudo sozinho.

"Preocupado com sua resposta, estudei a crônica de quarenta anos atrás e achei que então as estações foram irregulares, como hoje, em nossas regiões: sobreveio ao trigo a moléstia conhecida pelo nome de *anublo*; também houve pestes nos homens e nos animais e tremores de terra que causaram grandes desastres.

"Esta questão me parece importante, por isto, se julgardes conveniente submetê-la aos Espíritos instrutores da Sociedade Parisiense de Estudos Espíritas, eu vos ficaria muito grato se me désseis a conhecer a sua opinião."

RESPOSTA

(Paris, 18 de setembro de 1868)

Na Natureza não há um só fenômeno, por menor que seja a sua importância, que não seja regulado pelo exercício das leis universais que regem a criação. Dá-se o mesmo nos grandes cataclismos, e se males de toda sorte castigam a Terra em certas épocas, não é apenas porque é necessário que assim seja, em razão de suas consequências morais, mas também porque a influência dos corpos celestes uns sobre os outros, as reações combinadas de todos os agentes naturais devem fatalmente conduzir a esse resultado.

Estando tudo submetido a uma série de leis, eternas como aquele que as criou, pois que não poderíamos remontar à sua origem, não há um fenômeno que não esteja sujeito a uma lei de periodicidade ou de série que provoca o seu retorno em certas épocas, nas mesmas condições, ou seguindo, como intensidade, uma lei de progressão geométrica crescente ou decrescente, mas contínua. Nenhum cataclismo pode nascer espontaneamente, e se, por seus efeitos, parece que assim é, as causas que o provocaram foram postas em ação há um tempo mais ou menos longo. Portanto, eles não são espontâneos senão em aparência, pois não há um só que não seja preparado de longo tempo, e que não obedeça a uma lei constante.

Partilho, pois, inteiramente da opinião expressa pelo Espírito de Jenaro Pereira, quanto à periodicidade das irregularidades das estações, mas quanto à sua causa, esta é mais complexa do que ele a supõe.

Cada corpo celeste, além das leis simples que presidem à divisão dos dias e das noites, das estações etc., sofre revoluções que demandam milhares de séculos para a sua perfeita realização, mas que, como as revoluções mais breves, passam por todos os períodos, desde o nascimento até um último efeito, depois do que há um decréscimo até o último limite, para recomeçar em seguida a percorrer as mesmas fases.

O homem não abarca senão as fases de uma duração relativamente curta cuja periodicidade pode constatar, mas há algumas que compreendem longas gerações de seres, e mesmo sucessões de raças, cujos efeitos, por consequência, têm para ele aparência de novidade e de espontaneidade, ao passo que, se seu olhar pudesse alcançar alguns milhares de séculos para trás, ele veria, entre esses mesmos efeitos e suas causas, uma correlação que ele nem mesmo suspeita. Esses períodos, que confundem a imaginação dos humanos por sua relativa duração, não são, entretanto, senão instantes na duração eterna.

Lembrai-vos do que disse Galileu em seus estudos uranográficos que tivestes a feliz ideia de intercalar em vosso livro *A Gênese*, sobre o tempo, o espaço e a sucessão indefinida dos mundos, e compreendereis que a vida de uma ou de várias gerações, em relação ao conjunto, é como uma gota d'água no Oceano. Não vos admireis, pois, de não poder perceber a harmonia das leis gerais que regem o Universo. Seja o que for que façais, não podeis ver senão um pequeno canto do quadro, razão pela qual tantas coisas vos parecem anomalias.

Num mesmo sistema planetário, todos os corpos que dele dependem reagem uns sobre os outros; todas as influências físicas aí são solidárias, e não há um só dos efeitos que designais sob o nome de grandes perturbações, que não seja a consequência do conjunto das influências de todo esse sistema. Júpiter tem suas revoluções periódicas como todos os outros planetas, e essas revoluções não deixam de ter influência sobre as modificações das condições físicas terrestres, mas seria erro considerá-las como a causa única ou preponderante de tais modificações. Elas intervêm, por um lado, como as de todos os planetas do sistema, como os próprios movimentos terrestres intervêm para contribuir na alteração das condições dos mundos vizinhos. Vou mais longe: digo que os sistemas reagem uns sobre os outros, em razão da aproximação ou do afastamento que resulta de seu movimento de translação através das miríades de sistemas que compõem a nossa nebulosa. Vou mais longe ainda: digo que a nossa nebulosa, que é como um arquipélago na imensidade, e que também tem o seu movimento de translação através de miríades de nebulosas, sofre a influência daquelas das quais ela se aproxima. Assim, as nebulosas reagem sobre as nebulosas; os sistemas reagem sobre os sistemas, como os planetas reagem sobre os planetas; como os elementos de cada planeta reagem uns sobre os outros, e assim, passo a passo, até o átomo. Daí, em cada mundo, revoluções locais ou gerais, que só parecem perturbações porque a brevidade da vida não permite ver senão os seus efeitos parciais.

A matéria orgânica não poderia subtrair-se a essas influências; as perturbações que ela sofre podem, então, alterar o estado físico dos seres vivos, e determinar algumas dessas doenças que atacam de maneira geral as plantas, os animais e os homens. Essas doenças, como todos os flagelos, são para a inteligência humana um estimulante que a impele, pela necessidade, à procura dos meios de combatê-las, e à descoberta das leis da Natureza.

Mas, por sua vez, a matéria orgânica reage sobre o espírito, e este, por seu contato e sua ligação íntima com os elementos materiais, também sofre influências que modificam suas disposições, sem contudo tirar-lhe o livre-arbítrio; superexcitam ou retardam a sua atividade e, por isto mesmo, contribuem para o seu desenvolvimento. A efervescência que por vezes se manifesta em toda uma população, entre os homens de uma mesma raça, não é uma coisa fortuita, nem o resultado de um capricho; ela tem sua causa nas leis da Natureza. Essa efervescência, a princípio inconsciente, que não passa de um vago desejo, de uma aspiração indefinida por algo de melhor, de uma necessidade de mudança, traduz-se por uma agitação surda, depois por atos que levam a revoluções morais, as quais, crede-o, têm também sua periodicidade, como as revoluções físicas, porque tudo se encadeia. Se a visão espiritual não fosse circunscrita pelo véu material, veríeis essas correntes fluídicas que, como milhares de fios condutores, ligam as coisas do mundo espiritual às do mundo material.

Quando vos dizemos que a Humanidade chegou a um período de transformação, e que a Terra deve elevar-se na hierarquia dos mundos, não vejais nestas palavras nada de místico, mas, ao contrário, a realização de uma das grandes leis fatais do Universo, contra as quais se quebra toda a má vontade humana.

Direi em particular ao Sr. Ignácio Pereira: Estamos longe de vos aconselhar a renúncia aos estudos que fazem parte de vossa futura bagagem intelectual, mas compreendereis, sem dúvida, que esses conhecimentos, como todos os outros, devem ser fruto de vossos trabalhos e não o de nossas revelações. Podemos dizer-vos que estais num caminho errado, e mesmo vos designar a verdadeira via, mas cabe a vós a iniciativa de levantar os véus em que ainda estão envolvidas as manifestações naturais que até aqui escaparam às vossas investigações, e descobrir as leis para a observação dos fatos. Observai, analisai, classificai, comparai, e da correlação dos fatos deduzi, mas não vos apresseis em concluir de modo absoluto.

Terminarei dizendo-vos: Em todas as vossas pesquisas, segui o exemplo das leis naturais, que são todas solidárias entre si, e é essa solidariedade de ações que produz a imponente harmonia de seus efeitos. Homens, sede solidários, e avançareis harmonicamente para o conhecimento da felicidade e da verdade.

F. ARAGO

Permiti-me acrescentar algumas palavras, como complemento à comunicação que vos acaba de dar o eminente Espírito de Arago.

Sim, certamente a Humanidade se transforma, como já se transformou em outras épocas, e cada transformação é marcada por uma crise que é, para o gênero humano, o que são as crises de crescimento para os indivíduos, crises muitas vezes penosas, dolorosas, que arrastam consigo as gerações e as instituições, sempre, porém, seguidas de uma fase de progresso material e moral.

A Humanidade terrena, tendo chegado a um desses períodos de crescimento, está em franco trabalho da transformação há cerca de um século. É por isto que ela se agita por todos os lados, presa de uma espécie de febre e como que movida por uma força invisível, até que tenha tomado sua posição em novas bases. Quem então a observar, achá-la-á muito mudada em seus costumes, seu caráter, suas leis, suas crenças, numa palavra, em todo o seu estado social.

Uma coisa que vos parecerá estranha, mas que não deixa de ser uma rigorosa verdade, é que o mundo dos Espíritos que vos rodeia sofre o contragolpe de todas as comoções que agitam o mundo dos encarnados; digo mais: Ele aí toma uma parte ativa. Isto nada tem de surpreendente para quem quer que saiba que os Espíritos são unos com a Humanidade; que eles dela saem e a ela devem voltar; é natural, portanto, que eles se interessem pelos movimentos que se operam entre os homens. Ficai certos, pois, que quando uma revolução social se realiza na Terra, ela abala igualmente o mundo invisível; todas as paixões boas e más são superexcitadas como entre vós; uma indizível efervescência reina entre os Espíritos que ainda fazem parte do vosso mundo e que esperam o momento de nele entrar.

À agitação dos encarnados e desencarnados juntam-se, por vezes, e mesmo o mais das vezes, porque tudo sofre, na Natureza, as perturbações dos elementos físicos; há então, por algum tempo, uma verdadeira confusão geral, mas que passa como um furacão, depois do qual o céu volta à serenidade, e a Humanidade, reconstituída sobre novas bases, imbuída de novas ideias, percorre uma nova etapa de progresso.

É no período que se abre que veremos florescer o Espiritismo, e que ele dará os seus frutos. É, pois, para o futuro, mais que para o presente, que trabalhais; mas era necessário que esses trabalhos fossem elaborados previamente, porque preparam as vias da regeneração pela unificação e pela racionalidade das crenças. Felizes aqueles que dele tiram proveito a partir de agora, pois eles muito terão ganho e terão muitas penas poupadas.

DOUTOR BARRY

VARIEDADES

BELO EXEMPLO DE CARIDADE EVANGÉLICA

Um ato de caridade realizado pelo Dr. Ginet, cantoneiro de Saint-Julie-sous-Montmelas, é contado pelo *Echo de Fourvière*:

No dia 1.º de janeiro, ao cair da noite, achava-se agachada na praça de Saint-Julien uma mendiga de profissão, coberta de chagas infectas, vestida de velhos trapos cheios de bichos, e, além disto, tão má que todos a temiam; ela não retribuía o bem que faziam senão por socos e injúrias. Tomada de um enfraquecimento súbito, teria sucumbido na calçada, não fosse a caridade do nosso cantoneiro que, superando a repugnância, tomou-a nos braços e a levou para sua casa.

Esse pobre homem tem apenas um alojamento muito apertado para si, para a mulher doente e para seus três filhos pequenos. Ele não tem outro recurso senão o seu módico salário. Ele pôs a velha mendiga sobre um pouco de palha dada por um vizinho e dela cuidou toda a noite, procurando aquecê-la.

Ao romper do dia, essa mulher, que enfraquecia cada vez mais, lhe disse: "Tenho dinheiro comigo; eu vo-lo dou pelos vossos cuidados." E acrescentou: "O senhor cura..." e expirou. Sem se preocupar com o dinheiro, o cantoneiro foi procurar o cura, mas era tarde demais. A seguir apressou-se em avisar os parentes, que moram numa paróquia vizinha e que estão em situação folgada. Eles chegam e a primeira pergunta é esta:

362 | REVISTA ESPÍRITA

"Minha irmã tinha dinheiro consigo. Onde está?" O cantoneiro responde: "Ela me disse, mas eu não me inquietei." Eles procuram e encontram, realmente, mais de 400 francos num dos bolsos.

Acabando a sua obra, o caridoso operário, com o auxílio de uma vizinha, enterrou a pobre morta. Algumas pessoas eram de opinião que na noite seguinte ele deveria colocar o caixão num telheiro vizinho que estava fechado. "Não, disse ele, esta mulher não é um cão, mas uma cristã." E a velou toda a noite em sua casa, com sua lâmpada acesa.

Às pessoas que lhe exprimiam admiração e aconselhavam a pedir uma recompensa, respondia: "Oh! Não foi o interesse que me levou a agir. Dar-me-ão o que quiserem, mas eu nada pedirei. Na posição em que estou, posso encontrar-me na mesma situação, e ficaria muito feliz se tivessem piedade de mim."

– Que relação tem isto com o Espiritismo? perguntaria um incrédulo.

– É que a caridade evangélica, tal qual a recomendou o Cristo, sendo uma lei do Espiritismo, todo ato realmente caridoso é um ato espírita, e a atitude desse homem é a aplicação da lei de caridade, no que ela tem de mais puro e mais sublime, porque ele fez o bem, não só sem esperança de retribuição, sem pensar em seus encargos pessoais, mas quase com a certeza de ser pago com ingratidão, contentando-se em dizer que, em semelhante caso, quereria que tivessem feito o mesmo por ele.

– Esse homem era espírita?

– Ignoramo-lo; mas não é provável. Em todo caso, se não o era pela letra, era-o pelo espírito.

– Se não era espírita, então não foi o Espiritismo que o levou a esta ação?

– Seguramente.

– Então por que o Espiritismo sente mérito nisto?

– O Espiritismo não reivindica em seu proveito a ação desse homem, mas se ufana de professar os princípios que o levaram a praticá-la, sem jamais ter tido a pretensão de possuir o privilégio de inspirar os bons sentimentos. Ele reverencia o bem em qualquer parte onde se encontre. E quando seus próprios adversários o praticam, ele os oferece como exemplo aos seus adeptos.

É desagradável que os jornais tenham menos solicitude em reproduzir as boas ações, em geral, do que os crimes e os escândalos. Se há um fato que testemunha a perversidade humana, pode-se estar certo de que será repetido linha por linha, como atrativo à curiosidade dos leitores. O exemplo é contagioso. Por que não pôr aos olhos das massas o exemplo do bem de preferência ao do mal? Há nisso uma grande questão de moralidade pública, de que trataremos mais tarde, com todos os desenvolvimentos que ela comporta.

UM CASTELO MAL-ASSOMBRADO

O relato do seguinte fato nos foi mandado por um dos nossos correspondentes em São Petersburgo.

Um velho general húngaro, muito conhecido por sua bravura, recebeu uma grande herança, pediu demissão e escreveu ao seu intendente que lhe comprasse uma certa propriedade, que estava à venda e que lhe designou.

O intendente respondeu imediatamente, aconselhando ao general que não comprasse a tal propriedade, pois era mal-assombrada pelos Espíritos.

O velho valente insistiu, dizendo ser uma razão a mais para fazer a compra, e determinou-lhe que concluísse o negócio imediatamente.

A propriedade foi então comprada, e o novo dono põe-se a caminho para ali instalar-se. Chegou às onze da noite à casa de seu intendente, não longe do castelo, para onde queria ir imediatamente.

– Por favor, disse-lhe o velho servidor, esperai até pela manhã e dai-me a honra de passar a noite em minha casa.

– Não, disse-lhe o amo, quero passá-la em meu castelo.

Então o intendente foi obrigado a acompanhá-lo com vários camponeses levando tochas, mas eles não quiseram entrar e se retiraram, deixando só o novo senhor.

Este tinha consigo um velho soldado que jamais o havia deixado, e um enorme cão que teria estrangulado um homem de um só golpe.

O velho general instalou-se na biblioteca do castelo, mandou acender velas, pôs um par de pistolas sobre a mesa, tomou um livro e estendeu-se num canapé, esperando os visitantes, pois estava certo de que se houvesse alguns no castelo não seriam mortos, mas bem vivos. Era também por isto que havia carregado as pistolas e feito o seu cão deitar-se debaixo do canapé. Quanto ao velho soldado, já roncava num quarto vizinho à biblioteca.

Pouco tempo se passou; o general julgou ouvir um ruído no salão, escutou atentamente e o ruído redobrou. Seguro de si, tomou uma vela numa das mãos e a pistola na outra e entrou no salão, onde não viu ninguém; buscou por toda parte, até levantando as cortinas; não havia nada, absolutamente nada. Voltou à biblioteca, retomou o livro e, apenas lidas algumas linhas, o ruído se fez ouvir com muito mais força que da primeira vez. Retomou a vela e uma pistola, entrou de novo no salão e viu que haviam aberto a gaveta de uma cômoda. Desta vez, convencido de que se tratava de ladrões, e não vendo ninguém, chamou o seu cachorro e lhe disse: procure! O cachorro pôs-se a tremer em todos os membros e voltou a se esconder debaixo do canapé. O próprio general começou a tremer, voltou para a biblioteca, deitou-se no canapé mas não pôde fechar os olhos a noite toda. Contando-nos o fato, disse-nos o general: "Eu não tive medo senão duas vezes: há dezoito anos, quando, no campo de batalha, uma bomba estourou aos meus pés, e a segunda vez quando vi o medo apoderar-se de meu cão."

Abster-nos-emos de qualquer comentário sobre o fato muito autêntico acima referido, e contentar-nos-emos em perguntar aos adversários do Espiritismo como o sistema nervoso do cachorro foi abalado.

Perguntaremos, além disto, como a superexcitação nervosa de um médium, por mais forte que seja, pode produzir a escrita direta, isto é, pode forçar um lápis a escrever por si mesmo.

Outra pergunta: Cremos que o fluido nervoso retido e concentrado num recipiente poderia igualar e mesmo ultrapassar a força do vapor. Mas, estando livre o dito fluido, poderia levantar e deslocar móveis pesados, como tantas vezes acontece?

CH. PÉREYRA

BIBLIOGRAFIA

Correspondência inédita de Lavater com a Imperatriz Maria, da Rússia, sobre o futuro da alma.

O interesse que está ligado a essas cartas, que publicamos na *Revista,* ensejou aos Srs. Lacroix & Cie., da Livraria Internacional, Boulevard Montmartre, 15, a feliz ideia de lhes fazer uma publicação à parte. A propagação dessas cartas não poderá senão ter um efeito muito útil sobre as pessoas estranhas ao Espiritismo. Brochura grande in-8.º Preço: 50 centavos.

REVISTA ESPÍRITA
JORNAL DE ESTUDOS PSICOLÓGICOS

ANO XI	NOVEMBRO DE 1868	VOL. 11

EPIDEMIA NA ILHA MAURÍCIO

Na *Revista* de julho de 1867 descrevemos a terrível epidemia que há dois anos devasta a Ilha Maurício (antiga Ilha de França). O último correio nos traz cartas de dois dos nossos irmãos em crença daquele país. Numa encontra-se a seguinte passagem:

"Peço desculpar-me por ter ficado tanto tempo sem vos dar notícias minhas. Certamente não era o desejo que me faltava, mas antes a possibilidade, porque meu tempo era dividido em duas partes: uma, para o trabalho que me faz viver, a outra para a doença que nos mata. Tenho muito poucos instantes para empregar conforme os meus gostos. Contudo, estou um pouco mais tranquila, pois há um mês que não tenho tido febre. É verdade que é nesta época que ela parece ceder um pouco. Mas, ai de mim! é recuar para subir de novo, pois os próximos calores sem dúvida lhe vão dar novamente o seu vigor inicial. Assim, bem convencida da certeza dessa perspectiva, vivo o dia a dia libertando-me tanto quanto possível das vaidades humanas, a fim de facilitar minha passagem para o mundo dos Espíritos onde, francamente, de modo algum me aborreceria de me encontrar, em boas condições, bem entendido."

Um dia, dizia um incrédulo a propósito de uma pessoa que exprimia um pensamento análogo, a propósito da morte: "É preciso ser espírita para ter semelhantes ideias!" Sem querer, ele fazia o mais belo elogio do Espiritismo. Não é um grande benefício a calma com a qual ele considera o termo fatal da vida, que tanta gente vê aproximar-se com pavor? Quantas angústias e tormentos são poupados aos que encaram a morte como uma transformação de seu ser, uma transição instantânea, sem interrupção da vida espiritual! Eles esperam a partida com serenidade, porque sabem para onde vão e o que serão. O que lhes aumenta a tranquilidade é a certeza, não só de reencontrar os que lhes são caros, mas de não ficarem separados dos que ficam após eles; de vê-los e de ajudá-los mais facilmente e melhor do que quando vivos; não lamentam as alegrias deste mundo, porque sabem que terão outras maiores, mais suaves, sem mescla de tribulações. O que causa as apreensões da morte é o desconhecido. Ora, para os espíritas, a morte não tem mais mistérios.

A segunda carta contém o que segue:

"É com um sentimento de profunda gratidão que venho agradecer-vos os sólidos princípios que inculcastes em meu espírito e que, tão somente eles, me deram a força e a coragem para aceitar com calma e resignação as rudes provas que tive que sofrer de um ano para cá, por causa da terrível epidemia que dizima a nossa população. Já partiram sessenta mil almas.

"Como deveis imaginar, a maior parte dos membros que formam o nosso pequeno grupo em Port-Louis, que começava a funcionar tão bem, tiveram que sofrer, como eu, nesse desastre geral. Por uma comunicação espontânea de 25 de julho de 1866, foi-nos anunciado que iríamos ser obrigados a suspender os nossos trabalhos. Três meses depois fomos forçados a descontinuá-los, por força da moléstia de vários entre nós e da morte de nossos parentes e amigos. Até este momento não pudemos recomeçar, embora todos os nossos médiuns estejam vivos, bem como os principais membros do nosso grupo. Várias vezes tentamos reunir-nos de novo, mas sem resultado, por isto cada um de nós foi obrigado a tomar conhecimento isoladamente de vossa carta de 26 de outubro de 1867 à Sra. G..., na qual se encontra a comunicação do doutor Demeure, que nos dá grandes e muito justos ensinamentos sobre tudo o que nos acontece. Cada um de nós pôde apreciar a sua justeza no que lhe concerne, porque há a constatar que a moléstia tomou tão múltiplas formas, que os médicos jamais chegaram a um acordo: cada um seguiu um método particular.

"Entretanto, o jovem doutor Labonté parece ser o que melhor definiu a moléstia. Quero crer que ele esteja certo do

368 | REVISTA ESPÍRITA

ponto de vista material, pois que passou por todos os sofrimentos de que se fez narrador.[1] Sob nosso ponto de vista espiritualista, poderíamos aí ver uma aplicação do prefácio de *O Evangelho segundo o Espiritismo,* porque o período nefasto que atravessamos foi marcado, no começo, por uma extraordinária chuva de estrelas cadentes que caiu na Ilha Maurício na noite de 13 para 14 de novembro de 1866. Embora o fenômeno fosse conhecido, por ter sido muito frequente de setembro a novembro, em certas épocas periódicas, não é menos admirável que desta vez as estrelas cadentes foram tão numerosas que fizeram tremer e impressionaram aqueles que as observaram. Esse imponente espetáculo ficará gravado em nossa memória, porque foi precisamente depois desse acontecimento que a moléstia tomou um caráter aflitivo. A partir desse momento, ela tornou-se geral e mortal, o que hoje pode autorizar-nos a pensar, como diz o Dr. Demeure, que chegamos ao período da transformação dos habitantes da Terra, para seu adiantamento moral.

"A propósito dos calmantes recomendados pelo Dr. Demeure, falastes das castanhas da Índia, cujo emprego seria mais vantajoso que o quinino, que afeta os órgãos cerebrais. Aqui não conhecemos essa planta, mas depois da leitura de vossa carta, na qual se faz menção dela, o nome de uma outra planta me veio ao espírito por intuição: é o *croton tiglium,* vulgarmente chamado em Maurício *Pinhão da Índia.* Empreguei-o como sudorífico, com muito sucesso, mas apenas as folhas, porque o grão é um veneno violento. Peço-vos a bondade de perguntar ao Dr. Demeure o que ele pensa dessa planta, e se ele aprova o emprego que dela fiz, como calmante, pois partilho completamente de sua opinião sobre o caráter dessa doença

---

[1] O Sr. Dr. Labonté descreveu a epidemia da Ilha Maurício numa brochura que lemos com interesse, na qual ele se revela o observador sério e judicioso. É um homem devotado à sua arte e, tanto quanto podemos julgar de longe, por analogia, parece ter bem caracterizado essa singular doença, do ponto de vista fisiológico. Infelizmente, no que concerne à terapêutica, ela desafia todas as previsões da Ciência. Num caso excepcional como esse, o insucesso nada prejulgaria contra o saber do médico. O Espiritismo abre à ciência médica horizontes completamente novos, demonstrando o papel preponderante do elemento espiritual na economia e num grande número de afecções, nas quais a Medicina falha porque se obstina em procurar a sua causa apenas na matéria tangível. O conhecimento da ação do perispírito sobre o organismo adicionará um novo ramo à patologia, e modificará profundamente o modo de tratamento de certas doenças, cuja verdadeira causa não será mais um problema.

NOVEMBRO 1868 | 369

esquisita que me parece uma variante do ramannenzaa, ou febre de Madagascar, exceto as manifestações exteriores."

Se pudéssemos por um só instante duvidar da vulgarização universal da Doutrina Espírita, a dúvida desapareceria vendo as pessoas que ela faz felizes, as consolações que ela proporciona, a força e a coragem que ela dá nos momentos mais penosos da vida, porque está na natureza do homem rebuscar o que pode assegurar a sua felicidade e a sua tranquilidade. Aí está o mais poderoso elemento de propagação do Espiritismo, que ninguém lho tirará, a menos que dê mais do que ele dá. Para nós, é uma grande satisfação ver os benefícios que ele espalha. Cada aflito consolado, cada coragem abatida soerguida, cada progresso moral operado nos paga ao cêntuplo as nossas penas e as nossas fadigas. Eis, ainda, uma satisfação que ninguém tem o poder de nos tirar.

Lidas na Sociedade de Paris, estas cartas deram lugar às seguintes comunicações, que tratam a questão do duplo ponto de vista local e geral, material e moral.

(Sociedade de Paris, 16 de outubro de 1868.)

Em todos os tempos fizeram preceder os grandes cataclismos fisiológicos de sinais manifestos da cólera dos deuses. Fenômenos particulares precediam a irrupção do mal, como uma advertência para se prepararem para o perigo. Essas manifestações, com efeito, ocorreram não como um presságio sobrenatural, mas como sintomas da iminência da perturbação.

Como tivemos oportunidade de dizer-vos, nas crises em aparência as mais anormais que dizimam passo a passo as diferentes regiões do globo, nada foi deixado ao acaso; elas são a consequência das influências dos mundos e dos elementos uns sobre os outros (outubro de 1868); elas são preparadas de longa data, e sua causa é, por consequência, perfeitamente normal.

A saúde é o resultado do equilíbrio das forças naturais; se uma doença epidêmica devasta qualquer lugar, ela não pode ser senão a consequência de uma ruptura desse equilíbrio; daí o estado particular da atmosfera e os fenômenos singulares que aí podem ser observados.

Os meteoros conhecidos pelo nome de estrelas cadentes são compostos de elementos materiais, como tudo o que cai sob os nossos sentidos. Eles não aparecem senão graças à fosforescência desses elementos em combustão, e cuja natureza especial por vezes desenvolve no ar respirável, influências deletérias e mórbidas. As estrelas cadentes eram, para a Ilha Maurício, não o presságio, mas a causa secundária do flagelo. Por que sua ação se exerceu em particular sobre aquela região? Primeiro, porque, como disse muito bem o vosso correspondente, ela é um dos meios destinados a regenerar a Humanidade e a Terra propriamente dita, provocando a partida de encarnados e a modificação dos elementos materiais. Depois, porque as causas que determinam essas espécies de epidemias em Madagascar, no Senegal e por toda parte onde a febre palustre e a febre amarela exercem sua devastação não existem nas Ilhas Maurício, a violência e a persistência do mal deveria determinar a pesquisa séria de sua fonte e atrair a atenção sobre a parte que aí podiam tomar as influências de ordem *psicológica.*

Aqueles que sobreviveram, em contato forçado com os doentes e os agonizantes, foram testemunhas de cenas de que a princípio não se deram conta, mas cuja lembrança lhes voltará com a calma, e que não podem ser explicadas senão pela ciência espírita. Os casos de aparições, de comunicações com os mortos, de previsões seguidas de realização, aí foram muito comuns.

Aplacado o desastre, a memória de todos esses fatos surgirá e provocará reflexões que pouco a pouco levarão a aceitar as nossas crenças.

A ilha Maurício vai renascer! O ano novo verá extinguir-se o flagelo de que ela foi vítima, não por efeito dos remédios, mas porque a causa terá produzido o seu efeito. Outros climas, por sua vez, sofrerão o ataque de um mal da mesma, ou de qualquer outra natureza, determinando os mesmos desastres e conduzindo aos mesmos resultados.

Uma epidemia universal teria semeado o espanto da Humanidade inteira e por muito tempo detido a marcha do progresso; uma epidemia restrita, atacando passo a passo e sob múltiplas formas cada centro de civilização, produzirá os mesmos efeitos, salutares e regeneradores, mas deixará intactos os meios de ação de que a Ciência pode dispor. Os que morrem são vitimados pela impotência, mas os que veem a morte à sua porta buscam novos meios de combatê-la.

O perigo torna inventivo, e quando todos os meios materiais estiverem esgotados, cada um será constrangido a pedir a salvação aos meios espirituais.

Sem dúvida é apavorante pensar em perigos dessa natureza, mas, pelo fato de serem necessários e não provocarem senão felizes consequências, é preferível, em vez de esperá-los tremendo, preparar-se para enfrentá-los sem medo, sejam quais forem os seus resultados. Para o materialista, é a morte horrível e o nada por consequência; para o espiritualista, e em particular para o espírita, que importa o que acontecer! Se escapar do perigo, a prova o encontrará sempre inabalável; se morrer, o que conhece da outra vida fá-lo-á encarar a passagem sem empalidecer.

Preparai-vos, pois, para tudo, e sejam quais forem a hora e a natureza do perigo, compenetrai-vos desta verdade: A morte não é senão uma palavra vã e não há nenhum sofrimento que as forças humanas não possam dominar. Aqueles para os quais o mal será insuportável, serão os únicos que tê-lo-ão recebido com o riso nos lábios e a despreocupação no coração, isto é, que julgar-se-ão fortes em sua incredulidade.

CLÉLIE DUPLANTIER

(Sociedade de Paris, 23 de outubro de 1868)

O *croton tiglium* certamente pode ser empregado com sucesso, sobretudo em doses homeopáticas, para acalmar as câimbras e restabelecer a circulação normal do fluido nervoso; pode-se igualmente utilizá-lo localmente, friccionando a pele com uma infusão fraca, mas não seria prudente generalizar o seu uso. Ele não é um medicamento aplicável a todos os doentes, nem em todas as fases da doença. Caso ele fosse de uso público, só deveria ser aplicado por indicação de pessoa que possa constatar a sua utilidade e apreciar seus efeitos; do contrário, aquele que já tivesse experimentado a sua ação salutar poderia, num dado caso, a ele ser inteiramente insensível, ou mesmo experimentar os seus inconvenientes. Não é um desses medicamentos neutros que não fazem qualquer mal quando não produzem o bem. Ele não deve ser empregado senão em casos especiais e sob a direção de pessoas que possuam conhecimentos suficientes para dirigir a sua ação.

Ademais, espero que não seja necessário experimentar a sua eficácia, e que um período mais calmo se prepare para os infelizes habitantes de Maurício. Eles ainda não estão livres, por assim dizer, mas, salvo exceção, os ataques em geral não são fatais, a menos que incidentes de outra natureza lhes venham dar um caráter de gravidade particular. A doença em si mesma não está acabando. A ilha entra no período de convalescença; pode haver algumas pequenas recrudescências, mas tenho razões para crer que a epidemia irá, de agora em diante, diminuindo até a completa extinção dos sintomas que a caracterizam.

Mas qual será a sua influência sobre os habitantes de Maurício que tiverem sobrevivido ao desastre? Que consequências deduzirão das manifestações de toda natureza de que foram testemunhas involuntárias? As aparições de que muitas pessoas foram objeto, produzirão o efeito que delas se tem o direito de esperar? As resoluções tomadas sob o império do medo, do remorso e das censuras de uma consciência perturbada, não serão reduzidas a nada, quando voltar a tranquilidade?

Seria desejável que a lembrança dessas cenas lúgubres fosse gravada de maneira indelével em seus espíritos, e os obrigasse a modificar a sua conduta, reformando suas crenças, porque elas devem estar bem persuadidas que o equilíbrio não será restabelecido de maneira completa senão quando os espíritos estiverem tão despojados de sua iniquidade que a atmosfera seja purificada dos miasmas deletérios que provocaram o nascimento e o desenvolvimento do mal.

Cada dia mais entramos no período transitório que deve trazer a transformação orgânica da Terra e a regeneração de seus habitantes. Os flagelos são instrumentos de que se serve o grande cirurgião do Universo para extirpar do mundo, destinado a marchar para a frente, os elementos gangrenados que nele provocam desordens incompatíveis com o seu novo estado. Cada órgão, ou melhor, cada região será passo a passo atingida por flagelos de naturezas diversas. Aqui, a epidemia sob todas as suas formas; ali, a guerra, a fome. Cada um deve, pois, preparar-se para suportar a prova nas melhores condições possíveis, melhorando-se e se instruindo, a fim de não ser surpreendido de improviso. Algumas regiões já foram provadas, mas seus habitantes estariam em completo erro se se fiassem na era de calma que vai suceder à tempestade para recair nos seus antigos erros. Há um período de mora que lhes é concedido para entrarem num caminho melhor. Se não o aproveitarem, o instrumento de morte os experimentará até levá-los ao arrependimento. Bem-aventurados aqueles a quem a prova feriu de começo, porque eles terão, para se instruírem, não só os males que sofreram, mas o espetáculo dos seus irmãos em humanidade que por sua vez forem feridos. Esperamos que um tal exemplo lhes seja salutar, e que entrem, sem hesitar, na via nova que lhes permitirá avançar de acordo com o progresso.

Seria desejável que os habitantes de Maurício não fossem os últimos a tirar proveito da severa lição que receberam.

DOUTOR DEMEURE

O ESPIRITISMO EM TODA PARTE

A AMIZADE APÓS A MORTE

Pela Sra. Rowe

Nada é mais instrutivo e ao mesmo tempo mais concludente em favor do Espiritismo do que ver as ideias sobre as quais ele se apoia, professadas por pessoas estranhas à Doutrina, e antes mesmo de seu aparecimento. Um dos nossos correspondentes de Antuérpia, que já nos transmitiu preciosos documentos a tal respeito, manda-nos o seguinte extrato de uma obra inglesa, cuja tradução, feita da 5.ª edição, foi publicada em Amsterdã em 1753. Talvez jamais os princípios do Espiritismo tenham sido formulados com tanta precisão. É intitulado: *A amizade após a morte, contendo as cartas dos mortos aos vivos. Pela Senhora Rowe.*

Página 7

– Os Espíritos bem-aventurados ainda se interessam pela felicidade dos mortais, e *fazem frequentes visitas aos seus*

374 | REVISTA ESPÍRITA

amigos. Eles poderiam até aparecer aos seus olhos, se as leis do mundo material não lhos impedissem. O esplendor de seus *veículos*[2] e o domínio que exercem sobre as forças que governam as coisas materiais e sobre os órgãos da visão poderiam facilmente lhes servir para se tornarem visíveis. Muitas vezes olhamos como uma espécie de milagre que não percebeis, porque não estamos afastados de vós em relação ao lugar que ocupamos, mas apenas pela diferença de estado em que estamos.

Página 12, *Carta III: De um filho único, falecido aos dois anos,* à *sua mãe*:

– Desde o momento em que minha alma foi libertada de sua incômoda prisão, achei-me um ser ativo e racional. Admirado por vos ver chorar por uma pequena massa apenas capaz de respirar que eu acabara de deixar, e da qual eu estava encantado por ter-me desembaraçado, pareceu-me que estivésseis aborrecida pela minha feliz libertação. Encontrei uma tão justa proporção, tanta agilidade, e uma luz tão brilhante no novo veículo que acompanhava o meu Espírito, que fiquei muito espantado por ver que vos afligíeis tanto com a feliz troca que eu havia feito. Então eu conhecia tão pouco a diferença dos corpos materiais e imateriais, que eu me imaginava ser tão visível para vós quanto vós éreis para mim.

Página 37, *carta VIII*

– Os gênios celestes que cuidam de vós nada negligenciaram durante o vosso sono, para arrancar do vosso coração esse ímpio desígnio. Algumas vezes vos conduziram a lugares cobertos por uma sombra lúgubre; ali ouvistes os lamentos amargos dos Espíritos infortunados. Outras vezes, as recompensas da constância e da resignação desdobraram aos vossos olhos a glória que vos espera, se, fiéis ao vosso dever, vos ligardes pacientemente à virtude.

Página 50. *Carta X*

– Como, minha cara Leonora, me pudestes temer? Quando eu era mortal, isto é, capaz de loucura e de erro, jamais vos fiz mal; muito menos vo-lo farei no estado de perfeição e de felicidade em que estou. Não resta o menor resquício de vício

---

[2] Ver-se-á adiante que o autor entende por *veículo* o corpo fluídico.

ou de malícia nos Espíritos virtuosos; quando estes romperam sua prisão terrena, tudo neles é amável e benfazejo; o interesse que eles tomam pela felicidade dos mortais é infinitamente mais terno e mais puro que antes.

O pavor que no mundo geralmente sentem por nós nos pareceria incrível se não nos lembrássemos de nossas loucuras e de nossos preconceitos; mas não fazemos senão gracejar de vossas ridículas apreensões. Não teríeis mais razão de vos temer e de fugir uns dos outros do que nos temer, a nós que não temos nem o poder nem a vontade de vos inquietar? Enquanto desconheceis os vossos benfeitores, nós trabalhamos para desviar mil perigos que vos ameaçam e para levar adiante os vossos interesses com o mais generoso ardor. Se vossos órgãos fossem aperfeiçoados e se vossas percepções tivessem adquirido o alto grau de delicadeza a que chegarão um dia, então saberíeis que os Espíritos etéreos, ornados com a flor de uma beleza divina e de uma vida imortal, não são feitos para produzir em vós o terror, mas o amor e os prazeres. Eu vos queria curar de vossas injustas prevenções, reconciliando-vos com a sociedade dos Espíritos, a fim de estar em melhores condições de vos advertir dos perigos e dos riscos que ameaçam a vossa juventude.

Página 54. *Carta XI*
– Vosso restabelecimento surpreende os próprios anjos que, se ignoram os diversos limites que o soberano dispensador pôs à vida humana, muitas vezes não deixam de fazer justas conjecturas sobre o curso das causas secundárias e sobre o período da vida dos humanos.

Página 68. *Carta XIV*
– Desde que deixei o mundo, muitas vezes tive a felicidade de tomar o lugar do vosso anjo da guarda. Testemunha invisível das lágrimas que a minha morte vos fez derramar, enfim me foi permitido suavizar as vossas dores, informando-vos que sou feliz.

Página 73. *Carta XVI*
– Como os seres imateriais podem misturar-se em vossa companhia sem ser percebidos, na noite passada tive a curiosidade de descobrir vossos pensamentos sobre o que vos

tinha acontecido na noite anterior. Para tanto, estive naquela reunião em que estáveis. Ali, ouvi que brincáveis com alguns de vossos amigos familiares a propósito do poder da prevenção e da força de vossa imaginação. Contudo, senhor, não sois tão visionário e tão extravagante quanto vos dizeis. Não há nada mais real do que aquilo que vistes e ouvistes, e deveis acreditar nos vossos sentidos, do contrário fareis degenerar em vício a vossa desconfiança e a vossa modéstia. Meu caro irmão, não tendes mais que algumas semanas de vida; vossos dias estão contados. Tive a permissão, o que acontece raramente, de vos dar algum aviso sobre o vosso destino, que se aproxima. Vossa vida, eu sei, não foi maculada por nenhuma ação baixa ou injusta; entretanto, aparecem nos vossos costumes certas leviandades que reclamam, de vossa parte, uma pronta e sincera reforma. Faltas que a princípio parecem uma bagatela, degeneram em crimes enormes.

Página 27. *Epístola dedicatória*

– A Terra em que habitais seria uma morada deliciosa se todos os homens, cheios de estima pela virtude, praticassem as suas santas máximas. Julgai, pois, o excesso de nossa felicidade, pois que, ao mesmo tempo que aproveitamos todas as vantagens de uma virtude generosa e perfeita, sentimos prazeres tão acima dos de que gozais, quanto o céu é acima da Terra, o tempo da eternidade e o finito do infinito. Os mundanos são incapazes de desfrutar dessas delícias. Que gosto encontraria, em nossas augustas assembleias, um voluptuoso? O vinho e a carne daí foram banidos; o invejoso aí seria consumido pela dor contemplando a nossa felicidade; o avarento aí não encontraria riquezas; o jogador viciado aborrecer-se-ia mortalmente por não mais encontrar meios de matar o tempo. Como uma alma interesseira poderia achar prazer na amizade terna e sincera que podemos considerar como uma das principais vantagens que possuímos no Céu, a verdadeira morada da amizade?

O tradutor diz, no prefácio, na página 7:

"Espero que a leitura de seu livro possa reconduzir à religião cristã uma certa ordem de criaturas, cujo número é muito grande neste reino, que, sem consideração aos princípios da religião natural e revelada, tratam a imortalidade da alma como pura quimera. É para estabelecer a certeza dessa imortalidade que nossa autora se aplica principalmente."

Página 9:
"Não era propriamente para os filósofos incrédulos que ela escrevia; era, como dissemos, para uma certa classe de criaturas, muito numerosas na alta sociedade, que, ocupadas inteiramente com os divertimentos frívolos do século, acharam *a arte funesta de esquecer a imortalidade da alma, de se atordoar sobre as verdades da fé, e de afastar de seu espírito ideias tão consoladoras.* Bastava-lhes, pois, para realizar esse desígnio, inventar espécies de fábulas e de apólogos cheios de traços vivos etc."

OBSERVAÇÃO: Parece que o tradutor não acredita na comunicação dos Espíritos, porquanto ele pensa que os relatos da Senhora Rowe são fábulas ou apólogos inventados pela autora em apoio à sua tese. Entretanto ele achou o livro tão útil, que o julga capaz de reconduzir os incrédulos à fé na imortalidade da alma. Mas há aí uma singular contradição, porque para provar que uma coisa existe, é preciso mostrar a sua realidade e não a sua ficção. Ora, foi precisamente o abuso das ficções que destruiu a fé nos incrédulos. Diz o simples bom senso que não é com um romance sobre imortalidade, por mais engenhoso que seja, que se provará a imortalidade. Se, em nossos dias, as manifestações dos Espíritos combatem a incredulidade com tanto sucesso, é porque elas são uma realidade.

Segundo a perfeita concordância de forma e de fundo que existe entre as ideias desenvolvidas no livro da senhora Rowe e o atual ensino dos Espíritos, não podemos duvidar que o que ela escreveu seja produto de comunicações reais.

Como é que um livro tão singular, capaz de atiçar a curiosidade no mais alto grau, tão difundido, pois havia chegado à quinta edição e foi traduzido, produziu tão pouca sensação, e uma ideia tão consoladora, tão racional e tão fecunda em resultados, ficou no estado de letra morta, ao passo que, em nossos dias, alguns anos bastaram para fazer a volta ao mundo? Poder-se-ia dizer outro tanto de uma porção de invenções e descobertas preciosas que caem no esquecimento à sua aparição e florescem alguns séculos mais tarde, quando a necessidade se faz sentir. É a confirmação do princípio que as melhores ideias abortam, quando vêm prematuramente, antes que os espíritos estejam maduros para aceitá-las.

Dissemos muitas vezes que se o Espiritismo tivesse vindo um século mais cedo, não teria tido nenhum sucesso. Disto eis a prova evidente, porque esse livro é seguramente do mais puro e do mais profundo Espiritismo. Para que ele pudesse ser apreciado e compreendido, seriam necessárias as crises morais pelas quais passou o espírito humano nestes últimos cem anos, e que lhe ensinaram a discutir as suas crenças; mas seria necessário, também, que o niilismo, sob suas diversas formas, como transição entre a fé cega e a fé raciocinada, provasse a sua impotência em satisfazer as necessidades sociais e as legítimas aspirações da Humanidade. A rápida propagação do Espiritismo em nossa época prova que ele veio no devido tempo.

Se ainda hoje vemos pessoas que têm sob os olhos todas as provas materiais e morais da realidade dos fatos espíritas, e que, apesar disto, se recusam à evidência e o raciocínio, com mais forte razão deviam ser encontradas em número muito maior há um século. É que seu espírito ainda é impróprio para assimilar essa ordem de ideias; elas veem, ouvem e não compreendem, o que não denota uma falta de inteligência, mas uma falta de aptidão especial. Elas são como as pessoas a quem, embora muito inteligentes, falta o senso musical para compreender e sentir as belezas da música. É o que se deve entender quando se diz que sua hora ainda não chegou.

A CABANA DO PAI TOMÁS

PELA SRA. BEECHER STOWE

Lê-se o seguinte no 2.º volume dessa obra, que teve um sucesso popular nos dois mundos:

Página 10. – Meu pai era um aristocrata. Creio que, *nalguma existência anterior,* ele deve ter pertencido às classes da mais elevada ordem social, e que tenha trazido consigo, na atual, todo o orgulho de sua antiga casta, porque esse orgulho lhe era inerente; estava na medula de seus ossos, embora ele fosse de uma família pobre e plebeia.

Página 128. – Evidentemente as palavras que ele havia cantado nessa mesma tarde lhe atravessavam o espírito, palavras de súplica dirigidas à infinita misericórdia. Seus lábios moviam-se fracamente, e, com raros intervalos, escapava-lhes uma palavra.

– Seu espírito varia, disse o médico.

– Não, ele volta a si, disse Saint-Claire com energia.

Esse esforço o esgotou. A palidez da morte espalhou-se em seu rosto, mas com ela uma admirável expressão de paz, como se algum Espírito misericordioso o tivesse abrigado sob suas asas. Ele parecia uma criança que dorme de fadiga.

Ele ficou assim alguns instantes; uma mão todo-poderosa repousava sobre ele. Mas, no momento em que o Espírito ia alçar o seu voo, ele abriu os olhos, que um clarão de alegria iluminou, como se reconhecesse um ser amado, e murmurou baixinho: "Minha mãe!" Sua alma se tinha evolado.

Página 200. – Oh! Como a alma perversa ousa penetrar neste mundo tenebroso do sono, cujos limites incertos se avizinham tanto das cenas apavorantes e misteriosas da retribuição!

OBSERVAÇÃO: É impossível exprimir mais claramente a ideia da reencarnação, da origem de nossas inclinações e da expiação sofrida nas existências posteriores, porquanto se diz que o que foi rico e poderoso pode renascer na pobreza. É notável que esta obra tenha sido publicada nos Estados Unidos, onde o princípio da pluralidade das existências terrenas há muito é rejeitado. Ela apareceu em 1850, na época das primeiras manifestações espíritas, quando a doutrina da reencarnação ainda não havia sido proclamada na Europa. A Sra. Beecher Stowe então a havia colhido em sua própria intuição. Ela aí percebia a única razão plausível das aptidões e das propensões inatas. O segundo fragmento citado é precisamente o quadro da alma que entrevê o mundo dos Espíritos no momento do seu desligamento.

DO PECADO ORIGINAL SEGUNDO O JUDAÍSMO

Pode ser interessante, para os que o ignoram, conhecer a doutrina dos judeus sobre o pecado original. Tiramos a explicação seguinte do jornal israelita *la Famille de Jacob,* que é publicado em Avignon, sob a direção do grande rabino Benjamin Massé, número de julho de 1868.

"O dogma do pecado original está longe de se achar entre os princípios do Judaísmo. A lenda profunda que relata o Talmude (Nida XXXI, 2) e que representa os anjos, fazendo a alma humana, no momento em que vai se encarnar num corpo terrestre, prestar o juramento de se manter pura durante sua estada neste planeta, a fim de retornar pura ao Criador, é uma poética afirmação de nossa inocência nativa e de nossa independência moral da falta de nossos primeiros pais. Essa afirmação, contida nos nossos livros tradicionais, é conforme ao verdadeiro espírito do Judaísmo.

"Para definir o dogma do pecado original, bastar-nos-á dizer que tomam ao pé da letra o relato da Gênese, cujo caráter lendário se desconhece, e que, partindo desse ponto de vista errado, aceitam cegamente todas as consequências daí decorrentes, sem se preocupar com a sua incompatibilidade com a natureza humana e com os atributos necessários e eternos que a razão confere à natureza divina.

"Escravos da letra, afirmam que a primeira mulher foi seduzida pela serpente; que ela comeu um fruto proibido por Deus; que fez o seu esposo comê-lo, e que, por esse ato de revolta aberta contra a vontade divina, o primeiro homem e a primeira mulher incorreram na maldição do céu, não só para si, mas para os seus filhos, mas para a sua raça, mas para a Humanidade inteira, para a Humanidade cúmplice, em qualquer distância no tempo em que se encontre dos culpados, cúmplice de seu crime, do qual ela é, por consequência, responsável em todos os seus membros atuais e futuros.

"Segundo essa doutrina, a queda e a condenação de nossos primeiros pais foram uma queda e uma condenação para a sua posteridade. A partir de então, para o gênero humano, males inumeráveis que teriam sido sem fim sem a mediação de um Redentor, tão incompreensível quanto o crime e a condenação que o chamam. Assim como o pecado de um só foi cometido por todos, a expiação de um só será a expiação de todos. Perdida por um só, a Humanidade será salva por um só. A redenção é a consequência inevitável do pecado original.

"Compreende-se que não discutamos essas premissas com suas consequências, que para nós não são mais aceitáveis, tanto do ponto de vista dogmático quanto do ponto de vista moral.

"Nossa razão e nossa consciência jamais se acomodarão a uma doutrina que apaga a personalidade humana e a justiça divina e que, para explicar as suas pretensões, nos faz viver todos juntos tanto na alma quanto no corpo do primeiro homem, ensinando-nos que, por mais numerosos que sejamos no curso das idades, fazemos parte de Adão em espírito e em matéria; que tomamos parte em seu crime e que devemos ter nossa parte na sua condenação.

"O sentimento profundo de nossa liberdade moral se recusa a essa assimilação fatal, que tiraria a nossa iniciativa, que nos acorrentaria, malgrado nosso, num pecado distante, misterioso, do qual não temos consciência, e que nos faria sofrer um castigo ineficaz, pois que, aos nossos olhos, não seria merecido.

"A ideia indefectível e universal que temos da justiça do Criador se recusa ainda muito mais energicamente a crer no comprometimento, com a falta de um só, dos seres livres criados sucessivamente por Deus na sequência dos séculos.

Se Adão e Eva pecaram, só a eles pertence a responsabilidade de seu erro; só a eles a proscrição, a expiação, a redenção por meio de esforços pessoais para reconquistar a sua nobreza. Mas nós, que viemos após eles, que, como eles, fomos objeto de um ato idêntico da parte do poder criador, e que devemos, a esse título, ter um valor igual ao de nosso primeiro pai aos olhos do nosso Criador, nascemos com a nossa pureza e a nossa inocência, de que somos os únicos donos, os únicos depositários, e cuja perda ou conservação não dependem absolutamente senão de nossa vontade e das determinações do nosso livre-arbítrio.

"Tal é, sobre esse ponto, a doutrina do Judaísmo, que nada poderia admitir que não fosse conforme à nossa consciência esclarecida pela razão."

B. M.

OS LAZERES DE UM ESPÍRITA NO DESERTO

Reproduzimos sem comentários as seguintes passagens de uma carta que, em março último, nos escreveu um dos nossos correspondentes, capitão do exército da África.

"O Espiritismo se espalha no norte da África e ganhará o centro, se os franceses para ali se dirigirem. Ei-lo que penetra em Laghouat, nas bordas do Saara, a 33 graus de latitude. Emprestei os vossos livros; alguns de meus camaradas os leram; discutimos e a força e a razão ficaram com a Doutrina.

"Há alguns anos entrego-me ao estudo da anatomia, da fisiologia e da psicologia comparadas. A mesma corrente de ideias arrastou-me para o estudo dos animais. Pela observação, pude dar-me conta de que todos os órgãos, todos os aparelhos se simplificam, descendo às raças e espécies inferiores. Como a Natureza é bela para estudar! Como se sente o espírito espalhado por toda parte! Algumas vezes passo longas horas a seguir os hábitos e os movimentos da vida dos insetos e dos répteis destas regiões. Assisto às suas lutas, aos seus esforços, às suas astúcias para assegurar a existência; contemplo a batalha das espécies. O Saara, em cujas bordas estamos acampados há mais de um ano, tão deserto para os meus camaradas, ao contrário me parece muito povoado. Onde eles encontram o exílio, eu encontro a liberdade! É que eu sei que Deus está em toda parte, e que cada um leva a felicidade em si mesmo. Quer eu esteja no polo ou no equador, meus amigos do espaço me seguirão, e eu sei que os caros invisíveis podem povoar as mais tristes solidões. Não que eu desdenhe a companhia de meus seme-lhantes, nem que seja indiferente às afeições que conservei na França, oh não! porque me tarda rever e abraçar a minha família e todos os que me são caros, mas é somente para tes-temunhar que se pode ser feliz em qualquer ponto do globo em que se encontre, quando se toma Deus por guia. Para o espírita jamais há isolamento; ele se sabe e se sente constan-temente rodeado de seres benevolentes, com os quais está em comunhão de pensamentos.

"Vossa última obra, *A Gênese,* que acabo de reler, e sobre diversos capítulos da qual me detive particularmente, nos desvenda os mistérios da criação e dá um terrível golpe nos preconceitos. Essa leitura me fez um bem imenso e abriu-me novos horizontes. Eu já compreendia a nossa origem e via em meu corpo material o último anel da animalidade na Terra; eu sabia que o espírito, durante a sua gestação corporal, toma uma parte ativa na construção do seu ninho e apropria o seu envoltório às suas novas necessidades. Esta teoria da origem do homem poderá parecer aos orgulhosos atentatória à gran-deza e à dignidade humanas, mas ela será aceita, no futuro, por causa de sua simplicidade e de sua amplitude empolgantes.

"Com efeito, a Geologia nos faz ler no grande livro da Natureza. Por ela, achamos que as espécies de hoje teriam por avós as espécies cujos restos se encontram nas camadas terrestres; não se pode mais negar que há uma progressão contínua no desenvolvimento das formas orgânicas, quando vemos aparecer primeiro os tipos mais simples. Esses tipos foram modificados pelos instintos dos próprios animais, pro-vidos de órgãos apropriados às suas novas necessidades e ao seu desenvolvimento. Ademais, a Natureza muda os tipos quando a necessidade disto se faz sentir; a vida multiplica gradualmente seus órgãos e os especializa. As espécies saem umas das outras, sem que seja necessária uma intervenção miraculosa. Adão não saiu armado com todas as peças das mãos do Criador. Muito certamente um chimpanzé o deu à luz.

"As espécies não são absolutamente independentes umas das outras; elas se ligam por uma filiação secreta, e pode-se mesmo considerá-las solidárias até a Humanidade. Como dizeis muito judiciosamente, desde o zoófito até o homem, há uma cadeia na qual todos os anéis têm um ponto de contato com o anel precedente. E assim como o espírito sobe e não pode ficar estacionário, assim também o instinto do animal progride, e cada encarnação lhe faz transpor um degrau na escala dos seres. As fases dessas metamorfoses se contam por milhares de anéis, e as formas rudimentares, das quais algumas amostras se encontram nos terrenos silurianos, nos dizem por onde passou a animalidade.

"Não mais deve haver véu entre a Natureza e o homem, e nada deve ficar oculto. A Terra é nosso domínio: cabe-nos estudar as suas leis; a ignorância e a preguiça é que criaram os mistérios. Quanto Deus nos parece maior na harmonia e na unidade de suas leis!

"Sinceramente lamento as pessoas que se aborrecem, porque é uma prova de que não pensam em ninguém, e que seu espírito está vazio como o estômago do indivíduo que tem fome."

FENÔMENO DE LINGUÍSTICA

"O *Quatterly Journal of Psychological Medicine* publica um relatório muito curioso sobre uma menina que substituiu a língua falada em seu redor por uma série de nomes e verbos que formam todo um idioma do qual ela se serve, e do qual não é possível desabituá-la.

"A criança tem agora quase cinco anos. Até a idade de três anos ela ficou sem falar e não sabia pronunciar senão as palavras 'papa' e 'maman'. Quando se aproximou dos quatro anos, a língua se desatou de repente, e hoje ela fala com toda a facilidade e a volubilidade de sua idade. Mas de tudo quanto diz, só as duas palavras 'papa' e 'maman' que ela aprendeu a princípio, foram as únicas tiradas da língua inglesa. Todas as outras nasceram de seu pequeno cérebro e de seus pequenos lábios, e não têm nenhuma relação com essa corruptela de palavras de que se servem as crianças que com ela brincam habitualmente.

"Em seu dicionário, *Gaan* significa God (Deus); *migno--migno,* water (água); *odo,* to send for ou to take away (remeter ou retirar), conforme é colocada; *gar,* horse (cavalo).

"Um dia, diz o Dr. Hun, começou a chover. Fizeram a menina entrar e lhe proibiram de sair antes que a chuva cessasse. Ela postou-se à janela e disse:
"– Gaan odo migno-migno, feu odo. (Deus, retire a chuva; traga o fogo do sol).
"A palavra feu aplicada no mesmo sentido que na língua a que pertenço me chocou. Soube que a criança jamais tinha ouvido falar francês, coisa muito singular, e que seria interessante verificar bem, porque a criança tomou diversas palavras da língua francesa, tais como 'tout', 'moi', e a negação 'ne pas.'

"A menina tem um irmão mais velho com cerca de dezoito meses. Ela lhe ensinou a sua língua, sem tomar nenhuma das palavras de que ele se serve.

"Seus pais estão muito desolados com esse pequeno fenômeno. Muitas vezes tentaram ensinar-lhe inglês, dar-lhe o nome inglês das coisas que ela designa de outro modo em seu idioma. Ela se recusa terminantemente. Tentaram afastá-la das crianças de sua idade e colocá-la em contato com pessoas idosas que falam inglês e que nada conhecem do seu pequeno jargão. Era de se esperar que uma criança que se mostrava tão ávida por transmitir seus pensamentos a ponto de inventar uma língua nova, procurasse aprender o inglês quando se achasse entre pessoas que falassem essa língua. Mas não deu resultado.

"Logo que se acha com pessoas que ela não têm o hábito de ver, põe-se imediatamente a lhes ensinar a sua língua e, pelo menos momentaneamente, os pais renunciaram a desabituá-la."

Tendo sido esse fato discutido na *Sociedade Espírita de Paris*, um Espírito deu a sua explicação na comunicação seguinte:

(Sociedade de Paris, 9 de outubro de 1868 – Médium: Sr. Nivard.)

O fenômeno da pequena inglesa que fala uma língua desconhecida para os que a rodeiam, e que se recusa a servir-se da eles, é o fato mais extraordinário que se produziu desde muitos séculos.

Fatos surpreendentes ocorreram em todos os tempos, em todas as épocas, que causaram admiração aos homens, mas tinham similares ou parecidos. Isto certamente não os explicava, mas eram vistos com menos surpresa. O caso em questão talvez seja único no seu gênero. A explicação que podemos dar não é nem mais fácil nem mais difícil que as outras, mas sua singularidade é chocante, eis o essencial.

Eu disse a palavra chocante: é bem, não a causa, mas a razão do fenômeno. Ele choca de espanto, e é por isto que ele se produziu. Hoje que o progresso ganhou um certo avanço, não se contentarão em falar do fato, como se fala da chuva e do bom tempo; querem procurar-lhe a causa. Os médicos nada têm a ver com isso; a fisiologia é estranha a essa singularidade; se a menina fosse muda, ou se não pudesse senão dificilmente articular algumas palavras que não seriam compreendidas devido à insuficiência de seus órgãos vocais, os cientistas diriam que isto se deve às más disposições fisiológicas, e que fazendo desaparecerem essas más disposições, deixariam à criança o livre uso da palavra. Mas não é esse o caso. Ao contrário, a menina é loquaz, tagarela; ela fala com facilidade; chama as coisas à sua maneira; exprime-as à maneira que lhe convém e vai mais longe: ensina sua língua às suas companheiras, quando está provado que não lhe podem ensinar a língua materna e que não quer mesmo sujeitar-se.

A Psicologia é, pois, a única ciência na qual se deve buscar a explicação desse fato. A razão, o fim especial, acabo de dizer: Era preciso chocar os espíritos e solicitar as suas pesquisas. Quanto à causa, vou tentar vo-la dizer.

O Espírito encarnado no corpo dessa menina conheceu a língua, ou melhor, as línguas que ele fala, pois faz uma mistura. Não obstante, a mistura é feita conscientemente e constitui uma língua cujas diversas expressões são tomadas das que esse Espírito conheceu em outras encarnações. Em sua última existência ele tinha tido a ideia de criar uma língua universal a fim de permitir aos homens de todas as nações entender-se e assim aumentar a facilidade das relações e o progresso humano. Para esse efeito ele tinha começado a compor essa língua, que se constituía de fragmentos de várias que ele conhecia e mais gostava. A língua inglesa lhe era desconhecida; ele tinha ouvido ingleses falando, mas achava sua língua desagradável e a detestava. Uma vez na erraticidade, o objetivo que se tinha proposto em vida aí continuou; pôs-se à tarefa e compôs um vocabulário que lhe é particular. Encarnou-se entre os ingleses, com o desprezo que tinha por sua língua, e com a determinação bem firme de não falar o inglês. Tomou posse de um corpo cujo organismo flexível lhe permite levar a termo sua resolução. Os laços que o prendem a esse corpo são bastante elásticos para mantê-lo num estado de semi desprendimento, que lhe deixa a lembrança bastante distinta de seu passado, e o mantém em sua resolução. Por outro lado, é ajudado por seu guia espiritual, que vela para que o fenômeno tenha lugar com regularidade e perseverança, a fim de chamar a atenção dos homens. Ademais, o Espírito encarnado estava consentindo na produção do fato. Ao mesmo tempo que demonstra o desprezo pela língua inglesa, cumpre a missão de provocar as pesquisas psicológicas.

L. NIRVAD, pai

OBSERVAÇÃO: Se esta explicação não pode ser demonstrada, ao menos tem por si a racionalidade e a probabilidade. Um inglês que não admite o princípio da pluralidade das existências e que não tinha conhecimento da comunicação acima, arrastado pela lógica irresistível, disse, falando desse caso, que ele não se poderia explicar senão pela reencarnação, se fosse verdade que a gente pode reviver na Terra.

Eis, pois, um fenômeno que, por sua própria estranheza, cativando a atenção, provoca a ideia da reencarnação, como a única razão plausível que se lhe possa dar. Antes que este princípio estivesse na ordem do dia, ter-se-ia simplesmente achado o caso bizarro e, sem dúvida, em tempos ainda mais remotos, teriam olhado essa menina como enfeitiçada. Nós nem mesmo juraríamos que ainda hoje não fosse esta a opinião de certas pessoas. O que não é menos digno de nota é que este fato se produz precisamente num país ainda refratário à ideia da reencarnação, mas à qual será arrastado pela força das coisas.

MÚSICA DO ESPAÇO

Extraído de uma carta de um jovem a um de seus amigos, guarda de Paris:

"Mulhouse, 27 de março de 1868.

"Há cerca de cinco anos – eu não tinha senão dezoito anos e ignorava até o nome do Espiritismo – fui testemunha e objeto de um fenômeno estranho do qual só me dei conta há alguns meses, depois de haver lido *O Livro dos Espíritos* e *O Livro dos Médiuns*. Esse fenômeno consistia numa música invisível que se fazia ouvir no ambiente da sala, e acompanhava o meu violino, no qual tomava lições naquela época. Não era uma sucessão de sons, como os que eu produzia no meu instrumento, mas acordes perfeitos cuja harmonia era tocante; dir-se-ia uma harpa tocada com delicadeza e sentimento. Algumas vezes éramos umas doze pessoas reunidas e, sem exceção, todos ouvíamos. Mas se alguém vinha escutar por pura curiosidade, tudo cessava, e desde que o curioso partia, o efeito se produzia imediatamente. Lembro-me que o recolhimento contribuía muito para a intensidade dos sons. O que havia de singular é que isto só acontecia entre cinco e oito horas da tarde. Entretanto, um domingo, um órgão da Barbária passava diante da casa, cerca de uma hora da tarde, e tocava uma ária que me deixou atento; logo a música invisível se fez ouvir na sala, acompanhando aquela ária.

"Nesses momentos, eu experimentava uma agitação nervosa que me fatigava sensivelmente e até me fazia sofrer; era como uma espécie de inquietude; ao mesmo tempo, todo o meu corpo irradiava um calor que se fazia sentir a cerca de 10 centímetros.

"Depois que li *O Livro dos Médiuns* experimentei escrever; uma força quase irresistível levava minha mão da esquerda para a direita num movimento febril, acompanhado de grande agitação nervosa; mas ainda não tracei senão caracteres ininteligíveis."

Tendo-nos sido mostrada esta carta, escrevemos ao jovem, pedindo algumas explicações complementares. Eis as respostas às perguntas que lhe dirigimos, e que farão prejulgar facilmente as perguntas.

1.º – O fato passou-se em Mulhouse, não em meu quarto, mas na sala onde eu me exercitava mais ordinariamente, situada numa casa vizinha, em companhia de dois amigos, dos quais um tocava flauta e outro, violino; este último era o que me dava lições. Ele não se produziu em nenhum outro lugar.

2.º – Era necessário que eu tocasse; e se, por vezes, eu parava muito tempo, vários sons e algumas vezes diversos acordes eram ouvidos, como para me convidar a continuar. Entretanto, no dia em que essa música se produziu acompanhando um órgão da Barbária eu não estava tocando;

3.º – Essa música tinha um caráter muito acentuado para poder ser notada[3]; não tive a ideia de fazê-lo;

4.º – Ela parecia vir de um ponto bem determinado, mas que viajava constantemente na sala; fixava-se durante alguns instantes, de sorte que se podia apontar com o dedo o lugar de onde provinha, mas quando nesse lugar se procurava descobrir o segredo, logo ela mudava de lugar e se fixava noutro, ou se fazia ouvir em diferentes lugares;

5.º – Esse efeito durou cerca de três meses, a partir de fevereiro de 1862. Eis como cessou:

Um dia estávamos reunidos, meu patrão, um outro empregado e eu; falávamos de uma coisa e outra, quando meu patrão, sem preâmbulo, me fez esta pergunta:

– Credes nos fantasmas?

– Não, respondi-lhe eu.

Ele continuou a me interrogar e eu me decidi a lhe contar o que se passava. Ele me escutava com muita admiração; quando terminei, ele bateu-me no ombro, dizendo:

– Falarão de vós.

Falou disto a um médico, que dizem muito sábio em Física, e que lhe explicou o fato, dizendo que eu era um *sensitivo,* um *magnetizado.* Procurando dar-se conta da coisa, meu patrão veio um dia encontrar-me em meu quarto e mandou-me tocar. Obedeci e a música invisível se fez ouvir durante alguns segundos, muito distintamente para mim, vagamente para o patrão e os assistentes. O patrão aí se posicionou de todas as maneiras possíveis, sem nada mais obter.

No domingo seguinte voltei ao quarto; era aquele onde a música tinha sido ouvida acompanhando o órgão da Barbária, sem que eu tocasse. Foi a última vez; desde então nada de semelhante se produziu.

[3] Notação é o conjunto de sinais convencionais que simbolizam os sons de uma obra musical. (Nota do revisor Boschiroli)

OBSERVAÇÃO: Antes de atribuir um fato à intervenção dos Espíritos, há que estudar cuidadosamente todas as suas circunstâncias. Aquele de que se trata aqui tem todos os caracteres de uma manifestação; é provável que tenha sido produzido por algum Espírito simpático ao jovem, com o objetivo de trazê-lo às ideias espíritas e de chamar a atenção de outras pessoas para esta espécie de fenômenos. Mas, então, perguntarão, por que esse efeito não se produziu de maneira mais retumbante? Por que, sobretudo, cessou bruscamente? Os Espíritos não têm que dar contas de todos os motivos que os levam a agir. Mas deve-se supor que tivessem julgado o que se passou suficiente para a impressão que queriam produzir. Ademais, a cessação do fenômeno no exato momento em que queriam a sua continuação, deveria ter como resultado provar que a vontade do jovem nada tinha a ver com o fato, e que não havia charlatanice. Essa música era ouvida pelas pessoas presentes, excluído qualquer efeito de ilusão ou de imaginação, bem como de uma história para distrair; além disso, o jovem, não tendo então nenhuma noção do Espiritismo, não se pode supor que sofresse a influência de ideias preconcebidas; só após vários anos é que ele pôde compreender o fenômeno. Inúmeras pessoas estão no mesmo caso. O Espiritismo lhes traz à memória casos esquecidos que elas consideravam alucinação, e dos quais podem, daí por diante, se dar conta. Os fenômenos espontâneos são o que se pode chamar de *Espiritismo experimental natural*.

O ESPIRITUALISMO E O IDEAL
NA ARTE E NA POESIA DOS GREGOS
POR CHASSANG[4]

Nosso número de agosto reproduziu um notabilíssimo artigo, tirado do jornal *le Droit*, sobre as funestas consequências do materialismo, do ponto de vista da legislação e da ordem

[4] I vol. in-12, 8,50 francos. Didier e Cia. Quai des Augustins, 35.

social; a *Patrie* de 30 de julho de 1868 fazia a apreciação de uma obra sobre a influência do espiritualismo nas artes. Esses dois artigos são o corolário e o complemento um do outro: no primeiro provam-se os perigos do materialismo para a Sociedade, e no segundo demonstra-se a necessidade do espiritualismo, sem o qual as artes e a poesia ficam privadas de seu elemento vital.

Com efeito, o sublime da arte e da poesia é falar à alma, elevar o pensamento acima da matéria que nos oprime e da qual incessantemente aspiramos sair, mas para fazer vibrar as cordas da alma é preciso ter uma alma que vibre em uníssono. Como aquele que não crê senão na matéria poderia inspirar-se e se tornar intérprete de pensamentos e sentimentos que estão fora da matéria? Seu ideal não sai do terra-a-terra, e é frio, porque não fala nem ao coração nem ao espírito, mas somente aos sentidos materiais. O belo ideal não está no mundo material; há, pois, que buscá-lo no mundo espiritual, que é o mundo da luz para os cegos; a impossibilidade de atingi-lo criou a escola realista, que não sai deste mundo, porque aí está todo o seu horizonte; estando o verdadeiro belo fora do alcance de certos artistas, eles declaram que o belo é feio. A fábula da raposa que tem o rabo cortado continua sendo uma verdade.

A época em que a fé religiosa era ardente e sincera é também aquela em que a arte religiosa produziu as mais belas obras-primas. O artista se identificava com o seu assunto, porque o via com os olhos da alma e o compreendia; era o seu próprio pensamento que ele representava; mas, à medida que a fé o deixou, o gênio inspirador partiu com ela. Não é pois de admirar se a arte religiosa esteja hoje em plena decadência; não é o talento que falta, é o sentimento.

Dá-se o mesmo com o ideal em todas as coisas. As obras de arte não cativam senão quando fazem pensar. Pode-se admirar o talento plástico do artista, mas ele não pode suscitar um pensamento que não existe em si; ele pinta um mundo que não vê, não sente nem compreende; assim, por vezes cai no grotesco; sente-se que ele visa ao efeito e empenhou-se em fazer algo novo torturando a forma: eis tudo.

Pode-se dizer outro tanto da música moderna; ela faz muito barulho, exige do executante uma grande agilidade dos dedos e da garganta, uma verdadeira deslocação; ela move as fibras do ouvido, mas não as do coração. Essa tendência da arte

392 | REVISTA ESPÍRITA

para a materialidade perverteu o gosto do público, cuja delicadeza do senso moral se acha embotada[5].

A obra do Sr. Chassang é a aplicação dessas ideias à arte em geral, e à arte grega em particular. Reproduzimos com prazer o que dela diz o autor da crítica da *Patrie,* porque é uma prova a mais da enérgica reação que se opera em favor das ideias espiritualistas e que, como dissemos, toda defesa do espiritualismo *racional* franqueia o caminho do Espiritismo, que é o seu desenvolvimento, combatendo os seus mais tenazes adversários: o materialismo e o fanatismo.

O Sr. Chassang é o autor da história de *Apolônio de Tiana,* à qual nos referimos na *Revista* de outubro de 1862.

"Esse livro, de um caráter todo especial, não foi feito por ocasião dos recentes debates sobre o materialismo e, sem a menor dúvida, é independentemente da vontade do autor que as circunstâncias lhe vieram dar uma espécie de atualidade. Escrevendo-o, o Sr. Chassang não pretendia fazer obra de metafísico, mas de simples literato. Não obstante, como as grandes questões de metafísica estão atualmente na ordem do dia e toda obra literária verdadeiramente digna desse nome supõe sempre algum princípio filosófico, esse livro, de uma inspiração espiritualista muito decidida, se acha em correlação com as preocupações do momento.

"O Sr. Chassang deixa a outros a refutação do materialismo do ponto de vista filosófico puro. Sua tese é toda estética. O que ele pretende provar é que a Literatura e a Arte não estão menos interessadas que a vida moral no triunfo das doutrinas espiritualistas. *Assim como o materialismo despoetiza a vida e se dá ao cruel prazer de desencantar o homem, tirando-lhe toda a esperança,* toda consolação em meio aos males que o cercam, do mesmo modo subtrai impiedosamente da Literatura e da Arte o que ele chama de ilusões e mentiras, e, sob pretexto de verdade, proclamando o *realismo*, ele estabelece como lei para os artistas e escritores não exprimir senão o que é.

"As doutrinas espiritualistas, ao contrário, abrem em todos os sentidos a vida às nobres aspirações. Elas entretêm o homem com o futuro e a imortalidade; dizem ao poeta e ao artista que há um belo ideal do qual as mais belas criações humanas não passam de pálidos reflexos, e sobre o qual deve

---

[5] Vide a *Revista* de dezembro de 1860 e janeiro de 1861: *A arte pagã, a arte cristã* e *a arte espírita.*

sempre fixar os olhos quem quer que queira encantar os seus contemporâneos e viver para a posteridade.

"Depois de ter, na sua introdução, desenvolvido este dado do ponto de vista geral, o Sr. Chassang procura a prova na mais bela das literaturas e na maior das artes que já despertou a admiração dos homens: na Literatura e na Arte dos Antigos Gregos. Para semelhante demonstração, uma ordem rigorosa e didática é antes para fugir do que para rebuscar; assim, depois da introdução que expõe os princípios, vêm não capítulos estreitamente unidos e metodicamente ligados, mas estudos isolados que, todos, se ligam ao mesmo assunto, se inspiram no mesmo sentimento e convergem para o mesmo objetivo. O livro tem, assim, ao mesmo tempo, unidade no conjunto e variedade nas partes.

"É a princípio um tratado sobre o que o autor chama com propriedade de *espiritualismo popular* entre os Antigos, isto é, as crenças dos gregos e dos romanos sobre o destino das almas após a morte. Ele mostra que, se entre essas crenças há erros evidentes, não obstante, esses erros repousam todos na esperança de uma outra vida. O culto dos mortos não contém, com efeito, implicitamente uma profissão de fé espiritualista? A última vitória do materialismo seria de suprimi-lo, e seus adeptos deveriam logicamente chegar a isso; do contrário, para que serviria levantar a pedra do túmulo? Para que, sobretudo, cercar o túmulo de respeito, se nada há lá dentro? Assim fala o Sr. Chassang!"

OCTAVE SACHOT

INSTRUÇÕES DOS ESPÍRITOS

DA REGENERAÇÃO DOS POVOS DO ORIENTE

Recebemos da Síria uma carta muito interessante sobre o estado moral dos povos do Oriente e os meios de cooperar em sua regeneração. A especialidade da carta impede que a publiquemos em nossa *Revista*; diremos apenas que nosso honrado correspondente, iniciado no conhecimento dos povos da Europa, encara a questão como profundo filósofo, homem desprendido de qualquer preconceito de seita, que conhece o terreno e não tem nenhuma ilusão sobre as dificuldades apresentadas por semelhante assunto.

Ele vê no Espiritismo, que estudou seriamente, uma poderosa alavanca para combater os preconceitos que se opõem à emancipação moral e intelectual de seus compatriotas, em razão das ideias que constituem o fundo de suas crenças e às quais seria preciso dar uma direção mais racional. Visando concorrer a essa obra, ou pelo menos assentando as primeiras bases, ele concebeu um projeto que teve a gentileza de nos submeter, pedindo que solicitássemos também a opinião dos bons Espíritos.

A comunicação que nos foi dada a esse respeito é instrutiva para todo mundo, sobretudo nas circunstâncias atuais, razão pela qual consideramos conveniente publicá-la. Ela contém uma sábia apreciação das coisas e conselhos que outros poderão aproveitar na ocasião e que, especializando-os, também encontram aplicação na maneira mais favorável de propagar o Espiritismo.

(Paris, 18 de setembro de 1868)

Não é só o Oriente, é a Europa, é o mundo inteiro que uma surda fermentação agita, que a menor causa pode transformar em conflagração universal, quando chegar o momento. Como diz com razão o Sr. X..., é sobre ruínas que se edificaram coisas novas, e antes que a grande renovação seja um fato realizado, os trabalhos humanos e a intervenção dos elementos devem acabar de varrer o solo do pensamento dos erros do passado. Tudo concorre para essa obra imensa; a hora da ação aproxima-se rapidamente e todas as inteligências devem ser encorajadas a se preparar para a luta. A Humanidade sai de seus cueiros para vestir a roupa viril; ela sacode o jugo secular; o momento não poderia ser mais propício. Mas não se pode dissimular que a tarefa é rude e que mais de um artesão será esmagado pela máquina que ele tiver posto em movimento, por não ter sabido descobrir o freio capaz de dominar o entusiasmo da Humanidade muito bruscamente emancipada.

Ter a razão, a verdade por si, trabalhar visando o bem geral, sacrificar seu bem-estar particular ao interesse de todos é bom, mas não é suficiente. Não se pode dar de uma só vez todas as liberdades a um escravo habituado pelos séculos a um jugo severo. É só gradualmente e compatibilizando a extensão das margens aos progressos da inteligência e sobretudo da moral da Humanidade, que a regeneração poderá realizar-se. A tempestade que dissipa os miasmas deletérios de que uma região está infectada é um cataclismo benéfico, mas aquela que rompe todos os diques e que, não obedecendo a nenhum freio, tudo derruba à sua passagem, é deplorável e sem qualquer consequência útil. Ela aumenta as dificuldades, em vez de contribuir para o seu desaparecimento.

Todos quantos desejam utilmente concorrer ao trabalho regenerador devem, pois, antes de tudo, preocupar-se com a natureza dos elementos sobre os quais lhes é possível agir, e combinar suas ações em razão do caráter, dos costumes, das crenças daqueles a quem querem transformar. Assim, para atingir, no Oriente, o objetivo que todos os Espíritos de escol perseguem na América e na Europa Ocidental, é necessário seguir uma marcha idêntica quanto ao conjunto, mas essencialmente diferente nos detalhes. Semeando a instrução, desenvolvendo a moralidade, combatendo os abusos consagrados pelo tempo, chegar-se-á a um mesmo resultado, em qualquer parte onde se aja, mas a escolha dos meios, sobretudo, deverá ser determinada pelo gênio particular daqueles a quem se dirigirem.

O espírito de reforma sopra em toda a Ásia; ele deixou na Síria, na Pérsia e em todas as regiões circunvizinhas, heranças sangrentas; a ideia nova aí germinou, regada pelo sangue dos mártires; é preciso aproveitar o impulso dado às inteligências, mas evitar a recaída nos erros que provocaram essas perseguições. *Não se instrui o homem batendo de frente os seus preconceitos, mas contornando-os, modificando o mobiliário de seu espírito de maneira de tal modo graduada que ele chegue, por si mesmo, a renunciar os erros pelos quais antes teria sacrificado sua vida.* Não se lhe deve dizer: "Isto é mau, aquilo é bom", mas levá-lo, pelo ensino literário e pelo exemplo, a apreciar cada coisa sob seu verdadeiro aspecto. Não se impõem ideias novas a um povo; para que ele as aceite sem perturbação lamentável, é preciso habituá-lo pouco a pouco, fazendo-o reconhecer suas vantagens, e não estabelecê-las como princípios senão quando se está certo de que elas terão por si mesmas uma considerável maioria.

Há muito a fazer no Oriente, mas a ação apenas do homem seria impotente para operar uma transformação radical. Os acontecimentos em que tocamos contribuirão parcialmente nessa transformação. Eles habituarão os orientais a um novo gênero de existência; eles saparão pela base os preconceitos que presidem à legislação da família. Somente depois disto é que o ensinamento lhes virá dar o último golpe.

Nós aplaudimos com todas as forças a obra do Sr. X..., o espírito no qual ela é concebida; nós lhe prometemos, além disso, nossa assistência, e o aconselhamos a recorrer a nós, todas as vezes que se defrontar com dificuldades embaraçosas. Que ele se apresse a pôr-se à obra. Os acontecimentos vão depressa e é difícil que o trabalho esteja terminado quando chegar o momento propício! Que ele não perca tempo e conte com o nosso concurso, que lhe é concedido como a todos os que perseguem com desinteresse a realização dos desígnios providenciais.

CLÉLIE DUPLANTIER

A MELHOR PROPAGANDA

(Sociedade de Paris, 23 de outubro de 1868
Médium: Sr. Nivard)

Se há poucos médiuns esta noite, não significa que faltem Espíritos. Ao contrário, eles são muito numerosos. Alguns são habituais, que vêm instruir-vos ou instruir-se; outros, em grande número, são recém-vindos para vós. Eles vieram sem carta de apresentação, é certo, mas com o consentimento e a convite dos Espíritos habituais. Muitos desses Espíritos sentem-se felizes por assistir à sessão, e sobretudo por ver aqui vários Espíritos amigos que eles amam e dirigem, e que tiveram o pensamento de vir entre vós.

Há muitos espíritas no mundo, mas seu grau de instrução sobre a Doutrina está longe de ser suficiente para que se classifiquem entre os Espíritos esclarecidos. Sem dúvida eles têm luzes, mas lhes falta a prática; ou, se praticam, necessitam ser assistidos, a fim de trazer, nos esforços que tentam, mais persuasão e menos entusiasmo. Quando falo de prática do Espiritismo, quero dizer a parte que concerne à propaganda. Ora! Para exercer com eficácia essa parte, mais difícil do que se pensa, é preciso estar bem penetrado da filosofia do Espiritismo e também de sua parte moral. A parte moral é fácil de conhecer; para isto ela exige pouco esforço; em compensação, é a mais difícil de praticar, porque só o exemplo pode fazê-la bem compreendida. Fareis compreender melhor a virtude dando o exemplo do que a definindo. Ser virtuoso é fazer compreender e amar a virtude. Nada há a contestar àquele que faz o que aconselha os outros a fazerem. Assim, para a parte moral do Espiritismo, nenhuma dificuldade na teoria, muita na prática.

A parte filosófica apresenta mais dificuldades para ser compreendida e, por consequência, requer mais esforços. Os adeptos que buscam ser militantes devem pôr-se à obra para bem conhecê-la, pois é a arma com a qual combaterão com mais sucesso. É útil que não se extasiem com os fenômenos materiais, e que deem a sua explicação sem muito desenvolvimento. Eles devem reservar esse desenvolvimento para a análise dos fatos de ordem inteligente, sem contudo dizer muito, pois não se deve fatigar o espírito das pessoas noviças no Espiritismo. Explicações concisas, exemplos bem escolhidos, adaptando-se bem à questão que se discute, eis tudo o que é preciso. Mas, repito, para ser conciso, não se deve saber menos; para dar exemplos ou explicações bem adequadas ao assunto, é necessário conhecer a fundo a filosofia do Espiritismo. Essa filosofia está resumida em *O Livro dos Espíritos* e o lado prático em *O Livro dos Médiuns.* Se conhecerdes bem a substância destas duas obras, que são obra dos Espíritos, certamente tereis a felicidade de trazer muitos dos vossos irmãos a essa crença tão consoladora, e muitos dos que creem serão postos no verdadeiro terreno: o do amor e da caridade.

Assim, pois, meus amigos, aqueles dentre vós que desejarem, e todos devem desejar, partilhar de suas crenças com seus irmãos, que querem chamá-los ao banquete de consolação que o Espiritismo oferece a todos os seus filhos, devem moralmente pregar o Espiritismo praticando a moral, e intelectualmente espalhando em seu redor as luzes que colheram ou que colherão nas comunicações dos Espíritos.

Tudo isto é fácil: basta querer. Então, meus caros amigos, em nome de vossa felicidade, de vossa tranquilidade, em nome da união e da caridade, aconselho-vos a querer.

UM ESPÍRITO

O VERDADEIRO RECOLHIMENTO

(Sociedade de Paris, 16 de outubro de 1868
Médium: Sr. Bertrand.)

Se pudésseis ver o recolhimento dos Espíritos de todas as ordens que assistem às vossas sessões, e isto durante a leitura de vossas preces, não só ficaríeis tocados, mas ficaríeis envergonhados de ver que o vosso recolhimento, que apenas qualifico de silêncio, está muito longe de aproximar-se do dos Espíritos, um bom número dos quais vos são inferiores. O que chamais de recolhimento durante a leitura de vossas belas preces, é observar um silêncio que ninguém perturba, entretanto, se vossos lábios não se mexem, se vosso corpo está imóvel, vosso Espírito vaga e deixa de lado as sublimes palavras que deveríeis pronunciar do mais profundo do vosso coração, a elas vos assemelhando pelo pensamento.

Vossa matéria observa o silêncio; certamente dizer o contrário seria vos injuriar; mas o vosso Espírito tagarela não o observa, e perturba, nesse instante, por vossos pensamentos diversos, o recolhimento dos Espíritos que vos rodeiam. Ah! Se os vísseis prosternados ante o Eterno, pedindo a realização de cada uma das palavras que ledes, vossa alma ficaria comovida e lamentando sua pouca atenção passada, faria uma volta sobre si mesma e pediria a Deus, de todo coração, a realização dessas mesmas palavras que ela apenas pronunciava com os lábios. Pediríeis aos Espíritos que vos tornásseis *dóceis aos seus conselhos*. E eu, o Espírito que vos fala, após a leitura de vossas preces, e das palavras que acabo de repetir, poderia assinalar mais de um que daqui sairá muito pouco dócil aos conselhos que acabo de dar e com sentimentos muito pouco caridosos para com seu próximo.

Sem dúvida sou um pouco duro, mas creio não o ser senão para com aqueles que o merecem e cujos pensamentos mais secretos não podem ser escondidos aos Espíritos. Não me dirijo, pois, senão aos que aqui vêm pensando em qualquer outra coisa, menos nas lições que aqui devem buscar e nos sentimentos que aqui devem trazer. Mas os que oram do fundo de sua alma orarão também, após a leitura de minha comunicação, por aqueles que vêm aqui e daqui partem sem haver orado.

Seja como for, peço aos que tiveram a bondade de me escutar com ouvidos atentos, que continuem a pôr em prática os ensinamentos e os conselhos dos Espíritos; a isto os convido no seu interesse, pois eles não sabem tudo quanto podem perder não o fazendo.

DE COURSON

BIBLIOGRAFIA

O ESPIRITISMO NA BÍBLIA

Ensaio sobre a Psicologia dos antigos hebreus, por Henri Stecki[6]

Sabe-se que a Bíblia contém uma porção de passagens em relação com os princípios do Espiritismo. Mas como encontrá-las nesse labirinto? Seria necessário fazer desse livro uma leitura atenta, o que pouca gente tem tempo e paciência para fazer. Nalgumas mesmo, sobretudo em razão da linguagem o

---
[6] Pequeno volume in-12; preço I franco; pelo correio, I,25 franco. Lacroix & Cie e Livraria Internacional, Boulevard Montmartre, 15 - Paris; e no escritório da *Revista Espírita*.

mais das vezes figurada, a ideia espírita só aparece de maneira clara após reflexão.

O autor desse livro fez da Bíblia um estudo aprofundado, e só o conhecimento que ele tem do Espiritismo lhe deu a chave de coisas que lhe pareciam antes inexplicáveis ou ininteligíveis. Foi assim que ele pôde informar-se com certeza sobre as ideias psicológicas dos antigos hebreus, ponto sobre o qual os comentadores não estavam de acordo. Devemos, pois, ser-lhe gratos por ter trazido essas passagens à luz, num resumo sucinto, e também por ter poupado ao leitor pesquisas longas e fastidiosas. Às citações ele acrescenta comentários necessários à compreensão do texto, e que revelam nele o espírita esclarecido, mas não fanático por suas ideias, e que vê Espiritismo em tudo.

O nome do autor indica que ele não é francês. Ele diz, no prefácio, que é polonês, e explica em que circunstâncias foi levado ao Espiritismo e os socorros morais que colheu nesta doutrina. Embora estrangeiro, ele escreve o francês, como aliás a maioria dos povos do Norte, principalmente os poloneses e os russos, com perfeita pureza. Seu livro é escrito com clareza, o que é um grande mérito em matérias filosóficas, porque nada é menos próprio à vulgarização das ideias que um autor quer propagar, do que esses livros cuja leitura fatiga a ponto de dar dor de cabeça, e cujas proposições são uma série de enigmas indecifráveis para o comum dos leitores.

Em resumo, o Sr. Stecki fez um livro útil, e todos os espíritas lhe serão agradecidos.

Agradecemos pessoalmente a epístola dedicatória que ele teve a bondade de colocar no topo de sua obra.

O ESPIRITISMO EM LYON

(Le Spiritisme à Lyon)

Esse jornal, que está sendo editado desde 15 de fevereiro, e do qual falamos várias vezes, prossegue a sua rota com sucesso, graças ao zelo e ao devotamento de seus diretores.

Sua obra é tanto mais meritória porque, sendo noviços no que concerne à manutenção de um jornal, eles tiveram que lutar contra as dificuldades da inexperiência. Mas é forjando que se faz o ferreiro. Assim, seguimos com um vivo interesse os progressos desse jornal, que ganhou consideravelmente, desde a sua origem, pela forma e pelo fundo. Nós o felicitaríamos pelo espírito de tolerância e de moderação do qual ele fez lei, se esta não fosse uma das qualidades sem as quais não se poderia dizer verdadeiramente espírita, e uma consequência da máxima que ele toma como divisa: *Fora da caridade não há salvação*. Assim, fazemos votos sinceros por sua prosperidade.

O último número, de 15 de outubro, contém vários artigos muito interessantes, sobre os quais chamamos a atenção dos nossos leitores.

OS DESTINOS DA ALMA

(Des destinées de l'âme)

Com considerações proféticas para reconhecer o tempo presente e os sinais da aproximação dos últimos dias; nova edição, precedida de um apelo aos católicos de boa-fé e ao futuro concílio.
Por A. D'ORIENT[7]

Nessa obra de importância capital, o autor se apoia na pluralidade das existências, como a teoria mais racional sobre o progresso indefinido da alma pelo trabalho realizado nas existências sucessivas; a responsabilidade de cada um conforme as suas obras; a não-eternidade absoluta das penas; o corpo fluídico etc., numa palavra, sobre os princípios que formam a base do Espiritismo. Entretanto, ela foi publicada em 1845, nova prova do movimento que já se operava nesse sentido, mesmo antes do aparecimento da Doutrina Espírita, que

---
[7] Grosso volume grande in-8. Preço: 7,50 francos. Didier & Cie., Quai des Augustins, 35 e Ad. Lainé, Rua des Saints-Pères, 19.

veio sancionar pelos fatos e coordenar estas ideias esparsas. O autor se lisonjeava de a isto ligar o clero, respeitando os dogmas católicos, mas interpretando-os de maneira mais lógica. Sua esperança foi ilusória, porque o seu livro foi posto no índex. Limitamo-nos a anunciá-lo, comprometendo-nos a consagrar-lhe um artigo especial, quando tivermos tido tempo de examiná-lo a fundo.

Enquanto isto, citaremos o parágrafo seguinte, da introdução, que especifica o objetivo a que se propôs o autor:

"Ressurreição dos corpos, presciência de Deus, vidas sucessivas ou purgatório das almas, tais são as três questões nas quais tudo o que se liga aos destinos de nossa alma se articula, que nos propomos apresentar, sob nova prisma, à meditação dos católicos e de todos os homens que gostam de refletir sobre si mesmos. O que temos a dizer não toca nas verdades essenciais que a todo o gênero humano importa conhecer e crer com inteira certeza: essas verdades, que são do domínio da fé, são tão completas e asseguradas quanto é necessário que o sejam, e não temos a pretensão de nada ajuntar de nós mesmo. Não queremos senão propor humanamente, sobre essas matérias, teorias humanas, que é permitido ignorar ou não crer sem prejuízo para a sua alma. Todos os nossos esforços não têm outro fim senão aclarar o facho da ciência dos fatos obscuros, onde as luzes da revelação faltam, e que a fé não definiu completamente."

AVISO

Aos senhores assinantes que não quiserem sofrer atraso no recebimento da *Revista,* rogamos renovar suas assinaturas antes de 31 de dezembro.

ALLAN KARDEC

REVISTA ESPÍRITA

JORNAL DE ESTUDOS PSICOLÓGICOS

ANO XI	DEZEMBRO DE 1868	VOL. 12

SESSÃO ANUAL COMEMORATIVA DOS MORTOS

(Sociedade de Paris, 1.º de novembro de 1868)

DISCURSO DE ABERTURA PELO SR. ALLAN KARDEC[1]

O Espiritismo é uma religião?

"Onde quer que se encontrem duas ou três pessoas reunidas em meu nome, aí estarei com elas." (Mat. 18:20).

Caros irmãos e irmãs espíritas,

Estamos reunidos, neste dia consagrado pelo uso à comemoração dos mortos, para dar aos nossos irmãos que deixaram a Terra, um testemunho particular de simpatia; para continuar as relações de afeição e de fraternidade que existiam entre eles e nós, em vida, e para chamar sobre eles a bondade do Todo-Poderoso. Mas, por que nos reunirmos? Não podemos fazer, cada um em particular, o que nos propomos fazer em comum? Qual a utilidade que pode haver em se reunir assim num dia determinado?

Jesus no-lo indica pelas palavras citadas no alto. Essa utilidade está no resultado produzido pela comunhão de pensamentos que se estabelece entre pessoas reunidas com o mesmo objetivo.

[1] A primeira parte deste discurso é tirada de uma publicação anterior sobre a *Comunhão de pensamentos*, mas que era necessário relembrar, dada a ligação com a ideia principal.

Mas compreendemos bem todo o alcance da expressão: *Comunhão de pensamentos?* Seguramente, até este dia, poucas pessoas dela tinham feito uma ideia completa. O Espiritismo, que nos explica tantas coisas pelas leis que nos revela, vem novamente nos explicar a causa, os efeitos e o poder dessa situação do espírito.

Comunhão de pensamento quer dizer pensamento comum, unidade de intenção, de vontade, de desejo, de aspiração. Ninguém pode desconhecer que o pensamento é uma força, mas é uma força puramente moral e abstrata? Não, pois do contrário não compreenderíamos certos efeitos do pensamento, e ainda menos a comunhão do pensamento. Para compreendê-lo, é preciso conhecer as propriedades e a ação dos elementos que constituem nossa essência espiritual, e é o Espiritismo que nos ensina isso.

O pensamento é o atributo característico do ser espiritual; é ele que distingue o espírito da matéria: sem o pensamento, o espírito não seria espírito. A vontade não é atributo especial do espírito, é o pensamento que atingiu um certo grau de energia; é o pensamento transformado em força motriz. É pela vontade que o espírito imprime aos membros e ao corpo movimentos num determinado sentido. Mas se ele tem a força de agir sobre os órgãos materiais, quão maior não deve ser essa força sobre os elementos fluídicos que nos cercam! O pensamento age sobre os fluidos ambientes, como o som age sobre o ar; esses fluidos nos trazem o pensamento, como o ar nos traz o som. Podemos dizer, portanto, com plena certeza, que há, nesses fluidos, ondas e raios de pensamentos que se cruzam sem se confundirem, como há no ar ondas e raios sonoros.

Uma assembleia é um foco onde se irradiam pensamentos diversos; é como uma orquestra, um coro de pensamentos em que cada um produz a sua nota. Resulta daí uma porção de correntes e de eflúvios fluídicos, cada um dos quais recebe a impressão pelo sentido espiritual, como num coro de música cada um recebe a impressão dos sons pelo sentido da audição.

Mas, assim como há raios sonoros harmônicos ou discordantes, também há pensamentos harmônicos ou discordantes. Se o conjunto for harmônico, a impressão será agradável; se for discordante, a impressão será penosa. Ora, para isso não é preciso que o pensamento seja formulado em palavras; a radiação fluídica não deixa de existir pelo fato de ser ou não ser expressa; se todas forem benevolentes, todos os assistentes experimentarão um verdadeiro bem-estar e sentir-se-ão à vontade; mas se se misturarem alguns pensamentos maus, produzem o efeito de uma corrente de ar gelado num meio tépido.

Tal é a causa do sentimento de satisfação que experimentamos numa reunião simpática; aí como que reina uma atmosfera moral salubre, onde respiramos à vontade; daí saímos reconfortados, porque ficamos impregnados de eflúvios fluídicos salutares. Assim se explicam, também, a ansiedade, o mal-estar indefinível que sentimos num meio antipático, em que pensamentos malévolos provocam, por assim dizer, correntes fluídicas malsãs.

A comunhão de pensamentos produz, assim, uma espécie de efeito físico, que reage sobre o moral; é o que só o Espiritismo poderia dar a compreender. O homem o sente instintivamente, porquanto ele procura as reuniões onde sabe que encontra essa comunhão. Nessas reuniões homogêneas e simpáticas ele adquire novas forças morais; poder-se-ia dizer que ele aí recupera as perdas fluídicas que ocorrem diariamente pela radiação do pensamento, como recupera pelos alimentos as perdas do corpo material.

A esses efeitos da comunhão dos pensamentos, junta-se um outro que é sua consequência natural, e que importa não perder de vista: é o poder que adquire o pensamento ou a vontade, pelo conjunto de pensamentos ou vontades reunidas. Sendo a vontade uma força ativa, essa força é multiplicada pelo número de vontades idênticas, como a força muscular é multiplicada pelo número dos braços.

Estabelecido este ponto, concebe-se que nas relações que se estabelecem entre os homens e os Espíritos, há, numa reunião onde reina uma perfeita comunhão de pensamentos, uma força atrativa ou repulsiva que nem sempre possui um indivíduo isolado. Se, até o presente, as reuniões muito numerosas são menos favoráveis, é pela dificuldade de obter uma homogeneidade perfeita de pensamentos, o que depende da imperfeição da natureza humana na Terra. Quanto mais numerosas são as reuniões, mais aí se misturam elementos heterogêneos que paralisam a ação dos bons elementos, e que são como grãos de areia numa engrenagem. Não é assim nos mundos mais adiantados, e tal estado de coisas mudará na Terra, à medida que os homens se tornarem melhores.

Para os espíritas, a comunhão de pensamentos tem um resultado ainda mais especial. Vimos o efeito dessa comunhão de homem a homem; o Espiritismo nos prova que ele não é menor dos homens para os Espíritos, e vice-versa. Com efeito, se o pensamento coletivo adquire força pelo número, um conjunto de pensamentos idênticos, tendo o bem por objetivo, terá mais força para neutralizar a ação dos maus Espíritos; assim, vemos que a tática destes últimos é impelir para a divisão e para o isolamento. Sozinho, um homem pode sucumbir, ao passo que se sua vontade for corroborada por outras vontades, ele poderá resistir, segundo o axioma: *A união faz a força*, axioma verdadeiro tanto do ponto de vista moral quanto do físico.

Por outro lado, se a ação dos Espíritos malévolos pode ser paralisada por um pensamento comum, é evidente que a dos bons Espíritos será secundada. Sua influência salutar não encontrará obstáculos; não sendo os seus eflúvios fluídicos detidos por correntes contrárias, espalhar-se-ão sobre todos os assistentes, precisamente porque todos tê-los-ão atraído pelo pensamento, não cada um em proveito pessoal, mas em proveito de todos, conforme a lei da caridade. Esses eflúvios descerão sobre eles em línguas de fogo, para nos servirmos de uma admirável imagem do Evangelho.

Assim, pela comunhão de pensamentos, os homens se assistem entre si, e ao mesmo tempo assistem os Espíritos e são por estes assistidos. As relações entre o mundo visível e o mundo invisível não são mais individuais, são coletivas, por isto mesmo são mais poderosas para o proveito das massas, como para o dos indivíduos. Numa palavra, estabelecem a solidariedade, que é a base da fraternidade. Ninguém trabalha para si só, mas para todos, e trabalhando por todos, cada um aí encontra a sua parte. É isto que o egoísmo não entende.

Graças ao Espiritismo, compreendemos, então, o poder e os efeitos do pensamento coletivo; entendemos melhor o sentimento de bem-estar que experimentamos num meio homogêneo e simpático; mas sabemos igualmente que o mesmo se dá com os Espíritos, porque eles também recebem os eflúvios de todos os pensamentos benévolos que para eles se elevam como uma nuvem de perfume. Os que são felizes experimentam uma alegria ainda maior por esse concerto harmonioso; os que sofrem sentem um maior alívio.

Todas as reuniões religiosas, seja qual for o culto a que pertençam, são fundadas na comunhão de pensamentos; é aí, com efeito, que elas devem e podem exercer toda sua força, porque o objetivo deve ser o desprendimento do pensamento das injunções da matéria. Infelizmente, a maioria se afasta desse princípio, à medida que faz da religião uma questão de forma. Disso resulta que cada um fazendo consistir seu dever na realização da forma, julga-se quite com Deus e com os homens quando praticou uma fórmula. Resulta, também, que *cada um vai aos lugares de reuniões religiosas com um pensamento pessoal, por sua própria conta, e o mais das vezes sem nenhum sentimento de confraternidade em relação aos outros assistentes; ele está isolado em meio à multidão, e não pensa no Céu senão para si mesmo.*

Certamente não era assim que entendia Jesus quando disse: "Quando diversos de vós estiverdes reunidos em meu nome, eu estarei entre vós." Reunidos em meu nome quer dizer com um pensamento comum, mas não podemos estar reunidos em nome de Jesus sem assimilar os seus princípios, a sua doutrina. Ora, qual é o princípio fundamental da doutrina de Jesus? A caridade em pensamentos, palavras e obras. Os egoístas e os orgulhosos mentem quando se dizem reunidos em nome de Jesus, porque Jesus não os reconhece como seus discípulos.

Feridas por estes abusos e por estes desvios, há criaturas que negam a utilidade das assembleias religiosas e, por conseguinte, dos edifícios consagrados a tais assembleias. Em seu radicalismo, pensam que seria melhor construir hospícios do que templos, porque o templo de Deus está em toda parte; porque Deus pode ser adorado em toda parte; porque cada um pode orar em sua própria casa e a qualquer hora, ao passo que os pobres, os doentes e os enfermos necessitam de lugares de refúgio.

Mas pelo fato de terem cometido abusos; de terem se afastado do reto caminho, segue-se que não existe o caminho reto e que tudo aquilo de que abusam seja mau? Falar assim é desconhecer a fonte e os benefícios da comunhão de pensamentos que deve ser a essência das assembleias religiosas; é ignorar as causas que a provocam. Concebemos que os materialistas professem semelhantes ideias, porque eles, em todas as coisas, fazem abstração da vida espiritual, mas da parte dos espiritualistas, e mais ainda dos espíritas, seria um contrassenso. *O isolamento religioso, como o isolamento social, conduz ao egoísmo.* Que alguns homens sejam bastante fortes por si mesmos, muito largamente dotados pelo coração, para que sua fé e sua caridade não necessitem ser reaquecidas num foco comum, é possível, mas assim não se dá com as massas, às quais é preciso um estimulante, sem o qual elas poderiam deixar-se dominar pela indiferença. Além disto, qual o homem que poderia dizer-se bastante esclarecido para nada ter a aprender em relação a seus interesses futuros, e suficientemente perfeito para dispensar conselhos na vida presente? É ele sempre capaz de instruir-se por si mesmo? Não; à maioria deles são necessários ensinamentos diretos em matéria de Religião e de Moral, como em matéria de Ciência. Sem dúvida esse ensinamento pode ser dado por toda parte, sob a abóbada do céu como sob a de um templo, mas por que não teriam os homens lugares especiais para os negócios do Céu, como os têm para os negócios da Terra? Por que não teriam assembleias religiosas, como têm assembleias políticas, científicas e industriais? Aqui está uma bolsa onde se ganha sempre, sem que ninguém perca. Isto não impede as fundações em proveito dos infelizes, mas nós acrescentamos que *quando os homens compreenderem melhor seus interesses do Céu, haverá menos gente nos hospícios.*

Se as assembleias religiosas – nós falamos em geral, sem alusão a qualquer culto – muitas vezes se afastaram do objetivo primitivo principal, que é a comunhão fraterna do pensamento; se o ensino que aí é dado nem sempre seguiu o movimento progressivo da Humanidade, é que os homens não progridem todos ao mesmo tempo; o que eles não fazem num período, fazem-no em outro; à medida que se esclarecem, veem as lacunas que existem em suas instituições, e as preenchem; compreendem que o que era bom numa época, em relação ao grau da civilização, torna-se insuficiente num estado mais adiantado, e restabelecem o nível. Sabemos que o Espiritismo é a grande alavanca do progresso em todas as coisas; que ele marca uma era de renovação. Saibamos, pois, esperar, e não peçamos a uma época mais do que ela pode dar. Como as plantas, é preciso que as ideias amadureçam para serem colhidos os frutos. Além disto, saibamos fazer as concessões necessárias nas épocas de transição, porque nada, na Natureza, se opera de maneira brusca e instantânea.

Dissemos que o verdadeiro objetivo das assembleias religiosas deve ser a *comunhão de pensamentos*; é que, com efeito, a palavra *religião* quer dizer *laço*. Uma religião, em sua acepção ampla e verdadeira, é um laço que *religa* os homens numa comunhão de sentimentos, de princípios e de crenças. Consecutivamente, esse nome foi dado a esses mesmos princípios codificados e formulados em dogmas ou artigos de fé. É neste sentido que se diz: *a religião política*; entretanto, mesmo nesta acepção, a palavra religião não é sinônima de *opinião*; implica uma ideia particular: a de *fé consciencio*sa; eis por que se diz também: *a fé política*. Ora, os homens podem alistar-se, por interesse, num partido, sem ter fé nesse partido, e a prova é que o deixam sem escrúpulo, quando encontram seu interesse alhures, ao passo que aquele que o abraça por convicção é inabalável; ele persiste à custa dos maiores sacrifícios, e a abnegação dos interesses pessoais é a verdadeira pedra de toque da fé sincera. Contudo, se a renúncia a uma opinião, motivada pelo interesse, é um ato de desprezível covardia, é respeitável, ao contrário, quando fruto do reconhecimento do erro em que se estava; é então um ato de abnegação e de bom senso. Há mais coragem e grandeza em reconhecermos abertamente que nos enganamos, do que persistirmos, por amor-próprio, no que sabemos ser falso, e para não darmos um desmentido a nós mesmos, o que acusa mais teimosia do que firmeza, mais orgulho do que bom senso, mais fraqueza do que força. É mais ainda: é hipocrisia, porque queremos parecer o que não somos; além disso é uma ação má, porque é encorajar o erro por nosso próprio exemplo.

O laço estabelecido por uma religião, seja qual for o seu objetivo, é, pois, um laço essencialmente moral que liga os corações, que identifica os pensamentos, as aspirações, e não apenas o fato de compromissos materiais que podemos romper à vontade, ou da realização de fórmulas que falam mais aos olhos do que ao espírito. O efeito desse laço moral é o de estabelecer entre as pessoas que ele une, como consequência da comunhão de vistas e de sentimentos, a *fraternidade e a solidariedade,* a indulgência e a benevolência mútuas. É nesse sentido que também se diz: a religião da amizade, a religião da família.

Se assim é, perguntarão, então o Espiritismo é uma religião? Ora, sim, sem dúvida, senhores; no sentido filosófico, o Espiritismo é uma religião, e nós nos glorificamos por isto, porque é a doutrina que funda os laços da fraternidade e da comunhão de pensamentos, não sobre uma simples convenção, mas sobre as mais sólidas bases: as próprias leis da Natureza. Por que, então, temos declarado que o Espiritismo não é uma religião? Porque não há uma palavra para exprimir duas ideias diferentes, e porque, na opinião geral, a palavra religião é inseparável da ideia de culto; porque ela desperta exclusivamente uma ideia de forma, que o Espiritismo não tem. Se o Espiritismo se dissesse religião, o público não veria aí senão uma nova edição, uma variante, se quiserem, dos princípios absolutos em matéria de fé; uma casta sacerdotal com seu cortejo de hierarquias, de cerimônias e de privilégios; ele não o separaria das ideias de misticismo e dos abusos contra os quais tantas vezes a opinião pública se levantou.

Não tendo o Espiritismo nenhum dos caracteres de uma religião, na acepção usual do vocábulo, não podia nem devia enfeitar-se com um título sobre cujo valor as pessoas inevitavelmente ter-se-iam equivocado. Eis por que simplesmente se diz: doutrina filosófica e moral.

As reuniões espíritas podem, pois, ser feitas religiosamente, isto é, com o recolhimento e o respeito que comporta a natureza grave dos assuntos de que elas se ocupam. Pode-se mesmo, na ocasião, fazer preces que em vez de serem ditas em particular, são ditas em comum, sem que por isto as tomem por *assembleias religiosas*. Não penseis que isto seja um jogo de palavras; a nuança é perfeitamente clara, e a aparente confusão é devida à falta de um vocábulo para cada ideia.

Qual é, pois, o laço que deve existir entre os espíritas? Eles não estão unidos entre si por nenhum contrato material, por nenhuma prática obrigatória; qual o sentimento no qual se devem confundir todos os pensamentos? É um sentimento todo moral, todo espiritual, todo humanitário: o da caridade para com todos, ou, por outras palavras: o amor ao próximo, que compreende os vivos e os mortos, pois sabemos que os mortos também fazem parte da Humanidade.

A caridade é a alma do Espiritismo. Ela resume todos os deveres do homem para consigo mesmo e para com seus semelhantes; eis por que podemos dizer que não há verdadeiro espírita sem caridade.

Mas a caridade é ainda uma dessas palavras de sentido múltiplo, cujo inteiro alcance deve ser bem compreendido, e se os Espíritos não cessam de pregá-la e defini-la, é que provavelmente eles reconhecem que isto ainda é necessário.

O campo da caridade é muito vasto. Ele compreende duas grandes divisões que, na falta de termos especiais, podemos designar pelas expressões: *caridade beneficente* e *caridade benevolente*. Compreende-se facilmente a primeira, que é naturalmente proporcional aos recursos materiais de que se dispõe; mas a segunda está ao alcance de todos, tanto do mais pobre quanto do mais rico. Se a beneficência é forçosamente limitada, nada além da vontade poderia estabelecer limites à benevolência.

O que é preciso, então, para praticar a caridade benevolente? Amar ao próximo como a si mesmo: ora, se amarmos ao próximo como a nós mesmos, amá-lo-emos muito; agiremos para com os outros como gostaríamos que os outros agissem para conosco; não desejaremos nem faremos mal a ninguém, porque não gostaríamos que no-lo fizessem.

Amar ao próximo é, pois, abjurar todo sentimento de ódio, de animosidade, de rancor, de inveja, de ciúme, de vingança, numa palavra, todo desejo e todo pensamento de prejudicar; é perdoar aos seus inimigos e retribuir o mal com o bem; é ser indulgente para com as imperfeições de seus semelhantes e não procurar o cisco no olho do vizinho, quando não vemos a trave que temos no nosso; é cobrir ou desculpar as faltas dos outros, em vez de nos comprazermos em pô-las em relevo por espírito de maledicência; é, ainda, não nos fazermos valorizar à custa dos outros; não procurarmos esmagar a pessoa sob o peso de nossa superioridade; não desprezarmos ninguém por orgulho. Eis a verdadeira caridade benevolente, a caridade prática, sem a qual a caridade é palavra vã; é a caridade do verdadeiro espírita como do verdadeiro cristão, aquela sem a qual quem diz: *Fora da caridade não há salvação,* pronuncia sua própria condenação, tanto neste quanto no outro mundo.

Quanta coisa haveria a dizer a tal respeito! Quantas belas instruções nos dão os Espíritos incessantemente! Sem o receio de alongar-me e de abusar de vossa paciência, senhores, seria fácil demonstrar que, em se colocando no ponto de vista do interesse pessoal, egoísta, se preferirdes, porque nem todos os homens estão maduros para uma completa abnegação para fazer o bem unicamente por amor do bem, digo que seria fácil demonstrar que eles têm tudo a ganhar em agir deste

412 | REVISTA ESPÍRITA

modo e tudo a perder agindo diversamente, mesmo em suas relações sociais; depois, o bem atrai o bem e a proteção dos bons Espíritos; o mal atrai o mal e abre a porta à malevolência dos maus. Mais cedo ou mais tarde o orgulhoso será castigado pela humilhação, o ambicioso pelas decepções, o egoísta pela ruína de suas esperanças, o hipócrita pela vergonha de ser desmascarado. Aquele que abandona os bons Espíritos por estes é abandonado e de queda em queda se vê, por fim, no fundo do abismo, ao passo que os bons Espíritos erguem e amparam aquele que, nas maiores provações, não deixa de confiar na Providência e jamais se desvia do reto caminho, aquele, enfim, cujos secretos sentimentos não dissimulam nenhum pensamento oculto de vaidade ou de interesse pessoal. Então, de um lado, ganho assegurado; do outro, perda certa; cada um, em virtude de seu livre-arbítrio, pode escolher os riscos que quer correr, mas não poderá queixar-se senão de si mesmo pelas consequências de sua escolha.

Crer num Deus todo-poderoso, soberanamente justo e bom; crer na alma e em sua imortalidade; na preexistência da alma como única justificação do presente; na pluralidade das existências como meio de expiação, de reparação e de adiantamento intelectual e moral; na perfectibilidade dos mais imperfeitos seres; na felicidade crescente com a perfeição; na equitável remuneração do bem e do mal, conforme o princípio: a cada um segundo as suas obras; na igualdade da justiça para todos, sem exceções, favores nem privilégios para nenhuma criatura; na duração da expiação limitada pela imperfeição; no livre-arbítrio do homem, que lhe deixa sempre a escolha entre o bem e o mal; crer na continuidade das relações entre o mundo visível e o mundo invisível; na solidariedade que religa todos os seres passados, presentes e futuros, encarnados e desencarnados; considerar a vida terrestre como transitória e uma das fases da vida do Espírito, que é eterna; aceitar corajosamente as provações, em vista do futuro mais invejável que o presente; praticar a caridade em pensamentos, palavras e obras na mais larga acepção da palavra; esforçar-se todos os dias para ser melhor que na véspera, extirpando alguma imperfeição de sua alma; submeter todas as crenças ao controle do livre exame e da razão e nada aceitar pela fé cega; respeitar todas as crenças sinceras, por mais irracionais que nos pareçam e não violentar a consciência de ninguém; ver, enfim, nas descobertas da Ciência a revelação das leis da Natureza, que são as leis de Deus: eis o *Credo, a religião do Espiritismo*, religião que pode congraçar-se com todos os cultos, isto é, com todas as maneiras de adorar Deus. É o laço que deve unir todos os espíritas numa santa comunhão de pensamentos, esperando que ele ligue todos os homens sob a bandeira da fraternidade universal.

Com a fraternidade, filha da caridade, os homens viverão em paz e se pouparão dos males inumeráveis que nascem da discórdia, por sua vez filha do orgulho, do egoísmo, da ambição, do ciúme e de todas as imperfeições da Humanidade.

O Espiritismo dá aos homens tudo o que é preciso para a felicidade aqui na Terra, porque lhes ensina a se contentarem com o que eles têm. Que os espíritas sejam, pois, os primeiros a aproveitar os benefícios que ele traz, e que inaugurem entre si o reino da harmonia que resplandecerá nas gerações futuras.

Os Espíritos que nos rodeiam aqui são inumeráveis, atraídos pelo objetivo que nos propusemos ao nos reunirmos, a fim de dar aos nossos pensamentos a força que nasce da união. Demos aos que nos são caros uma boa lembrança e o penhor de nossa afeição, encorajamento e consolações aos que estão necessitados. Façamos de modo que cada um recolha a sua parte dos sentimentos de caridade benevolente de que estivermos animados, e que esta reunião produza os frutos que todos têm o direito de esperar.

ALLAN KARDEC

Depois deste discurso, foi lida uma comunicação espontânea, ditada pelo Espírito do Sr. H. Dozon, em 1.º de novembro de 1865, sobre a solenidade do dia de Todos os Santos, e que é lida todos os anos, na sessão comemorativa.

O DIA DE TODOS OS SANTOS

A festa de Todos os Santos, meus bons amigos, é uma festa que, para a maior parte dos que não possuem a verdadeira fé, os entristece e lhes faz derramar lágrimas, em vez de se alegrarem. Observai que desde a humilde choupana até o

414 | REVISTA ESPÍRITA

palácio, quando o dobre a finados lembra o nome do esposo ou da esposa, de um pai, de uma mãe, de um filho, de uma filha, eles choram. Parece que tudo está acabado, que eles nada mais têm a esperar aqui embaixo, contudo, eles oram! Que é, então, essa prece? É um pensamento dirigido ao ser amado, mas sem esperança. O choro abafa a prece. Por quê? Ah! É que eles duvidam; eles não têm essa fé viva que infunde a esperança, que vos sustenta nas maiores lutas. É que eles não compreenderam que a vida na Terra não é senão uma separação momentânea; numa palavra é que aqueles que lhes ensinaram a orar não tinham, também eles, a fé verdadeira, a fé que se apoia na razão.

Mas é chegada a hora em que estas belas palavras do Cristo vão ser, enfim, compreendidas: "Meu pai deve ser adorado, não mais apenas nos templos, mas em toda parte, em espírito e em verdade." Tempo virá em que elas se realizarão. Belas e sublimes palavras! Sim, meu Deus, não sois adorado apenas nos templos, mas sois adorado no monte e por toda parte. Sim, aquele que molhou os lábios na taça bendita do Espiritismo, ora não só neste dia, mas diariamente; o viajante ora em seu caminho, o operário durante o seu trabalho; aquele que pode dispor de seu tempo o emprega no alívio de seus irmãos que sofrem.

Meus irmãos, alegrai-vos, pois dentro de pouco tempo vereis grandes coisas! Quando eu estava na Terra, eu via a Doutrina grande e bela, mas eu estava bem longe de poder compreendê-la em toda a sua grandeza e em seu verdadeiro objetivo. Assim, vos direi: Redobrai de zelo; consolai os que sofrem, porque há seres que foram de tal modo afligidos durante a sua vida, que necessitam ser amparados e ajudados na luta. Sabeis quanto a caridade é agradável a Deus. Praticai-a, pois, sob todas as formas; praticai-a em nome dos Espíritos cuja memória festejais neste dia, e eles vos bendirão!

H. DOZON

Depois das preces de costume (Ver a *Revista Espírita* de novembro de 1865), trinta e duas comunicações foram obtidas pelos médiuns presentes, em número de dezoito. Dada a impossibilidade de publicá-las todas, a Sociedade fez uma escolha das três seguintes, para serem anexadas ao discurso acima, cuja impressão ela pediu. As outras terão lugar nas coleções especiais que serão publicadas ulteriormente.

I

O grande Espírito Larochefoucauld disse, numa de suas obras, que deveríeis tremer diante da vida e diante da morte! Certamente, se deveis tremer, é por ver vossa existência incerta, perturbada, completamente falha; é por terdes realizado um trabalho estéril, inútil para vós e para outros; é por terdes sido um falso amigo, um mau irmão, um conselho pernicioso; é por serdes mau filho, pai irrefletido, cidadão injusto, desconhecedor de vossos deveres, de vosso país, das leis que vos regem, da sociedade e da solidariedade.

Quantos de meus amigos vi, Espíritos brilhantes, engenhosos, instruídos, muitas vezes faltarem ao objetivo profundo da vida! Eles construíam hipóteses mais ou menos absurdas: aqui a negação; ali, a fé ardente; além, se faziam neófitos deste ou daquele sistema de governo, de filosofia, e muitas vezes lançavam, ai de mim! suas belas inteligências num fosso, de onde elas não podiam mais sair senão feridas e enxovalhadas para sempre.

A vida, com suas asperezas, seus maus gostos e suas incertezas, é, entretanto, uma coisa bela! Como! Saís de um embrião, de um nada, e atraís em torno de vós os beijos, os cuidados, o amor, o devotamento, o trabalho, e isto não seria nada senão a vida! Como é, então, que para vós, seres fanados, sem força, sem linguagem, gerações inteiras criaram os campos incessantemente explorados da poupança humana? Poupança de saber, de Filosofia, de Mecânica, de Ciências diversas; milhares de cidadãos corajosos gastaram os seus corpos e dispuseram de suas vigílias para vos criar os mil elementos diversos de vossa civilização. Desde as primeiras letras até uma definição sábia, encontra-se tudo o que pode guiar e formar o espírito; hoje pode-se ver, porque tudo é luz. A sombra das idades sombrias desapareceu para sempre, e o adulto de dezesseis anos pode contemplar e admirar um nascer do sol e analisá-lo, pesar o ar e, com o auxílio da Química, da Física, da Mecânica e da Astronomia, criar mil gozos divinos. Com a pintura, ele reproduz uma paisagem; com a

416 | REVISTA ESPÍRITA

música, ele escreve algumas dessas harmonias que Deus espalha em profusão nas harmonias infinitas!

Com a vida, pode-se amar, dar, espalhar muito; por vezes pode-se ser sol e iluminar o seu interior, a sua família, as suas relações, ser útil, cumprir a sua missão. Oh! sim, a vida é uma coisa bela, fremente, cheia de fogo e de expansão, cheia de fraternidade e desses deslumbramentos que jogam as misérias para o último plano.

Ó vós todos, meus caros condiscípulos da Rua Richelieu; vós, meus fiéis do 14; vós todos que tantas vezes interrogastes a existência vos perguntando a palavra final; a vós que baixáveis a cabeça, incertos ante a última hora, diante da palavra *Morte,* que significa para vós: vazio, separação, desagregação, a vós eu venho dizer: Erguei a cabeça e esperai, não mais fraqueza, não mais terror, porque se os vossos estudos conscienciosos e as religiões de nossos pais não vos deixaram senão desgosto da vida, incerteza e incredulidade, é que, estéril em tudo, a ciência humana mal conduzida só atingia o nada. Vós todos, que amais a Humanidade e resumis a esperança futura pelo estudo das ciências sociais, por sua aplicação séria, eu vos digo: Esperai, crede e procurai. Como eu, deixastes passar a verdade; nós a abandonávamos e ela batia à nossa porta, que obstinadamente lhe havíamos fechado. Daqui por diante amareis a vida, amareis a morte, essa grande consoladora, porque quereis, por uma vida exemplar, evitar um recomeço; querereis esperar no sólio da erraticidade todos aqueles que amais, não somente a vossa família, mas a geração inteira que guiastes, para lhes desejar as boas-vindas e a emigração para mundos superiores.

Vedes que vivo e todos nós vivemos. A reencarnação, que tanto nos fez rir, é o problema resolvido que tanto procuramos. Aí está esse problema em vossas mãos, cheio de atrativos, de promessas ardentes; vossos pais, vossas esposas, vossos filhos, a multidão de amigos vos querem responder; eles estão todos reunidos, esses caros desaparecidos aos vossos olhos; eles falarão ao vosso espírito, à vossa razão; eles vos revelarão verdades, e a fé é uma lei bem-amada; mas, interrogai-os com perseverança.

Ah! A morte nos causava medo e nós tremíamos! Entretanto, eis-me aqui, eu, Guillaumin, um incrédulo, um incerto, reconduzido à verdade. Milhares e milhares de Espíritos se apressam, esperam a vossa decisão; eles gostam da lembrança e da peregrinação pelos cemitérios! É uma baliza esse respeito aos mortos, mas esses mortos estão todos vivos. Em vez de urnas funerárias e de epitáfios mais ou menos verdadeiros, eles vos pedem uma troca de ideias, de conselhos, um suave comércio de espírito, essa comunidade de ideias que gera a coragem, a perseverança, a vontade, os atos de devotamento, e esse fortificante e consolador pensamento que a vida se retempera na morte e que podeis, de agora em diante, a despeito de Larochefoucauld e de outros grandes gênios, não tremer diante da vida nem diante da morte.

Deus é a exuberância, é a vida em tudo e sempre. Cabe a nós compreender sua sabedoria nas diversas fases pelas quais ele purifica a Humanidade.

GUILLAUMIN
(Médium: Sr. Leymarie)

II

Escolher mal o meu momento foi sempre uma das minhas contínuas inabilidades, e vir neste dia, em meio a esta numerosa reunião de Espíritos e de encarnados, é muito realmente um ato de audácia de que só a minha timidez pode ser capaz. Mas vejo em vós tanta bondade, doçura e amenidade; sinto tão bem que em cada um de vós posso encontrar um coração amigo, compassivo, e sendo a indulgência a menor das qualidades que animam os vossos corações, malgrado a minha audácia, não me perturbo e conservo toda a presença de espírito que por vezes me falta, em circunstâncias menos imponentes.

Mas, perguntareis, o que vem fazer, então, com sua verbiagem insinuante, esse desconhecido que em lugar de um instrutor vem monopolizar um médium útil? Quanto ao presente tendes razão. Assim, apresso-me em dar a conhecer o meu desígnio, para não me apropriar por muito tempo de um lugar que usurpo.

Numa passagem do discurso hoje pronunciado por vosso presidente, uma reflexão vibrou-me ao ouvido, como só uma verdade pode vibrar e, confundido na multidão de Espíritos atentos, de súbito pus-me a descoberto. Ainda fui severamente julgado por uma porção de Espíritos que, baseando-se em suas recordações e na reputação de uma apreciação trazida de outros tempos, subitamente reconheceram em mim o misantropo selvagem, o urso da civilização, o austero crítico das instituições em desacordo com seu próprio raciocínio. Ai de mim! Como um erro faz sofrer e há quanto tempo dura o mal praticado contra as massas pela tola pretensão de um orgulhoso da humildade, de um louco do sentimento!

Sim, tendes razão: o isolamento em matéria religiosa e social não pode engendrar senão o egoísmo e, sem que muitas vezes dele se dê conta, o homem se torna misantropo, deixando o seu egoísmo dominá-lo. O recolhimento produzido pelo efeito do silêncio grandioso da Natureza falando à alma é útil, mas a sua utilidade não pode produzir seus frutos senão quando o ser, que ouve a Natureza falando à sua alma, relata aos homens a verdade da sua moral. Mas se aquele que sente, em face da criação, sua alma se evolar para as regiões de uma era pura e virtuosa, não se serve de suas sensações, ao despertar, no meio das instituições de sua época, senão para censurar os abusos que sua natureza sensitiva lhe exagera, porque ela sofre com isto, se ele não encontra, para endireitar os erros dos humanos, senão fel e ressentimento, sem lhes mostrar docemente o verdadeiro caminho, tal qual o descobriu na própria Natureza, oh! então, infeliz dele, se não se servir de sua inteligência senão para açoitar, em vez de cuidar das feridas da Sociedade!

Sim, tendes razão: viver só no meio da Natureza é ser egoísta e ladrão, porque o homem foi criado para a sociabilidade; e isto é tão verdadeiro que eu, o selvagem, o misantropo, o intratável eremita, venho aplaudir esta passagem do discurso aqui pronunciado: O isolamento social e religioso conduz ao egoísmo.

Uni-vos, pois, nos esforços e nas ideias; sobretudo, amai. Sede bons, suaves, humanos; dai à amizade o sentimento da fraternidade; pregai pelo exemplo dos vossos atos, os salutares efeitos de vossas crenças filosóficas; sede espíritas de fato e não somente de nome, e em breve os loucos do meu gênero, os utopistas do bem, não terão mais necessidade de gemer sobre os defeitos de uma legislação sob a qual eles devem viver, porque o Espiritismo, compreendido e sobretudo praticado, reformará tudo, para vantagem dos homens.

J. J. ROUSSEAU
(Médium: Sr. Morin)

III

O perfume que exala de todos os bons sentimentos é uma prece constante que se eleva para Deus, e todas as boas ações são ações de graça ao Eterno.

SRA. VICTOR HUGO

A dedicação pelo reconhecimento é um impulso do coração; o devotamento pelo amor é um impulso da alma.

SRA. DAUBAN

O reconhecimento é um benefício que recompensa aquele que o merece. A gratidão é um ato do coração que dá, ao mesmo tempo, o prazer do bem àquele a quem se deve ser reconhecido e àquele que o é.

VÉZY

A ingratidão é punida como ação má pelo abandono de que é objeto, como a gratidão é recompensada pela alegria que proporciona.

LECLERC

O dever da mulher é trazer ao homem todas as consolações e os encorajamentos necessários à sua vida de vicissitudes e penosos trabalhos. A mulher deve ser seu sustentáculo, seu guia, o facho que ilumina o seu caminho, e deve impedi-lo de falir. Se ela faltar à sua missão, será punida, mas se, malgrado o seu devotamento, o homem repele os impulsos de seu coração, ela é duplamente recompensada por haver persistido no cumprimento de seus deveres.

DELPHINE DE GIRARDIN

A dúvida é o veneno lento que a alma faz a matéria absorver e da qual recebe o primeiro castigo. A dúvida é o suicídio da alma, que traz infalivelmente a morte do corpo. Uma alma suicidar-se é difícil de compreender. Mas não é morrer o viver na sombra, quando se sente a luz em volta de si? Afastai, pois, do vosso Espírito, o véu que encobre os esplendores da vida, e vede esses sóis radiosos que vos dão o dia: aí está a verdadeira luz; aí está o objetivo a que deveis chegar pela fé.

JOBARD

O egoísmo é a paralisação de todos os bons sentimentos. O egoísmo é a deformidade da alma, que traspassa a matéria, fazendo-vos amar tudo o que a ela se dirige e repelir tudo o que se dirige aos outros. O egoísmo é a negação da sublime sentença do Cristo, sentença invertida ignominiosamente: "Fazei aos outros o que gostaríeis que eles vos fizessem."

PLÁCIDO

A susceptibilidade, eis um defeito para uso de todos, e cada um, não ides dizer o contrário, dele está um pouco carregado. Ufa! Se soubésseis quanto é ridículo ser suscetível e quanto esse defeito torna desajeitado, eu vos asseguro que ninguém mais desejaria ser por ele atingido, porque se gosta de ser belo.

GAY

O orgulho é o guarda-chuva social de todos e que cada um arroja sobre o gracioso amor-próprio; certamente é preciso ter amor-próprio e orgulho, é o que dá a ambição do bem (sem jogo de palavras), mas demasiado, estraga o espírito e corrompe o coração.

MANGIN

A ambição, ele acaba de dizer, mas sabeis qual a ambição que não impede a alma de elevar-se para os esplendores do infinito? Pois bem! É a que vos induz a fazer o bem. Todas as outras ambições vos levam ao orgulho e ao egoísmo, flagelos da Humanidade.

BONNEFON

Meus caros amigos, os Espíritos que vos vêm falar, não só estavam felizes por manifestar sua presença, mas têm a alegria de pensar que cada um de vós esforçar-se-á para se corrigir e pôr em prática as sábias lições que vos deram e as que vos trazem em cada uma de vossas sessões. Crede, os Espíritos são para vós o que vossos pais foram ou deveriam ter sido. Eles repreendem quando vos aconselham e vos ajudam, e enquanto não os escutais, dizem que vos abandonam; revoltam-se contra vós, e logo depois de vos terem falado duramente, voltam vos encorajando e se esforçando para impelir constantemente os vossos pensamentos para o bem. Sim, os Espíritos vos amam como o bom pai ama seus filhos; eles vos têm piedade, cuidam de vossos dias e afastam de vós todo mal que vos pode acontecer, como a mãe cerca o filho de todos os cuidados mais delicados, de todas as atenções necessárias à sua fragilidade. Deus lhes deu essa missão; deu-lhes a coragem para cumpri-la e nenhum desses bons Espíritos, seja qual for o seu grau na hierarquia espiritual, falhará na sua tarefa. Eles compreendem, sentem, veem esses esplendores divinos que devem ser a sua recompensa; eles vão adiante e desejariam levar-vos atrás deles, impelir-vos adiante deles, se o pudessem. Eis por que vos repreendem; eis por que vos aconselham. Por vossa vez, orai por eles, para que a vossa indocilidade não os impeça de continuar prodigalizando-vos seus benefícios, e que Deus continue a lhes dar a força de vos ajudar.

SÃO LUÍS
(Médium: Sr. Bertrand)

CONSTITUIÇÃO TRANSITÓRIA DO ESPIRITISMO

I

CONSIDERAÇÕES PRELIMINARES

O Espiritismo teve, como todas as coisas, seu período de nascimento, e até que todas as questões principais e acessórias que a ele se ligam tivessem sido resolvidas, ele só pôde dar resultados incompletos. Pudemos entrever o seu objetivo, presumir-lhe as consequências, mas apenas de maneira vaga. Da incerteza sobre os pontos ainda não determinados forçosamente deveriam nascer divergências sobre a maneira de considerá-los; a unificação só poderia ser obra do tempo; ela se fez gradualmente, à medida que os princípios foram elucidados. Somente quando a Doutrina tiver abarcado todas as partes que comporta é que ela formará um todo harmonioso, e só então é que poderemos julgar o que é verdadeiramente o Espiritismo.

Enquanto o Espiritismo não era mais que uma opinião filosófica, não podia haver entre os adeptos senão a simpatia natural produzida pela comunhão das ideias, mas nenhum laço sério podia existir, por falta de um programa claramente definido. Tal é, evidentemente, a principal causa da pouca coesão e estabilidade dos grupos e sociedades que se formaram. Assim, constantemente e com todas as nossas forças, dissuadimos os espíritas de fundar prematuramente qualquer instituição especial apoiada na Doutrina, antes que ela estivesse assentada em bases sólidas; teria sido expor-se a revezes inevitáveis cujo efeito teria sido desastroso pela impressão que teriam produzido sobre o público e pelo desencorajamento disto resultante nos adeptos. Esses revezes talvez tivessem retardado de um século o progresso definitivo da Doutrina, a cuja impotência teriam imputado um insucesso que, na realidade, não teria sido senão resultado da imprevidência. Por não saberem esperar o momento oportuno, os muito apressados e os impacientes de todas as épocas comprometeram as melhores causas[2].

Não devemos pedir às coisas senão o que elas podem dar, à medida que estejam em condições de produzir; não podemos exigir de uma criança o que devemos esperar de um adulto, nem de uma árvore recentemente plantada o que ela só produzirá quando estiver em toda a sua força. O Espiritismo, em via de elaboração, não podia dar senão resultados individuais; os resultados coletivos e gerais serão os frutos do Espiritismo completo, que se desenvolverá sucessivamente.

Embora o Espiritismo ainda não tenha dito sua última palavra sobre todos os pontos, ele se aproxima de sua completude, e não está longe o momento em que será preciso dar-lhe uma base forte e durável, não obstante suscetível de receber todos

---

[2] Tratamos especialmente a questão das instituições espíritas num artigo da *Revista* de julho de 1866, ao qual remetemos para mais esclarecimentos.

os desenvolvimentos que circunstâncias ulteriores comportarem, e dando toda segurança aos que indagam quem lhe tomará as rédeas depois de nós.

A Doutrina é, sem dúvida, imperecível, porque repousa sobre as leis da Natureza e que, melhor que qualquer outra, responde às legítimas aspirações dos homens; entretanto sua difusão e sua instalação definitiva podem ser adiantadas ou retardadas por circunstâncias, algumas das quais estão subordinadas à marcha geral das coisas, mas outras são inerentes à própria Doutrina, à sua constituição e à sua organização; é destas que temos que nos ocupar, especialmente no momento.

Embora a questão de fundo em tudo seja preponderante e acabe sempre por prevalecer, a questão de forma tem aqui uma importância capital; ela poderia mesmo ultrapassá-la momentaneamente a suscitar entraves e demoras, conforme a maneira pela qual fosse resolvida.

Teríamos, pois, feito uma coisa incompleta e deixado grandes embaraços para o futuro, se não tivéssemos previsto as dificuldades que podem surgir. Foi com o propósito de evitar isso tudo que elaboramos, com o concurso dos bons Espíritos que nos assistem em nossos trabalhos, um plano de organização para o qual tiramos proveito da experiência do passado, a fim de evitar os escolhos contra os quais se chocaram a maior parte das doutrinas que apareceram no mundo. Podendo este plano prestar-se a todos os desenvolvimentos que o futuro reserva, demos a essa constituição a qualificação de *transitória*.

O plano que segue foi concebido há muito tempo, porque sempre nos preocupamos com o futuro do Espiritismo; fizemo-lo pressentir em diversas circunstâncias, vagamente, é certo, mas suficientemente, para mostrar que não é hoje uma concepção nova, e que, trabalhando na parte teórica da obra, não negligenciamos o lado prático.

Antes de abordar o fundo da questão, parece-nos útil lembrar algumas passagens do relatório que apresentamos à Sociedade de Paris no dia 5 de maio de 1865, a propósito da caixa do Espiritismo, e que foi publicado na *Revista* de junho de 1865. As considerações que ele encerra se ligam diretamente ao nosso assunto, do qual elas são as preliminares indispensáveis.

II

EXTRATO DO RELATÓRIO DA CAIXA DO ESPIRITISMO FEITO À SOCIEDADE DE PARIS EM 5 DE MAIO DE 1865

Falaram muito dos lucros que eu obtinha com as minhas obras; ninguém sério acredita realmente em meus milhões, malgrado a afirmação dos que diziam saber de boa fonte que eu tinha um estilo de vida principesco, equipagens a quatro cavalos e que em minha casa só se pisava em tapetes de Aubusson. *(Revista de junho de 1862)*. A despeito do que tenham dito, além disso, o autor de uma brochura que conheceis, e que prova, por cálculos hiperbólicos, que o orçamento das minhas receitas ultrapassa a lista civil do mais poderoso soberano da Europa, porque, só na França, vinte milhões de espíritas são meus tributários *(Revista de junho de 1863)*, há um fato mais autêntico do que os seus cálculos. É que jamais pedi qualquer coisa a quem quer que seja, e ninguém jamais me deu nada, a mim pessoalmente; numa palavra, *não vivo às custas de ninguém,* pois que, das somas que me foram voluntariamente confiadas no interesse do Espiritismo, nenhuma parcela foi desviada em meu proveito[3].

Minhas imensas riquezas proviriam, pois, de minhas obras espíritas. Embora essas obras tenham tido um sucesso inesperado, basta ter poucas noções de negócios de livraria para saber que não é com livros filosóficos que se amontoam milhões em cinco ou seis anos, quando se tem sobre a venda direitos autorais de apenas alguns cêntimos por exemplar. Mas, muito ou pouco, sendo esse produto o fruto de meu trabalho, ninguém tem o direito de se imiscuir no emprego que dele faço, mesmo que se elevasse a milhões, considerando-se que a venda dos livros, assim como a assinatura da *Revista,* é facultativa e não é imposta *em qualquer circunstância,* nem mesmo para assistir às sessões da Sociedade, ninguém tem nada com isto. Comercialmente falando, estou na posição de todo homem que colhe o fruto de seu trabalho; corro o risco de todo escritor, que pode vencer como pode fracassar[4].

[3] Essas somas se elevavam, naquela época, a 14.100 *francos,* cujo emprego, em proveito exclusivo da Doutrina, está justificado nas contas.

[4] Aos que perguntaram por que vendíamos os nossos livros em vez de dá-los, respondemos que o faríamos, se tivéssemos encontrado impressor que no-los imprimisse de graça, um negociante que fornecesse o papel grátis, livreiros que não exigissem nenhuma comissão para distribuí-los, uma administração dos correios que os transportasse por filantropia etc. Enquanto esperamos, como não temos milhões para cobrir esses encargos, somos obrigados a lhes atribuir um preço.

Posto que, sob este ponto de vista, eu não tenha contas a prestar, creio útil, pela própria causa à qual me votei, dar algumas explicações.

Para começar, direi que não sendo as minhas obras minha propriedade exclusiva, sou obrigado a comprá-las do meu editor e a pagá-las como um livreiro, com exceção da *Revista*; que o lucro se acha singularmente diminuído pelas obras que não são vendidas e pelas distribuições gratuitas, feitas no interesse da Doutrina, a pessoas que sem isto delas estariam privadas. Um cálculo muito simples prova que o preço de dez volumes perdidos ou doados, que não deixo de pagar, basta para absorver o lucro de cem volumes. Isto seja dito à guisa de informação e entre parênteses. Tudo somado e feito o balanço, contudo, resta alguma coisa. Imaginai a cifra que quiserdes. O que faço com ela? Isto é o que mais preocupa certas criaturas.

Quem quer que outrora tenha visto a nossa intimidade e a veja hoje, pode atestar que nada mudou em nossa maneira de viver depois que passei a ocupar-me do Espiritismo. Ela é agora tão simples quanto era outrora. Então é certo que os meus lucros, por enormes que sejam, não servem para nos dar os prazeres do luxo. Será que eu teria a mania de entesourar para ter o prazer de contemplar meu dinheiro? Não penso que o meu caráter e os meus hábitos jamais tenham podido fazê-lo supor. Por que as coisas são assim? Considerando-se que disso não tiro proveito, quanto mais fabulosa a soma, mais embaraçosa a resposta. Um dia saberão a cifra exata, assim como o emprego detalhado, e os criadores de histórias poderão economizar a imaginação. Hoje limito-me a alguns dados gerais, para pôr um freio em suposições ridículas. Para tanto, devo entrar nalguns detalhes íntimos, pelo que vos peço perdão, mas que são necessários.

Em todos os tempos temos tido de que viver, muito modestamente, é certo, mas o que teria sido pouco para certa gente nos bastava, graças aos nossos gostos e aos nossos hábitos de ordem e de economia. À nossa pequena renda vinha juntar-se o produto das obras que publiquei antes do Espiritismo, e o de um modesto emprego que tive de deixar quando os trabalhos da Doutrina absorveram todo o meu tempo.

Tirando-me da obscuridade, o Espiritismo veio lançar-me numa nova via; em pouco tempo vi-me arrastado num movimento que estava longe de prever. Quando concebi a ideia

426 | REVISTA ESPÍRITA

de *O Livro dos Espíritos,* minha intenção era não me pôr em evidência e ficar incógnito, mas, logo ultrapassado, isto me foi impossível: tive que renunciar à minha solitude, sob pena de abdicar a obra empreendida, que crescia dia a dia. Foi-me preciso seguir o seu impulso e tomar-lhe as rédeas. Se meu nome tem agora alguma popularidade, não fui eu, certamente, que a busquei, pois é notório que não a devo nem à propaganda nem à camaradagem da imprensa, e que jamais me aproveitei de minha posição e de minhas relações para me lançar na Sociedade, quando isto teria sido fácil. Mas, à medida que a obra crescia, um horizonte mais vasto se desenrolava à minha frente, cujos limites recuavam. Compreendi, então, a imensidade de minha tarefa e a importância do trabalho que me restava a fazer para completá-la. Longe de me apavorar, as dificuldades e os obstáculos redobraram a minha energia; vi o objetivo e resolvi atingi-lo com a assistência dos bons Espíritos. Eu sentia que não tinha tempo a perder e não o perdi nem em visitas inúteis nem em cerimônias ociosas. Foi a obra da minha vida; a ela dei todo o meu tempo; a ela sacrifiquei o meu repouso, a minha saúde, porque o futuro estava escrito diante de mim em caracteres irrefutáveis.

Sem nos afastarmos do nosso gênero de vida, essa posição excepcional não deixou de criar-nos necessidades às quais apenas meus recursos não permitiam prover. Seria difícil imaginar a multiplicidade de gastos que ela determina, e que sem isso eu teria evitado.

Ora! senhores, o que me proporcionou essa suplementação de recursos foi o produto de minhas obras. Eu digo com satisfação que foi com o meu próprio trabalho, com o fruto de minhas vigílias que provi, pelo menos na maior parte, as necessidades materiais da instalação da Doutrina. Eu trouxe, assim, uma grande quota-parte à caixa do Espiritismo. Os que ajudam na propagação das obras não poderão, assim, dizer que trabalham para me enriquecer, pois o produto de todo livro comprado, de toda assinatura da *Revista*, beneficia a Doutrina e não um indivíduo.

Prover o presente não era tudo; também era preciso pensar no futuro e preparar uma fundação que, depois de mim, pudesse ajudar aquele que me substituirá na grande tarefa que terá de cumprir. Essa fundação, sobre a qual me devo calar ainda, se liga à propriedade que possuo, e é em vista disso que eu aplico uma parte de meus rendimentos em melhorá-la. Como estou longe dos milhões com que me gratificaram, duvido muito que, a despeito de minhas economias, meus recursos pessoais jamais me permitam dar a essa fundação o complemento que lhe queria dar em minha vida; mas, considerando-se que sua realização está nos planos de meus guias espirituais, se eu mesmo não o fizer, é provável que algum dia isto seja feito. Enquanto espero, elaboro os seus planos.

Longe de mim, senhores, o pensamento de envaidecer-me pelo que vos acabo de expor; foi necessária a persistência de certas diatribes para me levar, embora com pesar, a romper o silêncio sobre alguns fatos que me concernem. Mais tarde, todos aqueles que a malevolência houve por bem desnaturar serão trazidos à luz por documentos autênticos, mas o momento dessas explicações ainda não chegou; a única coisa que me importava no momento era que ficásseis esclarecidos sobre o destino dos fundos que a Providência fez passar por minhas mãos, fosse qual fosse a origem. Não me considero senão depositário, mesmo daqueles que ganho, e, com mais forte razão, daqueles que me são confiados.

Alguém me perguntava, um dia, sem curiosidade, bem entendido, e por puro interesse pela causa, o que eu faria de um milhão, se o tivesse. Respondi que hoje o emprego seria completamente diferente do que teria sido no princípio. Outrora eu teria feito propaganda por uma ampla publicidade; agora reconheço que isso teria sido inútil, pois os nossos adversários disto se encarregaram às suas custas. Não pondo, então, grandes recursos à minha disposição para esse objetivo, os Espíritos quiseram provar que o Espiritismo devia seu sucesso à sua própria força.

Hoje, que o horizonte se alargou, que sobretudo o futuro se desdobrou, necessidades de uma outra ordem se fazem sentir. Um capital como o que supondes teria um emprego mais útil. Sem entrar em detalhes que seriam prematuros, direi apenas que uma parte serviria para converter minha propriedade numa casa especial de retiro espírita cujos habitantes colheriam os benefícios de nossa doutrina moral; a outra para constituir uma renda *inalienável* destinada: 1.º - à manutenção do estabelecimento; 2.º - para assegurar uma existência independente àquele que me suceder e àqueles que o ajudarem em sua missão; 3.º - para atender às necessidades correntes do Espiritismo, sem os riscos de produtos eventuais, como sou obrigado a fazer, pois a maior parte de seus recursos repousa em meu trabalho, que terá um termo.

Eis o que eu faria. Mas se esta satisfação não me é dada, sei que, de uma maneira ou de outra, os Espíritos que dirigem o movimento proverão a todas as necessidades em tempo útil. Eis por que absolutamente não me inquieto com isto, e me ocupo com o que é para mim a coisa essencial: o término dos trabalhos que me restam a concluir. Feito isto, partirei quando a Deus aprouver chamar-me.

III

DOS CISMAS

Uma questão que se apresenta logo de saída ao pensamento é a dos cismas que poderão nascer no seio da Doutrina. O Espiritismo deles será preservado?

Certamente não, porque ele terá, sobretudo no começo, que lutar contra as ideias pessoais, sempre absolutas, tenazes, demoradas para se ligarem às ideias de outrem, e contra a ambição daqueles que, a despeito de tudo, querem ligar seu nome a uma inovação qualquer; que criam novidades unicamente para poder dizer que não pensam e não fazem como os outros; ou porque o seu amor-próprio sofre por só ocuparem um lugar secundário; ou, enfim, que veem com despeito um outro fazer o que não fizeram e, além disso, triunfar. Mas como lhes temos dito centenas de vezes: "Quem vos barra o caminho? Quem vos impede de trabalhar pelo vosso lado? Quem vos proíbe de publicar as vossas obras? A publicidade vos está aberta como a todo mundo; dai qualquer coisa de melhor do que o que aí está, pois ninguém a isto se opõe; sede mais apreciados pelo público, e ele vos dará a preferência."

Se o Espiritismo não pode escapar às fraquezas humanas, com as quais sempre é preciso contar, pode paralisar as suas consequências, e é o essencial.

É evidente que os numerosos sistemas divergentes que surgiram na origem do Espiritismo, sobre a maneira de explicar os fatos, desapareceram à medida que a Doutrina se completava pela observação e por uma teoria racional; é difícil que hoje esses primeiros sistemas ainda encontrem alguns raros partidários. Aí está um fato notório, do qual se pode concluir que as últimas divergências apagar-se-ão com a completa elucidação de todas as partes da Doutrina; mas haverá sempre os dissidentes de ideias preconcebidas, interesseiros, por uma causa ou por outra, em constituir grupo à parte. É contra sua pretensão que é necessário premunir-se.

Para assegurar a unidade no futuro, uma condição indispensável é que todas as partes do conjunto da Doutrina estejam determinadas com precisão e clareza, sem nada deixar no vazio; para isto procedemos de maneira que os nossos escritos não deixassem espaço para nenhuma interpretação contraditória, e nos esforçaremos para que seja sempre assim. Quando ele tiver dito claramente e sem ambiguidade que dois e dois são quatro, ninguém poderá pretender que dissemos que dois e dois são cinco. Poderão, pois, *ao lado* da Doutrina, formar-se seitas que não lhe adotem os princípios, ou todos os princípios, mas por força da interpretação do texto, como se formaram, tão numerosas, sobre o sentido das próprias palavras do Evangelho. Aí está um primeiro ponto, de uma importância capital.

O segundo ponto é não sair do círculo das ideias práticas. Se é certo que a utopia de ontem muitas vezes é a verdade de amanhã, deixemos ao amanhã o trabalho de realizar a utopia de ontem, mas não embaracemos a Doutrina com princípios que seriam considerados como quimeras e que fariam que os homens positivos a rejeitassem.

O terceiro ponto, enfim, é inerente ao caráter essencialmente progressivo da Doutrina. Porque ela não se embala em sonhos irrealizáveis para o presente, não se segue que no presente ela se imobilize. Exclusivamente apoiada nas leis da Natureza, ela não pode variar mais que essas leis, mas se uma nova lei for descoberta, deve a ela ligar-se; ela não deve fechar a porta a nenhum progresso, sob pena de suicidar-se; assimilando todas as ideias reconhecidas como justas, sejam de que ordem forem, físicas ou metafísicas, ela jamais será ultrapassada, e aí está uma das principais garantias de sua perpetuidade.

Se, pois, uma seita se forma ao seu lado, baseada ou não nos princípios do Espiritismo, acontecerá de duas uma: ou essa seita estará com a verdade, ou não estará; se não estiver, cairá por si mesma, sob o ascendente da razão e do senso comum, como tantas outras já caíram ao longo dos séculos; se as ideias forem justas, ainda que só sobre um ponto, a Doutrina, que procura o bem e a verdade em toda parte em que se encontrem, as assimilará, de sorte que em vez de ser absorvida, será ela que absorverá.

Se alguns de seus membros vierem a se separar dela, é que eles acreditarão que podem fazer melhor, e se realmente fizerem melhor, ela os imitará; se fizerem maior bem, ela se esforçará por fazer outro tanto ou mais, se possível; se fizerem mais mal, ela os deixará fazer, certa de que, mais cedo ou mais tarde, o bem triunfará sobre o mal e o verdadeiro sobre o falso. Eis a única luta que ela travará.

Acrescentemos que a tolerância, consequência da caridade, que é a base da moral espírita, lhe determina respeitar todas as crenças. Querendo ser aceita livremente, por convicção e não por constrangimento, proclamando a liberdade de consciência como um direito natural imprescritível, diz ela: *Se eu tiver razão, os outros acabarão pensando como eu; se eu estiver errada, acabarei por pensar como os outros.* Em virtude destes princípios, não jogando pedra em ninguém, ela não dará qualquer pretexto a represálias, e deixará aos dissidentes toda a responsabilidade de suas palavras e atos.

O programa da Doutrina, portanto, não será invariável senão nos princípios que passaram ao estado de verdades constatadas; quanto aos outros, ela não os admitirá, como sempre fez, senão a título de hipóteses, até a confirmação. Se lhe for demonstrado que está errada num ponto, ela se modificará nesse ponto.

A verdade absoluta é eterna, e por isto mesmo invariável; mas quem se pode gabar de possuí-la toda inteira? No estado de imperfeição dos nossos conhecimentos, o que hoje nos parece falso, amanhã pode ser reconhecido como verdadeiro, por força da descoberta de novas leis; é assim que as coisas acontecem tanto na ordem moral como na ordem física. É contra esta eventualidade que a Doutrina jamais deve achar-se desprevenida. O princípio progressivo, que ela inscreve no seu código, será, como dissemos, a salvaguarda de sua perpetuidade, e sua unidade será mantida precisamente porque não repousa sobre o princípio da imobilidade. A imobilidade, em vez de ser uma força, torna-se a causa de fraqueza e de ruína para quem não segue o movimento geral. Ela rompe a unidade, porque aqueles que querem avançar se separam dos que se obstinam em ficar para trás. Mas, acompanhando o movimento progressivo, é preciso fazê-lo com prudência e guardar-se de baixar a cabeça aos sonhos das utopias e dos sistemas. É preciso fazê-lo a tempo, nem muito cedo nem muito tarde, e com conhecimento de causa.

Compreende-se que uma doutrina assente em tais bases deve ser realmente forte; ela desafia toda concorrência e neutraliza as pretensões de seus competidores. É para este ponto que os nossos esforços tendem a conduzir a Doutrina Espírita.

Ademais, a experiência já justificou esta previsão. Tendo a Doutrina trilhado este caminho desde a sua origem, ela avançou constantemente, mas sem precipitação, observando sempre se o terreno onde põe os pés é sólido, e medindo os passos pelo estado da opinião. Ela fez como o navegador que não avança senão com a sonda na mão e consultando os ventos.

IV

O CHEFE DO ESPIRITISMO

Mas quem será encarregado de manter o Espiritismo nesta via? Quem terá mesmo a força? Quem terá o tempo disponível e a perseverança para dedicar-se ao trabalho incessante que exige semelhante tarefa? Se o Espiritismo for entregue a si mesmo, sem guia, não é de temer que ele se desvie de sua rota? Que a malevolência, a que por muito tempo ainda estará exposto, não se esforce por lhe desnaturar o espírito? Com efeito, aqui está uma questão vital cuja solução é do maior interesse para o futuro da Doutrina.

A necessidade de uma direção central superior, guardiã vigilante da unidade progressiva e dos interesses gerais da Doutrina, é de tal modo evidente que já se inquietam por não ver ainda um condutor surgir no horizonte. Compreende-se que, sem uma autoridade moral capaz de centralizar os trabalhos, os estudos e as observações, de dar o impulso, de estimular o zelo, de defender o fraco, de amparar as coragens vacilantes, de ajudar com os conselhos da experiência, de fixar a opinião sobre os pontos incertos, o Espiritismo correria o risco de navegar à deriva. Não só essa direção é necessária, mas é preciso que ela tenha força e estabilidade suficientes para enfrentar as tempestades.

Aqueles que não querem qualquer autoridade não compreendem os verdadeiros interesses da Doutrina. Se alguns pensam poder dispensar qualquer direção, a maioria, aqueles que não creem em sua infalibilidade e não têm uma confiança absoluta em suas próprias luzes, sentem necessidade de um apoio, de um guia, mesmo que fosse apenas para ajudá-los a avançar com mais firmeza e segurança (Vide *Revista* de abril de 1866: *O Espiritismo independente).*

Estabelecida a necessidade de uma direção, de quem o chefe receberia os poderes? Será ele aclamado pela universalidade dos adeptos disseminados pelo mundo inteiro? É uma coisa impraticável. Se ele se impuser por sua autoridade privada, será aceito por uns, rejeitado por outros e vinte pretendentes podem surgir erguendo bandeira contra bandeira; seria ao mesmo tempo o despotismo e a anarquia. Semelhante ato seria próprio de um ambicioso, e ninguém seria menos adequado que um ambicioso, e por isto mesmo orgulhoso, para dirigir uma doutrina baseada na abnegação, no devotamento, no desinteresse e na humildade; colocado fora do princípio fundamental da Doutrina, ele não poderia senão falsear-lhe o espírito. É o que inevitavelmente aconteceria se ele não tivesse previamente tomado medidas eficazes para evitar esse inconveniente.

Admitamos, entretanto, que um homem reúna todas as qualidades requeridas para o desempenho de seu mandado, e que chegue à direção superior por uma via qualquer: os homens se sucedem, mas não se assemelham; depois de um homem bom pode vir um mau; com o indivíduo pode mudar o espírito da direção; sem maus propósitos, ele pode ter pontos de vista mais ou menos justos; se quiser fazer prevalecer suas ideias pessoais, ele pode deturpar a Doutrina, suscitar divisões, e as mesmas dificuldades renovar-se-ão a cada mudança. É preciso não perder de vista que o Espiritismo ainda não está na plenitude de sua força do ponto de vista da organização. Ele é uma criança que apenas começa a andar. Importa, pois, sobretudo no começo, premuni-lo contra as dificuldades do caminho.

Mas, perguntarão, um dos messias anunciados que devem tomar parte na regeneração, não estará à testa do Espiritismo?

É provável, mas como eles não trarão na testa uma marca para se fazerem reconhecer, e como só se afirmarão *por seus atos,* e não serão reconhecidos como tais pela maioria senão depois de sua morte, conforme o que tiverem feito durante a vida; como, além disto, não haverá messias perpétuos, é preciso prever todas as eventualidades. Sabemos que sua missão será múltipla; que haverá messias em todos os degraus da escada e nos diversos ramos da economia social, onde cada um exercerá sua influência em proveito das ideias novas, conforme a especialidade de sua posição; todos trabalharão, pois, para o estabelecimento da Doutrina, seja numa parte, seja noutra, uns como chefes de Estado, outros como legisladores, como magistrados, cientistas, literatos, oradores, industriais etc.; cada um dará provas de si mesmo no seu ramo, desde o proletário até o soberano, *sem que nada além das suas obras o distingam do comum dos homens.* Se um deles deve tomar parte na direção administrativa do Espiritismo, é provável que providencialmente seja colocado em condições de aí chegar pelos meios legais que forem adotados. Circunstâncias aparentemente fortuitas para lá o conduzirão, sem desígnio premeditado de sua parte, sem que ele tenha consciência da missão (*Revista Espírita:* "Os messias do Espiritismo", fevereiro e março de 1868).

Em semelhante caso, o pior de todos os chefes seria aquele que se desse por eleito de Deus. Como não é racional admitir que Deus confie tais missões a ambiciosos ou orgulhosos, as virtudes características de um verdadeiro messias devem ser, antes de tudo, a simplicidade, a humildade, a modéstia, numa palavra, o mais completo desinteresse material e moral. Ora, apenas pretensão de ser messias já seria a negação dessas qualidades essenciais, pois ela provaria, naquele que se prevalecesse de semelhante título, ou uma tola presunção, se fosse de boa-fé, ou uma notável impostura. Não faltarão intrigantes, pseudoespíritas que se queiram elevar pelo orgulho, pela ambição ou pela cupidez; outros que alardearão pretensas revelações, com a ajuda das quais procurarão pôr-se em relevo e fascinar as imaginações muito crédulas. É preciso prever, também, que sob falsas aparências, indivíduos poderiam tentar apoderar-se do leme com a segunda intenção de afundar o barco, desviando-o de sua rota. Ele não naufragará, mas poderia experimentar desagradáveis atrasos que é preciso evitar. Eis aí, sem contestação, os maiores escolhos de que o Espiritismo se deve guardar; quanto mais consistência ele toma, mais embustes lhe criarão os seus adversários.

Portanto, é dever de todos os espíritas sinceros desviar as manobras da intriga que podem ser urdidas tanto nos menores quanto nos maiores centros. Eles deverão logo de saída repudiar do modo mais absoluto quem quer que pessoalmente se apresentasse como um messias, quer como chefe do Espiritismo, quer como simples apóstolo da Doutrina. Conhece-se a árvore pelo seu fruto. Esperai, pois, que ela tenha dado frutos antes de julgar se é boa, e olhai ainda se os frutos não estão bichados *(O Evangelho segundo o Espiritismo,* Cap. XXI, nº 9: "Caracteres do verdadeiro profeta)."

Alguém com quem conversávamos a esse respeito, propunha o seguinte expediente: fazer designar os candidatos pelos próprios Espíritos em cada grupo ou sociedade espírita. Além deste meio não evitar todos os inconvenientes, haveria outros especiais nesse modo de proceder, que a experiência já demonstrou e que seria supérfluo aqui relembrar. Não se deve perder de vista que a missão dos Espíritos é de instruir-nos, de melhorar-nos, mas não de tirar a iniciativa do nosso livre-arbítrio. Eles nos sugerem pensamentos, ajudam-nos com seus conselhos, sobretudo no que concerne às questões morais, mas deixam ao nosso arbítrio o cuidado da execução das coisas materiais que eles não têm a missão de nos poupar. Em seu mundo, eles têm atribuições que não são as daqui debaixo; pedir-lhes o que está fora de suas atribuições, é expor-se às trapaças dos Espíritos levianos. Que os homens se contentem em serem assistidos e protegidos por bons Espíritos, mas que não descarreguem sobre eles a responsabilidade que incumbe aos encarnados.

Ademais, esse meio suscitaria mais embaraços do que se pensa, pela dificuldade de fazer todos os grupos participarem dessa eleição; seria uma complicação nas engrenagens, e quanto mais simplificadas forem as engrenagens, tanto menos susceptíveis elas serão de desorganizar-se.

O problema é, pois, constituir uma direção central, em condições de força e de estabilidade que a ponham ao abrigo das flutuações; que respondam a todas as necessidades da causa e que oponham uma barreira absoluta às manobras da intriga e da ambição. Tal é o objetivo do plano, do qual vamos dar um rápido esboço.

V

COMITÊ CENTRAL

Durante o período de elaboração, a direção do Espiritismo teve que ser individual; era necessário que todos os elementos constitutivos da Doutrina, que saíram em estado de embriões de uma infinidade de focos, chegassem a um centro comum, para aí serem examinados e cotejados, e que um só pensamento presidisse à sua coordenação, para estabelecer a unidade no conjunto e a harmonia em todas as partes. Se tivesse sido de outro modo, a Doutrina ter-se-ia assemelhado a esses edifícios híbridos projetados por vários arquitetos, ou a um mecanismo cujas engrenagens não se ajustam umas às outras com precisão.

Nós o dissemos, porque é uma incontestável verdade, hoje claramente demonstrada, que a Doutrina não podia sair, em todas as peças, de um único centro, como toda a ciência astronômica de um só observatório. Todo centro que tivesse tentado constituí-la só com as suas observações, teria feito algo de incompleto e ter-se-ia achado, numa infinidade de pontos, em contradição com os outros. Se mil centros tivessem querido fazer a sua doutrina, não teria havido duas iguais em todos os pontos. Se elas estivessem de acordo quanto ao conteúdo, inevitavelmente difeririam quanto à forma. Ora, como há muita gente que vê a forma de preferência ao conteúdo, teria havido tantas seitas quantas formas diferentes. A unidade não poderia sair senão do conjunto e da comparação de todos os resultados parciais. Eis por que a concentração dos trabalhos era necessária (A Gênese, Cap. 1. "Caracteres da revelação espírita", n.º 51 e seguintes).

Mas o que era uma vantagem numa época, mais tarde tornar-se-ia um inconveniente. Hoje, que o trabalho de elaboração está terminado, no que concerne às questões fundamentais; que estão estabelecidos os princípios gerais da ciência, a direção, de individual que teve de ser no começo, deve tornar-se coletiva, primeiramente porque vem um momento em que seu peso excede as forças de um homem, e em segundo lugar porque há mais garantia para a manutenção da unidade numa reunião de indivíduos, cada um dos quais tem apenas a sua voz no capítulo, e onde ninguém nada pode sem o concurso dos outros do

436 | REVISTA ESPÍRITA

que num só, que pode abusar de sua autoridade e querer fazer predominarem suas ideias pessoais.

Em vez de um chefe único, a direção será entregue a um *comitê central* ou *conselho superior permanente* – o nome pouco importa – cuja organização e atribuições serão definidos de maneira a nada deixar ao arbítrio de um só. Esse comitê será composto de doze membros titulares, no máximo, os quais deverão, para tanto, reunir certas condições indispensáveis, e um número igual de conselheiros. Conforme as necessidades, ele poderá ser secundado por membros auxiliares ativos. Ele se completará por si mesmo, segundo regras igualmente determinadas, de forma a evitar todo favoritismo, à medida das vacâncias por falecimento ou por outras causas. Uma disposição especial estabelecerá a forma de nomeação dos primeiros doze.

Cada membro presidirá durante um ano, e aquele que desempenhará essa função será designado por sorteio.

A autoridade do presidente é puramente administrativa; ele dirige as deliberações do comitê e superintende a execução dos trabalhos e a administração do expediente. Mas, fora das atribuições que lhe são conferidas pelos estatutos constitutivos, ele não pode tomar qualquer decisão sem o concurso do comitê. Portanto, impossíveis os abusos, nenhum incentivo à ambição, nenhum pretexto para intrigas ou ciúmes, nada de supremacia chocante.

O comitê ou conselho superior será, pois, a cabeça, o verdadeiro chefe do Espiritismo, chefe coletivo que nada pode sem o assentimento da maioria e, em certos casos, sem o de um congresso ou assembleia geral. Suficientemente numeroso para se esclarecer pela discussão, não o será bastante para que aí haja confusão.

Os congressos serão constituídos por delegados das sociedades particulares regularmente constituídas e colocadas sob o patrocínio do comitê por sua adesão e pela conformidade de seus princípios.

Com referência aos adeptos, a aprovação ou a desaprovação, o consentimento ou a recusa, as decisões, numa palavra, de um corpo constituído que representa uma opinião coletiva, terão forçosamente uma autoridade que jamais teriam se emanassem de um só indivíduo que representaria apenas uma opinião pessoal. Muitas vezes rejeitamos a opinião de um só e nos julgamos humilhados ao nos submetermos a ela, ao passo que aceitamos sem dificuldade a opinião de muitos.

É claro que aqui se trata de uma autoridade moral, no que concerne à interpretação e à aplicação dos princípios da Doutrina, e não de um poder disciplinar qualquer. Essa autoridade será, em matéria de Espiritismo, o que é a de uma Academia em matéria de Ciência.

Para o público estranho, um corpo constituído tem mais ascendência e preponderância; contra os adversários, sobretudo, ele apresenta uma força de resistência e possui meios de ação que um indivíduo não poderia ter; ele luta infinitamente com mais vantagem. Uma individualidade pode ser atacada e destruída; não se dá o mesmo com um ser coletivo.

Num ser coletivo há igualmente uma garantia de estabilidade que não existe quando tudo repousa numa única cabeça; se o indivíduo for impedido por uma causa qualquer, tudo pode ser entravado. Ao contrário, um ser coletivo se perpetua incessantemente; se perder um ou vários de seus membros, nada periclita.

Dir-se-á que a dificuldade será reunir, de maneira permanente, doze pessoas que estejam sempre de acordo.

O essencial é que estejam de acordo quanto aos princípios fundamentais; ora, isto será uma condição absoluta para sua admissão, como a de todos os participantes da direção. Sobre as questões acessórias, pouco importa sua divergência, pois é a opinião da maioria que prevalece. Para aquele cuja maneira de ver é justa, não faltarão boas razões para justificá-la. Se um deles, contrariado por não poder fazer que suas ideias sejam admitidas, se retirasse, nem por isso as coisas deixariam de seguir o seu curso e não haveria motivo para lamentá-lo, pois ele daria prova de uma susceptibilidade orgulhosa pouco espírita que poderia tornar-se uma causa de perturbação.

A causa mais comum de divisão entre cointeressados é o conflito de interesses e a possibilidade de um suplantar outro em seu proveito. Esta causa não tem a menor razão de ser quando o prejuízo de um não pode beneficiar os outros, que são solidários e não podem senão perder, em vez de ganhar, pela desunião. Isto é uma questão de detalhe prevista na organização.

Admitamos que entre eles se ache um falso irmão, um traidor, ganho pelos inimigos da causa. O que poderia ele, se não tem senão sua voz nas decisões? Suponhamos que, embora quase impossível, o comitê inteiro enveredasse por um mau caminho: as assembleias gerais aí estariam para pôr as coisas em ordem.

O controle dos atos da administração estará nas assembleias, que poderão decretar a censura ou uma acusação contra o comitê central, por causa da infração de seu mandato, do desvio dos princípios reconhecidos, ou das medidas prejudiciais à Doutrina. É por isto que ela apelará às assembleias nas circunstâncias em que julgar que a sua responsabilidade poderia ser gravemente comprometida.

Se, pois, as assembleias são um freio para o comitê, este adquire uma nova força em sua aprovação. É assim que esse chefe coletivo depende, em definitivo, da opinião geral e não pode, sem perigo para si mesmo, afastar-se do reto caminho.

Quando o comitê for organizado, dele faremos parte a título de simples membro, tendo nossa parcela de colaboração, sem reivindicar para nós nem supremacia, nem título, nem qualquer privilégio.

Às atribuições gerais do comitê serão anexados, como dependências locais:

1.º – Uma *biblioteca* onde estarão reunidas todas as obras que interessam ao Espiritismo, e que poderão ser consultadas no local ou cedidas por empréstimo, para leitura;

2.º – Um museu, onde serão reunidas as primeiras obras da arte espírita; os trabalhos mediúnicos mais notáveis; os retratos dos adeptos que tenham merecido essa distinção por seu devotamento à causa; os dos homens que o Espiritismo honra, embora estranhos à Doutrina, como benfeitores da Humanidade, grandes gênios missionários do progresso etc.[5]

3.º – Um *dispensário* destinado às consultas médicas *gratuitas* e ao tratamento de certas afecções, sob a direção de um médico diplomado;

4.º – Uma caixa de socorro e previdência, em condições práticas;

5.º – Uma casa de retiro;

6.º – Uma sociedade de adeptos com sessões regulares.

---

[5] O futuro museu já possui oito quadros de grandes dimensões, que só esperam um local conveniente, verdadeiras obras-primas da Arte, especialmente executadas em vista do Espiritismo, por um artista de renome que generosamente as ofereceu à Doutrina. É a inauguração da arte espírita por um homem que reúne a fé sincera ao talento dos grandes mestres. Em tempo hábil daremos sua descrição detalhada.

VI

OBRAS FUNDAMENTAIS DA DOUTRINA

Muitas pessoas lamentam que as obras fundamentais da Doutrina tenham um preço muito alto para grande número de leitores, e pensam, com razão, que se fossem feitas edições populares a baixo custo, elas estariam muito mais espalhadas, com o que ganharia para Doutrina.

Estamos completamente de acordo, mas as condições em que são editadas não permitem que seja de outro modo, no estado atual das coisas. Esperamos chegar um dia a esse resultado, com o auxílio de uma nova combinação compatível com o plano geral de organização, mas essa operação não pode ser realizada se não for empreendida em larga escala. Apenas de nossa parte ela exigiria capitais que não possuímos, bem como cuidados materiais que os nossos trabalhos, que reclamam todas as nossas meditações, não nos permitem dar. Assim, a parte comercial propriamente dita foi negligenciada, ou melhor, sacrificada ao estabelecimento da parte doutrinária. O que importava, antes do tudo, era que as obras fossem feitas e assentadas as bases da Doutrina.

Quando a Doutrina for organizada pela constituição do comitê central, nossas obras tornar-se-ão propriedade do Espiritismo em nome desse mesmo comitê, que terá a sua gerência e dará os necessários cuidados à sua publicação por meios mais próprios para popularizá-las. Ele deverá igualmente ocupar-se de sua tradução para as principais línguas estrangeiras.

A *Revista* foi, até hoje, e não podia deixar de ser, uma obra pessoal, tendo em vista que ela faz parte de nossas obras doutrinárias, servindo aos anais do Espiritismo. É aí que todos os princípios novos são elaborados e postos em estudo. Era, pois, necessário que ela conservasse o seu caráter individual, para o estabelecimento da unidade.

Muitas vezes solicitaram que a editássemos em intervalos menores. Por mais lisonjeiro que nos fosse tal desejo, não pudemos aceder, em primeiro lugar porque o tempo material não nos permitia essa sobrecarga de trabalho, e em segundo lugar porque ela não devia perder o seu caráter essencial, que não é o de um jornal propriamente dito.

Hoje que a nossa obra pessoal se aproxima de seu termo, as necessidades não são mais as mesmas; a *Revista* tornar-se-á, como as nossas obras feitas e por fazer, propriedade coletiva do comitê, que tomará a sua direção, para maior utilidade do Espiritismo, sem que por isto renunciemos a lhe dar a nossa colaboração.

Para completar a obra doutrinária, resta-nos publicar várias obras, que não são a sua parte menos difícil, nem a menos penosa. Embora possuamos todos os seus elementos e o programa esteja traçado até o último capítulo, poderíamos dar-lhes cuidados mais assíduos e ativá-las se, pela instituição do comitê central, estivéssemos livres de detalhes que absorvem grande parte do nosso tempo.

VII

ATRIBUIÇÕES DO COMITÊ

As principais atribuições do comitê central serão:

1.º – O cuidado dos interesses da Doutrina e sua propagação; a manutenção de sua unidade pela conservação da integridade dos princípios reconhecidos; o desenvolvimento de suas consequências;

2.º – O estudo dos princípios novos, susceptíveis de entrar no corpo da Doutrina;

3.º – A concentração de todos os documentos e informações que possam interessar ao Espiritismo;

4.º – A correspondência;

5.º – A manutenção, a consolidação e a extensão dos laços de fraternidade entre os adeptos e as sociedades particulares dos vários países;

6.º– A direção da *Revista,* que será o jornal oficial do Espiritismo, e à qual poderá juntar-se outra publicação periódica;

7.º – O exame e a apreciação das obras, artigos de jornais e todos os escritos que interessam à Doutrina. A refutação dos ataques, se for o caso;

8.º – A publicação das obras fundamentais da Doutrina, nas condições mais adequadas à sua vulgarização. A confecção e a publicação das que nós daremos o plano e que não tivermos tempo de fazer em nossa vida. Os encorajamentos dados às publicações que puderem ser úteis à causa;

9.º – A fundação e a conservação da biblioteca, dos arquivos e do museu;

10.º – A administração da caixa de socorro, do dispensário e da casa de retiro;

11.º – A administração dos negócios materiais;

12.º – A direção das sessões da Sociedade;

13.º – O ensino oral;

14.º – As visitas e instruções às reuniões e sociedades particulares que se colocarem sob seu patrocínio;

15.º – A convocação dos congressos e assembleias gerais.

Essas atribuições serão repartidas entre os diversos membros do comitê, segundo a especialidade de cada um, os quais, se necessário, serão assistidos por um número suficiente de membros auxiliares ou por simples empregados.

Em consequência, entre os membros do comitê haverá:

Um secretário geral para a correspondência e atas das sessões do comitê;

Um redator-chefe para a *Revista* e as outras publicações;

Um bibliotecário arquivista, encarregado também do exame e das críticas das obras e artigos de jornais;

Um diretor da caixa de socorro, além disso encarregado da direção do dispensário, das visitas aos doentes e aos necessitados, e de tudo o que se refere à beneficência. Este será secundado por um comitê de beneficência, escolhido no seio da Sociedade e formado de pessoas caridosas de boa vontade;

Um contador, encarregado dos negócios e interesses materiais;

Um diretor especial para os negócios concernentes às publicações;

Oradores para o ensino oral, além disso encarregados de visitar as sociedades dos Departamentos e aí dar instruções. Poderão ser escolhidos entre os membros auxiliares e os adeptos de boa vontade, que para tanto receberão uma autorização especial.

Seja qual for a extensão dos negócios e do pessoal administrativo, o comitê será sempre limitado ao mesmo número de membros titulares.

Até agora tivemos de nos bastar sozinhos a esse programa. Assim, algumas de suas partes foram negligenciadas ou apenas puderam ser esboçadas, e as que são mais especialmente da nossa competência, tiveram que sofrer inevitáveis atrasos, pela necessidade de nos ocuparmos de tantas coisas, quando o tempo e a força têm limites e uma só absorveria o tempo de um homem.

VIII

VIAS E MEIOS

É sem dúvida desagradável ser obrigado a entrar em considerações materiais para atingir um objetivo todo espiritual, mas é preciso observar que a própria espiritualidade da obra se prende à questão da Humanidade terrena e de seu bem-estar; que não se trata mais apenas da difusão de algumas ideias filosóficas, mas de fundar alguma coisa de positivo e durável, para a extensão e a consolidação da Doutrina que deve produzir os frutos que ela é suscetível de dar.

Imaginar que ainda estamos nos tempos em que alguns apóstolos podiam pôr-se a caminho com o cajado de viagem, sem preocupação com a hospedagem e o pão cotidiano, seria uma ilusão logo desfeita por uma amarga decepção. Para fazer algo de sério, é preciso que nos submetamos às necessidades impostas pelos costumes da época em que vivemos. Essas necessidades são muito diferentes daquelas dos tempos patriarcais. O próprio interesse do Espiritismo exige, pois, que calculemos os meios de ação para não sermos detidos no meio do caminho. Calculemos, pois, já que estamos num século em que é preciso contar.

As atribuições do comitê central serão bastante numerosas, como podemos ver, por necessitar de uma verdadeira administração. Tendo cada membro funções ativas e assíduas, se não nos tornássemos senão homens de boa vontade, os trabalhos poderiam sofrer com isso, porque ninguém teria direito de censurar os negligentes. Para a regularidade dos trabalhos e do expediente, é necessário ter homens com cuja assiduidade se possa contar, e cujas funções não sejam simples atos de complacência. Quanto mais independência eles tiverem por seus recursos pessoais, menos eles ficarão adstritos a ocupações assíduas; se não as tiverem, poderão dar o seu tempo. É preciso, pois, que sejam recompensados, assim como o pessoal administrativo. Com isso a Doutrina ganhará em força, estabilidade, pontualidade, ao mesmo tempo que será um meio de prestar serviço a pessoas que dele poderiam ter necessidade.

Um ponto essencial na economia de toda administração previdente é que sua existência não repousa sobre produtos eventuais que podem faltar, mas sobre recursos fixos, regulares, de maneira que sua marcha, aconteça o que acontecer, não possa ser entravada. É necessário, portanto, que as pessoas chamadas a dar o seu concurso não possam conceber qualquer inquietação pelo futuro. Ora, a experiência demonstra que devemos considerar como aleatórios os recursos que não se baseiam senão no produto de cotizações, sempre facultativas, sejam quais forem os compromissos assumidos, e de uma cobertura muitas vezes difícil. Assentar as despesas permanentes e regulares em recursos eventuais, seria uma falta de previdência que um dia poderíamos lamentar. Sem dúvida as consequências são menos graves quando se trata de fundações temporárias que duram o tempo que podem. Mas aqui é uma questão do futuro. A sorte de uma administração como esta não pode estar subordinada aos riscos de um negócio comercial; ela deve ser, desde o começo, tão florescente, pelo menos tão estável quanto será daqui a um século. Quanto mais sólida for a sua base, menos exposta estará aos golpes da intriga.

Em semelhante caso, a mais vulgar prudência quer que capitalizemos os recursos de maneira inalienável, à medida que eles cheguem, a fim de constituir um rendimento perpétuo, ao abrigo de todas as eventualidades. Quando a administração regula suas despesas pelo rendimento, sua existência não ficará comprometida em caso algum, porquanto ela sempre terá meios para funcionar. Inicialmente, ela pode ser organizada numa escala menor; os membros do comitê provisoriamente podem limitar-se a cinco ou seis, o pessoal e os gastos administrativos reduzidos ao mínimo possível, com a condição mínima de proporcionarem o desenvolvimento pelo incremento dos recursos para cobertura dos gastos considerados indispensáveis.

Pessoalmente, e embora parte ativa do comitê, não constituiremos sobrecarga ao orçamento, nem por emolumentos, nem por indenização de viagens, nem por uma causa qualquer. Se jamais pedimos algo para nós, ainda menos o faríamos nesta circunstância; nosso tempo, nossa vida, todas as nossas forças físicas e intelectuais pertencem à Doutrina. Declaramos, pois, formalmente, que nenhuma parte dos recursos de que disporá o comitê será desviada em nosso proveito.

Ao contrário, a ele trazemos nossa quota-parte:

1.º - Pela cessão do lucro de nossas obras, feitas e por fazer;

2.º - Pelo aporte de valores mobiliários e imobiliários.

Assim, fazemos votos para a realização do nosso plano, no interesse da Doutrina, e não para criarmos uma posição para nós, da qual não necessitamos. Foi para preparar os caminhos desta instalação que até hoje consagramos o produto de nossos trabalhos, como dissemos acima. Se nossos meios pessoais não nos permitem fazer mais, pelo menos teremos a satisfação de nela haver posto a primeira pedra.

Suponhamos então que de alguma forma o comitê central, num dado tempo, esteja em condições de funcionar, o que pressupõe um rendimento de 25 a 30 mil francos, restringindo-se, inicialmente, os recursos de toda natureza de que ela disporá em capitais e produtos eventuais que constituirão a *Caixa Geral do Espiritismo,* a qual será objeto de uma rigorosa contabilidade. Sendo reguladas as despesas obrigatórias, o excedente da renda aumentará o fundo comum. É proporcionalmente aos recursos desse fundo que o comitê proverá as diversas despesas úteis ao desenvolvimento da Doutrina, sem que jamais possa dele tirar proveito pessoal, nem transformá-lo em fonte de especulação para qualquer de seus membros. O emprego dos fundos e a contabilidade serão, além disto, submetidos a vivificação por comissários especiais, para esse efeito delegados pelos congressos ou assembleias gerais.

Um dos primeiros cuidados do comitê será o de ocupar-se com as publicações, desde que haja possibilidade, sem esperar poder fazê-lo com auxílio da renda; os fundos para isto destinados não serão, na realidade, senão um adiantamento, pois retornarão, pela venda das obras, e o produto voltará ao fundo comum. É um assunto administrativo.

Para dar a essa instituição uma existência legal ao abrigo de qualquer contestação, e dar-lhe, além disto, o direito de adquirir, receber e possuir, ela será constituída, *se isto for julgado necessário,* por ato autêntico, sob a forma de sociedade comercial anônima, por noventa e nove anos prorrogáveis indefinidamente, com todas as estipulações necessárias para que jamais possa afastar-se do seu objetivo, e que os fundos não possam ser desviados de sua destinação.

Sem aqui entrar em detalhes que seriam supérfluos e prematuros, devemos, entretanto, dizer algumas palavras sobre duas instituições acessórias do comitê, a fim de que não se enganem quanto ao sentido que a elas atribuímos. Queremos falar da caixa de socorro e da casa de retiro.

O estabelecimento de uma caixa geral de socorros é uma coisa impraticável, e que apresentaria sérios inconvenientes, como demonstramos num artigo especial (Revista de julho de 1866). O comitê não pode, pois, aventurar-se num caminho que em breve seria forçado a abandonar, nem empreender qualquer coisa que não esteja certo de poder realizar. Ele deve ser positivo e não embalar-se em ilusões quiméricas; é a maneira de avançar por muito tempo e com segurança. Para isto deve, em tudo, ficar nos limites do possível.

Essa caixa de socorro não pode nem deve ser senão uma instituição local, de ação circunscrita, cuja prudente organização poderá servir de modelo a outras do mesmo gênero, que as sociedades particulares poderiam criar. É por sua multiplicidade que elas poderiam prestar serviços eficazes, e não centralizando os meios de ação.

Ela será alimentada: 1.º - pela parte da renda da Caixa Geral do Espiritismo a ela destinada; 2.º - pelos donativos especiais que a ela forem feitos.

Ela capitalizará as somas recebidas, de maneira a constituir uma renda, e é com essa renda que ela prestará os auxílios temporários ou vitalícios e cumprirá as obrigações de seu mandato, que serão estipuladas em seu regulamento constitutivo.

O projeto de uma casa de retiro, na acepção completa do vocábulo, não pode ser executado de início, em razão dos capitais que semelhante fundação exigiria, e, além disto, porque é preciso deixar à administração o tempo necessário para ela firmar-se e caminhar com regularidade, antes de pensar em complicar suas atribuições por empreendimentos nos quais poderia fracassar.

Abraçar muitas coisas antes de se ter assegurado meios de execução, seria uma imprudência. Compreendereis isto facilmente se refletirdes em todos os detalhes que comportam estabelecimentos desse gênero. Sem dúvida é bom ter boas intenções, mas, antes de tudo, é preciso poder realizá-las.

IX

CONCLUSÃO

Tais são as bases principais da organização que nos propomos dar ao Espiritismo, se as circunstâncias no-lo permitirem. Tivemos que desenvolver os motivos um pouco longamente, a fim de dar a conhecer o seu espírito. Os detalhes serão objeto de uma regulamentação minuciosa, na qual todos os casos serão previstos de maneira a levar em consideração todas as dificuldades.

Consequente com os princípios de tolerância e de respeito a todas as opiniões que o Espiritismo professa, não pretendemos impor esta organização a ninguém, nem constranger quem quer que seja a submeter-se a ela. Nosso objetivo é estabelecer um primeiro laço entre os espíritas, que o desejam há muito tempo e se lastimam de seu isolamento. Ora, esse laço, sem o qual o Espiritismo, permanecendo no estado de opinião individual, sem coesão, não pode existir senão com a condição de se religar a um centro por uma comunhão de vistas e de princípios. Esse centro não é uma *individualidade,* mas um foco de atividade coletiva que age no interesse geral e no qual a autoridade pessoal se apaga.

Se ele não tivesse existido, qual teria sido o ponto de ligação dos espíritas espalhados em diversos países? Não podendo transmitir suas ideias, suas impressões, suas observações a todos os outros centros particulares, eles também disseminados e muitas vezes sem consistência, teriam ficado isolados, e a difusão da Doutrina teria sofrido com isso. Era, pois, necessário um ponto onde todos chegassem, e de onde tudo pudesse irradiar. O desenvolvimento das ideias espíritas, longe de tornar esse centro inútil, fará que ele sinta melhor a sua necessidade, porque a necessidade de aproximação e de formação de um feixe será tanto maior quanto mais considerável for o número de adeptos.

Mas qual será a extensão do círculo de atividades desse centro? É ele destinado a reger o mundo e a tornar-se o árbitro universal da verdade? Se ele tivesse essa pretensão, seria compreender mal o espírito do Espiritismo que, pelo simples fato de proclamar os princípios do livre exame e da liberdade de consciência, repudia o pensamento de se erigir em autocracia; desde o começo ele entraria num caminho fatal.

O Espiritismo tem princípios que, em razão de se fundarem nas leis da Natureza, e não em abstrações metafísicas, tendem a tornar-se, e certamente tornar-se-ão um dia, os da universalidade dos homens. Todos os aceitarão, porque serão verdades palpáveis e demonstradas, como aceitaram a teoria do movimento da Terra; mas pretender que o Espiritismo em toda parte seja organizado da mesma maneira; que os espíritas do mundo inteiro sejam sujeitos a um regime uniforme, a uma mesma maneira de proceder; que eles devam esperar a luz de um ponto fixo no qual deverão fixar o olhar, seria uma utopia tão absurda quanto pretender que todos os povos da Terra um dia não formem senão uma nação, governada por um único chefe, regida pelo mesmo código de leis e sujeita aos mesmos costumes. Se há leis gerais que podem ser comuns a todos os povos, essas leis serão sempre, nos detalhes da aplicação e da forma, apropriadas aos costumes, aos caracteres, ao clima de cada uma.

Assim será com o Espiritismo organizado. Os espíritas do mundo inteiro terão princípios comuns que os ligarão à grande família pelo laço sagrado da fraternidade, mas cuja aplicação poderá variar conforme as regiões, sem que por isto seja rompida a unidade fundamental, sem formar seitas dissidentes que se atirem pedras e o anátema, o que seria profundamente antiespírita. Poderão formar-se e formar-se-ão, inevitavelmente, centros gerais em diversos países, sem outro laço além da comunhão de crença e da solidariedade moral; sem subordinação de um ao outro, sem que o da França, por exemplo, tenha a pretensão de se impor aos espíritas americanos e vice-versa.

A comparação das observações que citamos acima é perfeitamente justa. Há observatórios em diferentes pontos do globo; todos, seja qual for a nação a que pertençam, estão baseados nos princípios gerais reconhecidos da Astronomia, o que, por isso, não os torna tributários uns dos outros; cada um regulamenta seus trabalhos como entende; eles compartilham as suas observações, e cada um coloca à disposição da Ciência as descobertas de seus confrades. Será o mesmo com os centros gerais do Espiritismo; serão os observatórios do mundo invisível, que permutarão o que tiverem de bom e aplicável aos costumes das regiões onde estiverem estabelecidos, pois o seu objetivo é o bem da Humanidade, e não a satisfação das ambições pessoais.

O Espiritismo é uma questão de essência; ligar-se à forma seria uma puerilidade indigna da grandeza do assunto. Eis por que os centros diversos que estiverem imbuídos do verdadeiro espírito do Espiritismo deverão estender-se a mão fraterna e se unirem para combater seus inimigos comuns: a incredulidade e o fanatismo.

BIBLIOGRAFIA

EL CRITERIO ESPIRITISTA
Revista quincenal del Espiritismo

Esse jornal, que há um ano era publicado em Madrid, sob o título de *El criterio, revista quincenal científica,* acaba de retomar o seu primeiro título, que tinha sido interdito no precedente governo espanhol. O diretor o anuncia nos seguintes termos, num suplemento do n.º 17:

"Com a imensa alegria do triunfo, merecido não por nossas forças débeis, mas pela bondade de nossa causa, hoje nos dirigimos aos nossos constantes protetores, aos amigos que nos encorajaram e sustentaram na desgraça.

"A intolerância do governo anterior nos havia interditado o exercício da mais frutífera das liberdades: a do estudo, quando um dia, triste pela decepção, feliz porque foi o primeiro da luta, quisemos publicar o *Criterio espiritista*. Vejam a resposta que nos foi dada pelo secretário ministerial:

"Governo da província; seção da imprensa. – Depois de haver examinado o primeiro número do jornal de que sois editor e diretor, vi que, por seu caráter especial, suas tendências e a escola filosófica que ele procura desenvolver, deve ser compreendido entre os que assinala o segundo parágrafo do artigo 52 da lei em vigor sobre a imprensa; previno-vos que não me é possível autorizar o dito número, nem os seguintes, se previamente não forem examinados e aprovados pela censura eclesiástica. Deus vos guarde etc.
"Madri, 17 de julho de 1867."

"No dia 10 de agosto seguinte recebemos o telegrama cuja cópia segue:

"Secretaria eclesiástica de Madrid. – Em consequência da desfavorável censura com que foi atingido o primeiro número da Revista O Critério Espiritista, *que vós dirigis, tenho o dever de vos manifestar que não posso, de modo algum, permitir, de minha parte, a publicação da dita Revista. Deus vos guarde etc.*
"Madrid, 6 de agosto de 1867."

"Estes documentos não contribuirão para a maior glória de seus autores, cujos nomes abstemo-nos de dar à publicidade, por conveniência. Hoje podemos vir à luz, e o *Criterio científico* é substituído pelo *Criterio espiritista*. A direção está instalada na Calle del Arco de Santa-Maria, n.º 25, sala 2; é para aí que poderiam dirigir-se os adeptos que quisessem fazer parte da Sociedade Espírita Espanhola, fundada em 1865, e que teve que suspender suas sessões pelos mesmos motivos que haviam impedido a publicação do jornal."

O regulamento da sociedade, que temos aos nossos olhos, é concebido em excelente espírito, e não podemos senão aplaudir as disposições que ele contém. Ele se coloca sob o patrocínio do Espírito de Sócrates, e seu objetivo é claramente definido nos dois primeiros artigos:
"1.º - É constituído um círculo privado, sob a denominação de *Sociedade Espírita Espanhola*, cujo objeto é o estudo do Espiritismo, principalmente no que se refere à moral e ao conhecimento do mundo invisível ou dos Espíritos;

"2.º - A sociedade não poderá, em caso algum, ocupar-se de questões políticas, nem de discussões ou controvérsias religiosas, que tenderiam a lhe dar o caráter de uma seita."

Estas disposições são de natureza a assegurar os que supusessem à Sociedade tendências perturbadoras. No momento de uma revolução que acaba de quebrar os entraves postos à liberdade de pensar, de falar e de escrever, em que as massas emancipadas são geralmente tentadas a ultrapassar os limites da moderação, nem a Sociedade, nem o seu órgão pensam em aproveitá-lo para se afastar do objetivo exclusivamente moral e filosófico da Doutrina. Ela não proíbe apenas a política, mas até mesmo as controvérsias religiosas, por espírito de tolerância e de respeito à consciência de cada um. O diretor do jornal se abstém mesmo de estigmatizar, pela publicidade, os nomes dos signatários dos decretos que interditaram o seu jornal, para não entregá-los ao repúdio público. É que o Espiritismo *bem compreendido* é por toda a parte o mesmo: uma garantia de ordem e de moderação. Ele não vive de escândalos; ele tem o sentimento de sua dignidade em alto grau e vê as coisas de muito alto, para se rebaixar às personalidades que denotam sempre pequenez de espírito, e não se aliam jamais à nobreza de coração.

O primeiro número de *Criterio espiritista* contém os artigos seguintes:

Introdução, por Alverico Peron. – O Dia dos Mortos, comunicação assinada por Sócrates, recebida na Sociedade de Sevilha. – A faculdade mediúnica. – A Bíblia, comunicação assinada por Sócrates. – Sessão de magnetismo. – As metades eternas, comunicação de Sócrates. – Carta de um espírito. – Carta ao Sr. Alverico Peron, por Allan Kardec, e comunicação de São Luís sobre a nova situação do Espiritismo na Espanha. – *Revista Espírita* de Paris.

Aconselhamos com instância os nossos irmãos espíritas da Espanha a sustentar com todas as suas forças esse órgão de sua crença. Pela sabedoria e prudência de sua redação, ele não pode deixar de servir utilmente a nossa causa. Será um laço que estabelecerá relações entre os adeptos disseminados em diferentes pontos da Espanha. O diretor, Sr. Alverico Peron, não é um novato em nossas fileiras; seus esforços para a propagação da Doutrina datam de 1858, e nos lembramos com prazer a *Fórmula del Espiritismo,* que ele teve a bondade de nos dedicar.

AVISO

A *Revista Espírita* começará a 1.º de janeiro próximo seu décimo segundo ano. Aos senhores assinantes que não quiserem sofrer atraso, rogamos renovar sua assinatura antes de 31 de dezembro.

Como de costume, o número de janeiro será enviado a todos os antigos assinantes; os números seguintes sê-lo-ão quando forem feitas as renovações.

Propusemo-nos a publicar com o último número deste ano, um índice geral alfabético de todos os assuntos tratados, quer na *Revista,* quer em nossas outras obras, de maneira a facilitar as buscas, mas esse trabalho, muito mais considerável do que supusemos, para fazê-lo completo, não pôde ser terminado a tempo. Publicá-lo-emos com um dos nossos próximos números, e ele será enviado a todos os assinantes.

Também publicaremos em breve um *catálogo* de todas as obras que podem interessar à Doutrina, seja as que foram publicadas em vista do Espiritismo, seja aquelas que, publicadas fora do Espiritismo, e em diversas épocas, têm afinidade de princípios com as crenças novas. Será um guia para a formação das bibliotecas espíritas. Quando ele sair, a indicação das obras será seguida de curta apreciação, para dar a conhecer o seu espírito. Um aviso será feito do número da *Revista* em que ele tiver de ser publicado.

ALLAN KARDEC

SUMÁRIO

DÉCIMO PRIMEIRO VOLUME – ANO DE 1868

JANEIRO

Golpe de vista retrospectivo 7
O Espiritismo – Diante da História e diante da Igreja 12
Os aïssaouá – Ou os convulsionários da Rua Le Peletier 26
Uma manifestação antes da morte 31
Variedades:
    Estranha violação de sepultura 35
    Instruções sobre o fato precedente 36
Bibliografia: A Gênese, os milagres e as predições segundo o Espiritismo 39

FEVEREIRO

Extrato dos manuscritos de um jovem médium bretão. Alucinados, inspirados, fluídicos e sonâmbulos
    I – Os alucinados 42
    II – Os inspirados 45
Votos de Ano Novo de um espírita de Leipzig 52
Instruções dos Espíritos:
    Os Messias do Espiritismo 55
    Os Espíritos marcados 59
    Futuro do Espiritismo 62
    As estrelas cairão do céu 64
    Os mortos sairão de seus túmulos 66
    O juízo final 67
    Apreciação da obra sobre a Gênese 70
Bibliografia:
    Resumo da Doutrina Espírita 71
    Caracteres da revelação espírita 78
    Segunda edição de A Gênese 79
    Os pensamentos do Zuavo Jacob 79
    Psiche – Giornale di Studi Psicologici 80

MARÇO

Comentários sobre os Messias do Espiritismo............................ 81
Correspondência inédita de Lavater (Com a Imperatriz Maria, da Rússia) 88
    Preâmbulo... 89
    Primeira carta – Sobre o estado da alma após a morte – Ideias gerais... 91
    Segunda carta 94
Flageolet - Espírito mistificador 100
Ensaio teórico das curas instantâneas... 103
Notícias bibliográficas:
    Os pensamentos do Zuavo Jacob 110
    O Espiritismo ante a razão 114
    Terceira edição de A Gênese 114
Instruções dos Espíritos: A regeneração 114

ABRIL

Correspondência inédita de Lavater (Com a Imperatriz Maria, da Rússia) Terceira carta 117
    Quarta carta 119
    Carta de um defunto a seu amigo na Terra................................ 121
    Quinta carta 123
    Carta de um Espírito bem-aventurado 124
O fim do mundo em 1911.. 128
A intolerância e a perseguição ao Espiritismo................................ 139
O Espiritismo em Cádiz, em 1853 e 1868 145
Dissertações espíritas: Instrução das mulheres............................. 151

MAIO

Correspondência inédita de Lavater (Com a Imperatriz Maria, da Rússia) Sexta carta 154
    Carta de um defunto a seu amigo.. 155
    Opinião atual de Lavater sobre o Espiritismo 162

454 | REVISTA ESPÍRITA 1868

Educação de Além-Túmulo 166
O Doutor Philippeau (Impressões de um médico materialista no mundo dos Espíritos).. 169
O Espiritismo em toda parte:.. 172
A Condessa de Monte-Cristo 172
O Barão Clootz 176
Metempsicose... 177
Enterro do Sr. Marc Michel.. 178
Um sonho 179
Espíritos batedores na Rússia.. 181
A fome na Argélia 183
Dissertações dos Espíritos: Ontem, hoje e amanhã................ 186

JUNHO

A mediunidade no copo d'água.. 190
Fotografia do pensamento 196
A morte do Sr. Bizet, Cura de Sétif. A fome entre os Espíritos . 200
O Espiritismo em toda parte:
O Jornal Solidarit 206
Conferências.. 210
Notícias bibliográficas: A religião e a política na sociedade moderna 214

JULHO

A ciência da concordância dos números e a fatalidade........... 225
A geração espontânea e A Gênese... 234
O partido espírita 240
O Espiritismo em toda parte:
O Jornal Siècle – Paris sonâmbula...................................... 247
Teatro - Cornélio - O Galo de Mycille 248
Alexandre Dumas – Monte Cristo.. 251
Bibliografia: A alma: demonstração de sua realidade............. 252

AGOSTO

O materialismo e o direito 259
O Jornal La Solidarité 267
O partido espírita 275
Perseguições 277
Espiritismo retrospectivo:
    A mediunidade no copo d'água em 1706 282
    A reencarnação no Japão – São Francisco Xavier e Bonzo Japonês 288
Carta do Sr. Mônico ao Jornal la Mahouna, de Guelma, Argélia 290
Bibliografia: O Espiritismo em Lyon 293

SETEMBRO

Aumento e diminuição do volume da Terra – A propósito da Gênese 294
A alma da Terra 298
Da proteção do Espírito dos santos patronos 302
A poltrona dos antepassados 304
Círculo da moral espírita em Toulouse 305
As memórias de um marido 306
Bibliografia:
    O regimento fantástico 309
    Conferências sobre a alma 318
Instruções dos Espíritos: O que fizeram de mim? 327
Liga Internacional da Paz 329
No prelo: O Espiritismo na Bíblia – Para sair no fim de setembro ...329

OUTUBRO

Meditações 330
    141.ª Meditação – Do nascimento e da morte 331
    143.ª Meditação – Da transfiguração após a morte 333
Doutrina de Lao-Tseu – Filosofia chinesa 341

456 | REVISTA ESPÍRITA 1868

Exéquias da Senhora Victor Hugo 347
Efeito moralizador da reencarnação 350
Uma profissão de fé materialista 351
Profissão de fé semiespírita.. 353
Instruções dos Espíritos: Influência dos planetas nas perturbações
do globo terrestre 355
Variedades:
Belo exemplo de caridade evangélica 361
Um castelo mal-assombrado 363
Bibliografia: Correspondência inédita de Lavater com a Imperatriz
da Rússia 365

NOVEMBRO

Epidemia na Ilha Maurício 366
O Espiritismo em toda parte:
A amizade após a morte... 373
A cabana do Pai Tomás 378
Do pecado original segundo o Judaísmo 380
Os lazeres de um espírita no deserto...................................... 382
Fenômeno de linguística 384
Música do espaço... 388
O Espiritualismo e o Ideal na Arte e na Poesia dos gregos...... 390
Instruções dos Espíritos:
Da regeneração dos povos do Oriente................................. 393
A melhor propaganda... 396
O verdadeiro recolhimento 398
Bibliografia:
O Espiritismo na Bíblia 399
O Espiritismo em Lyon 400
Os destinos da alma... 401
Aviso.. 402

DEZEMBRO

Sessão anual comemorativa dos mortos:
Discurso de abertura pelo Sr. Allan Kardec: O Espiritismo é uma Religião? 403
O dia de Todos os Santos 413
Constituição transitória do Espiritismo:
I - Considerações preliminares 421
II - Extrato do relatório da caixa do Espiritismo feito à Sociedade de Paris em 5 de maio de 1865 424
III – Dos cismas 428
IV – O chefe do Espiritismo 431
V – Comitê central 435
VI – Obras fundamentais da Doutrina 439
VII – Atribuições do comitê 440
VIII – Vias e meios 442
IX – Conclusão 446
Bibliografia: El criterio espiritista 448
Aviso 451

COLEÇÃO
REVISTA ESPÍRITA

www.boanova.net

DEPOIS DA MORTE
Léon Denis

Vida no além
Formato: 16x23cm
Páginas: 304

Quem de nós, em algum momento da vida, não teve a curiosidade de se perguntar qual seria seu destino após a morte do corpo físico? Existe realmente um mundo invisível para onde iremos?

O grande pensador Léon Denis responde a essas e a muitas outras perguntas relativas à vida e à morte nesta obra. Para apresentar suas conclusões, o autor retorna no tempo e pesquisa a Grécia, a Índia, o Egito, além de várias outras culturas, em busca de respostas. Aprofundando-se em temas complexos como a existência de Deus, a reencarnação e a vida moral, trata ainda dos caminhos que temos à disposição para chegarmos ao "outro mundo" com segurança e o senso de dever cumprido.

 www.boanova.net

 www.facebook.com/boanovaed

 www.instagram.com/boanovaed

 www.youtube.com/boanovaeditora

Entre em contato com nossos consultores e confira as condições
Catanduva-SP 17 3531.4444 | boanova@boanova.net

PEDI E OBTEREIS

Allan Kardec | Tradução de J. Herculano Pires

Esta obra não é um formulário absoluto, mas sim uma variedade entre as instruções que dão os Espíritos. É uma aplicação dos princípios da moral evangélica, um complemento aos seus ditados sobre os deveres para com Deus e o próximo, onde são lembrados todos os princípios da Doutrina.

12x18 cm | 96 páginas
Preces Espíritas

Entre em contato com nossos vendedores
e confira as condições:

Catanduva-SP 17 3531.4444
boanova@boanova.net | www.boanova.net

O Evangelho Segundo o Espiritismo

Autor: Allan Kardec | Tradução de J. Herculano Pires

Os Espíritos Superiores que acompanharam a elaboração das obras codificadas por Allan Kardec, assim se manifestaram a respeito de O Evangelho Segundo o Espiritismo: "Este livro de doutrina terá influência considerável, porque explana questões de interesse capital. Não somente o mundo religioso encontrará nele as máximas de que necessita, como as nações, em sua vida prática, dele haurirão instruções excelentes". Conforme palavras do Codificador "as instruções dos Espíritos são verdadeiramente as vozes do Céu que vêm esclarecer os homens e convidá-los à prática do Evangelho".

Espiral | 14x21

Brochura | 14x21

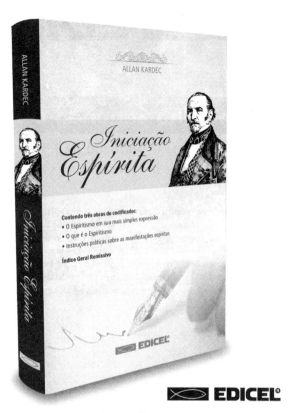

INICIAÇÃO ESPÍRITA
Allan Kardec | Apresentação e notas de J. Herculano Pires

Doutrinário | 14x21 cm | 368 páginas

Evite o desastre moral e espiritual estudando a doutrina na fonte, com o respeito e a humildade de quem compreende que está lidando com a mais elevada sabedoria já concedida à espécie humana. Espiritismo quer dizer SABEDORIA DOS ESPÍRITOS SUPERIORES. É a Ciência do Espírito que se desdobra em Filosofia e Religião. Pense bem nisto: se a Ciência dos homens e as religiões feitas pelos homens exigem anos de estudo, como se pode querer adquirir a Sabedoria dos Espíritos de uma hora para outra?

———————— Adquira já o seu ————————

CATANDUVA SP - 17 3531.4444 | www.boanova.net | boanova@boanova.net

ROTEIRO DE ESTUDOS DAS OBRAS DE ANDRÉ LUIZ

ESTUDOS, COMENTÁRIOS E RESUMOS DA SÉRIE:
"A VIDA NO MUNDO ESPIRITUAL"

EURÍPEDES KÜHL
Estudo Doutrinário
16x23 cm | 512 págs
ISBN 978-85-99772-94-2

GRÁTIS - CD COM PRECES E MENSAGENS DA SÉRIE

A coleção de livros de autoria do Espírito André Luiz, psicografada pelo médium Francisco Cândido Xavier (alguns em parceria com Waldo Vieira), constitui um abençoado acervo de ensinamentos. Nessa obra, Eurípedes Kühl apresenta resumos, observações e sugestões para facilitar o estudo de todos os livros dessa coleção. Em formato de roteiro, esse livro poderá ser estudado individualmente ou em grupo. Indispensável para aqueles que buscam conhecer o Espiritismo ou se aprofundar nos conhecimentos da Doutrina.

―――――― ADQUIRA JÁ O SEU ――――――

Catanduva-SP 17 3531.4444 | www.boanova.net | boanova@boanova.net

Levamos o livro espírita cada vez mais longe!

 Av. Porto Ferreira, 1031 | Parque Iracema
CEP 15809-020 | Catanduva-SP

 www.**boanova**.net

 boanova@boanova.net

 17 3531.4444

 17 99257.5523

Siga-nos em nossas redes sociais.

@boanovaed   boanovaeditora

CURTA, COMENTE, COMPARTILHE E SALVE.
utilize #boanovaeditora

Acesse nossa loja   Fale pelo whatsapp